MATHS

Sommaire

Sommaire

Fonction logarithme

Calcul intégral

Probabilités et statistiques

Probabilités élémentaires

Lois à densité et estimation

Géométrie

Nombres complexes

Géométrie dans l'espace

ENSEIGNEMENT DE SPÉCIALITÉ

Arithmétique

Matrices

ANNEXES

Description de l'épreuve

L'épreuve écrite

Durée : 4 heures.

Coefficient : 7 (spécifique) + 2 (spécialité).

- Le sujet comporte **trois à cinq exercices** indépendants les uns des autres, **notés chacun sur 3 à 10 points** ; ils abordent une grande variété de domaines du programme de mathématiques de la série S.
- Le sujet proposé aux candidats ayant suivi l'enseignement de spécialité diffère de celui proposé aux autres candidats. **Noté sur 5 points**, cet exercice peut porter sur la totalité du programme (enseignement spécifique et de spécialité).
- Le sujet porte clairement la mention « spécifique » ou « spécialité ».
- Il n'est pas prévu de formulaire officiel. En revanche, les sujets pourront inclure certaines formules dans le corps du sujet ou en annexe, en fonction de la nature des questions.
- **L'usage de la calculatrice**
L'usage des calculatrices **peut être interdit** lors de l'épreuve. Ce point est précisé en tête des sujets. Lorsqu'elles sont autorisées, il s'agit de toutes les calculatrices de poche y compris les calculatrices programmables, alphanumériques ou à écran graphique à condition que leur fonctionnement soit autonome et qu'il ne soit pas fait usage d'imprimante. Le candidat n'utilise qu'**une seule machine** sur la table. Toutefois, si celle-ci vient à connaître une défaillance, il peut la remplacer par une autre. Afin de prévenir les risques de fraude, les échanges de machines entre les candidats, la consultation des notices fournies par les constructeurs ainsi que les échanges d'informations par l'intermédiaire des fonctions de transmission des calculatrices sont interdits.

L'épreuve orale de contrôle

Temps de préparation : 20 minutes. *Durée de l'entretien :* 20 minutes.

- Cette épreuve de rattrapage concerne les candidats ayant une moyenne générale au moins égale à 8 et strictement inférieure à 10 à l'issue de l'épreuve écrite.

- L'examinateur propose **au moins deux questions** au candidat, portant sur des parties différentes du programme.
- **Pour les candidats n'ayant pas choisi les mathématiques comme enseignement de spécialité**, les questions aborderont exclusivement le programme de l'enseignement spécifique.
- **Pour les candidats ayant choisi les mathématiques comme enseignement de spécialité**, une question abordera le programme de spécialité, les autres abordant exclusivement le programme de l'enseignement spécifique.
- L'examinateur veille à faciliter l'expression du candidat et à lui permettre de mettre en avant ses connaissances.
- L'usage des **calculatrices** électroniques est autorisé, dans le cadre de la réglementation en vigueur.
- Il arrive que l'examinateur fournisse avec les questions certaines **formules** jugées nécessaires.

Conseils pour réussir

- Vérifiez que vous avez toutes les pages du sujet ainsi que les annexes éventuelles.
- Distinguez très clairement les numéros des exercices et des questions.
- **Encadrez**, ou du moins faites ressortir très clairement les réponses aux questions.
- Soyez **rigoureux, précis, concis** et aussi bref que possible. Les notes ne sont pas proportionnelles à la longueur des réponses mais à la qualité de leur contenu.
- Préférez recommencer une copie plutôt que de la surcharger de ratures, de renvois et de notes.
- Préférez **peaufiner ce que vous savez faire** plutôt que de bâcler les réponses dont vous n'êtes pas sûrs.

Suites : raisonnement par récurrence

FICHE 1

I Théorie

1. Principe de récurrence

Considérons une propriété P_n dépendant d'un entier naturel *n*. Cette propriété peut être :

- une **égalité**, par exemple $\sum_{k=0}^{k=n} k = \frac{n(n+1)}{2}$;
- une **inégalité**, par exemple : $(1+a)^n \geqslant 1+na$ (*a* étant un nombre positif fixé) ;
- une **phrase**, par exemple « 2^n est pair ».

L'objectif est de prouver que la proposition P_n est vraie pour tout entier naturel *n*.

2. Mise en œuvre

Pour prouver que la propriété P_n est vraie pour tout entier naturel *n*, on procède en deux étapes.

- **Initialisation :** il s'agit de prouver que P_0 est vraie, c'est-à-dire que la propriété obtenue en remplaçant *n* par 0 est vraie.
- **Hérédité :** il s'agit de démontrer que, si l'on suppose que P_n est vraie pour un entier naturel *n* donné, alors P_{n+1} est vraie aussi.

Remarque : P_{n+1} est la proposition obtenue en remplaçant *n* par *n* + 1.

3. Mises en garde

- Il est possible que l'on demande de démontrer que P_n est vraie pour tout entier naturel $n \geqslant 1$. Seule l'initialisation change. Il faudra prouver que P_1 est vraie. S'il faut montrer que P_n est vraie pour tout entier $n \geqslant 2$, etc., montrer que P_2 est vraie, etc.
- Il est possible que P_n soit héréditaire à partir de n'importe quel rang et qu'elle ne soit vraie pour aucun entier naturel. Par exemple, si P_n est la phrase « 3^n est pair », on sait qu'elle est fausse pour tout *n*. Cependant P_n est héréditaire. En effet, supposons que P_n soit vraie pour un entier naturel *n* donné et montrons qu'alors P_{n+1} est vraie : P_{n+1} est la phrase « 3^{n+1} est pair. » $3^{n+1} = 3^n \times 3$. Donc, puisqu'on a supposé que 3^n est pair, $3^n \times 3$ est pair, ce qui prouve que 3^{n+1} est pair. Il en résulte que P_{n+1} est vraie, ce qu'il fallait démontrer.

- Dans l'hérédité, on suppose que P_n est vraie pour **un** entier naturel n **donné** (on dit aussi **quelconque**).

II En pratique

1. Une égalité

Montrer par récurrence que pour tout $n \in \mathbb{N}$: $\sum_{k=0}^{k=n} k = \frac{n(n+1)}{2}$ (égalité P_n).

- **Initialisation :** montrons que P_0 est vraie ; c'est-à-dire que l'on a $\sum_{k=0}^{k=0} k = \frac{0(0+1)}{2}$. En effet, d'une part $\sum_{k=0}^{k=0} k = 0$; et d'autre part $\frac{0(0+1)}{2} = 0$.

- **Hérédité :** supposons que P_n soit vraie pour un entier naturel n donné et montrons qu'alors P_{n+1} est vraie. P_{n+1} est l'égalité : $\sum_{k=0}^{k=n+1} k = \frac{(n+1)((n+1)+1)}{2} = \frac{(n+1)(n+2)}{2}$

Nous avons : $\sum_{k=0}^{k=n+1} k = \sum_{k=0}^{k=n} k + (n+1) = \frac{n(n+1)}{2} + (n+1) = (n+1)\left(\frac{n}{2}+1\right)$

$= \frac{(n+1)(n+2)}{2}$, ce qu'il fallait démontrer.

- **Bilan :** on a bien : $\forall\, n \in \mathbb{N} : \sum_{k=0}^{k=n} k = \frac{n(n+1)}{2}$.

2. Une inégalité

Soit a un réel positif. Montrer par récurrence que pour tout $n \in \mathbb{N}$: $(1+a)^n \geqslant 1+na$ (inégalité P_n).

- **Initialisation :** P_0 est vraie car d'une part $(1+a)^0 = 1$ et d'autre part $1 + 0 \times a = 1$. Donc on a bien $(1+a)^0 \geqslant 1 + 0 \times a$.

- **Hérédité :** supposons que P_n soit vraie pour un entier naturel n donné et montrons qu'alors P_{n+1} est vraie. Nous avons $(1+a)^{n+1} = (1+a)(1+a)^n$. Or $1 + a > 0$ (car $a \geqslant 0$) et $(1+a)^n \geqslant 1+na$ (car P_n est vraie). Par multiplication membre à membre, on obtient :

$$(1+a)(1+a)^n \geqslant (1+a)(1+na).$$

Comme $(1+a)(1+na) = 1 + na + a + na^2$, $(1+a)(1+na) \geqslant 1+na+a$, car $na^2 \geqslant 0$. Par conséquent : $(1+a)^{n+1} \geqslant 1+(n+1)a$, ce qu'il fallait démontrer.

- **Bilan :** on a bien $\forall\, n \in \mathbb{N} : (1+a)^n \geqslant 1+na$.

Limites des suites

FICHE 2

I Suites convergentes et divergentes

Comment se comportent les termes d'une suite (u_n) lorsque n augmente indéfiniment ?

1. Suites convergentes

• **Définition :** dire qu'une suite est convergente signifie qu'elle a une **limite finie quand n tend vers $+\infty$**. Soit ℓ un nombre réel. Dire que la suite (u_n) converge vers ℓ signifie que tout intervalle ouvert I contenant ℓ contient aussi toutes les valeurs (u_n) à partir d'un certain rang n_0.

• **Formellement :** il existe un entier n_0 tel que, pour tout $n \geqslant n_0$, $u_n \in \text{I}$. On écrit alors $\lim\limits_{n \to +\infty} u_n = \ell$.

• **Intuitivement :** tous les termes u_n s'agglutinent autour de ℓ à partir d'un certain rang.

Exemple : $\lim\limits_{n \to +\infty} \dfrac{1}{n} = 0$.

2. Suites divergentes

• **Définition :** une suite divergente est une suite qui n'est pas convergente.

• Il existe deux types de suites divergentes :
- celles qui ont une limite infinie : c'est le cas de la suite n^2 ;
- celles qui n'ont pas de limite : c'est le cas de la suite $(-1)^n$.

• **Définition :** dire que la suite u_n tend vers $+\infty$ signifie que tout intervalle de la forme $]\text{A} ; +\infty[$ (A étant un nombre réel positif) contient toutes les valeurs de u_n à partir d'un certain rang.

• **Formellement :** il existe un entier n_0 tel que, pour tout $n \geqslant n_0$, $u_n > \text{A}$. On écrit $\lim\limits_{n \to +\infty} u_n = +\infty$.

• **Intuitivement :** les termes u_n dépassent n'importe quel nombre aussi grand que l'on veut, à partir d'un certain rang.

Exemple : $\lim\limits_{n \to +\infty} n^2 = +\infty$.

Remarque : dire que la suite u_n tend vers $-\infty$ signifie que la suite $(-u_n)$ tend vers $+\infty$.

Autrement dit : quel que soit le nombre A négatif, il existe un entier n_0 tel que, pour tout $n \geqslant n_0$, $u_n < A$.

| Exemple : $\lim\limits_{n \to +\infty} (-n^2) = -\infty$.

II Propriétés

• **Unicité de la limite :** lorsqu'elle existe, la limite (finie ou infinie) d'une suite est unique. En effet, les termes d'une suite convergente ne sauraient s'agglutiner simultanément vers deux nombres réels.

• **Conservation des inégalités :** si une suite positive (respectivement négative) est convergente, alors sa limite est positive (respectivement négative). De plus, si (u_n) et (v_n) sont deux suites convergeant respectivement vers ℓ et ℓ' : $u_n \leqslant v_n \Rightarrow \ell \leqslant \ell'$.

• **Suite monotone convergente :** si une suite (u_n) est croissante (respectivement décroissante) et converge vers ℓ, alors on a $u_n \leqslant \ell$ (respectivement $u_n \geqslant \ell$) à partir d'un certain rang.

• **Suites tendant vers l'infini :** considérons deux suites u_n et (v_n) telles que $u_n \leqslant v_n$. Alors $\lim\limits_{n \to +\infty} u_n = +\infty \Rightarrow \lim\limits_{n \to +\infty} v_n = +\infty$; $\lim\limits_{n \to +\infty} v_n = -\infty \Rightarrow \lim\limits_{n \to +\infty} u_n = -\infty$.

III Suite géométrique q^n : résultats à connaître

Soit q un nombre réel distinct de 0 et de 1.

• La suite (q^n) converge si et seulement si $-1 < q < 1$. Sa limite est alors 0.

| Exemples : $\lim\limits_{n \to +\infty} \left(-\frac{1}{2}\right)^n = 0$; $\lim\limits_{n \to +\infty} \left(\frac{2}{3}\right)^n = 0$.

• La suite (q^n) tend vers $+\infty$ si et seulement si $q > 1$.

| Exemples : $\lim\limits_{n \to +\infty} 2^n = +\infty$; $\lim\limits_{n \to +\infty} (1+a)^n = +\infty$ si $a > 0$.

• La suite (q^n) n'a pas de limite si et seulement si $q \leqslant -1$.

| Exemple : la suite $(-3)^n$ n'a pas de limite quand n tend vers $+\infty$.

Convergence des suites

FICHE 3

I Opérations sur les limites

1. Appliquer les théorèmes sur les limites des fonctions

Quand on veut calculer des limites de suites, on peut utiliser les théorèmes relatifs aux fonctions (→ *voir fiche 6, p. 21*).

Exemple : $\lim_{n \to +\infty} \frac{n^2+1}{3n^2+4} = \lim_{n \to +\infty} \frac{n^2}{3n^2} = \frac{1}{3}$.

2. Étude de la convergence

Dans l'hypothèse où on l'on veut savoir si une suite converge, sans vouloir connaître la valeur de la limite, on peut utiliser le tableau suivant qui récapitule le comportement de la suite $(u_n + v_n)$ en fonction de (u_n) et (v_n).

v_n \ u_n	Converge	Diverge
Converge	Converge	Diverge
Diverge	Diverge	On ne peut rien dire

Exemples : 1. $\left(\frac{1}{n}\right)$ converge et $(-1)^n$ diverge donc $\left(\frac{1}{n} + (-1)^n\right)$ diverge.

2. Si $u_n = n$ et $v_n = (-1)^n$, alors (u_n) et (v_n) divergent, ainsi que la somme $(n + (-1)^n)$.

3. Si $u_n = n$ et $v_n = -n$, alors (u_n) et (v_n) divergent ; cependant, $u_n + v_n = 0$ et donc la somme converge.

Remarque : les résultats concernant les produits et les quotients sont à traiter cas par cas, notamment en raison des formes indéterminées liées à ces deux opérations.

II Théorèmes de convergence

1. Théorème de convergence monotone

- **Définitions**

Dire qu'une suite (u_n) est **majorée** par un nombre M (respectivement **minorée** par un nombre m) signifie que, pour tout $n \in \mathbb{N}$, $u_n \leqslant M$ (respectivement $u_n \geqslant m$).

Dire qu'une suite (u_n) est **bornée** signifie qu'elle est à la fois majorée et minorée. Autrement dit, il existe un nombre k tel que, pour tout $\in \mathbb{N}$, $|u_n| \leqslant k$.

- **Théorème**

- Toute suite croissante et majorée converge.
- Toute suite décroissante et minorée converge.
- Toute suite monotone et bornée converge.

- **Remarques**

- Ces théorèmes assurent la convergence d'une suite, mais ne donnent pas la valeur de la limite.
- On sait que toute suite convergente est bornée. Mais il existe des suites bornées et non convergentes ; c'est le cas de $(-1)^n$.
- Il existe des suites convergentes qui n'entrent dans aucun des trois cas précédents.

Exemple : $u_n = \frac{\sin n}{n}$. On sait que $\lim\limits_{n \to +\infty} u_n = 0$. Cependant, (u_n) n'est monotone à partir d'aucun rang, comme le suggère la courbe de $\frac{\sin x}{x}$ ci-dessous.

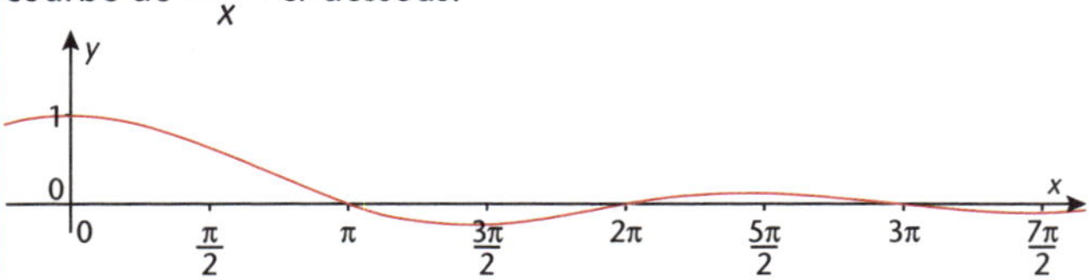

- Toute suite croissante **non majorée** tend vers $+\infty$ et toute suite décroissante **non minorée** tend vers $-\infty$.

2. Théorème des gendarmes

- **Théorème :** soit (u_n), (v_n) et (w_n) trois suites telles que, à partir d'un certain rang, $u_n \leqslant v_n \leqslant w_n$ et ℓ un nombre réel. Si (u_n) et (w_n) convergent toutes les deux vers ℓ, alors (v_n) converge vers ℓ.

- On utilise souvent ce théorème dans le cas où on a $|u_n - \ell| \leqslant v_n$ et $\lim\limits_{n \to +\infty} v_n = 0$. En effet, on dispose alors de l'encadrement $0 \leqslant |u_n - \ell| \leqslant v_n$ et on utilise le théorème précédent :

$$\lim_{n \to +\infty} |u_n - \ell| = 0 \Rightarrow \lim_{n \to +\infty} u_n = \ell.$$

Il en résulte que la suite (u_n) converge vers ℓ.

- De plus, l'encadrement ci-dessus permet d'avoir une approximation de la limite ℓ.

Suites

TEST-BILAN

→ *Réponses au verso.*

Vrai ou faux ? Cochez les affirmations qui sont vraies.

1 Récurrence

a. ☒ La somme des n premiers nombres impairs est un carré parfait.

b. ☒ La somme des n premiers cubes est un carré parfait.

c. ☐ La phase d'initialisation d'un raisonnement par récurrence est facultative.

2 Limites de suites : on considère deux suites (u_n) et (v_n) et un réel ℓ.

a. ☒ Il est possible que l'on ait $\lim\limits_{n\to+\infty} u_n = 0$, $\lim\limits_{n\to+\infty} v_n = 0$ et $\lim\limits_{n\to+\infty} \dfrac{u_n}{v_n} = +\infty$.

b. ■ Si $u_n > 0$ pour tout $n \in \mathbb{N}$, alors $\lim\limits_{n\to+\infty} \dfrac{1}{u_n}$ est finie.

c. ☒ Si $\lim\limits_{n\to+\infty} u_n = \ell$ et $\lim\limits_{n\to+\infty} v_n = -\infty$, alors $\lim\limits_{n\to+\infty} (u_n + v_n) = -\infty$.

d. ☒ $\lim\limits_{n\to+\infty} u_n = 0$, si et seulement si $\lim\limits_{n\to+\infty} |u_n| = 0$.

3 Convergence et divergence des suites

a. ☐ Si une suite est majorée, alors elle converge.

b. ☐ Si une suite est bornée, alors elle converge.

c. ☒ Si une suite est convergente, alors elle est bornée.

d. ☒ Toute suite décroissante et minorée converge.

4 Mélanges

a. ☒ La somme de deux suites divergentes est une suite divergente.

b. ☐ Si $\lim\limits_{n\to+\infty} u_n = +\infty$, alors (u_n) est croissante à partir d'un certain rang.

c. ☒ $\lim\limits_{n\to+\infty} (-1)^n - n = -\infty$.

SCHÉMA-BILAN

Suites : Calculer la limite d'une suite u_n ($n \to +\infty$)

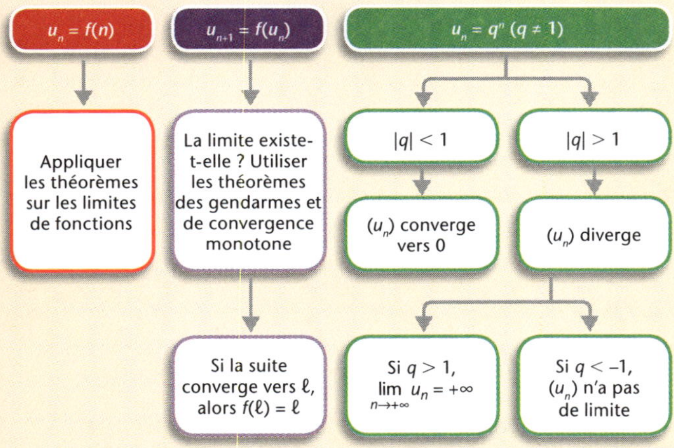

Réponses :

1 a. Vrai. $\sum\limits_{k=1}^{k=n}(2k-1) = n^2$. b. Vrai. $\sum\limits_{k=1}^{k=n}k^3 = \left(\frac{n(n+1)}{2}\right)^2$. c. Faux. **2** a. Vrai. $u_n = \frac{1}{n}$ et $v_n = \frac{1}{n^2}$. b. Faux. $u_n = \frac{1}{n}$. c. Vrai. d. Vrai. **3** a. Faux. $u_n = (-1)^n$. b. Faux. $u_n = (-1)^n$. c. Vrai. d. Vrai. **4** a. Faux. $u_n = (-1)^n$; $v_n = (-1)^{n+1}$; $u_n + v_n = 0$. b. Faux. $u_n = n + (-1)^n$. c. Vrai. $(-1)^n - n \leqslant 1 - n$.

Limite d'une fonction

I Limite d'une fonction à l'infini

Dans toute la suite, on considère un nombre réel ℓ et des fonctions f, g, etc., définies sur des intervalles de la forme $]a\,;+\infty[$ ou $]-\infty\,;a[$, a étant un nombre réel.

1. La limite est finie

• **Définition 1 :** dire que la limite de $f(x)$ quand x tend vers $+\infty$ est égale à ℓ signifie que tout intervalle ouvert contenant ℓ contient tous les nombres $f(x)$ pourvu que x soit suffisamment grand. On écrit alors $\lim\limits_{x \to +\infty} f(x) = \ell$.

• **Définition 2 :** dire que la limite de $f(x)$ quand x tend vers $-\infty$ est égale à ℓ signifie que tout intervalle ouvert contenant ℓ contient tous les nombres $f(x)$ pourvu que x soit suffisamment grand **en valeur absolue**. On écrit alors :

$\lim\limits_{x \to -\infty} f(x) = \ell$.

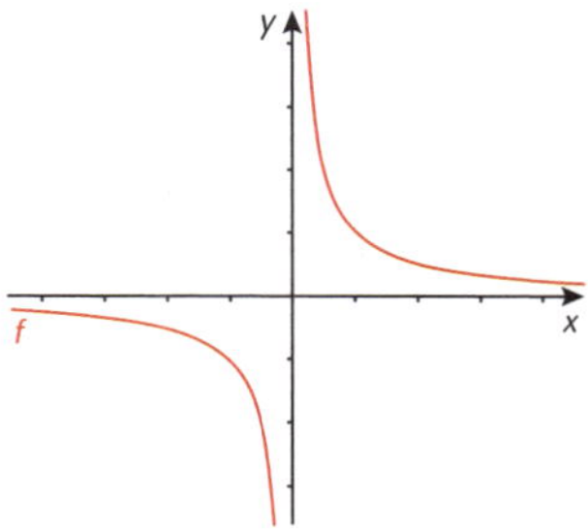

Exemple : $\lim\limits_{x \to +\infty} \dfrac{1}{x} = \lim\limits_{x \to -\infty} \dfrac{1}{x} = 0$.

Sur la figure, on constate que la courbe se rapproche de l'axe des abscisses quand x tend vers $-\infty$ et $+\infty$.

2. La limite est infinie

• **Définition 1 :** dire que la limite de $f(x)$ quand x tend vers $+\infty$ est égale à $+\infty$ signifie que quel que soit le nombre A, on a $f(x) > A$ pourvu que x soit suffisamment grand. On écrit alors $\lim\limits_{x \to +\infty} f(x) = +\infty$.

• **Définition 2 :** dire que la limite de $f(x)$ quand x tend vers $-\infty$ est égale à $+\infty$ signifie que, quel que soit le nombre A, on a $f(x) > A$ pourvu que x soit suffisamment grand **en valeur absolue**.

On écrit alors $\lim\limits_{x \to -\infty} f(x) = +\infty$.

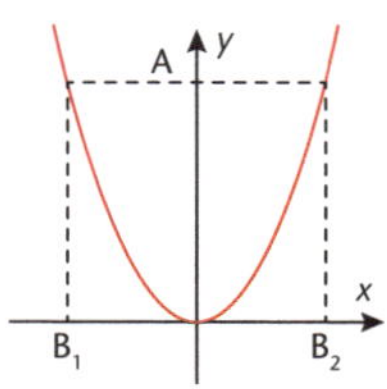

Exemples : $\lim\limits_{x \to +\infty} x^2 = +\infty$ et $\lim\limits_{x \to -\infty} x^2 = +\infty$.

Sur la figure ci-contre, on constate que $x \leqslant B_1 \Rightarrow f(x) > A$ et $x \geqslant B_2 \Rightarrow f(x) > A$.

II Limite d'une fonction quand x tend vers x_0

- Si f est définie en x_0, alors $\lim_{x \to x_0} f(x) = f(x_0)$.

Exemple : $\lim_{x \to 2} x^3 - 1 = 2^3 - 1 = 7$.

- Dans la suite, on suppose que $x_0 \notin D_f$. On dit alors que x_0 est une **borne** de l'ensemble de définition.

1. Cas général

- **Définition 1 :** dire que la limite de $f(x)$ quand x tend vers x_0 est égale à $+\infty$ signifie que, un nombre A étant donné, $f(x)$ dépasse A pourvu que x soit suffisamment proche de x_0.
On écrit $\lim_{x \to x_0} f(x) = +\infty$.

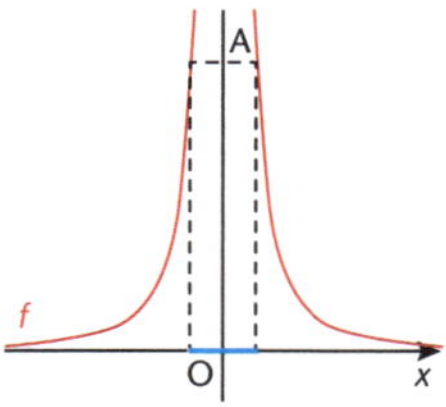

Exemple : $\lim_{x \to 0} \frac{1}{x^2} = +\infty$.
Sur la figure, on voit que si on choisit x dans l'intervalle bleu, $\frac{1}{x^2}$ dépasse A.

- **Définition 2 :** dire que la limite de $f(x)$ quand x tend vers x_0 est égale à $-\infty$ signifie que, un nombre A étant donné, $f(x)$ est inférieur à A pourvu que x soit suffisamment proche de x_0. On écrit $\lim_{x \to x_0} f(x) = -\infty$.

Exemple : $\lim_{x \to 0} -\frac{1}{x^2} = -\infty$.

2. Limite à droite, limite à gauche

Définition : dire que la limite de $f(x)$ quand x tend vers x_0 à droite (respectivement à gauche) est égale à $+\infty$ signifie que, un nombre A étant donné, $f(x)$ dépasse A pourvu que x soit suffisamment proche de x_0 **et** que $x > x_0$ (respectivement $x < x_0$). On écrit $\lim_{x \to x_0^+} f(x) = +\infty$ (respectivement $\lim_{x \to x_0^-} f(x) = +\infty$). On définirait de même $\lim_{x \to x_0^-} f(x) = -\infty$ et $\lim_{x \to x_0^+} f(x) = -\infty$.

Détermination des limites

FICHE 6

I Opérations

On étudie ici les limites éventuelles des fonctions en x_0, celui-ci pouvant être un réel ou $-\infty$ ou $+\infty$. ℓ est un nombre réel.

1. Somme

Valeur de la limite de f	Valeur de la limite de g	Limite éventuelle de $f+g$
ℓ	ℓ'	$\ell+\ell'$
ℓ ou $+\infty$	$+\infty$	$+\infty$
ℓ ou $-\infty$	$-\infty$	$-\infty$
$+\infty$	$-\infty$	Forme indéterminée

Exemple : $\lim\limits_{x\to+\infty} x^2 = +\infty$ et $\lim\limits_{x\to+\infty} x = +\infty$ donc $\lim\limits_{x\to+\infty} (x^2+x) = +\infty$.

2. Produit

Valeur de la limite de f	Valeur de la limite de g	Limite éventuelle de $f \times g$
ℓ	ℓ'	$\ell \times \ell'$
$\ell \neq 0$	$+\infty$ ou $-\infty$	∞ avec la règle des signes*
0	$+\infty$ ou $-\infty$	Forme indéterminée
$+\infty$ ou $-\infty$	$+\infty$ ou $-\infty$	∞ avec la règle des signes*

* $(-5)\times(+\infty) = -\infty$; $(+\infty)\times(-\infty) = -\infty$; etc.

3. Quotient

Valeur de la limite de f	Valeur de la limite de g	Limite éventuelle de $\frac{f}{g}$
ℓ	$\ell' \neq 0$	$\frac{\ell}{\ell'}$
ℓ	∞	0
0	0	Forme indéterminée
∞	∞	Forme indéterminée
∞ ou $\ell \neq 0$	0	∞ avec la règle des signes*

* $\frac{+\infty}{0^+} = +\infty$; $\frac{-\infty}{0^+} = -\infty$; etc.

4. Composition

Lorsque la composition est possible :

- si $\lim_{x \to x_0} g(x) = \ell$ alors $\lim_{x \to x_0} f(g(x)) = f(\ell)$;
- si $\lim_{x \to x_0} g(x) = +\infty$ alors $\lim_{x \to x_0} f(g(x)) = \lim_{x \to +\infty} f(x)$. La même règle s'applique si $\lim_{x \to x_0} g(x) = -\infty$.

II Formes indéterminées

Lorsque les règles du paragraphe précédent ne fournissent pas de renseignement sur le calcul de la limite d'une somme, d'un produit ou d'un quotient, on dit que ce calcul conduit à une forme indéterminée. Cela ne signifie pas que la fonction étudiée n'a pas de limite.

1. Cas des polynômes

- **La limite d'un polynôme quand x tend vers l'infini** (et uniquement dans ce cas) est égale à la limite de son terme de plus haut degré.

Exemple : $\lim_{x \to +\infty} 5x^2 - x + 10 = \lim_{x \to +\infty} 5x^2 = +\infty$.

- **La limite du quotient de deux polynômes quand x tend vers l'infini** (et uniquement dans ce cas) est égale à la limite du quotient de ses termes de plus haut degré.

Exemple : $\lim_{x \to -\infty} \dfrac{x-5}{2x^2 - x + 1} = \lim_{x \to -\infty} \dfrac{x}{2x^2} = \lim_{x \to -\infty} \dfrac{1}{2x} = 0$.

- **Dans le cas des quotients, quand x tend vers une valeur interdite x_0**, il faut souvent étudier les limites quand x tend vers x_0^- et quand x tend vers x_0^+ du numérateur et du dénominateur.

Exemple : posons $f(x) = \dfrac{x^2}{5-x}$.

Quand $\to 5^-$ $\left.\begin{array}{l} x^2 \to 25 \\ 5 - x \to 0^+ \end{array}\right\} \Rightarrow f(x) \to +\infty$.

De même, $\lim_{x \to 5^+} f(x) = -\infty$.

2. Cas des fonctions logarithmes et exponentielles

→ *Voir fiche 14, p. 37, et fiche 18, p. 45.*

Comportement asymptotique

On considère une fonction f, son ensemble de définition D_f et sa courbe $\mathscr{C}_f$.

I Asymptotes verticales

- **Définition :** soit a un nombre réel. Dire que la droite d'équation $x = a$ est asymptote à $\mathscr{C}_f$ signifie que la limite de $f(x)$ quand x tend vers a est infinie.

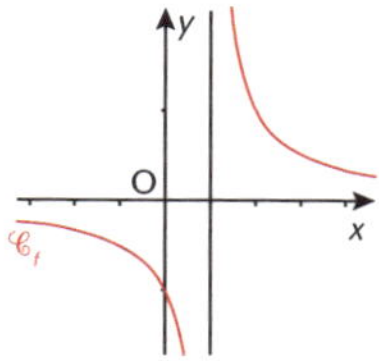

Figure 1

Exemple : si $f(x) = \dfrac{1}{x-1}$, alors la droite d'équation $x = 1$ est asymptote à $\mathscr{C}_f$.

- Si a est une borne de D_f et n'appartient pas à D_f, alors il est possible que $\mathscr{C}_f$ ait une asymptote verticale d'équation $x = a$ mais ce n'est pas automatique.

Exemple : $f(x) = \dfrac{\sin x}{x}$, $0 \notin D_f$.
Cependant, $\lim\limits_{x \to 0} f(x) = 1$ (figure 2) et donc $\mathscr{C}_f$ n'a pas d'asymptote verticale d'équation $x = 0$.

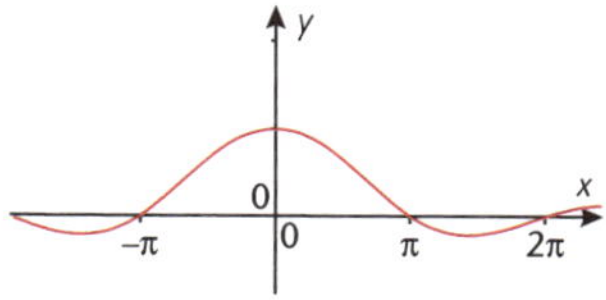

Figure 2

- Une courbe peut avoir autant d'asymptotes verticales que l'on veut. Si $f(x) = \dfrac{1}{x-1} + \dfrac{1}{x-2} + \dfrac{1}{x-3}$, alors $\mathscr{C}_f$ a trois asymptotes verticales : $x = 1$, $x = 2$ et $x = 3$.

II Asymptotes obliques

- **Définition :** soit a et b deux nombres. Dire que la droite $\mathscr{D}$ d'équation $y = ax + b$ est asymptote à $\mathscr{C}_f$ en $+\infty$ (respectivement en $-\infty$) signifie que $\lim\limits_{x \to +\infty} |f(x) - (ax+b)| = 0$ (respectivement $\lim\limits_{x \to -\infty} |f(x) - (ax+b)| = 0$).
Cela équivaut à dire qu'il existe une fonction g tendant vers 0 en $+\infty$ (respectivement en $-\infty$) telle que $f(x) = ax + b + g(x)$.

- **Interprétation :** $|f(x) - (ax+b)|$ est la distance entre la courbe et la droite $\mathscr{D}$. Dire qu'elle tend vers 0 signifie que $\mathscr{C}_f$ se rapproche de $\mathscr{D}$ quand x tend vers $+\infty$ ou vers $-\infty$. Ainsi $\mathscr{D}$ « aimante » $\mathscr{C}_f$.

• **Remarques**

1. $\mathscr{C}_f$ peut avoir deux asymptotes obliques, mais pas plus. C'est le cas de f définie par :

$$f(x)=\begin{cases} x+\dfrac{1}{x} \text{ si } x<0 \\ 2x+\dfrac{1}{x+1} \text{ si } x>0\,. \end{cases}$$

Ce sont les droites d'équation $y = x$ (en $-\infty$) et $y = 2x$ (en $+\infty$).

2. $\mathscr{C}_f$ peut couper une infinité de fois son asymptote oblique.

En effet, posons $f(x)=x+\dfrac{\sin x}{x}$. La droite $\mathscr{D}$ d'équation $y = x$ est asymptote à $\mathscr{C}_f$ en $+\infty$. La lecture de la courbe montre que $\mathscr{C}_f$ coupe $\mathscr{D}$ en une infinité de points. (Pour plus de clarté, on a tracé $x+10\dfrac{\sin(3x)}{x}$.)

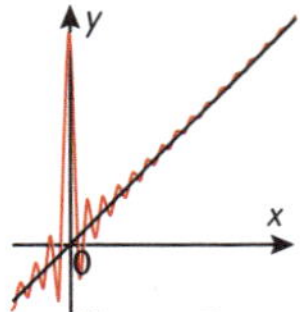

Figure 3

3. Pour déterminer les positions relatives de $\mathscr{C}_f$ et $\mathscr{D}$, on examine le signe de la différence $f(x) - (ax + b)$ c'est-à-dire le signe de $g(x)$:
- si ce signe est positif, alors $f(x) \geqslant (ax + b)$ donc $\mathscr{C}_f$ est au-dessus de $\mathscr{D}$;
- si ce signe est négatif, alors $f(x) \leqslant (ax + b)$ donc $\mathscr{C}_f$ est en dessous de $\mathscr{D}$.

III Asymptotes horizontales

• **Définition :** soit b un nombre. Dire que la droite $\mathscr{D}$ d'équation $y = b$ est asymptote à $\mathscr{C}_f$ en $+\infty$ (respectivement en $-\infty$) signifie que $\lim\limits_{x\to+\infty} f(x)=b$ (respectivement $\lim\limits_{x\to-\infty} f(x)=b$). Cela équivaut à dire qu'il existe une fonction g tendant vers 0 en $+\infty$ (respectivement en $-\infty$) telle que $f(x) = b + g(x)$.

• Une asymptote horizontale est un cas particulier d'une asymptote oblique. Les deux remarques du paragraphe précédent s'appliquent.

Exemple : $f(x)=\dfrac{3x}{x+1}$.

$$\lim_{x\to+\infty} f(x)=\lim_{x\to+\infty}\frac{3x}{x}=3.$$

La droite d'équation $y = 3$ est donc asymptote horizontale à $\mathscr{C}_f$ en $+\infty$ (et aussi en $-\infty$).

Continuité et (in)équations

FICHE 8

I Continuité

• Intuitivement, une **fonction continue** sur un intervalle est une fonction dont on peut tracer la courbe sans lever le crayon.

• À l'inverse, la courbe d'une **fonction discontinue** sur un intervalle présente des **cassures**.

• Toutes les fonctions polynômes et rationnelles (quotients de polynômes) ainsi que les fonctions logarithme, exponentielle et trigonométriques et leurs composées sont continues sur les intervalles de leurs ensembles de définition.

> **Exemple :** posons $f(x) = \begin{cases} x+1 \text{ si } x \leqslant 0 \\ x \text{ si } x > 0 \end{cases}$.
>
> La fonction f est discontinue sur $\mathbb{R}$ et 0 est son point de discontinuité (figure 1). Elle est continue sur tout intervalle ne contenant pas 0.

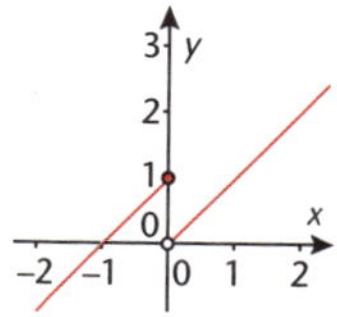

Figure 1

II Résolution d'équations et d'inéquations

1. De quoi s'agit-il ?

• On sait résoudre des équations et des inéquations mettant en jeu des polynômes de degré inférieur ou égal à 2. Pour les degrés supérieurs, c'est plus compliqué ; et pour les (in)équations mettant en jeu des fonctions transcendantes (logarithme, exponentielle, trigonométrique), la résolution exacte est impossible en général.

• Il faut trouver une méthode qui permette :
- d'affirmer que telle (in)équation a des solutions ou non ;
- de trouver une approximation de ces solutions.

2. Le théorème des valeurs intermédiaires (tvi)

• Le théorème des valeurs intermédiaires répond au premier point.

• **Théorème :** soit f une fonction continue sur un intervalle I, a et b deux points de I. Alors, pour tout nombre k compris entre $f(a)$ et $f(b)$, il existe un nombre c tel que $f(c) = k$.

• Sur la figure 2, on voit que l'équation $f(x) = k$ a trois solutions : c_0, c_1, c_2.

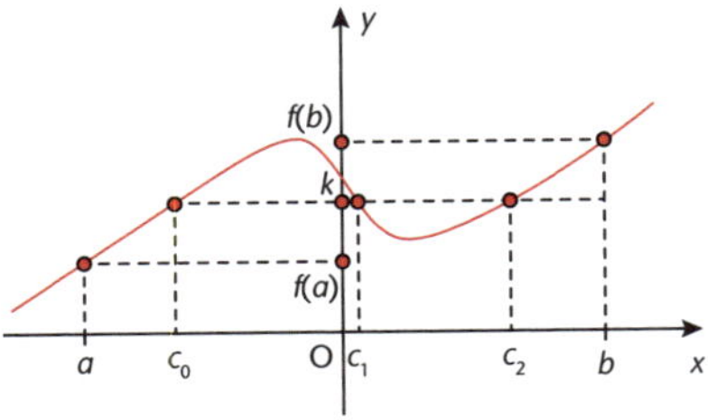

Figure 2

• L'hypothèse de continuité est capitale. Sur la figure 3, k est compris entre $f(a)$ et $f(b)$; cependant, **l'équation $f(x) = k$ n'a pas de solution car f est discontinue sur l'intervalle $[a ; b]$.**

• **Corollaire 1 :** dans les conditions du tvi et si, **de plus**, f est **strictement** monotone, alors l'équation $f(x) = k$ a une solution unique dans $[a ; b]$.

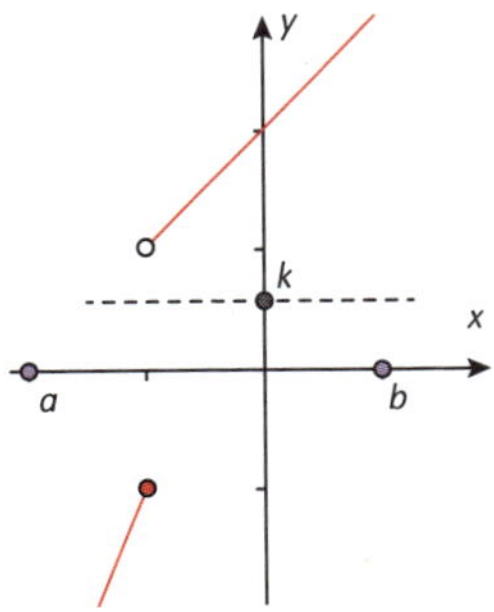

Figure 3

• **Corollaire 2 :** dans les conditions du tvi et si, **de plus**, $f(a)$ et $f(b)$ sont de signes contraires, alors l'équation $f(x) = 0$ a au moins une solution dans $[a ; b]$, et cette solution est unique si f est **strictement** monotone.

• Le tvi et ses corollaires montrent l'existence (ou non) de solutions à des équations. En cas d'existence, les exercices proposent des méthodes d'approximation des solutions, fondées sur l'étude de suites. La calculatrice (menu SOLVE) est aussi très utile dans ce cas.

• On peut résoudre graphiquement l'inéquation $f(x) > k$. Dans le cas de la figure 2, les solutions sont les nombres de l'ensemble $]c_0 ; c_1[\cup]c_2 ; b[$.

BILAN

Limites des fonctions

FICHE 9

TEST-BILAN

→ *Réponses au verso.*

Vrai ou faux ? Cochez les affirmations qui sont vraies. x_0 désigne un nombre ou $-\infty$ ou $+\infty$.

1 Notion de limite

a. ☐ Si $f(x)$ est positif sur D_f, alors il est possible que $\lim_{x \to x_0} f(x) = -1$.

b. ☒ Si $x_0 \in D_f$ et f est continue, alors $\lim_{x \to x_0} f(x)$ existe et est finie.

c. ☒ Si $\lim_{x \to x_0} f(x)$ existe, alors, si on peut les calculer, $\lim_{x \to x_0^-} f(x) = \lim_{x \to x_0^+} f(x)$.

2 Détermination des limites

a. ☐ 0×0 est une forme indéterminée.

b. ☒ $0 \times (+\infty)$ est une forme indéterminée.

c. ☒ Si $\lim_{x \to x_0} g(x) = -\infty$, alors $\lim_{x \to x_0} \frac{f(x)}{g(x)} = 0$.

3 Asymptotes

a. ☒ Pour que $\mathscr{C}_f$ ait une asymptote oblique en $+\infty$, il faut que $\lim_{x \to +\infty} f(x)$ soit infinie.

b. ☐ Pour que $\mathscr{C}_f$ ait une asymptote oblique en $+\infty$, il suffit que $\lim_{x \to +\infty} f(x)$ soit infinie.

4 Continuité et (in)équations

a. ☐ Si f est continue sur $[1 ; 2[$ et sur $[2 ; 3]$, alors f est continue sur $[1 ; 3]$.

b. ☐ Si f est strictement croissante sur $[a ; b]$, alors, pour tout nombre k compris entre $f(a)$ et $f(b)$, l'équation $f(x) = k$ a une solution unique.

SCHÉMA-BILAN

Résolution d'équations

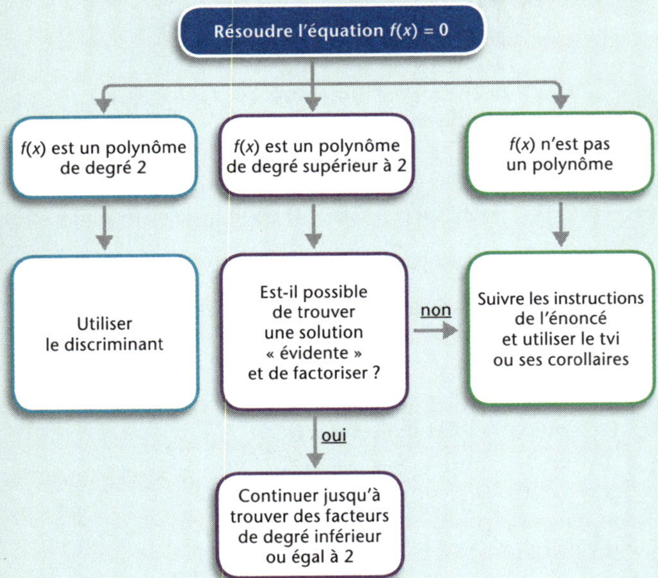

Réponses :

1 **a.** Faux. Des nombres positifs ne peuvent pas s'agglutiner autour de −1.
b. Faux. Si f est continue, alors $\lim_{x \to x_0} f(x) = f(x_0)$. **c.** Vrai. **2** **a.** Faux. $0 \times 0 = 0$!
b. Vrai. **c.** Faux. Si $f(x) = x^2$ et $g(x) = x$, $\lim_{x \to -\infty} \frac{f(x)}{g(x)} = \lim_{x \to -\infty} (x) = -\infty$. **3** **a.** Vrai.
b. Faux. Si $f(x) = x^2$, $\mathscr{C}_f$ n'a pas d'asymptote oblique. **4** **a.** Faux.
$f(x) = \begin{cases} 1 \text{ si } x \in [1\,;2[\\ -1 \text{ si } x \in [2\,;3] \end{cases}$; f est discontinue en 2. **b.** Faux. Il faut la continuité en plus.

Dérivées

FICHE 10

I Formules élémentaires

Dérivées élémentaires de fonctions f sur un intervalle I

	$f(x)$	$f'(x)$	I	Remarque
1	Constante	0	$\mathbb{R}$	
2	$ax+b$	a	$\mathbb{R}$	a et b constantes
3	x^n	nx^{n-1}	$\mathbb{R}$	$n \in \mathbb{N}^*$
4	$\frac{1}{x^n}$	$-\frac{n}{x^{n+1}}$	$\mathbb{R}^{-*}$ et $\mathbb{R}^{+*}$	$n \in \mathbb{N}^*$
5	$\sqrt{x}$	$\frac{1}{2\sqrt{x}}$	$\mathbb{R}^{+*}$	

- Grâce à la ligne 4 et en posant $n = 1$, on trouve :
$f(x) = \frac{1}{x} \Rightarrow f'(x) = -\frac{1}{x^2}$.

- Les lignes 3 et 4 se généralisent au cas où n est une fraction.

Exemple : $f(x) = \frac{1}{x^4} \Rightarrow f'(x) = -\frac{4}{x^5}$ (ligne 4 avec $n = 4$).

- Dans le tableau ci-contre, u et v sont deux fonctions dérivables sur un intervalle I, et λ est un réel.

- On retrouve le résultat de la ligne 5 en posant $u = 1$ dans la ligne 4.

	Fonction	Dérivée
1	λu	$\lambda u'$
2	$u+v$	$u'+v'$
3	uv	$u'v+uv'$
4	$\frac{u}{v}$	$\frac{u'v-uv'}{v^2}$
5	$\frac{1}{u}$	$-\frac{u'}{u^2}$

Exemples :

1. Posons $f(x) = \sin x \cos x$ (ligne 3 avec $u(x) = \sin x$ et $v(x) = \cos x$). Alors $f'(x) = \sin'(x)\cos x + \sin x \cos'(x) = \cos x \cos x + \sin x(-\sin x) = \cos^2 x - \sin^2 x$.

Si on se rappelle que $\cos^2 x - \sin^2 x = \cos(2x)$, on obtient $f'(x) = \cos(2x)$.

On aurait pu écrire aussi $f(x) = \frac{1}{2}\sin(2x)$. Puisque la dérivée de $\sin(2x)$ est $2\cos(2x)$ (voir II.2.), on trouve $f'(x) = \frac{1}{2} 2\cos(2x) = \cos(2x)$.

2. $f(x) = \frac{5}{x^6} \Rightarrow f(x) = 5 \times \frac{1}{x^6} \Rightarrow f'(x) = 5 \times \left(-\frac{6}{x^7}\right) = -\frac{30}{x^7}$.

II Dérivées de composées

1. Dérivée de $\sqrt{u}$

Théorème : on considère une fonction u définie et dérivable sur un intervalle où elle est positive. Alors la fonction f définie par $f(x)=\sqrt{u(x)}$ est dérivable en tout point où $u(x) > 0$ et on a $f'(x)=\dfrac{u'(x)}{2\sqrt{u(x)}}$.

2. Dérivée de u^n, $n \in \mathbb{N}^*$

- **Théorème :** on considère une fonction u définie et dérivable sur un intervalle. Alors la fonction f définie par $f(x)=(u(x))^n$ est dérivable et on a $f'(x) = nu'(x)(u(x))^{n-1}$.
- On retient la formule en disant que **la dérivée de u^n est $nu'u^{n-1}$**.
- La formule peut se généraliser au cas où n est une fraction en prenant certaines précautions sur u.
- a et b étant deux réels, si on pose $u(x) = ax + b$, alors :
$f(x) = (ax + b)^n \Rightarrow f'(x) = na(ax + b)^{n-1}$.

Exemples :
1. Posons $f(x) = \cos^2 x$, c'est-à-dire $(\cos x)^2$. Ici, $u(x) = \cos x$. f est dérivable sur $\mathbb{R}$ et $f'(x) = 2(-\sin x) \cos x = -2 \sin x \cos x$.
2. Posons $f(x) = (5x + 1)^3$. Ici, $u(x) = 5x + 1$. f est dérivable sur $\mathbb{R}$ et $f'(x) = 3 \times 5(5x + 1)^2 = 15(5x + 1)^2$.

3. Dérivée de $f(ax + b)$

- **Théorème :** soit a et b deux nombres et f une fonction dérivable. Posons $g(x) = f(ax + b)$. On suppose qu'il est possible de calculer $g(x)$ pour tout x d'un intervalle. Alors la fonction g est dérivable sur I et on a $g'(x) = af'(ax + b)$.

Exemple : Posons $g(x) = \sin(3x - 1)$. La fonction f est la fonction sinus ; elle est dérivable sur $\mathbb{R}$. Il en est de même de g et on a $g'(x) = 3 \sin'(3x - 1)= 3 \cos(3x - 1)$. En effet, $\sin' = \cos$.

- **Cas particuliers :** l'exemple précédent se généralise.
$g(x) = \cos(ax + b) \Rightarrow g'(x) = -a \sin(ax + b)$
$g(x) = \sin(ax + b) \Rightarrow g'(x) = a \cos(ax + b)$

FICHE 11

Fonctions trigonométriques

I Propriétés algébriques des fonctions cosinus et sinus

On a défini en classe de Première les fonctions sinus et cosinus à l'aide du cercle trigonométrique.

Pour tout $x \in \mathbb{R}$:

- **Relation de Pythagore :** $\cos^2 x + \sin^2 x = 1$.
- **Formules de transformation :**

$\cos(\pi + x) = -\cos x$	$\cos(\pi - x) = -\cos x$	$\sin(\pi + x) = -\sin x$	$\sin(\pi - x) = \sin x$
$\cos\left(\frac{\pi}{2} + x\right) = -\sin x$	$\cos\left(\frac{\pi}{2} - x\right) = \sin x$	$\sin\left(\frac{\pi}{2} + x\right) = \cos x$	$\sin\left(\frac{\pi}{2} - x\right) = \cos x$

- **Périodicité :** les fonctions cosinus et sinus sont périodiques de période 2π, c'est-à-dire $\cos(2\pi + x) = \cos x$ et $\sin(2\pi + x) = \sin x$. Donc, pour tout $k \in \mathbb{Z}$: $\cos(2k\pi + x) = \cos x$ et $\sin(2k\pi + x) = \sin x$.

- **Parité :** la fonction cosinus est paire et la fonction sinus est impaire. $\cos(-x) = \cos x$ et $\sin(-x) = -\sin x$.

II Étude des fonctions cosinus et sinus

1. Dérivées

Pour tout $x \in \mathbb{R}$: $\cos'(x) = -\sin(x)$ et $\sin'(x) = \cos(x)$.

Tableaux de variation sur $[0;\pi]$

x	0		π
$\cos'(x)$		$-$	
$\cos(x)$	1	↘	-1

x	0		$\frac{\pi}{2}$		π
$\sin'(x)$		$+$	0	$-$	
$\sin(x)$	0	↗	1	↘	0

2. Courbes

On a commencé à tracer les courbes sur $[0;\pi]$ selon le tableau de variation. On a ensuite complété par symétrie (par rapport à l'axe des ordonnées pour cosinus et par rapport à l'origine pour sinus). On a ainsi obtenu les parties en trait continu sur le schéma ci-après. Enfin, on a reproduit le motif par translations de vecteurs $2k\pi\vec{i}$ $(k \in \mathbb{Z})$.

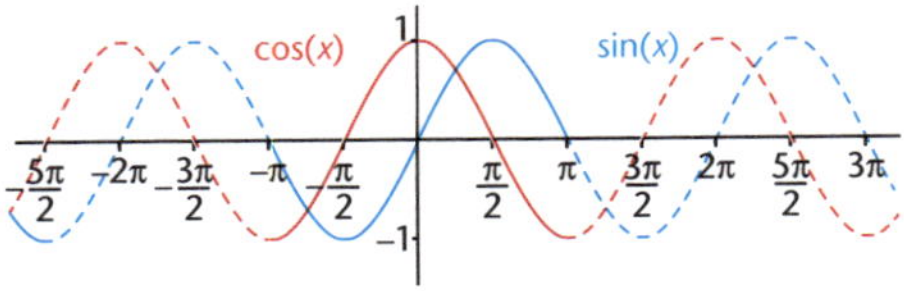

3. Une forme indéterminée « $\frac{0}{0}$ »

En utilisant le nombre dérivé en 0, on obtient $\lim\limits_{x \to 0} \frac{\sin(x)}{x} = 1$ car

$$\lim_{x \to 0} \frac{\sin(x)}{x} = \lim_{x \to 0} \frac{\sin(x) - \sin(0)}{x - 0} = \sin'(0) = \cos(0) = 1.$$

III Application : la fonction tangente

- La fonction tangente est définie, pour tout x différent de $\frac{\pi}{2} + k\pi$ ($k \in \mathbb{Z}$), par $\tan(x) = \frac{\sin(x)}{\cos(x)}$.
- Elle est **périodique de période π** car, pour tout $x \in D_{tan}$:

$$\tan(\pi + x) = \frac{\sin(\pi + x)}{\cos(\pi + x)} = \frac{-\sin x}{-\cos x} = \tan x.$$

- Elle est **impaire** car $\tan(-x) = \frac{\sin(-x)}{\cos(-x)} = \frac{-\sin(x)}{\cos(x)} = -\tan(x)$.
- **Dérivée sur $[0 ; \frac{\pi}{2}[$:**

$$\tan'(x) = \frac{\sin'(x)\cos(x) - \sin(x)\cos'(x)}{\cos^2(x)} = \frac{\cos^2 x + \sin^2 x}{\cos^2 x} \Rightarrow \tan'(x) = \frac{1}{\cos^2 x}$$

- **Limite :** quand $x \to \frac{\pi}{2}^-$, $\left.\begin{array}{l}\sin x \to 1 \\ \cos x \to 0^+\end{array}\right\} \Rightarrow \tan x \to +\infty.$
- **Tableau de variation et asymptote :**

x	0		$\frac{\pi}{2}$
$\tan'(x)$		$+$	
$\tan(x)$	0	↗	$+\infty$

La droite d'équation $x = \frac{\pi}{2}$ est donc asymptote à la courbe.

Compléments sur les fonctions

TEST-BILAN

→ *Réponses au verso.*

Vrai ou faux ? Cochez les affirmations qui sont vraies.
On considère dans la suite des fonctions *f*, *u*, *v*,... dérivables et des entiers naturels *n* non nuls.

1 Dérivées usuelles

a. ☐ La dérivée de uv est $u'v + uv'$.

b. ☐ Quand elle existe, la dérivée de $\frac{u}{v}$ est $\frac{uv' - u'v}{v^2}$.

c. ☐ La dérivée de $\frac{1}{x}$ est $-\frac{1}{x^2}$.

d. ☐ La dérivée de $\sqrt{x}$ est $\frac{1}{\sqrt{x}}$.

2 Dérivées élaborées

On suppose que les dérivées demandées existent.

a. ☐ La dérivée de u^n est nu^{n-1}.

b. ☐ La dérivée de $\cos(3x)$ est $3\sin(3x)$.

3 Fonctions trigonométriques

a. ☐ $\cos(\pi + x) = \cos(\pi - x) = -\cos x$.

b. ☐ $\sin\left(\frac{\pi}{2} + x\right) = \sin\left(\frac{\pi}{2} - x\right) = \cos x$.

c. ☐ La fonction sinus est périodique de période π.

d. ☐ La fonction cosinus est paire et la fonction sinus est impaire.

e. ☐ La fonction sinus est croissante sur l'intervalle $[0 ; \pi]$.

4 Mélanges

a. ☐ Sur $]0 ; \pi[$: $f(x) = \sqrt{\sin x} \Rightarrow f'(x) = \frac{\cos x}{2\sqrt{\sin x}}$.

b. ☐ La dérivée de $(\cos x)^4$ est $-4\sin x(\cos x)^3$.

SCHÉMAS-BILANS

Dérivées élaborées

Fonction	Dérivée
$\sqrt{u}$	$\dfrac{u'}{2\sqrt{u}}$
u^n	$nu'u^{n-1}$
$f(ax+b)$	$af'(ax+b)$

Fonctions trigonométriques

Propriété	Fonction		
	cosinus	sinus	tangente
Définie sur $\mathbb{R}$	👍	👍	👎
Périodique de période 2π	👍	👍	👎
Paire	👍	👎	👎
Impaire	👎	👍	👍
$f(\pi + x) = f(x)$	👎	👎	👍
$f(\pi - x) = f(x)$	👎	👍	👎
Monotone sur $\left[0\,;\dfrac{\pi}{2}\right[$	👍	👍	👍

Réponses :

❶ **a.** Vrai. **b.** Faux. $\left(\dfrac{u}{v}\right)' = \dfrac{u'v - uv'}{v^2}$. **c.** Vrai. **d.** Faux. $\dfrac{1}{2\sqrt{x}}$.
❷ **a.** Faux. $nu'u^{n-1}$. **b.** Faux. $-3\sin(3x)$. ❸ **a.** Vrai. **b.** Vrai. **c.** Faux. La période est 2π. **d.** Vrai. **e.** Faux. ❹ **a.** Vrai. **b.** Vrai.

Fonction exponentielle : définition et propriétés

FICHE 13

I Étude de la fonction exponentielle

1. Définition

- Il existe une unique fonction f définie sur $\mathbb{R}$, dérivable, dont la dérivée est égale à elle-même et vérifie $f(0) = 1$.
- Cette fonction s'appelle la fonction exponentielle et se note **exp**.
- Ainsi, pour tout $x \in \mathbb{R}$, $\exp'(x) = \exp(x)$ et $\exp(0) = 1$.

2. Variations

x	$-\infty$	0	1	$+\infty$
e^x	0 ↗	1 ↗	e ↗	$+\infty$

$e^x = e^y \Leftrightarrow x = y$ et $e^x \geqslant e^y \Leftrightarrow x \geqslant y$.

3. Courbe $\mathscr{C}_f$

$\mathscr{C}_f$ est convexe et ressemble au profil gauche de la tour Eiffel.

- **Équations de tangentes :**
  - au point d'abscisse 0, $y = x + 1$;
  - au point d'abscisse 1 : $y = ex$ (elle passe par l'origine du repère).
- L'axe des abscisses est asymptote à la courbe en $-\infty$.

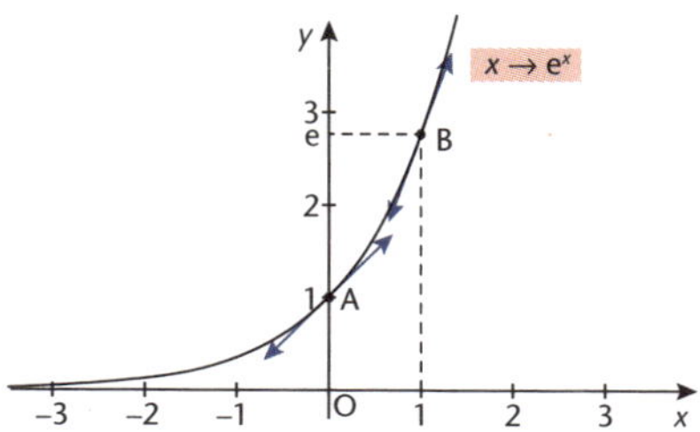

II Propriétés algébriques

- Soit a et b deux nombres réels, n une fraction.

1	**Exponentielle d'une somme**	$\exp(a+b)=\exp(a)\exp(b)$	$e^{a+b}=e^a\times e^b$
2	**Exponentielle de l'opposé**	$\exp(-b)=\dfrac{1}{\exp(b)}$	$e^{-b}=\dfrac{1}{e^b}$
3	**Exponentielle d'une différence**	$\exp(a-b)=\dfrac{\exp(a)}{\exp(b)}$	$e^{a-b}=\dfrac{e^a}{e^b}$
4	**Exponentielle d'un produit**	$\exp(na)=(\exp(a))^n$	$e^{na}=(e^a)^n$

- Les propriétés 2, 3 et 4 se déduisent toutes de la propriété 1, appelée parfois propriété fondamentale de la fonction exponentielle.

- Ainsi, $\exp(b+(-b))=\exp(0)=1$.
D'autre part, $\exp(b+(-b))=\exp(b)\exp(-b)$ d'après 1. Donc : $\exp(b)\exp(-b)=1$; ce qui implique d'une part que $\exp(-b)\neq 0$ et d'autre part que $\exp(-b)=\dfrac{1}{\exp(b)}$, ce qu'il fallait démontrer.

- D'autre part, $\exp(a-b)=\exp(a+(-b))=\exp(a)\exp(-b)$
$=\exp(a)\times\dfrac{1}{\exp(b)}=\dfrac{\exp(a)}{\exp(b)}$, ce qu'il fallait démontrer.

- Dans le cas où $n=\dfrac{1}{2}$, la propriété 4 s'applique encore et

$$e^{\frac{1}{2}a}=(e^a)^{\frac{1}{2}}\Rightarrow e^{\frac{1}{2}a}=\sqrt{e^a}.$$

Ne pas confondre les expressions e^{x^2} **et** $(e^x)^2$: par exemple, si $x=3$, $e^{x^2}=e^9$ et $(e^x)^2=(e^3)^2=e^6$. En général, $(e^x)^2=e^{2x}$.

- Dans le cas où $n=-\dfrac{1}{2}$, la propriété 4 s'applique encore et :

$$e^{-\frac{1}{2}a}=(e^a)^{-\frac{1}{2}}\Rightarrow e^{-\frac{1}{2}a}=\frac{1}{\sqrt{e^a}}$$

- Les formules ci-dessus sont à rapprocher de celles vues au collège sous la forme $a^{n+p}=a^na^p$; $a^{-n}=\dfrac{1}{a^n}$ et $a^{n-p}=\dfrac{a^n}{a^p}$.

Fonction exponentielle : (in)équations et limites

FICHE 14

I Équations et inéquations

1. Résolutions élémentaires

Théorème : soit a un nombre réel.

- L'équation d'inconnue x $e^x = a$ admet une solution unique si et seulement si $a > 0$. Cette solution est $\ln a$. Donc, si $a > 0$:

$$e^x = a \Leftrightarrow x = \ln a.$$

- L'inéquation d'inconnue x $e^x \leqslant a$ a des solutions si et seulement si $a > 0$. Dans ce cas, on a $e^x \leqslant a \Leftrightarrow x \leqslant \ln a$. Les solutions sont donc les nombres de l'intervalle $]-\infty\,; \ln a]$.
- L'inéquation d'inconnue x $e^x \geqslant a$ a toujours des solutions. Si $a \leqslant 0$, tous les nombres sont solutions et si $a > 0$, $e^x \geqslant a \Leftrightarrow x \geqslant \ln a$.

2. Résolutions se ramenant à l'étude de polynômes

Exemples :

1. Résoudre l'équation $e^{2x} + 4e^x - 5 = 0$.

On pose $X = e^x$. Alors $X^2 = e^{2x}$ et $e^{2x} + 4e^x - 5 = 0 \Leftrightarrow X^2 + 4X - 5 = 0$.

On trouve $\Delta = 36$ et deux solutions $X_1 = 1$ et $X_2 = -5$. On cherche alors x_1 et x_2 de telle sorte que $e^{x_1} = 1$ et $e^{x_2} = -5$. Seule la première équation fournit une solution, et on trouve $x_1 = 0$.

Finalement, l'équation proposée admet une solution unique qui est 0.

2. Résoudre l'inéquation $e^{2x} + 4e^x - 5 > 0$. Avec les notations ci-dessus, l'inéquation équivaut à $X^2 + 4X - 5 > 0$. D'après le signe d'un polynôme du second degré, $X^2 + 4X - 5 > 0 \Leftrightarrow X < -5$ ou $X > 1$, c'est-à-dire $e^x < -5$ ou $e^x > 1$. Seule la deuxième inéquation fournit des solutions $e^x > 1 \Leftrightarrow x > \ln 1 \Leftrightarrow x > 0$.

Finalement, les solutions de l'inéquation $e^{2x} + 4e^x - 5 > 0$ sont les nombres de $]0\,; +\infty[$.

Remarque : une exponentielle est toujours positive.

Remarque : en dehors des cas précédents, la résolution des équations et inéquations s'effectue en suivant pas à pas les instructions de l'énoncé.

II Limites

1. Rappels

- On sait que $\lim\limits_{x \to -\infty} e^x = 0$ et $\lim\limits_{x \to +\infty} e^x = +\infty$.
- D'autre part, $\lim\limits_{x \to 0} \dfrac{e^x - 1}{x} = \lim\limits_{x \to 0} \dfrac{e^x - e^0}{x - 0} = \exp'(0) \Rightarrow \lim\limits_{x \to 0} \dfrac{e^x - 1}{x} = 1$.
- La forme indéterminée $\dfrac{0}{0}$ produite par $\dfrac{e^x - 1}{x}$ se résout donc à l'aide du nombre dérivé en 0 de l'exponentielle.

2. Croissances comparées à l'infini

- **Intuitivement :** lorsque l'on est en présence d'une forme indéterminée mettant en jeu l'exponentielle et des puissances de x, on considère les **puissances de x** comme des **constantes** car elles sont négligeables devant l'exponentielle.
- **Formellement**, pour tout entier n :

$$\lim_{x \to +\infty} \frac{e^x}{x^n} = +\infty \text{ et } \lim_{x \to -\infty} x^n e^x = 0.$$

- On voit donc que $\lim\limits_{x \to +\infty} \dfrac{e^x}{x^n} = \lim\limits_{x \to +\infty} e^x = +\infty$ et $\lim\limits_{x \to -\infty} x^n e^x = \lim\limits_{x \to -\infty} e^x = 0$.
- On démontre aussi que $\lim\limits_{x \to +\infty} \dfrac{e^x}{\sqrt{x}} = +\infty$.
- L'exponentielle l'emporte donc sur toute puissance de x en $-\infty$ et $+\infty$.

3. Applications

1. Calculer $\lim\limits_{x \to +\infty} e^x - x^2$.

On reconnaît la forme indéterminée $+\infty - (+\infty)$.

Principe : factoriser par le terme prépondérant. Ici il s'agit de e^x.

$e^x - x^2 = e^x\left(1 - \dfrac{x^2}{e^x}\right)$.

Or $\lim\limits_{x \to +\infty} \dfrac{e^x}{x^2} = +\infty \Rightarrow \lim\limits_{x \to +\infty} \dfrac{x^2}{e^x} = 0 \Rightarrow \lim\limits_{x \to +\infty} 1 - \dfrac{x^2}{e^x} = 1$.

Par produit, on trouve $\lim\limits_{x \to +\infty} (e^x - x^2) = +\infty$.

2. Si $f(x) = x - 1 + x^2 e^x$, déterminer l'asymptote à $\mathscr{C}_f$ en $-\infty$.

$\lim\limits_{x \to -\infty} x^2 e^x = 0 \Rightarrow \lim\limits_{x \to -\infty} |f(x) - (x - 1)| = \lim\limits_{x \to -\infty} x^2 e^x = 0$.

La droite d'équation $y = x - 1$ est asymptote à $\mathscr{C}_f$ en $-\infty$.

Fonction exponentielle : dérivées et primitives

FICHE 15

I Dérivées des fonctions exponentielles

1. Théorie

- Pour tout $x \in \mathbb{R}$, $\exp'(x) = \exp(x)$ et $\lim\limits_{x \to 0} \dfrac{e^x - 1}{x} = 1$ (→ *voir fiche 14, p. 37*).

- Soit a et b deux nombres réels. $f(x) = e^{ax+b} \Rightarrow f'(x) = ae^{ax+b}$.

- Plus généralement, soit u une fonction dérivable. Alors e^u est dérivable et on a $(e^u)' = u'e^u$.

Exemples :

1. $f(x) = e^{-x} \Rightarrow f'(x) = -e^{-x}$. Ici, $a = -1$ et $b = 0$.
2. $f(x) = e^{x^2} \Rightarrow f'(x) = 2xe^{x^2}$. Ici, $u(x) = x^2$ et $u'(x) = 2x$.

- Seules les fonctions de la forme $x \mapsto ke^x$, où k est une constante, ont pour dérivées elles-mêmes. Donc si l'exposant de e n'est pas x, seulement et exclusivement x, on utilise la dérivée de e^u ou de e^{ax+b}.

- Il faut différencier la dérivée de e^x et la dérivée du nombre e. Cette dernière est égale à 0 car e est une constante.

Exemple : $f(x) = e + ex + e^x \Rightarrow f'(x) = 0 + e + e^x = e + e^x$.

2. Pratique

Ne pas confondre e*x*, qui est la multiplication de e par x, et $\mathbf{e^x}$.

- **Énoncé type**

On considère les fonctions g et f définies sur $\mathbb{R}$ par : $g(x) = e^x + x + 1$ et $f(x) = \dfrac{x}{1 + e^{-x}}$.

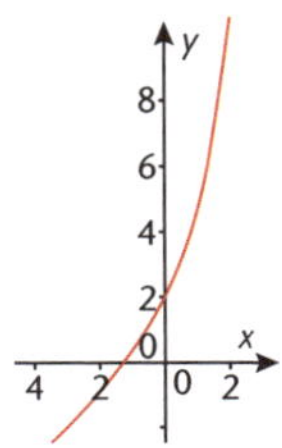

1\. a. Vérifier que la courbe de g a l'allure ci-contre et que l'équation $g(x) = 0$ a une solution unique α dont on donnera une valeur approchée à 10^{-2}.

b. En déduire le signe de $g(x)$.

2\. Vérifier que $f'(x) = \dfrac{e^x g(x)}{(e^x + 1)^2}$ et en déduire les variations de f.

- **Réponses**

1\. a. $g'(x) = e^x + 1 > 0$ donc g est strictement croissante. Il suffit de programmer la calculatrice pour trouver $\alpha \approx -1{,}28$, solution unique de $g(x) = 0$.

b. On en déduit que $g(x) \leqslant 0$ sur $]-\infty\,;\alpha]$ et $g(x) \geqslant 0$ sur $[\alpha\,;+\infty[$.

2. On dérive f comme un quotient et on trouve :

$$f'(x) = \frac{1(1+e^{-x}) - x(-e^{-x})}{(1+e^{-x})^2} = \frac{1+e^{-x}+xe^{-x}}{(1+e^{-x})^2}.$$

Or $1+e^{-x}+xe^{-x} = e^{-x}(e^{x}+1+x)$ et $1+e^{-x} = e^{-x}(e^{x}+1) \Rightarrow (1+e^{-x})^2 = e^{-2x}(e^{x}+1)^2$.

x	$-\infty$		α		$+\infty$
$f'(x)$		$-$	0	$+$	
$f(x)$	↘		$f(\alpha)$		↗

Donc $f'(x) = \dfrac{e^{-x}g(x)}{e^{-2x}(e^{x}+1)^2} = \dfrac{e^{x}g(x)}{(e^{x}+1)^2}$.

Le signe de $f'(x)$ est donc celui de $g(x)$. D'où le tableau de variation de f ci-dessus. La courbe de f est dessinée ci-contre.

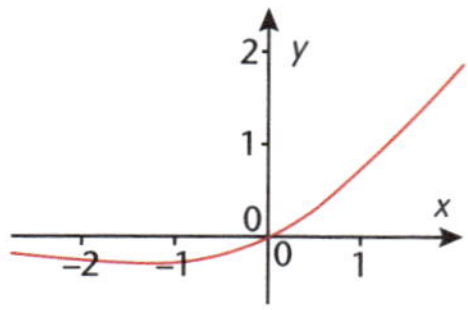

II Primitives : théorème

Dans toute la suite, k désigne une constante réelle.

- Les primitives de e^{x} sont de la forme $e^{x} + k$.
- Soit u une fonction dérivable sur un intervalle I. Les primitives de la fonction $x \mapsto u'(x)e^{u(x)}$ sont de la forme $x \mapsto e^{u(x)} + k$.
- En particulier, si $a \in \mathbb{R}^*$ et $b \in \mathbb{R}$, les primitives de la fonction $x \mapsto e^{ax+b}$ sont de la forme $\dfrac{1}{a}e^{ax+b} + k$.
- **Remarque :** bien qu'une primitive de e^{x} soit e^{x}, il ne faut pas généraliser à e^{u} dont une primitive n'est pas e^{u} ni $\dfrac{1}{u'}e^{u}$, comme on pourrait le penser avec $\dfrac{1}{a}e^{ax+b}$.
- Une curiosité : la fonction e^{-x} a pour primitive et pour dérivée $-e^{-x}$.

Cas particulier
Soit P(x) un polynôme. Alors une primitive de $P(x)e^{ax+b}$ est de la forme $Q(x)e^{ax+b}$ où Q(x) est un polynôme de même degré que P(x).

Fonction exponentielle

TEST-BILAN

→ *Réponses au verso.*

Vrai ou faux ? Cochez les affirmations qui sont vraies. On considère des nombres réels *a*, *b*, ... On note *F* une primitive de *f*.

1 Définition et propriétés algébriques

a. ☐ $e^a + e^b = e^{ab}$. **b.** ☐ $\dfrac{e^a}{e^b} = e^{a-b}$. **c.** ☐ $e^{-a} = \dfrac{1}{e^a}$.

d. ☐ Une exponentielle est toujours positive. **e.** ☐ $e^1 = 0$.

2 Équations

a. ☐ $e^x = -1 \Leftrightarrow x = \dfrac{1}{e}$. **b.** ☐ $e^{-x} = 1 \Leftrightarrow x = 0$.

c. ☐ $e^x = \dfrac{1}{e} \Leftrightarrow x = -1$. **d.** ☐ $e^{-x} = 2 \Leftrightarrow x = -\ln 2$.

3 Limites

a. ☐ $\lim\limits_{x \to 0} e^x = -\infty$. **b.** ☐ $\lim\limits_{x \to +\infty} e^x = +\infty$.

c. ☐ $\lim\limits_{x \to -\infty} e^{-x} = +\infty$. **d.** ☐ $\lim\limits_{x \to +\infty} \dfrac{e^x}{x^2} = +\infty$.

4 Dérivées

a. ☐ $f(x) = e^{2x} \Rightarrow f'(x) = e^{2x}$. **b.** ☐ $f(x) = \dfrac{1}{e^x} \Rightarrow f'(x) = -\dfrac{1}{e^x}$.

c. ☐ $f(x) = e^{x^2} \Rightarrow f'(x) = 2e^{x^2}$.

5 Primitives

a. ☐ $f(x) = e^{-x} \Rightarrow F(x) = e^{-x}$.

b. ☐ $f(x) = (e^x)^2 \Rightarrow F(x) = \dfrac{1}{2}(e^x)^2$.

SCHÉMAS-BILANS

Pour résoudre des (in)équations avec exponentielles

Retenir

- $e^a e^b = e^{a+b}$
- $\dfrac{e^a}{e^b} = e^{a-b}$
- $\dfrac{1}{e^b} = e^{-b}$
- $(e^x)^2 = e^{2x}$

Attention

- $e^a + e^b \neq e^{a+b}$
- $e^a - e^b \neq e^{a-b}$
- $e^{-b} \neq -e^b$
- $e^{x^2} \neq (e^x)^2$

Pour étudier des fonctions avec exponentielles

Retenir

- $e \approx 2{,}718$
- La dérivée de e^x est e^x.
- une primitive de e^x est e^x.
- une primitive de e^{ax+b} est $\dfrac{1}{a}e^{ax+b}$.

Attention

- Le nombre e n'est pas la fonction e^x.
- La dérivée de e^u n'est pas e^u mais $u'\,e^u$.
- On ne connaît pas en général de primitives de e^u.
- Une primitive de e^{ax+b} n'est pas e^{ax+b}.

Réponses :

1 **a.** Faux. $e^a e^b = e^{a+b}$. **b.** Vrai. **c.** Vrai. **d.** Vrai. **e.** Faux. $e^0 = 1$. **2** **a.** Faux. L'équation n'a pas de solution car une exponentielle est toujours positive. **b.** Vrai. **c.** Vrai. $\dfrac{1}{e} = e^{-1}$. **d.** Vrai. **3** **a.** Faux. $\lim\limits_{x \to -\infty} e^x = 0$. **b.** Vrai. **c.** Vrai. **d.** Vrai. **4** **a.** Faux. $f'(x) = 2e^{2x}$. **b.** Vrai. $f(x) = e^{-x} \Rightarrow f'(x) = -e^{-x} = -\dfrac{1}{e^x}$. **c.** Faux. $f'(x) = 2xe^{x^2}$. **5** **a.** Faux. $F(x) = -e^{-x}$. **b.** Vrai. $f(x) = e^{2x}$.

Fonction logarithme : définition et propriétés

FICHE 17

I Étude de la fonction logarithme népérien

1. Définition

• La fonction logarithme népérien, notée ln, est l'unique fonction définie sur]0 ; +∞[qui s'annule en 1 et qui a pour dérivée la fonction inverse $x \mapsto \frac{1}{x}$.

• Il est équivalent de dire que la fonction logarithme népérien est l'unique primitive de la fonction inverse sur]0 ; +∞[qui s'annule en 1.

• **Conséquences immédiates :** l'ensemble de définition de ln est]0 ; +∞[; $\ln'(x) = \frac{1}{x}$; $\ln(1) = 0$.

2. Variations

• Sa dérivée étant positive, la fonction ln est strictement croissante sur]0 ; +∞[; d'où le tableau de variation ci-contre.

x	0	1	$+\infty$
$\ln(x)$	‖ $-\infty$	↗ 0 ↗	$+\infty$

• On démontre que $\lim\limits_{x \to 0^+} \ln(x) = -\infty$ et $\lim\limits_{x \to +\infty} \ln(x) = +\infty$.

• On constate que $\ln(x) \geqslant 0 \Leftrightarrow x \geqslant 1$ et $\ln(x) \leqslant 0 \Leftrightarrow 0 < x \leqslant 1$. Donc $\ln(x)$ n'est pas toujours positif.

• Pour tout $x > 0$ et tout $y > 0$: $\ln(x) = \ln(y) \Leftrightarrow x = y$ et $\ln(x) \geqslant \ln(y) \Leftrightarrow x \geqslant y$.

3. Courbe

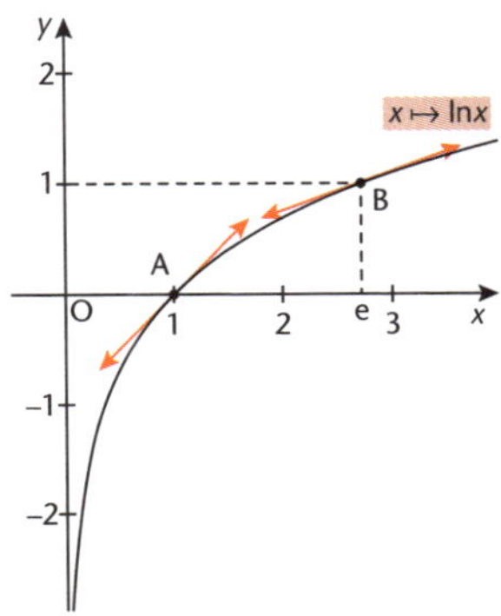

• La courbe de la fonction logarithme népérien est concave et est symétrique à celle de l'exponentielle par rapport à la première bissectrice (d'équation $y = x$) dans un repère orthonormé.

• **Équations de tangentes :**
- au point d'abscisse 1, $y = x - 1$;
- au point d'abscisse e : $y = \frac{1}{e}x$ (elle passe par l'origine).

• L'axe des ordonnées est asymptote à la courbe.

II Propriétés algébriques

- Soit a et b deux nombres réels **strictement positifs**, n une fraction.

1	**Logarithme d'un produit**	$\ln(ab) = \ln(a) + \ln(b)$
2	**Logarithme de l'inverse**	$\ln\left(\frac{1}{b}\right) = -\ln(b)$
3	**Logarithme d'un quotient**	$\ln\left(\frac{a}{b}\right) = \ln(a) - \ln(b)$
4	**Logarithme d'une puissance**	$\ln(a^n) = n\ln(a)$

- Les propriétés 2, 3 et 4 se déduisent toutes de la propriété 1, appelée propriété fondamentale de la fonction logarithme népérien.
- Ainsi, $\ln\left(\frac{1}{b} \times b\right) = \ln(1) = 0$. D'autre part, $\ln\left(\frac{1}{b} \times b\right) = \ln\left(\frac{1}{b}\right) + \ln(b)$ d'après 1. Donc $\ln\left(\frac{1}{b}\right) + \ln(b) = 0$, ce qui implique que $\ln\left(\frac{1}{b}\right) = -\ln(b)$, ce qu'il fallait démontrer.
- D'autre part, $\ln\left(\frac{a}{b}\right) = \ln\left(a \times \frac{1}{b}\right) = \ln(a) + \ln\left(\frac{1}{b}\right) = \ln(a) - \ln(b)$, ce qu'il fallait démontrer.
- La propriété 4 se démontre par récurrence dans le cas où n est un entier naturel.
- Dans le cas où $n = \frac{1}{2}$, la propriété 4 s'applique encore et $\ln\left(a^{\frac{1}{2}}\right) = \frac{1}{2}\ln(a) \Rightarrow \ln(\sqrt{a}) = \frac{1}{2}\ln(a)$.
- Dans le cas où $n = -\frac{1}{2}$, la propriété 4 s'applique encore et : $\ln\left(a^{-\frac{1}{2}}\right) = -\frac{1}{2}\ln(a) \Rightarrow \ln\left(\frac{1}{\sqrt{a}}\right) = -\frac{1}{2}\ln(a)$.

Ne pas confondre les expressions $\ln(x^2)$ et $(\ln(x))^2$.

III Liens entre les fonctions exponentielles et logarithmes

La symétrie des deux courbes par rapport à la première bissectrice résulte de ce que les deux fonctions sont réciproques. Cela signifie que $\forall x > 0, \forall y \in \mathbb{R}, y = \ln(x) \Leftrightarrow e^y = x$. En particulier, pour tout $x > 0$ et tout $y \in \mathbb{R}$, $e^{\ln(x)} = x$ et $\ln(e^y) = y$.

Fonction logarithme : inéquations et limites

FICHE 18

I Équations et inéquations

1. Résolutions élémentaires

Théorème : soit a un nombre réel.

- L'équation d'inconnue x $\ln x = a$ admet une solution unique qui est e^a. Donc $\ln x = a \Leftrightarrow x = e^a$.
- L'inéquation d'inconnue x $\ln x \leqslant a$ a pour solutions les nombres de l'intervalle $]0\,;e^a]$. Donc $\ln x \leqslant a \Leftrightarrow 0 < x \leqslant e^a$.
- L'inéquation d'inconnue x $\ln x \geqslant a$ a pour solutions les nombres de l'intervalle $[e^a\,;+\infty[$. Donc $\ln x \geqslant a \Leftrightarrow x \geqslant e^a$.

2. Résolutions utilisant les propriétés du logarithme

Exemples :

1. Résoudre l'équation $\ln(x-2) = 2\ln 8 - \ln(x-32)$.

L'idée est de se ramener à une équation du type $\ln(a) = \ln(b)$.

Sous réserve d'existence, l'équation équivaut successivement à :

$$\ln(x-2) + \ln(x-32) = \ln(8^2)$$
$$\ln((x-2)(x-32)) = \ln(64)$$
$$(x-2)(x-32) = 64$$
$$x^2 - 34x + 64 = 64$$
$$x(x-34) = 0$$

On trouve donc les **solutions possibles** 0 et 34. On vérifie que **seule la solution 34 convient** en remplaçant x successivement par 0 et par 34 dans l'égalité initiale.

Finalement, l'équation proposée admet une solution unique qui est 34.

2. Résoudre l'inéquation $\dfrac{(x-e)(2-\ln x)}{x-3} \geqslant 0$.

On dresse un tableau de signes. Il faut se rappeler que $e < 3$ car $e < 2{,}72$.

De plus, $2 - \ln x = 0 \Leftrightarrow \ln x = 2 \Leftrightarrow x = e^2$. On en déduit la ligne de $2 - \ln x$.

En conclusion, les solutions de l'inéquation sont les nombres de l'ensemble $]0\,;e] \cup]3\,;e^2]$.

x	0		e		3		e^2		$+\infty$
$x-e$		$-$	0	$+$		$+$		$+$	
$2-\ln(x)$	||	$+$		$+$		$+$	0	$-$	
$x-3$		$-$		$-$	0	$+$		$+$	
$Q(x)$	||	$+$	0	$-$	||	$+$	0	$-$	

II Limites

1. Rappels

- On sait que $\lim\limits_{x\to 0^+} \ln(x) = -\infty$ et $\lim\limits_{x\to +\infty} \ln(x) = +\infty$.
- D'autre part, $\lim\limits_{x\to 1} \dfrac{\ln x}{x-1} = \lim\limits_{x\to 1} \dfrac{\ln x - \ln 1}{x-1} = \ln'(1) \Rightarrow \lim\limits_{x\to 1} \dfrac{\ln x}{x-1} = 1$.

2. Croissances comparées à l'infini

- **Intuitivement :** lorsque l'on est en présence d'une forme indéterminée mettant en jeu un logarithme et des puissances de x, on considère le logarithme comme une constante car il est négligeable devant n'importe quelle puissance de x qui croît beaucoup plus vite que lui.
- **Formellement :** pour tout entier n, $\lim\limits_{x\to +\infty} \dfrac{\ln x}{x^n} = 0$ et $\lim\limits_{x\to 0^+} x^n \ln x = 0$.
- On reconnaît des formes indéterminées uniquement dans le cas où $n \in \mathbb{N}^*$: $\dfrac{+\infty}{+\infty}$ pour la première et $0 \times (-\infty)$ pour la seconde.

Si $n < 0$, on utilise les théorèmes sur les opérations de limites.

- On voit donc que $\lim\limits_{x\to +\infty} \dfrac{\ln x}{x^n} = \lim\limits_{x\to +\infty} \dfrac{1}{x^n} = 0$ et $\lim\limits_{x\to 0^+} x^n \ln x = \lim\limits_{x\to 0^+} x^n = 0$.
- On démontre aussi que $\lim\limits_{x\to +\infty} \dfrac{\ln(x)}{\sqrt{x}} = 0$ et $\lim\limits_{x\to 0^+} \sqrt{x} \ln x = 0$.

3. Applications

Calculer $\lim\limits_{x\to \frac{1}{2}} \dfrac{\ln(2x)}{2x-1}$. On reconnaît la forme indéterminée $\dfrac{0}{0}$.

- On utilise le nombre dérivé de la fonction $x \mapsto \ln(2x)$.

Pour tout $x > 0$ et $x \neq \dfrac{1}{2}$, $\dfrac{\ln(2x)}{2x-1} = \dfrac{1}{2} \dfrac{\ln(2x)}{x - \frac{1}{2}}$. Or, si on pose $f(x) = \ln(2x)$, $\dfrac{\ln(2x)}{x-\frac{1}{2}} = \dfrac{f(x) - f\left(\frac{1}{2}\right)}{x - \frac{1}{2}}$. La limite de ce rapport quand x tend vers $\dfrac{1}{2}$ est $f'\left(\dfrac{1}{2}\right)$, c'est-à-dire 2.

- Par conséquent : $\lim\limits_{x\to \frac{1}{2}} \dfrac{\ln(2x)}{2x-1} = \dfrac{1}{2} \times 2 = 1$.
- Remarque : $f(x) = \ln 2 + \ln x \Rightarrow f'(x) = \dfrac{1}{x}$.

Fonction logarithme : dérivées et primitives

FICHE 19

I Dérivées des fonctions logarithmes

1. Théorie

- Pour tout $x \in]0\,;+\infty[$, $\lim\limits_{x \to 1} \dfrac{\ln x}{x-1} = 1$ (→ *voir fiche 18, p. 45*).

- Soit a et b deux nombres réels. Pour tout x tel que $ax+b>0$:

$$f(x)=\ln(ax+b) \Rightarrow f'(x)=\frac{a}{ax+b}.$$

- Plus généralement, soit u une fonction dérivable et strictement positive. Alors $\ln(u)$ est dérivable et on a $(\ln(u))' = \dfrac{u'}{u}$.

Exemples :

1. $f(x)=\ln(ax) \Rightarrow f'(x)=\dfrac{1}{x}$ (ici, $a=1$ et $b=0$).

On retrouve le résultat en écrivant : $\ln(ax)=\ln(a)+\ln(x)$.

2. $f(x)=\ln(x^2+x+1) \Rightarrow f'(x)=\dfrac{2x+1}{x^2+x+1}$ (ici, $u(x)=x^2+x+1$ et $u'(x)=2x+1$).

Remarque : seules les fonctions de la forme $x \mapsto \ln(ax)$, c'est-à-dire $x \mapsto \ln(x)+k$ où k est la constante $\ln(a)$, ont pour dérivée $\dfrac{1}{x}$. Dans tous les autres cas, il faut utiliser la dérivée de $\ln(u)$ ou $\ln(ax+b)$.

2. Pratique

- **Énoncé type**

On considère les fonctions g et f définies sur $]0\,;+\infty[$ par $g(x)=\dfrac{1}{x}-3-\ln x$ et $f(x)=\mathrm{e}^{-x}(3+\ln x)$.

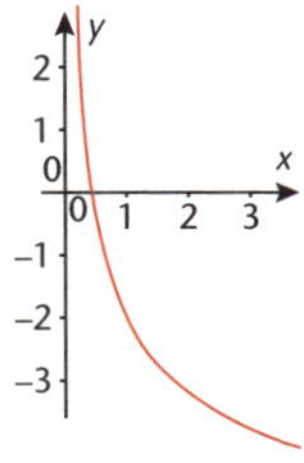

1. a. Vérifier que la courbe de g a l'allure ci-contre et que l'équation $g(x)=0$ a une solution α dont on donnera une valeur approchée à 10^{-2}.

b. En déduire le signe de $g(x)$.

2. Vérifier que $f'(x)=\mathrm{e}^{-x}g(x)$ et en déduire les variations de f.

- **Réponses**

1. a. $g'(x)=-\dfrac{1}{x^2}-\dfrac{1}{x}<0$ donc g est strictement décroissante. Il suffit de programmer la calculatrice ; on trouve $\alpha \approx 0{,}45$, solution unique de $g(x)=0$.

b. On en déduit que $g(x) \geqslant 0$ sur $]0\,;\alpha]$ et $g(x) \leqslant 0$ sur $[\alpha\,;+\infty[$.

2. On dérive f comme un produit et on trouve :

$$f'(x) = -e^{-x}(3+\ln x) + e^{-x}\,\frac{1}{x} = e^{-x}\left(\frac{1}{x} - 3 - \ln x\right),$$

ce qu'il fallait démontrer. Le signe de $f'(x)$ est celui de $g(x)$ car $e^{-x} > 0$.

D'où le tableau de variation de f et $\mathcal{C}_f$.

x	$-\infty$		α		$+\infty$
$f'(x)$		+	0	−	
$f(x)$	‖	↗	$f(\alpha)$	↘	

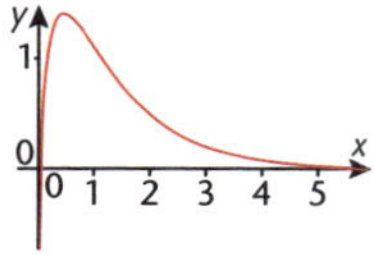

II Primitives

Dans toute la suite, k désigne une constante réelle.

1. Théorie

- **Théorème :** les primitives de $\frac{1}{x}$ sur $]0\,;+\infty[$ sont de la forme $\ln(ax)$ ou, en posant $k = \ln a$, de la forme $\ln(x) + k$. a est un nombre strictement positif quelconque.

- Soit u une fonction dérivable sur un intervalle I et strictement positive. Les primitives de la fonction $x \mapsto \frac{u'(x)}{u(x)}$ sont de la forme $x \mapsto \ln(u(x)) + k$.

- En particulier, si $a \in \mathbb{R}^*$ et $b \in \mathbb{R}$, les primitives de la fonction $x \mapsto \frac{1}{ax+b}$ sur tout intervalle où on a $ax + b > 0$ sont de la forme $\frac{1}{a}\ln(ax+b) + k$.

Remarque : bien que, sur $]0\,;+\infty[$, une primitive de $\frac{1}{x}$ soit $\ln x$, il ne faut pas généraliser à $\frac{1}{u}$ dont une primitive n'est pas $\ln u$ ni $\frac{1}{u'}\ln u$, comme on pourrait le penser avec $\frac{1}{a}\ln(ax+b)$.

2. Pratique

- **Énoncé type :** on pose $f(x) = \frac{\sin x}{\cos x}$ pour tout $x \in \left]0\,;\frac{\pi}{2}\right[$. Trouver les primitives F de f.

- **Réponse :** on remarque que, sur $\left]0\,;\frac{\pi}{2}\right[$, $\cos x > 0$.

$f(x)$ étant de la forme $-\frac{u'(x)}{u(x)}$ avec $u(x) = \cos x$, $F(x) = -\ln(\cos x) + k$.

Fonction logarithme

TEST-BILAN

→ *Réponses au verso.*

Vrai ou faux ? Cochez les affirmations qui sont vraies.
On considère des nombres réels *a*, *b*,... strictement positifs.
On note *F* une primitive de *f*.

1 Définition et propriétés algébriques

a. ☐ $\ln a + \ln b = \ln(ab)$. **b.** ☐ $\ln(a-b) = \dfrac{\ln a}{\ln b}$.

c. ☐ $\dfrac{1}{\ln b} = -\ln b$. **d.** ☐ Un logarithme est toujours positif.

2 Équations

a. ☐ $\ln x = -1 \Leftrightarrow x = \dfrac{1}{\mathrm{e}}$.

b. ☐ $\dfrac{1}{\ln x} = 1 \Leftrightarrow x = \mathrm{e}$.

3 Limites

a. ☐ $\lim\limits_{x \to 0^+} \ln x = -\infty$. **b.** ☐ $\lim\limits_{x \to +\infty} \ln x = +\infty$. **c.** ☐ $\lim\limits_{x \to -\infty} \ln x = 0$.

d. ☐ $\lim\limits_{x \to +\infty} \dfrac{x^2}{\ln x} = +\infty$. **e.** ☐ $\lim\limits_{x \to 0^+} \dfrac{\ln x}{x-1} = 1$. **f.** ☐ $\lim\limits_{x \to 0^+} x \ln x = 0$.

4 Dérivées

a. ☐ $f(x) = \ln(2x) \Rightarrow f'(x) = \dfrac{1}{2x}$. **b.** ☐ $f(x) = \ln\dfrac{1}{x} \Rightarrow f'(x) = -\dfrac{1}{x}$.

c. ☐ $f(x) = (\ln x)^2 \Rightarrow f'(x) = \dfrac{2}{x}$. **d.** ☐ $f(x) = \ln\sqrt{x} \Rightarrow f'(x) = \dfrac{1}{2x}$.

5 Primitives (dans des intervalles de l'ensemble de définition)

a. ☐ $f(x) = \dfrac{1}{3x-1} \Rightarrow F(x) = 3\ln(3x-1)$.

b. ☐ $f(x) = \dfrac{1}{x^2} \Rightarrow F(x) = \ln(x^2)$.

SCHÉMAS-BILANS

Dans la suite, on suppose que l'on a $a > 0$, $b > 0$ et $u(x) > 0$.

Pour résoudre des (in)équations avec logarithmes

Retenir

- $\ln(ab) = \ln(a) + \ln(b)$
- $\ln\left(\frac{a}{b}\right) = \ln(a) - \ln(b)$
- $\ln\left(\frac{1}{b}\right) = -\ln(b)$
- $\ln(a^2) = 2\ln(a)$
- $\ln(1) = 0$

Attention

- $\ln(a + b) \neq \ln a + \ln b$
- $\dfrac{\ln a}{\ln b} \neq \ln(a) - \ln(b)$
- $\dfrac{1}{\ln(b)} \neq -\ln(b)$
- $(\ln(a))^2 \neq 2\ln(a)$
- $\ln(0)$ n'existe pas.

Pour étudier des fonctions avec logarithmes

Retenir

- $\ln(x)$ peut être négatif si $x \in]0 ; 1]$.
- La dérivée de $\ln x$ est $\frac{1}{x}$.
- Une primitive de $\frac{1}{x}$ sur $]0 ; +\infty]$ est $\ln x$.
- $\lim\limits_{x \to 0^+} \ln x = -\infty$.

Attention

- Il est faux de dire que $\ln x$ est toujours positif.
- La dérivée de $\ln(u)$ n'est pas $\frac{1}{u}$ mais $\frac{u'}{u}$.
- Une primitive de $\frac{1}{u}$ n'est pas $\ln(u)$; une primitive de $\frac{u'}{u}$ est $\ln(u)$.
- $\lim\limits_{x \to -\infty} \ln x$ n'existe pas.

Réponses :

1 **a.** Vrai. **b.** Faux. **c.** Faux. $\ln\left(\frac{1}{b}\right) = -\ln(b)$. **d.** Faux. **2** **a.** Vrai. $\ln\left(\frac{1}{e}\right) = -1$. **b.** Vrai. **3** **a.** Vrai. **b.** Vrai. **c.** Faux. $\lim\limits_{x \to 0^+} \ln x = -\infty$. **d.** Vrai. **e.** Faux. $\lim\limits_{x \to 1} \frac{\ln x}{x - 1} = 1$. **f.** Vrai. **4** **a.** Faux. $f'(x) = \frac{1}{x}$ **b.** Vrai. $f(x) = -\ln x$. **c.** Faux. $f'(x) = 2\frac{1}{x}\ln x$. **d.** Vrai. **5** **a.** Faux. $F(x) = \frac{1}{3}\ln(3x - 1)$. **b.** Faux. $F(x) = -\frac{1}{x}$.

Primitives et intégrales

FICHE 21

I Primitives

1. Généralités

• **Définition :** soit f une fonction continue sur un intervalle I. Dire que F est une primitive de f sur I signifie que F est dérivable sur I et que, pour tout $x \in \mathrm{I}$, $F'(x) = f(x)$.

• **Théorème 1 :** toute fonction continue f sur un intervalle admet une infinité de primitives. Si F est l'une d'elles, alors toute autre primitive est de la forme $x \to F(x) + k$, où k est une constante arbitraire.

• **Remarques :** on parle donc d'**une** primitive de f alors que l'on parle de **la** dérivée de f. Si l'énoncé demande de vérifier qu'une fonction F est une primitive de f sur I, il faudra démontrer que pour tout $x \in \mathrm{I}$, $F'(x) = f(x)$.

• **Théorème 2 :** soit f une fonction continue sur un intervalle I, x_0 un point de I et k une constante. Il existe une et une seule primitive F de f sur I prenant la valeur k en x_0. Autrement dit, il existe une et une seule primitive de f sur I telle que $F(x_0) = k$.

2. Opérations sur les primitives

On considère des fonctions f, g,... continues sur un intervalle I et des nombres α et β.

Théorème : une primitive de $\alpha f + \beta g$ est $\alpha F + \beta G$.

La démonstration est immédiate car $(\alpha F + \beta G)' = \alpha f + \beta g$.

Exemple : sur $]0\,;+\infty[$, une primitive de $\dfrac{5}{x} + x^2 - 4\cos x$ est :

$5\ln x + \dfrac{x^3}{3} - 4\sin x$.

Remarque
Il ne faudrait pas en déduire qu'une primitive de fg est FG ! En effet, $(FG)' = F'G + FG' = fG + Fg$. Sauf si f ou g est constante, on n'obtient pas fg.
De même, une primitive de $\dfrac{f}{g}$ n'est pas $\dfrac{F}{G}$!

II Intégrale

1. Cas d'une fonction continue positive

Définition : soit f une fonction continue et positive sur un intervalle I et a et b ($a \leqslant b$) deux points de I. On appelle **intégrale de f sur $[a, b]$** et on note $\int_a^b f(x)\,dx$, $\int_a^b f(t)\,dt$, etc. ou simplement $\int_a^b f$ l'aire du domaine compris entre la courbe $\mathscr{C}_f$, l'axe des abscisses et les verticales $x = a$ et $x = b$. Sur la figure ci-contre, l'intégrale est l'aire en bleu.

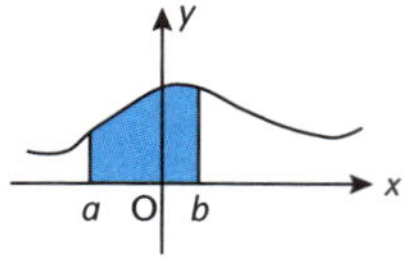

2. Cas général

- **Définition :** soit f une fonction continue sur un intervalle I ; a, et b deux points de I. L'**intégrale de f entre a et b** se note $\int_a^b f(x)dx$ ou $\int_a^b f(t)dt$, etc. ou simplement $\int_a^b f$. Quelle que soit la primitive F choisie, on a $\int_a^b f = F(b) - F(a) = [F]_a^b$.

Exemple : $\int_{-\frac{\pi}{2}}^{\pi} \cos t\, dt = [\sin t]_{-\frac{\pi}{2}}^{\pi} = \sin\pi - \sin(-\frac{\pi}{2}) = 1.$

- Dans la définition générale de l'intégrale, on voit que :
  - la fonction f n'est pas nécessairement positive ;
  - on peut très bien avoir $a > b$;
  - l'intégrale d'une fonction de signe quelconque ne représente pas nécessairement une aire.

- Lors du calcul d'une intégrale, les calculatrices et les logiciels de calcul hachurent une zone comprise entre la courbe de f, l'axe des abscisses et deux verticales. Cependant, ils **ne calculent pas une aire hachurée mais une intégrale**.

Remarque

Le nombre $\int_a^b f$ mesure une aire dans le seul cas où f est positive et $a \leqslant b$.

Propriétés des intégrales, aires

FICHE 22

I Propriétés de l'intégrale

Soit f, g,... des fonctions continues sur un intervalle I ; a, b,... des points de I. α, β, m, M,... sont des nombres.

1. Linéarité

$$\int_a^b (f(t)+g(t))\mathrm{d}t = \int_a^b f(t)\mathrm{d}t + \int_a^b g(t)\mathrm{d}t = [F(t)]_a^b - [G(t)]_a^b$$

$$\int_a^b \alpha f(t)\mathrm{d}t = \alpha\int_a^b f(t)\mathrm{d}t = \alpha[F(t)]_a^b$$

Exemple : $\int_0^\pi (2\cos x + 3\sin x)\mathrm{d}x = 2\int_0^\pi \cos x\mathrm{d}x + 3\int_0^\pi \sin x\mathrm{d}x$

$= 2[\sin x]_0^\pi + 3[-\cos x]_0^\pi = 6.$

2. Intégrale et ordre

On suppose $a \leqslant b$.

- **Positivité de l'intégrale d'une fonction positive**

Pour tout $x \in \mathrm{I}$, $f(x) \geqslant 0 \Rightarrow \int_a^b f(x)\mathrm{d}x \geqslant 0$.

- **Conservation de l'ordre**

Pour tout $x \in \mathrm{I}$, $f(x) \geqslant g(x) \Rightarrow \int_a^b f(x)\mathrm{d}x \geqslant \int_a^b g(x)\mathrm{d}x$.

On démontre la deuxième inégalité à partir de la première, en posant $h(x) = f(x) - g(x)$ qui est positive. Donc $\int_a^b h(x)\mathrm{d}x \geqslant 0 \Rightarrow \int_a^b f(x)\mathrm{d}x - \int_a^b g(x)\mathrm{d}x \geqslant 0 \Rightarrow \int_a^b f(x)\mathrm{d}x \geqslant \int_a^b g(x)\mathrm{d}x$.

En particulier, si pour tout $x \in [a;b]$, $m \leqslant f(x) \leqslant \mathrm{M}$, alors $m(b-a) \leqslant \int_a^b f(x)\mathrm{d}x \leqslant \mathrm{M}(b-a)$.

3. Échange des bornes

- $\int_b^a f(x)\mathrm{d}x = -\int_a^b f(x)\mathrm{d}x$.
- En effet, $\int_b^a f(x)\mathrm{d}x = F(a) - F(b)$ et $\int_b^a f(x)\mathrm{d}x = \mathrm{F}(b) - \mathrm{F}(a)$

4. Relation de Chasles

- $\int_a^b f(x)\mathrm{d}x + \int_b^c f(x)\mathrm{d}x = \int_a^c f(x)\mathrm{d}x.$

- En effet, $\int_a^c f(x)\mathrm{d}x = F(c) - F(a) = F(c) - F(b) + F(b) - F(a)$
$= \int_b^c f(x)\mathrm{d}x + \int_a^b f(x)\mathrm{d}x.$

- En particulier, $\int_a^a f(x)\mathrm{d}x = 0$.

5. Valeur moyenne d'une fonction entre *a* et *b*

Le nombre $\dfrac{1}{b-a}\int_a^b f(x)\mathrm{d}x$ s'appelle la valeur moyenne de f entre a et b. Sur la figure ci-contre, c'est la hauteur du rectangle jaune, dont la base est $b - a$. L'aire de ce rectangle est donc égale à l'aire comprise entre la courbe, l'axe des abscisses et les verticales $x = a$ et $x = b$.

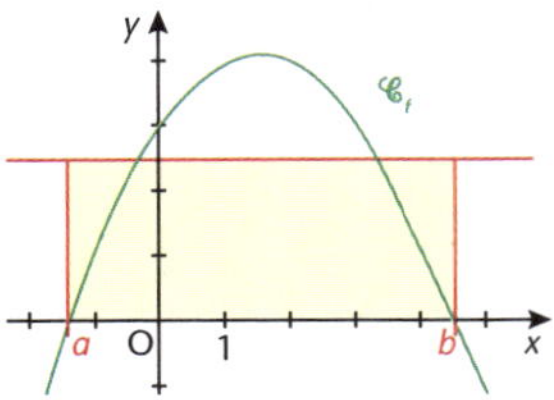

II Intégrale et aire

- On suppose $a < b$. On cherche à calculer l'aire A comprise entre la courbe, l'axe des abscisses et les verticales $x = a$ et $x = b$.
  - Si f est positive, $A = \int_a^b f(x)\mathrm{d}x$.
  - Si f est négative, $A = -\int_a^b f(x)\mathrm{d}x = \int_b^a f(x)\mathrm{d}x$.
- Cas général : $A = \int_a^c f - \int_c^d f + \int_d^b f$ (voir figure ci-dessous).

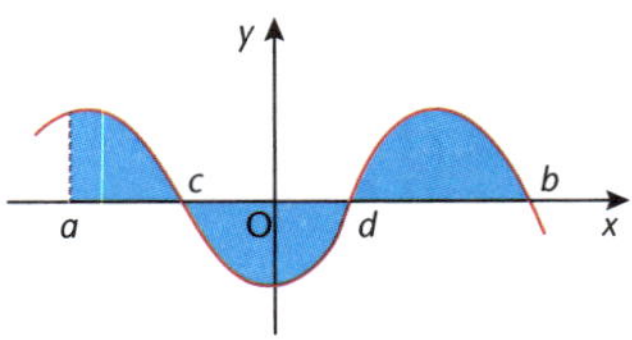

BILAN

Calcul intégral

FICHE 23

TEST-BILAN

→ *Réponses au verso.*

Vrai ou faux ? Cochez les affirmations qui sont vraies. On considère des fonctions *f, g,…* continues sur un intervalle I, de primitives *F, G,…* ; *a, b,…* sont des points de I.

1 Primitives

a. ☐ Une primitive de $f+g$ est $F+G$.

b. ☐ Une primitive de fg est FG.

c. ☐ Toute fonction continue sur I a une infinité de primitives.

2 Intégrales

a. ☐ $\int_1^e \frac{1}{x}dx = 1$. b. ☐ $\int_0^1 e^{-x}dx = \frac{1}{e} - 1$. c. ☐ $\int_0^\pi \sin x dx = 0$.

3 Propriétés des intégrales

a. ☐ Si f est impaire sur I, alors $\int_{-a}^a f(x)dx = 0$.

b. ☐ Si f est paire sur I, alors $\int_{-a}^a f(x)dx = 2\int_0^a f(x)dx$.

c. ☐ L'intégrale d'une fonction positive est positive.

d. ☐ $\int_0^\pi \cos x dx = 0$.

4 Aires

a. ☐ $\int_a^b f(x)dx$ mesure toujours une aire.

b. ☐ Une aire est toujours positive.

c. ☐ Quand elle mesure une aire, l'intégrale $\int_a^b f(x)dx$ fournit des cm².

SCHÉMA-BILAN

Calcul de l'aire en cm² du domaine compris entre $\mathscr{C}_f$, de l'axe des abscisses et des verticales $x = a$ et $x = b$, en supposant $a < b$. Le repère est $(0, \vec{i}, \vec{j})$.

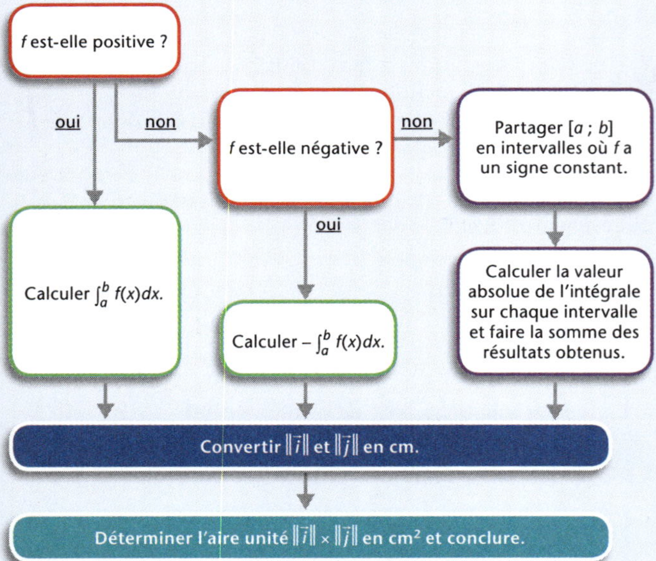

Réponses :

1 a. Vrai. b. Faux. La dérivée de FG n'est pas fg. c. Vrai. **2** a. Vrai. $\int_1^e \frac{1}{x}dx = [\ln x]_1^e = \ln e - \ln 1 = 1$. b. Faux. $\int_0^1 e^{-x}dx = \left[-e^{-x}\right]_0^1 = -\frac{1}{e} + 1$. c. Faux. $\int_0^\pi \sin x dx = [-\cos x]_0^\pi = 2$. **3** a. Vrai. $\int_{-a}^a f = \int_{-a}^0 f + \int_0^a f = -\int_0^a f + \int_0^a f = 0$. b. Vrai. $\int_{-a}^a f = \int_{-a}^0 f + \int_0^a f = \int_0^a f + \int_0^a f = 2\int_0^a f$. c. Faux. Il faut en plus que les bornes soient dans le bon sens. d. Vrai. **4** a. Faux. b. Vrai. c. Faux. Elle fournit des unités d'aire qu'il faut convertir.

Probabilités : conditionnement et indépendance

FICHE 24

I Probabilité conditionnelle

• **Définition :** soit A un événement de probabilité non nulle.

La probabilité de B sachant A est le nombre : $p_A(B) = \dfrac{p(A \cap B)}{p(A)}$.

De cette égalité, on déduit la **formule des probabilités composées :** $p(A \cap B) = p_A(B)P(A)$. Puisque A et B jouent des rôles symétriques : $p(B \cap A) = p_A(B)P(A)$.

• L'événement A étant donné, on définit une probabilité p_A qui a toutes les propriétés d'une probabilité classique. En particulier, pour tout événement B et C :

$$p_A(\bar{B}) = 1 - p_A(B),\ p_A(B \cup C) = p_A(B) + p_A(C) - p_A(B \cap C).$$

• Il ne faut pas confondre $p(A \cap B)$ et $p_A(B)$. Par exemple, considérons un sac où il y a des jetons blancs (B) ou noirs (N), carrés (C) ou ronds (R), répartis selon le tableau suivant. On prélève un jeton du sac. La probabilité qu'il soit B **et** R est 0,17 : $p(B \cap R)$; la probabilité qu'il soit B sachant qu'il est R $p_R(B)$ est $\dfrac{17}{40}$.

Couleur / Forme	B	N	Total
C	0,22	0,38	0,6
R	0,17	0,23	0,4
Total	0,39	0,61	1

II Indépendance

• **Intuitivement :** dire que deux événements **A et B sont indépendants** signifie que la réalisation de l'un n'influence pas la réalisation de l'autre. Autrement dit : $p_A(B) = p(B)$

• **Formellement :** dire que deux événements A et B sont indépendants signifie que $p(A \cap B) = p(A)p(B)$.

• $p_A(B) = p(B) \Leftrightarrow \dfrac{p(A \cap B)}{p(A)} = p(B) \Leftrightarrow p(A \cap B) = p(A)p(B)$.

• La formule « intuitive » suppose que l'on ait $p(A) \neq 0$ alors que l'autre ne le suppose pas.

• La notion d'indépendance de deux événements dépend donc de la probabilité définie dans l'univers considéré. Il ne faut pas la confondre avec l'incompatibilité qui ne dépend pas de la probabilité considérée. En effet, A et B sont incompatibles signifie que $A \cap B = \varnothing$.

• Pour calculer $p(A \cap B)$, on dispose de deux formules ; le contexte permettra de trancher : $p(A \cap B) = p(A) + p(B) - p(A \cup B)$ ou $p(A)p(B)$ (si et seulement si A et B sont indépendants).

III Probabilités totales

1. La formule

• Dire que les événements A_1, A_2, A_3 forment une **partition ou un système complet d'événements** de Ω signifie qu'ils remplissent trois conditions : aucun n'est vide ; ils sont deux à deux disjoints ; leur réunion est l'univers Ω.

• Pour une telle partition, on a, pour tout événement X, la formule des probabilités totales : $p(X) = p(X \cap A_1) + p(X \cap A_2) + p(X \cap A_3)$ $\Leftrightarrow p(X) = p_{A_1}(X)p(A_1) + p_{A_2}(X)p(A_2) + p_{A_3}(X)p(A_3)$. On généralise sans peine à 2, 4, 5 … événements.

• **Remarque :** dans le cas où A n'est ni $\varnothing$ ni Ω, A et $\overline{A}$ forment une partition de Ω. Par exemple, Blanc, Noir ; Pair, Impair ; Pile, Face, etc.

2. Arbre de probabilités

• L'arbre ci-contre, où les événements A_i forment une partition de Ω, permet souvent de résoudre les exercices.

• On calcule $p(X \cap A_i)$ en multipliant les probabilités situées sur les branches de l'arbre qui arrivent à X en passant par A_i.

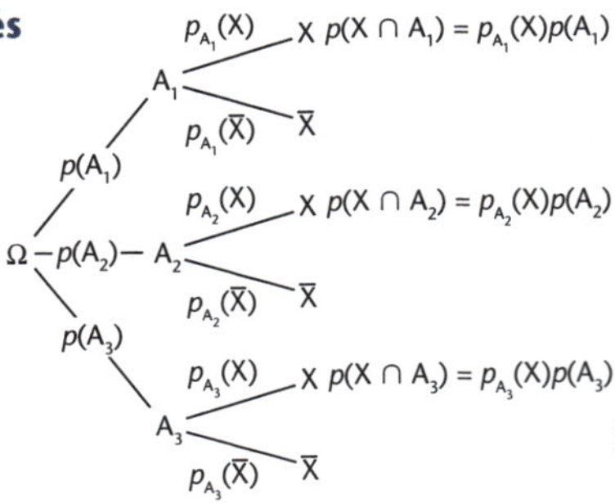

Formule de Bayes : dans cet arbre, on ne peut pas lire $p_X(A)$. Pour calculer cette probabilité en s'aidant de l'arbre on écrit $p_X(A) = \dfrac{p(X \cap A)}{p(X)} = \dfrac{p_A(X)p(A)}{p(X)}$.

• La somme des probabilités des branches de même origine est égale à 1.

Exemple : $p_{A_i}(X) + p_{A_i}(\overline{X}) = 1$.

Variables aléatoires discrètes

I Théorie

On considère un univers Ω muni d'une probabilité p. On effectue une expérience aléatoire, par exemple le lancer d'une pièce de monnaie, le jet de deux dés, le choix d'un objet dans un lot, etc. Chaque expérience fournit des événements élémentaires qui, combinés, donnent des événements (tout court). Par exemple, le lancer d'un dé fournit l'événement « le résultat est supérieur à 4 », composé des événements élémentaires 5 et 6.

1. Introduction

Définition : une variable aléatoire discrète est une application qui, à tout événement élémentaire, associe un réel. Si elle ne prend qu'un nombre fini de valeurs, on dit que c'est une variable aléatoire discrète.

Exemple : on fait l'expérience de jeter deux pièces de monnaie. Soit X la variable aléatoire comptant le nombre de « piles » obtenus. Les événements élémentaires sont PP, PF, FP, FF et X(PP) = 2, X(PF) = X(FP) = 1 et X(FF) = 0.
Le premier élément est le résultat de la première pièce. Idem pour la deuxième.

2. Loi de probabilité

On considère une variable aléatoire X prenant les valeurs $\{x_1, x_2, \dots, x_n\}$.
Définition : la loi de probabilité de X est l'application f définie pour tout $x \in \mathbb{R}$ par $f(x) = p(X = x)$. Pour décrire f, on utilise un tableau.

x	x_1	x_2	...	x_n
$p(X = x)$	p_1	p_2	...	p_3

$$\sum_{k=0}^{n} p_k = 1 = p_1 + p_2 + \dots + p_n$$

Exemple : si l'on reprend l'exemple précédent, on obtient le tableau suivant.

x	0	1	2
$p(X = x)$	$\frac{1}{4}$	$\frac{1}{2}$	$\frac{1}{4}$

3. Espérance, variance et écart type

Soit X une variable aléatoire discrète.

- L'**espérance** de X est le nombre :

$E(X) = p_1x_1 + \ldots + p_nx_n = \sum_{k=1}^{n} p_kx_k$.

- La **variance** de X est le nombre :

$V(X) = p_1(x_1 - E(X))^2 + \ldots + p_n(x_n - E(X))^2 = \sum_{k=1}^{n} p_k(x_k - E(X))^2$.

- On démontre que $V(X) = E(X^2) - (E(X))^2$.
- L'**écart type** de X est le nombre $\sigma(X) = \sqrt{V(X)}$.

La **variance** est un nombre **positif**.

- **Propriété :** pour tous réels a et b, $E(aX + b) = aE(X) + b$; $V(aX + b) = a^2V(X) + b$; $\sigma(aX + b) = |a|\sigma(X)$.

II Pratique

- On peut être amené à calculer $p(X < a)$, $p(X \geqslant b)$, …

Exemple : dans l'exemple précédent : $p(X < 1{,}5) = p(X = 0) + p(X = 1) = 1 - p(\overline{X \geqslant 1{,}5}) = 1 - p(X = 2)$.

- **Énoncé**

On reprend l'expérience aléatoire du début.

1. Calculer l'espérance, la variance et l'écart type de X.
2. On gagne 2 € par « pile » obtenu. Quelle est l'espérance de gain ? Quels sont sa variance et son écart type ?

- **Réponses**

1. $E(X) = 0 \times \dfrac{1}{4} + 1 \times \dfrac{1}{2} + 2 \times \dfrac{1}{4} = 1$.

Pour calculer V(X), on utilise le tableau suivant.

x	0	1	2
x^2	0	1	4
$(x - E(X))^2$	$(-1)^2$	0^2	1^2
$p(X = x)$	$\frac{1}{4}$	$\frac{1}{2}$	$\frac{1}{4}$

$V(X) = \dfrac{1}{4} \times 1 + \dfrac{1}{2} \times 0 + \dfrac{1}{4} \times 1 = \dfrac{1}{2} \Rightarrow \sigma(X) = \dfrac{1}{\sqrt{2}}$.

2. Soit Y le gain obtenu.

On a $Y = 2X$ donc $E(Y) = E(2X) = 2E(X) \Rightarrow E(Y) = 2$
et $V(Y) = V(2X) = 4V(X) \Rightarrow V(Y) = 2$ Alors $\sigma(Y) = \sqrt{2}$.

Loi binomiale

FICHE 26

I Théorie

1. Le principe multiplicatif

- On effectue quatre tirages **avec remise** d'une boule dans une urne contenant deux boules blanches (B) et trois boules noires (N).
- Au cours d'un tirage, la probabilité que la boule tirée soit blanche est $\frac{2}{5}$ et la probabilité qu'elle soit noire est $\frac{3}{5}$. On pose $p=\frac{2}{5}$ et $q=1-p=\frac{3}{5}$.
- Puisque les tirages sont indépendants, la probabilité que les quatre tirages fournissent BNNN est $\frac{2}{5}\frac{3}{5}\frac{3}{5}\frac{3}{5}$, c'est-à-dire $\left(\frac{2}{5}\right)^1\left(\frac{3}{5}\right)^3$.
- La probabilité que les quatre tirages amènent une et une seule boule blanche est égale à $4\left(\frac{2}{5}\right)^1\left(\frac{3}{5}\right)^3$ car il y a quatre façons qu'il en soit ainsi : BNNN, NBNN, NNBN, NNNB.
- Si l'on veut connaître la probabilité d'obtenir k boules blanches ($0 \leqslant k \leqslant 4$), il est nécessaire de connaître le nombre de façons de placer la lettre B à k emplacements parmi 4, c'est-à-dire le nombre de façons de choisir k places parmi 4.

2. Coefficient binomial

Définition : soit n un entier naturel et k un entier naturel de $[0\,;n]$. Le nombre de façons de choisir k objets parmi n est égal à $\binom{n}{k}$.

Remarque : on calcule un coefficient binomial à la main ou en utilisant une calculatrice (touches *nCr* ou *Combinaisons* dans les menus MATH > Prob).

Exemple : dans l'exemple précédent, soit X le nombre de boules blanches obtenus. $X(\Omega)=\{0, 1, 2, 3, 4\}$et, pour tout entier $k\in[0\,;4]$, on a $p(X=k)=\binom{n}{k}\left(\frac{2}{5}\right)^k\left(\frac{3}{5}\right)^{4-k}$.

3. Cas général

• **Théorème 1 :** on considère une suite de ***n* répétitions** d'une même expérience aléatoire à **deux issues**, succès (S, de probabilité p) et échec ($\overline{S}$, de probabilité q). Chaque expérience est indépendante des autres. Soit X la variable aléatoire comptant le nombre de succès obtenus. Alors $X(\Omega) = \{0, 1, ..., n\}$ et, pour tout $k \in X(\Omega)$, $p(X=k) = \binom{n}{k} p^k q^{n-k}$. On dit que X suit une loi binomiale dont les paramètres sont n et p.

La **loi binomiale** s'appelle aussi la loi du nombre de succès au cours d'une répétition de n épreuves identiques et indépendantes.

• **Théorème 2 :** dans les conditions du théorème précédent, $E(X) = np$ et $V(X) = npq$.

• Le modèle {*succès*, *échec*} s'appelle un **schéma de Bernoulli**.

II Pratique

1. Utilisation d'arbres

Une loi binomiale procède de ***n* répétitions d'un même schéma de Bernoulli**, que l'on peut symboliser par l'arbre ci-contre.

On voit que $n = 3$ et que

$$P(X=2) = \binom{3}{2} p^2 q^1 = 3p^2 q$$

$$= ppq + pqp + qpp.$$

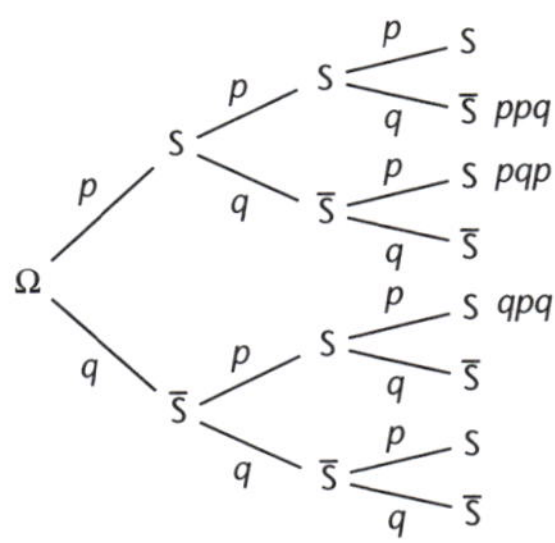

2. Identification de la loi binomiale

• **Énoncé :** on fait des paquets de 10 sucettes en prélevant dans une grande réserve des sucettes à l'orange (il y en a 60 %) et au citron (il y en a 40 %). En raison de la taille de la réserve, on peut assimiler le choix de chacune des 10 sucettes à un tirage aléatoire d'une sucette avec remise, indépendant des autres.
On prend un paquet au hasard. Soit X le nombre de sucettes à l'orange qu'il contient. Déterminer la loi de X.

• **Réponse :** selon l'énoncé, la loi de X est la loi binomiale de paramètres 10 et 0,6.
Donc $X(\Omega) = \{0, 1, 2, \ldots, 10\}$ et, pour tout entier $k \in [0\,;10]$, $p(X=k) = \binom{10}{k} 0{,}6^k\, 0{,}4^{10-k}$.

Probabilités élémentaires

TEST-BILAN

→ *Réponses au verso.*

Vrai ou faux ? Cochez les affirmations qui sont vraies. On considère des événements A, B,... d'un univers Ω, non vides et non égaux à Ω.

1 Conditionnement

a. ☐ $p_B(A) = \dfrac{p(A \cap B)}{p(B)}$. **b.** ☐ $p(A \cap B) = p_A(B)p(A)$.

c. ☐ $p_A(B)p(A) = p_B(A)p(B)$. **d.** ☐ $p_B(A) = \dfrac{p_A(B)p(A)}{p(B)}$.

2 Indépendance

a. ☐ Si $p(A \cap B) = p(A)p(B)$, alors A et B sont indépendants.

b. ☐ A et B sont indépendants si et seulement si $p_B(A) = p(A)$.

c. ☐ Si A et B sont indépendants, alors $\overline{A}$ et $\overline{B}$ le sont aussi.

3 Probabilités totales

a. ☐ Dans une partition de Ω à trois événements, s'il y a A, il ne peut pas y avoir $\overline{A}$.

b. ☐ A et $\overline{A}$ forment une partition de Ω.

c. ☐ $p(X) = p(X \cap A) + p(X \cap \overline{A})$.

4 Variables aléatoires : on considère une variable aléatoire prenant les valeurs $x_1 < x_2 < \ldots < x_n$.

a. ☐ $\sum_{k=1}^{k=n} p(X = x_k) = 1$. **b.** ☐ $p(X \geqslant x_n) = 1 - p(X < x_n)$.

c. ☐ Pour tout $k \in \{1, 2, \ldots, n\}$, $0 \leqslant p(X = x_k) \leqslant 1$.

d. ☐ Si X suit la loi binomiale de paramètres n et p, alors $0 \leqslant p \leqslant 1$.

e. ☐ Si X suit la loi binomiale de paramètres n et p, alors $E(X) = npq$.

SCHÉMAS-BILANS

Calculer $p(A \cap B)$

En dehors des probabilités conditionnelles	Avec les probabilités conditionnelles	Si les événements sont indépendants
$p(A \cap B) = p(A) + p(B) - p(A \cup B)$	$p(A \cap B) = p_A(B)p(A)$	$p(A \cap B) = p(A)p(B)$

Utiliser la loi binomiale

Il est évident qu'il y a répétition à l'identique d'une même expérience.

L'énoncé dit qu'on peut assimiler la question à une répétition à l'identique d'une même expérience.

↓

L'expérience a deux issues : S, $\bar{S}$.

↓

Les répétitions sont indépendantes.

↓

La probabilité de k succès au cours de n répétitions est $\binom{n}{k}p^k q^{n-k}$.

Réponses :

1 **a.** Vrai (par définition). **b.** Vrai. C'est une conséquence du **a.** **c.** Vrai. C'est une conséquence du **b.**, car A et B jouent des rôles symétriques. **d.** Vrai. C'est la formule de Bayes. **2** **a.** Vrai (par définition). **b.** Vrai car $p_B(A) = \frac{p(A \cap B)}{p(B)}$ et **a.** **c.** Vrai. **3** **a.** Vrai. A et $\bar{A}$ forment à eux deux une partition de Ω. **b.** Vrai. **c.** Vrai. En raison de **b.** et de la formule des probabilités totales. **4** **a.** Vrai. La somme de la deuxième ligne du tableau de la loi de probabilité de X est égale à 1. **b.** Vrai. En raison de **a.** **c.** Vrai. **d.** Vrai. **e.** Faux. $E(X) = np$ et $V(X) = npq$.

Loi uniforme et loi exponentielle

FICHE 28

I Rappels

• Une **densité de probabilité** est une fonction f définie sur $\mathbb{R}$, positive, continue par morceaux (c'est-à-dire continue sauf en un nombre fini de points) et telle que $\int_{-\infty}^{+\infty} f(t)\mathrm{d}t = 1$.

• Soit X une variable aléatoire de densité f. Alors, en cas d'existence, l'**espérance** de X est définie par $E(X) = \int_{-\infty}^{+\infty} tf(t)\mathrm{d}t$.

• Pour définir par exemple $\int_{a}^{+\infty} f(t)\mathrm{d}t$, on commence par calculer $\int_{a}^{x} f(t)\mathrm{d}t$ puis on fait tendre x vers $+\infty$. On procède de même pour $\int_{-\infty}^{a} f(t)\mathrm{d}t$.

• En général, si X est une variable aléatoire continue, alors, pour tout $x \in \mathbb{R}$, $p(X = x) = 0$ donc $p(X \leqslant x) = p(X < x)$.

II Loi uniforme

1. Définition

• Soit a et b deux nombres tels que $a < b$. La densité uniforme sur $[a , b]$ est la fonction f définie par :

$$f(t) = \begin{cases} \dfrac{1}{b-a} \text{ si } t \in [a\,;b] \\ 0 \text{ si } t \notin [a\,;b] \end{cases}.$$

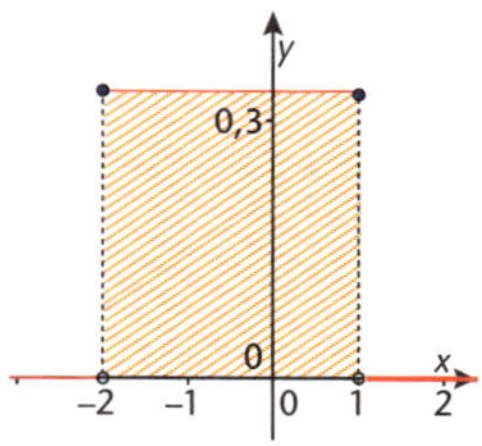

• Sur la figure, $a = -2$, $b = 1$.

2. Propriétés

• Pour tout $x \in \mathbb{R}$: $p(X \leqslant x) = \int_{-\infty}^{x} f(t)\mathrm{d}t = \begin{cases} 0 \text{ si } x \leqslant a \\ \dfrac{x-a}{b-a} \text{ si } a < x \leqslant b. \\ 1 \text{ si } b \leqslant x \end{cases}$

• $E(X) = \int_{-\infty}^{+\infty} tf(t)\mathrm{d}t = \dfrac{1}{b-a}\int_{a}^{b} t\mathrm{d}t \Rightarrow$ **$E(X) = \dfrac{a+b}{2}$**.

Exemple : le but d'un jeu vidéo est d'éliminer un alien apparaissant au hasard sur l'écran. Le temps T (en seconde) mis par un joueur pour l'élimination suit la loi uniforme sur [0 ; 1]. La probabilité que le joueur élimine l'alien en moins de 4 dixièmes de seconde est $p(\mathrm{T} \leqslant 0{,}4) = \dfrac{0{,}4 - 0}{1 - 0} = 0{,}4$.

III Loi exponentielle

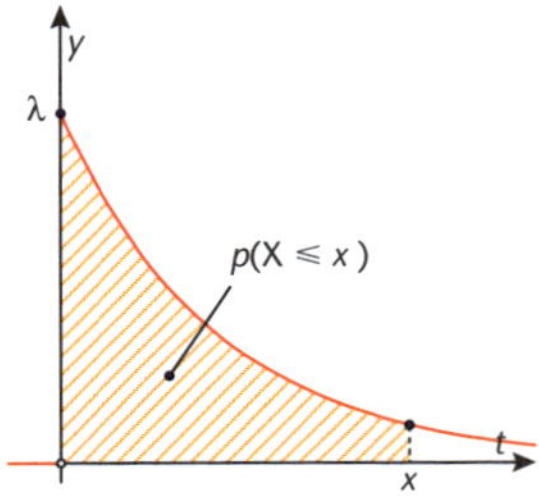

1. Définition

La loi exponentielle de paramètre λ est la fonction f définie par

$$f(t) = \begin{cases} 0 \text{ si } t<0 \in [a\,;b] \\ \lambda \mathrm{e}^{-\lambda t} \text{ si } t>0 \end{cases} \quad \text{avec } \lambda > 0.$$

2. Propriétés

- Pour tout $x \in \mathbb{R}$: $p(\mathrm{X} \leqslant x) = \displaystyle\int_{-\infty}^{x} f(t)\mathrm{d}t = \begin{cases} 0 \text{ si } x<0 \\ 1-\mathrm{e}^{-\lambda x} \text{ si } x \geqslant 0 \end{cases}$.
- Pour tous réels a et b, tels que $a < b$:

$$p(a \leqslant \mathrm{X} \leqslant b) = p(\mathrm{X} \leqslant b) - p(\mathrm{X} < a) = \begin{cases} 0 \text{ si } b<0 \\ 1-\mathrm{e}^{-\lambda b} \text{ si } a<0 \leqslant b\,. \\ \mathrm{e}^{-\lambda a} - \mathrm{e}^{-\lambda b} \text{ si } a \geqslant 0 \end{cases}$$

Sur la figure, on voit le troisième cas, avec $a = 0$ et $b = x$.

3. Durée de vie sans vieillissement

- **Théorème :** une variable aléatoire dont la loi est une loi exponentielle vérifie la propriété de durée de vie sans vieillissement.

- Cela signifie que si X mesure la durée de vie d'un individu (particule élémentaire, protéine, minerai, etc.), alors sa durée de vie entre deux instants ne dépend pas de ces deux instants mais du temps écoulé entre eux deux. Autrement dit, pour tous réels x et y vérifiant $0<x<y$: $p_{\mathrm{X} \geqslant x}(\mathrm{X} \geqslant y) = p(\mathrm{X} \geqslant y - x)$.

- Sachant que l'individu est vivant à l'instant x, la probabilité qu'il soit encore vivant à l'instant ultérieur y est égale à la probabilité qu'il soit vivant à l'instant $y - x$.

- **Remarque :** en posant $h = y - x$, on a l'égalité équivalente à la précédente $p_{(\mathrm{X} \geqslant x)}(\mathrm{X} \geqslant x + h) = p(\mathrm{X} \geqslant h)$.

Loi normale centrée réduite

I Généralités

1. Fonction de Gauss normalisée

• La fonction de Gauss normalisée f est la fonction définie par :

$$f(x)=\frac{1}{\sqrt{2\pi}}\mathrm{e}^{-\frac{x^2}{2}}.$$

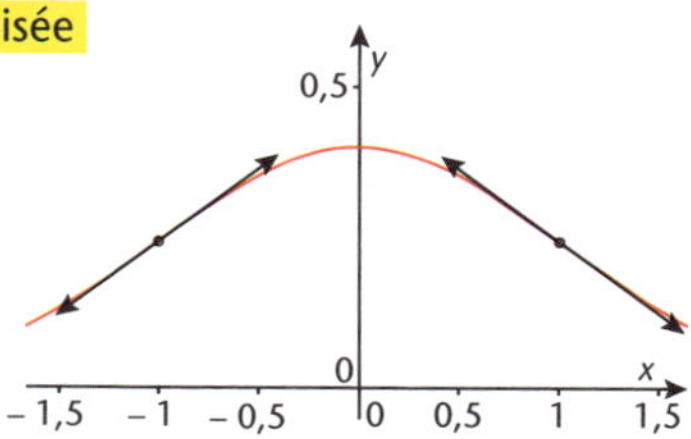

• Comme elle est paire, sa courbe est symétrique par rapport à l'axe des ordonnées.

• Les points d'abscisses –1 et 1 sont des points d'inflexion.

• L'axe des abscisses est asymptote à la courbe en $-\infty$ et en $+\infty$.

2. Loi normale centrée réduite

• Dire qu'une variable aléatoire X a pour loi la loi normale centrée réduite signifie que sa densité de probabilité est la fonction de Gauss normalisée. On a donc, pour tout $x \in \mathbb{R}$:

$$p(X \leqslant x)=\Pi(x)=\frac{1}{\sqrt{2\pi}}\int_{-\infty}^{x}\mathrm{e}^{-\frac{t^2}{2}}\,\mathrm{d}t.$$ On note parfois $\Phi(x)$ au lieu de $\Pi(x)$.

• On dit que la loi de X est la loi $\mathcal{N}(0,1)$.

• On démontre que $\frac{1}{\sqrt{2\pi}}\int_{-\infty}^{+\infty}\mathrm{e}^{-\frac{t^2}{2}}\,\mathrm{d}t=1$. On en déduit que l'aire comprise entre la courbe et l'axe des abscisses est égale à 1, c'est-à-dire :

$$\lim_{x\to+\infty}\frac{1}{\sqrt{2\pi}}\int_{0}^{x}\mathrm{e}^{-\frac{t^2}{2}}\,\mathrm{d}t=\lim_{x\to-\infty}\frac{1}{\sqrt{2\pi}}\int_{x}^{0}\mathrm{e}^{-\frac{t^2}{2}}\,\mathrm{d}t=\frac{1}{2}.$$

• Géométriquement, $p(X \leqslant x)$ ou $\Pi(x)$ est l'aire du domaine coloré sur la figure. Il s'ensuit que Π est une fonction strictement croissante et continue sur $\mathbb{R}$.

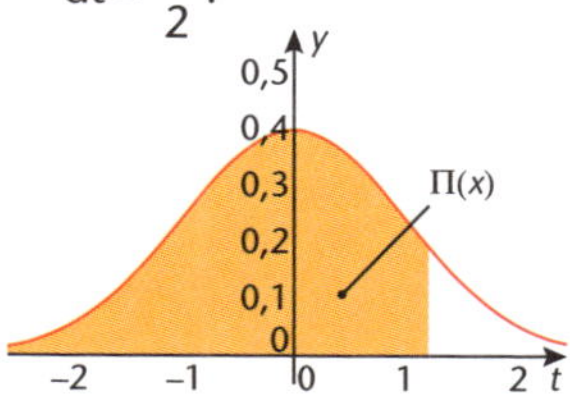

II Propriétés pratiques

- **Théorème 1 :** soit a et b deux réels. Si X suit la loi $\mathcal{N}(0, 1)$:

$$\Pi(-a) + \Pi(a) = 1$$

$$p(a \leqslant X \leqslant b) = \Pi(b) - \Pi(a)$$

$$p(-a \leqslant X \leqslant a) = 2\Pi(a) - 1$$

- On retient le premier résultat graphiquement. Par parité, on voit que $\Pi(-x) = 1 - \Pi(x)$.

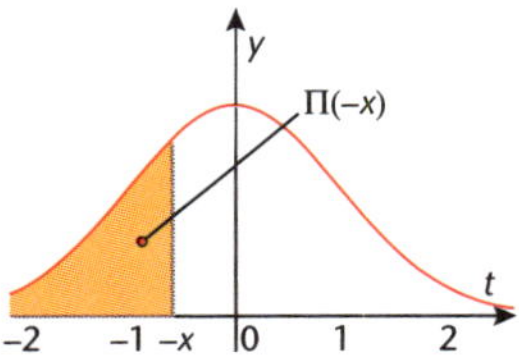

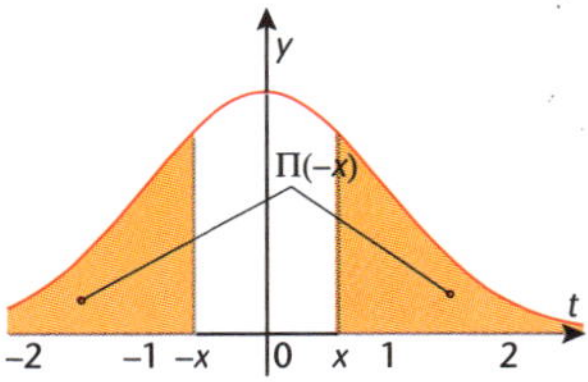

- **Théorème 2 :** si X suit la loi normale centrée réduite, pour tout $\alpha \in]0, 1[$, il existe un unique nombre positif u_α tel que $p(-u_\alpha \leqslant X \leqslant u_\alpha) = 1 - \alpha$. On a $\Pi(u_\alpha) = 1 - \dfrac{\alpha}{2}$.

Exemple : les valeurs suivantes sont à connaître par cœur, sachant que les probabilités sont données à 10^{-2} près.

$$p(-1{,}96 \leqslant X \leqslant 1{,}96) \approx 0{,}95 \ (\alpha = 0{,}05 \text{ et } u_\alpha \approx 1{,}96)$$

$$p(-2{,}58 \leqslant X \leqslant 2{,}58) \approx 0{,}99 \ (\alpha = 0{,}01 \text{ et } u_\alpha \approx 2{,}58)$$

Graphiquement, cela se traduit de la manière suivante :

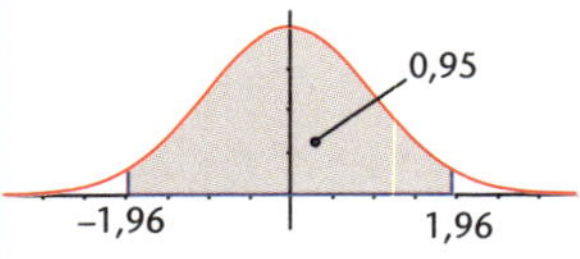

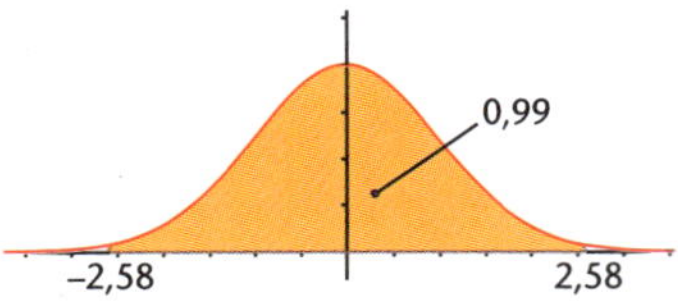

Il y a 95 % de chance pour que les valeurs de la variable aléatoire soient comprises entre −1,96 et 1,96 et il y a 99 % de chances pour que les valeurs de la variable aléatoire soient comprises entre −2,58 et 2,58.

- **Théorème 3 :** si X suit la loi normale centrée réduite, alors $E(X) = 0$ (donc la loi est centrée) et $V(X) = 1$ (donc la loi est réduite).

Loi normale générale

FICHE 30

Dans la suite, on considère un réel μ et un réel strictement positif σ.

I Généralités

• **Définition :** dire qu'une variable aléatoire X suit la loi normale de paramètres μ et σ signifie que la variable aléatoire $\dfrac{X-\mu}{\sigma}$ a pour loi la loi $\mathcal{N}(0\,,1)$. On dit alors que X a pour loi la loi $\mathcal{N}(\mu,\sigma)$ ou $\mathcal{N}(\mu,\sigma^2)$.

• **Conséquence 1 :** pour tout $x \in \mathbb{R}$, $X \leqslant x \Leftrightarrow \dfrac{X-\mu}{\sigma} \leqslant \dfrac{x-\mu}{\sigma}$.

Donc : $p(X \leqslant x) = p\left(\dfrac{X-\mu}{\sigma} \leqslant \dfrac{x-\mu}{\sigma}\right) = \Pi\left(\dfrac{x-\mu}{\sigma}\right)$.

• **Conséquence 2 :** par un changement de variable, une loi normale générale se ramène donc simplement à une loi normale centrée réduite.

• **Théorème 1 :** si une variable aléatoire X suit la loi normale de paramètres μ et σ, alors **$E(X)=\mu$ et $V(X)=\sigma^2$**.

Démonstration :

d'une part, $E\left(\dfrac{X-\mu}{\sigma}\right) = E\left(\dfrac{X}{\sigma}-\dfrac{\mu}{\sigma}\right) = E\left(\dfrac{X}{\sigma}\right) - E\left(\dfrac{\mu}{\sigma}\right) = \dfrac{1}{\sigma}E(X) - \dfrac{\mu}{\sigma}$.

Or $E\left(\dfrac{X-\mu}{\sigma}\right) = 0$ donc $\dfrac{1}{\sigma}E(X) - \dfrac{\mu}{\sigma} = 0$, équivalent à $E(X) = \mu$.

D'autre part $V\left(\dfrac{X-\mu}{\sigma}\right) = V\left(\dfrac{X}{\sigma}-\dfrac{\mu}{\sigma}\right) = \dfrac{1}{\sigma^2}V(X)$. Donc :

$V\left(\dfrac{X-\mu}{\sigma}\right) = 1 \Leftrightarrow V(X) = \sigma^2$.

Rappels : $E(aX+b) = aE(X)+b$ et $V(aX+b) = a^2V(X)$ ($a \in \mathbb{R}$ et $b \in \mathbb{R}$).

• **Théorème 2 :** si une variable aléatoire X suit la loi normale de paramètres μ et σ, alors sa densité de probabilité f est définie par

$$f(x) = \frac{1}{\sigma\sqrt{2\pi}} e^{-\frac{1}{2}\left(\frac{x-\mu}{\sigma}\right)^2}.$$

• **Remarque :** la courbe de f a un axe de symétrie qui est la verticale $x = \mu$. On trouve plusieurs tracés ci-après.

II Rôles de μ et σ

1. Influence de μ et σ sur la courbe

- Pour une moyenne μ donnée, la courbe est d'autant plus aplatie que σ est grand.

- Pour un écart type donné, la courbe est d'autant plus décalée vers la droite que μ est grand.

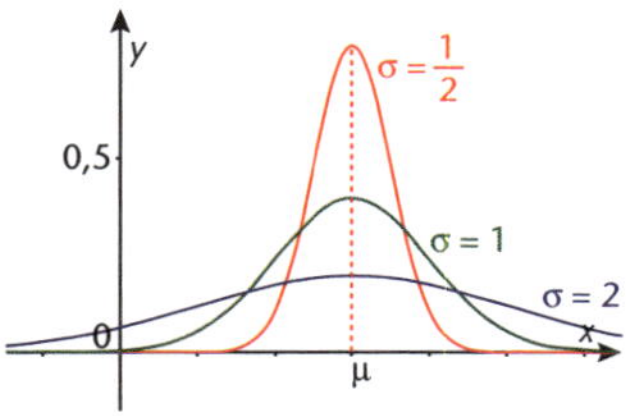

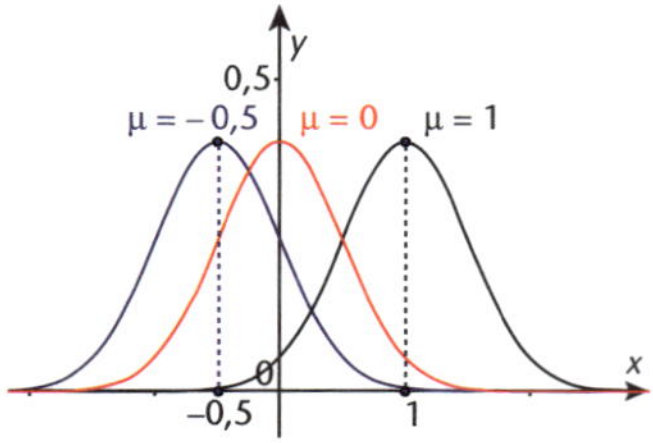

2. Valeurs remarquables

- Soit X une variable aléatoire dont la loi est la loi normale de paramètres μ et σ. Les résultats suivants sont à connaître :

$$p(\mu - \sigma \leqslant X \leqslant \mu + \sigma) \approx 0,68$$

$$p(\mu - 2\sigma \leqslant X \leqslant \mu + 2\sigma) \approx 0,95$$

$$p(\mu - 3\sigma \leqslant X \leqslant \mu + 3\sigma) \approx 0,997.$$

- Il est donc quasiment certain (à 99,7 %) que la variable aléatoire X prend des valeurs comprises entre μ – 3σ et μ + 3σ.

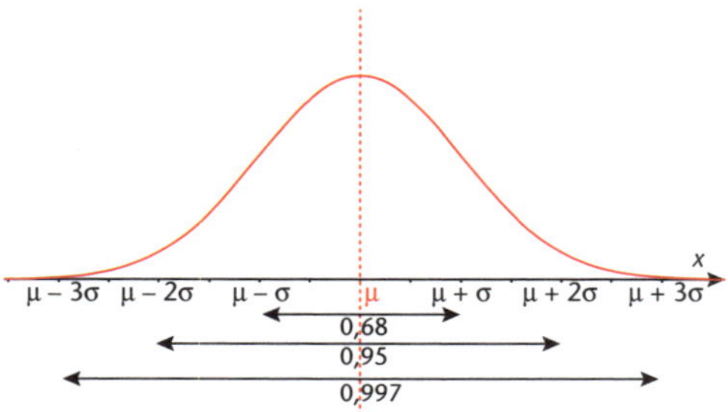

Comment calculer P(X ⩽ *x*) ?
Soit en se ramenant à la loi normale centrée réduite, on dispose alors de tables ; soit en utilisant la calculatrice, dans le menu STATS > Distribution.

Échantillonnage et intervalles de confiance

FICHE 31

I Échantillonnage

1. L'enjeu

- On considère une urne contenant exclusivement des boules blanches en proportion p et des boules noires. On envisage deux possibilités.
  - la proportion p est connue ;
  - on fait une hypothèse sur la valeur de p.

- On effectue n tirages **avec remise** d'une boule, on note X_n le nombre de boules blanches obtenues et $F_n = \frac{X_n}{n}$ la fréquence correspondante.

2. L'intervalle (asymptotique) de fluctuation

- Soit u_α le nombre défini par $\Pi(u_\alpha) = 1 - \frac{\alpha}{2}$ (→ *voir fiche 29, p. 67*) et $q = 1 - p$.

- **Définition :** l'intervalle $I = \left[p - \frac{u_\alpha\sqrt{pq}}{\sqrt{n}}\ ;\ p + \frac{u_\alpha\sqrt{pq}}{\sqrt{n}}\right]$ s'appelle **l'intervalle (asymptotique) de fluctuation** de F_n au seuil $1 - \alpha$. On a alors $\lim\limits_{n \to +\infty} p(F_n \in I) = 1 - \alpha$.

- Cela signifie que la probabilité que la fréquence observée F_n soit dans I est d'autant plus proche de $1 - \alpha$ que la taille de l'échantillon est grande.

- L'intervalle de fluctuation (asymptotique) de F_n **au seuil 95 %** est :

$$\left[p - 1{,}96\frac{\sqrt{pq}}{\sqrt{n}}\ ;\ p + 1{,}96\frac{\sqrt{pq}}{\sqrt{n}}\right].$$

- **Remarque :** l'intervalle de fluctuation vu en classe de seconde $\left[p - \frac{1}{\sqrt{n}}\ ;\ p + \frac{1}{\sqrt{n}}\right]$ contient l'intervalle précédent.

3. Prise de décision à partir d'un échantillon de taille *n*

- **Question :** dans le cas où l'on a fait une hypothèse sur la valeur de la proportion p, comment savoir si cette hypothèse est crédible ?

• **Réponse :** on doit avoir $n \geqslant 30$, $np \geqslant 5$ et $nq \geqslant 5$.
• Si $F_n \in I$, alors on accepte l'hypothèse faite sur p. Dans ce cas, on ne connaît pas la probabilité de se tromper.
• Si $F_n \notin I$, alors on rejette l'hypothèse faite sur p. Dans ce cas, on admet que la probabilité de se tromper est de 5 % environ.

II Intervalle de confiance

1. L'enjeu

Dans une population, on souhaite connaître la proportion p d'une certaine modalité. *A priori*, on ignore la valeur de cette proportion et on ne fait aucune hypothèse à son sujet. Pour en avoir une idée, on prélève un échantillon de taille n et on calcule la fréquence observée f de la modalité. On pourra alors **estimer un encadrement** (on dit aussi une fourchette) plus ou moins précis de la proportion recherchée.

2. L'intervalle de confiance

• **Théorème :** soit X_n une variable aléatoire suivant la loi binomiale de paramètres n et p, et $F_n = \frac{X_n}{n}$ la fréquence associée. Alors, si n est suffisamment grand, p appartient à $\left[F_n - \frac{1}{\sqrt{n}} ; F_n + \frac{1}{\sqrt{n}}\right]$ avec une probabilié supérieure ou égale à 0,95.

• **Définition :** on appelle intervalle de confiance de niveau de confiance 0,95 l'intervalle $\left[F - \frac{1}{\sqrt{n}} ; F + \frac{1}{\sqrt{n}}\right]$.

• Un intervalle de confiance est donc centré sur la fréquence observée de la modalité dans l'échantillon.

La **longueur** de l'intervalle de confiance est égale à $\frac{2}{\sqrt{n}}$.

• L'intervalle de confiance est d'autant plus étroit (donc la proportion p est d'autant plus précisément évaluée) que la taille de l'échantillon est grande.

• Le niveau de confiance 95 % signifie que, si l'on examine un très grand nombre d'échantillons de taille n, alors au moins 95 % d'entre eux contiennent la proportion cherchée p.

Lois à densité et estimation

TEST-BILAN

→ *Réponses au verso.*

Vrai ou faux ? Cochez les affirmations qui sont vraies.
On note *f* une densité de probabilité, *a*, *b*, *x*... des nombres réels ; X, Y,... des variables aléatoires.

1 Lois uniforme et exponentielle

a. ☐ Si *f* est la densité de la loi uniforme sur [–3 ; 2], alors $f(x) = \frac{1}{5}$ sur [–3 ; 2].

b. ☐ Si X suit la loi uniforme sur [0 ; 2], alors $p(X > 1) = \frac{1}{2}$.

c. ☐ Si X suit la loi exponentielle de paramètre $\frac{1}{2}$, alors $p(X = 3) = \frac{1}{2}e^{-1,5}$.

2 Loi normale $\mathcal{N}(0, 1)$

a. ☐ $\Pi(0) = 0,5$. **b.** ☐ $\Pi(-x) = 1 - \Pi(x)$.

c. ☐ $p(-x \leqslant X \leqslant x) = 2\Pi(x) - 1$.

3 Loi normale $\mathcal{N}(\mu, \sigma)$: on considère une variable aléatoire X suivant la loi normale de moyenne μ et d'écart type σ.

a. ☐ $E(X) = 0$. **b.** ☐ $V(X) = \sigma^2$. **c.** ☐ $p(X \leqslant x) = p(X < x)$.

d. ☐ $p(X \leqslant x) = \Pi\left(\frac{x - \mu}{\sigma^2}\right)$. **e.** ☐ $p(X \leqslant x) = \Pi\left(\frac{x - \mu}{\sigma}\right)$.

4 Échantillonnage et intervalle de confiance

a. ☐ Un intervalle de fluctuation s'utilise quand on veut tester une hypothèse sur une proportion dans une population.

b. ☐ Un intervalle de confiance pour un échantillon de *n* individus a pour longueur $\frac{1}{\sqrt{n}}$.

SCHÉMA-BILAN

Effectuer des calculs avec des variables aléatoires à densité X

La densité est classique

↓

Loi uniforme sur [a ; b]

$$p(X \leqslant x) = \begin{cases} 0 \text{ si } x \leqslant a \\ \dfrac{x-a}{b-a} \text{ si } a < x \leqslant b \\ 1 \text{ si } b \leqslant x \end{cases}$$

↓

Loi exponentielle de paramètre λ

$$p(X \leqslant x) = \begin{cases} 0 \text{ si } x < 0 \\ 1 - e^{-\lambda x} \text{ si } x \geqslant 0 \end{cases}$$

↓

Loi $N(0, 1)$

$p(X \leqslant x) = \Pi(x)$ et tables ou calculatrice

↓

$N(\mu, \sigma)$

$p(X \leqslant x) = \Pi\left(\dfrac{x-\mu}{\sigma}\right)$ et tables ou calculatrice

La densité f n'est pas classique

↓

$$p(X \leqslant x) = \int_{-\infty}^{x} f(t)dt$$

Réponses :

1 **a.** Vrai. **b.** Vrai. Il y a une chance sur deux pour que X prenne des valeurs supérieures au milieu de l'intervalle. On a aussi $p(X \leqslant 1) = \dfrac{1}{2}$. **c.** Faux. $p(X = 3) = 0$.
2 **a.** Vrai. **b.** Vrai. **c.** Vrai. $p(-x \leqslant X \leqslant x) = \Pi(x) - \Pi(-x) = \Pi(x) - (1 - \Pi(x))$.
3 **a.** Faux. $E(X) = \mu$. **b.** Vrai. **c.** Vrai. Car $p(X \leqslant x) = p(X < x) + p(X = x)$ et $p(X = x) = 0$. **d.** Faux. $p(X \leqslant x) = \Pi\left(\dfrac{x-\mu}{\sigma}\right)$. **e.** Vrai. **4** **a.** Vrai. **b.** Faux. La longueur est $\dfrac{2}{\sqrt{n}}$.

Nombres complexes : forme algébrique et calculs

FICHE 33

I ℂ, ensemble des nombres complexes

1. Le nombre *i*

Définition : on définit un **nombre *i* non réel** vérifiant $i^2 = -1$.

Remarque : il existe deux nombres dont le carré est égal à -1. Ce sont i et $-i$.

2. Définitions et premières propriétés

- **Définition 1 :** un nombre complexe z est un nombre de la forme $x + iy$ où x et y sont deux **réels**. x s'appelle la **partie réelle** de z ($x = \mathrm{Re}(z)$), y sa **partie imaginaire** ($y = \mathrm{Im}(z)$), et $x + iy$ s'appelle **la forme algébrique** de z. La partie imaginaire est un nombre réel. On voit donc que $\mathbb{R} \subset \mathbb{C}$ (il suffit de choisir $y = 0$). Dans la suite, on ne précisera plus que x, x', y, y' sont des réels.

- **Définition 2 :** $i\mathbb{R}$ est l'ensemble des nombres de la forme iy. On les nomme **imaginaires purs**.

- **Propriétés :** soit $z = x + iy$ et $z' = x' + iy'$ deux nombres complexes.

1. $z = z' \Leftrightarrow \mathrm{Re}(z) = \mathrm{Re}(z')$ et $\mathrm{Im}(z) = \mathrm{Im}(z')$.
2. $z + z' = (x + x') + i(y + y')$.
3. $zz' = (xx' - yy') + i(xy' + x'y)$.
4. $z \in \mathbb{R} \Leftrightarrow \mathrm{Im}(z) = 0$ et $z \in i\mathbb{R} \Leftrightarrow \mathrm{Re}(z) = 0$. On dispose ainsi d'un moyen de caractériser les nombres réels dans $\mathbb{C}$.

3. Conjugué d'un nombre complexe

- **Définition :** le nombre complexe conjugué de $z = x + iy$ est le nombre complexe $\overline{z}$ (z barre) défini par $\overline{z} = x - iy$.

- **Propriétés immédiates**

1. $\mathrm{Re}(z) = \mathrm{Re}(\overline{z})$ et $\mathrm{Im}(z) = -\mathrm{Im}(\overline{z})$.
2. $z = \overline{z} \Leftrightarrow z \in \mathbb{R}$ et $z = -\overline{z} \Leftrightarrow z \in i\mathbb{R}$.
3. $z + \overline{z} = 2x \Leftrightarrow \mathrm{Re}(z) = \dfrac{z + \overline{z}}{2}$ et $z - \overline{z} = 2iy \Leftrightarrow \mathrm{Im}(z) = \dfrac{z - \overline{z}}{2i}$.

- **Conjugué et opérations**

1. La conjugaison est involutive, c'est-à-dire $\overline{\overline{z}} = z$.
2. $z\overline{z} = x^2 + y^2$ (donc $z\overline{z}$ est un nombre réel positif).
3. Addition : $\overline{z + z'} = \overline{z} + \overline{z'}$.

4. Multiplication : $\overline{zz'} = \bar{z}\bar{z'}$.

5. Division : lorsque $z' \neq 0$: $\overline{\left(\frac{z}{z'}\right)} = \frac{\bar{z}}{\bar{z'}}$.

II Calculs dans $\mathbb{C}$

On a vu que l'on obtenait facilement les formes algébriques de $z + z'$ et zz'. Pour trouver la forme algébrique de $\frac{z}{z'}$, on utilise le conjugué de z'.

1. Forme algébrique d'un inverse

Soit $x + iy$ la forme algébrique d'un nombre complexe non nul z.

Alors : $\frac{1}{z} = \frac{\bar{z}}{z\bar{z}} = \frac{x - iy}{x^2 + y^2} = \frac{x}{x^2 + y^2} + i\frac{-y}{x^2 + y^2}$.

Remarque : plus que le résultat lui-même, c'est la méthode qu'il faut retenir.

2. Forme algébrique d'un quotient

$\frac{z}{z'} = z \times \frac{1}{z'}$ (voir II. 1. ci-dessus).

3. Application

• **Énoncé type :** pour tout nombre complexe z de $\mathbb{C} - \{3i\}$, on pose $Z = \frac{2iz + 1 - i}{z - 3i}$. Trouver une condition nécessaire et suffisante pour que Z soit réel.

• **Réponse :** Z est réel si et seulement si il est égal à son conjugué.

Or $\bar{Z} = \frac{\overline{2iz + 1 - i}}{\overline{z - 3i}} = \frac{-2i\bar{z} + 1 + i}{\bar{z} + 3i}$ car $\bar{i} = -i$.

Donc $Z = \bar{Z} \Leftrightarrow \frac{2iz + 1 - i}{z - 3i} = \frac{-2i\bar{z} + 1 + i}{\bar{z} + 3i}$ et $z \neq 3i$. Après le produit en croix et après « nettoyage », sachant que $z\bar{z} = x^2 + y^2$, $z - \bar{z} = 2x$ et $z + \bar{z} = 2iy$, on trouve :

$4iz\bar{z} - 7(z - \bar{z}) - i(z + \bar{z}) + 6i = 0$

$\Leftrightarrow 2(x^2 + y^2) - 7y - x + 3 = 0$ et $(x ; y) \neq (0 ; 3)$.

Les nombres complexes cherchés ont une image située sur le cercle dessiné, privé du point (0 ; 3).

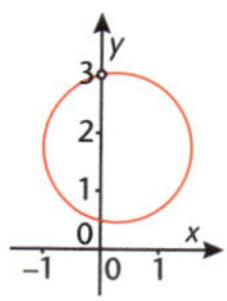

Nombres complexes : module, argument et trigonométrie

FICHE 34

I Module et argument

Dans la suite, x et y sont des réels et on se place dans le plan muni d'un repère orthonormé direct $(O\,;\vec{u}\,;\vec{v})$.

1. Module

• **Définitions :** l'affixe d'un point $M(x\,;y)$ est le nombre complexe $z = x + iy$. Le point M est l'image de z. Le module du nombre complexe $z = x + iy$ est le nombre réel $|z| = \sqrt{x^2 + y^2}$.

• **Propriétés :** pour tous nombres complexes z et z' :

1. $|z|^2 = z\overline{z}$;
2. $|zz'| = |z|\,|z'|$; $\left|\dfrac{1}{z'}\right| = \dfrac{1}{|z'|}$; $\left|\dfrac{z}{z'}\right| = \dfrac{|z|}{|z'|}$ à condition que $z' \neq 0$;
3. $|z + z'| \leqslant |z| + |z'|$: inégalité triangulaire.

2. Argument

• **Définition :** soit z un nombre complexe non nul d'image $(x\,;y)$. On appelle argument de z une mesure de l'angle orienté $(\vec{u}\,;\overrightarrow{OM})$ à 2π près. On le note $\arg(z)$.

• **Propriétés :** pour tous nombres complexes z et z' non nuls :

1. $\arg(zz') = \arg(z) + \arg(z')$;
2. $\arg\left(\dfrac{1}{z}\right) = -\arg(z)$;
3. $\arg\left(\dfrac{z}{z'}\right) = \arg(z) - \arg(z')$;
4. pour tout entier relatif n, $\arg(z^n) = n\arg(z)$;
5. $\arg(\overline{z}) = -\arg(z)$;
6. $z \in \mathbb{R} \Leftrightarrow \arg(z) = k\pi\ (k \in \mathbb{Z})$ et $z \in i\mathbb{R} \Leftrightarrow \arg(z) = \dfrac{\pi}{2} + k\pi (k \in \mathbb{R})$.

3. Interprétation géométrique

La figure ci-contre résume les paragraphes précédents. On voit notamment que l'image de $\overline{z}$ est symétrique de celle de z par rapport à l'axe des abscisses.

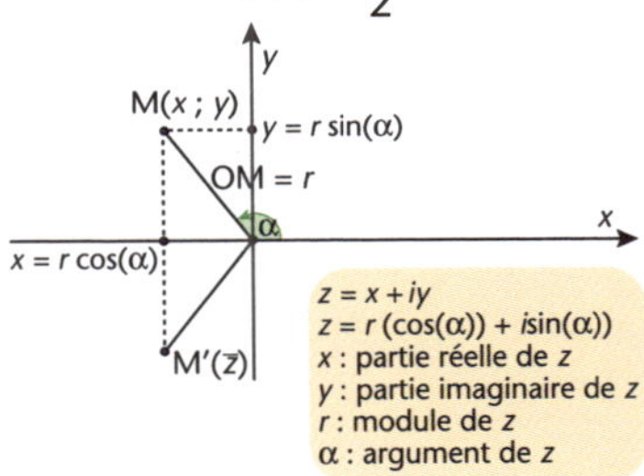

II Forme trigonométrique

1. Définition

- La forme trigonométrique d'un nombre complexe de module r et d'argument α est l'écriture $r(\cos\alpha + \sin\alpha)$.

- **Conséquences :** si $z = r(\cos\alpha + i\sin\alpha)$ et $z' = r'(\cos\alpha' + i\sin\alpha')$, alors : $zz' = rr'(\cos(\alpha + \alpha') + i\sin(\alpha + \alpha'))$.

Cela résulte de ce que $|zz'| = |z||z'| = rr'$
et $\arg(zz') = arg(z) + \arg(z') = \alpha + \alpha'$.

- En utilisant le produit des formes trigonométriques, on trouve :

$$zz' = r(\cos\alpha + i\sin\alpha)r'(\cos\alpha' + i\sin\alpha')$$
$$= rr'(\cos\alpha\cos\alpha' - \sin\alpha\sin\alpha' + i(\cos\alpha\sin\alpha' + \sin\alpha\cos\alpha')).$$

- Par identification, on retrouve les formules d'addition :
  - $\cos(\alpha + \alpha') = \cos\alpha\cos\alpha' - \sin\alpha\sin\alpha'$;
  - $\sin(\alpha + \alpha') = \cos\alpha\sin\alpha' + \sin\alpha\cos\alpha'$.

2. Liens entre forme algébrique et forme trigonométrique

- Soit $x + iy$ la forme algébrique d'un nombre complexe z. Pour trouver sa forme trigonométrique, il faut calculer le module r de z puis trouver α satisfaisant les deux conditions $\cos\alpha = \frac{x}{r}$ et $\sin\alpha = \frac{y}{r}$.

> **Exemple :** $z = 1 + i \Rightarrow z = \sqrt{2}\left(\cos\frac{\pi}{4} + i\sin\frac{\pi}{4}\right)$. En effet :
> $|z| = \sqrt{1^2 + 1^2} = \sqrt{2}$ et $\cos\alpha = \frac{1}{\sqrt{2}}$ et $\sin\alpha = \frac{1}{\sqrt{2}}$.

- Il y a des formes trigonométriques plus immédiates.

> **Exemples :** $i = 1\left(\cos\frac{\pi}{2} + i\sin\frac{\pi}{2}\right)$; $1 = 1(\cos 0 + i\sin 0)$, etc.

- D'autres formes nécessitent l'emploi d'une calculatrice.

> **Exemple :** $z = 1 - 2i = \sqrt{5}\left(\frac{1}{\sqrt{5}} + \frac{i(-2)}{\sqrt{5}}\right)$. On trouve $\alpha \approx -116°$ à l'unité près.

Nombres complexes : géométrie et forme exponentielle

FICHE 35

I Affixes et arguments utiles

• Dans le plan rapporté à un repère orthonormé $(O ; \vec{u} ; \vec{v})$, on considère des points M, A,… d'affixes respectives z_M, z_A,… et des nombres réels λ, μ,…

Objet	Affixe
$\overrightarrow{OM}$	$z_{\overrightarrow{OM}} = z_M$
$\overrightarrow{AB}$	$z_{\overrightarrow{AB}} = z_B - z_A$
$\vec{u} + \vec{v}$	$z_{\vec{u}} + z_{\vec{v}}$
$\lambda\vec{u}$	$\lambda z_{\vec{u}}$
Milieu de [AB]	$\dfrac{z_A + z_B}{2}$

• On a aussi $\arg(z_B - z_A) = (\vec{u} ; \overrightarrow{AB})$.

• On comprend ainsi l'**inégalité triangulaire** (→ *fiche 34*) : $|z + z'| \leqslant |z| + |z'|$.

En effet, si l'on pose $\overrightarrow{OM} + \overrightarrow{OM'} = \overrightarrow{OS}$,

$|z + z'| = |z_{\overrightarrow{OM}+\overrightarrow{OM'}}| = OS$

et $|z| + |z'| = OM + OM'$,

on a bien $OS \leqslant OM + OM'$.

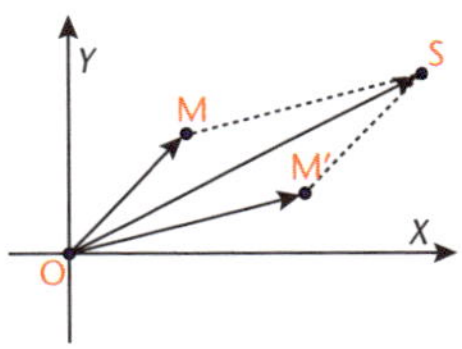

• **Application** : l'interprétation géométrique du quotient $\dfrac{z_B - z_A}{z_C - z_A}$ est particulièrement utile. En effet, $\left|\dfrac{z_B - z_A}{z_C - z_A}\right| = \dfrac{AB}{AC}$ et

$$\arg\left(\frac{z_B - z_A}{z_C - z_A}\right) = \arg(z_B - z_A) - \arg(z_C - z_A) = (\vec{u} ; \overrightarrow{AB}) - (\vec{u} ; \overrightarrow{AC}).$$

$$\Rightarrow \arg\left(\frac{z_B - z_A}{z_C - z_A}\right) = (\overrightarrow{AC} ; \overrightarrow{AB}).$$

• **Énoncé type :** on considère les points A, B, C d'abscisses respectives $-3 + 4i$, $-6 + 5i$ et $-4 + i$. Montrer que le triangle ABC est rectangle et isocèle en A.

• **Réponse :** on trouve $\dfrac{z_B - z_A}{z_C - z_A} = -i$.

Alors $\dfrac{AB}{AC} = 1$ et $(\overrightarrow{AC}\,;\overrightarrow{AB}) = -\dfrac{\pi}{2}$,
donc $AB = AC$ et $\widehat{BAC} = 90\,°$.

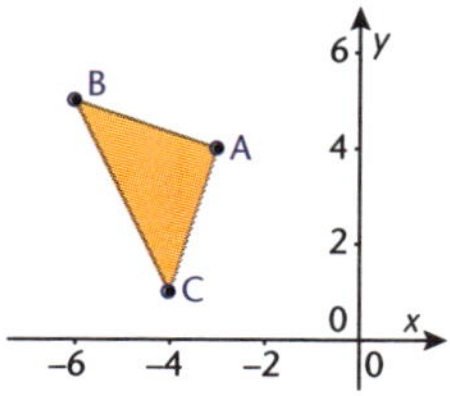

II Forme exponentielle

• **Définition :** soit z un nombre complexe non nul de module r et dont un argument est α. La forme exponentielle de z est l'écriture $re^{i\alpha}$.

• r doit être strictement positif.

• Le nombre e est le nombre de Néper et i le nombre complexe habituel.

• On a bien sûr $re^{i\alpha} = r(\cos\alpha + i\sin\alpha)$.

• $e^{i(\alpha+2k\pi)} = e^{i\alpha}$ pour tout entier relatif k.

• Les propriétés de la fonction exponentielle s'appliquent : par exemple, $e^{-i\alpha} = \dfrac{1}{e^{i\alpha}}$.

| **Exemples :** $e^{i2k\pi} = 1$; $e^{i\pi} = -1$; $e^{\frac{i\pi}{2}} = i$.

• Pour trouver la forme exponentielle, connaissant la forme algébrique, il suffit de trouver le module et l'argument. On procède comme pour la forme trigonométrique (→ *voir fiche 34, p. 78*).

• La forme exponentielle est utile pour calculer des puissances de nombres complexes.

| **Exemple :** calculer $\left(\dfrac{1}{2} + \dfrac{i\sqrt{3}}{2}\right)^{2019}$.

Posons $z = \dfrac{1}{2} + i\dfrac{\sqrt{3}}{2}$.

On sait que $\dfrac{1}{2} + i\dfrac{\sqrt{3}}{2} = \cos\dfrac{\pi}{3} + i\sin\dfrac{\pi}{3} \Rightarrow z = e^{\frac{i\pi}{3}}$.

Donc $z^{2019} = (e^{\frac{i\pi}{3}})^{2019} = e^{\frac{i2019\pi}{3}} = e^{i673\pi} = e^{i(672\pi+\pi)} = e^{i\pi} = -1$.

Par conséquent, $\left(\dfrac{1}{2} + \dfrac{i\sqrt{3}}{2}\right)^{2019} = -1$.

Nombres complexes : second degré et applications

FICHE 36

I Résolution de $ax^2 + bx + c = 0$

Soit a, b et c trois nombres **réels** et $\Delta = b^2 - 4ac$ le discriminant de l'équation $ax^2 + bx + c = 0$.

- **Si $\Delta > 0$**, alors l'équation a deux solutions qui sont $\dfrac{-b-\sqrt{\Delta}}{2a}$ et $\dfrac{-b+\sqrt{\Delta}}{2a}$.
- **Si $\Delta = 0$**, alors l'équation a une seule solution qui est $-\dfrac{b}{2a}$.
- **Si $\Delta < 0$**, alors l'équation a deux solutions non réelles $\dfrac{-b-i\sqrt{-\Delta}}{2a}$ et $\dfrac{-b+i\sqrt{-\Delta}}{2a}$. Dans ce cas, les deux solutions sont conjuguées.
- **Remarques :** a, b et c étant réels, Δ est aussi un réel. Quelle que soit la nature des deux racines x_1 et x_2, on a toujours la factorisation $ax^2 + bx + c = a(x - x_1)(x - x_2)$. La relation d'ordre usuelle sur $\mathbb{R}$ ne se prolonge pas dans $\mathbb{C}$, c'est pourquoi on ne résout pas dans $\mathbb{C}$ l'inéquation $ax^2 + bx + c \geqslant 0$ (ou $\leqslant 0$) lorsque $\Delta < 0$.

Exemple : résoudre dans l'équation $x^2 + x + 1 = 0$.

On calcule $\Delta = 1^2 - 4 \times 1 \times 1 = -3$. L'équation a donc deux solutions non réelles conjuguées qui sont $\dfrac{-1-i\sqrt{3}}{2}$ et $\dfrac{-1+i\sqrt{3}}{2}$.

On peut donc factoriser ainsi :

$$x^2 + x + 1 = \left(x - \frac{-1-i\sqrt{3}}{2}\right)\left(x - \frac{-1+i\sqrt{3}}{2}\right).$$

$$= \frac{1}{4}(2x + 1 + i\sqrt{3})(2x + 1 - i\sqrt{3})$$

II Application

- **Énoncé type :** on considère le polynôme suivant :

$P(z) = z^3 + (-6 + 4i)z^2 + (13 - 24i)z + 52i$.

1. Trouver le nombre réel y tel que $P(iy) = 0$ et en déduire que l'équation $P(z) = 0$ a une solution imaginaire pure unique.

2. Trouver trois nombres réels a, b et c tels que, pour tout nombre complexe z, $P(z) = (z + 4i)(az^2 + bz + c)$.

3. Résoudre l'équation P(z) = 0 et placer les images des solutions dans le plan muni d'un repère orthonormé $(O ; \vec{u} ; \vec{v})$.

4. Soit D le point d'affixe 2. Montrer, en calculant des affixes de vecteurs, que le point *D* appartient une droite passant par deux des images précédentes.

• **Réponses : 1.** $P(iy) = (iy)^3 + (-6+4i)(iy)^2 + (13-24i)(iy) + 52i$.

Après développement, compte tenu de $i^3 = -i$ et $i^2 = -1$, on trouve :

$P(iy) = (6y^2 + 24y) + i(-y^3 - 4y^2 + 13y + 52)$.

Par conséquent : $P(iy) = 0 \Leftrightarrow \begin{cases} 6y(y+4) = 0 \\ -y^3 - 4y^2 + 13y + 52 = 0 \end{cases}$.

On peut raisonner ainsi car $y \in \mathbb{R}$. La première équation fournit $y = 0$ qui ne convient pas, et $y = -4$ qui convient. On vient de prouver que l'équation P(z) = 0 a une solution imaginaire pure qui est $-4i$.

2. Développons et ordonnons suivant les puissances décroissantes de z : $(z+4i)(az^2+bz+c) = az^3 + (b+4i)z^2 + (c+4ib)z + 4ic$.

Par identification, on trouve $\begin{cases} a = 1 \\ 4c = 52 \\ b + 4ai = -6 + 4i \end{cases}$, ce qui fournit $c = 13$ et $b = -6$.

Pour tout $z \in \mathbb{C}$: $P(z) = (z+4i)(z^2 - 6z + 13)$.

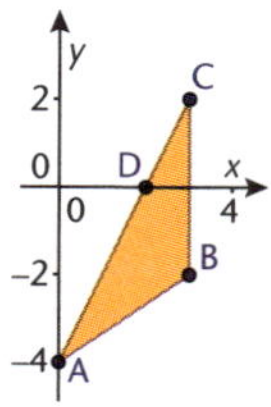

3. $P(z) = 0 \Leftrightarrow z = -4i$ ou $z^2 - 6z + 13 = 0$. La résolution de cette dernière équation conduit à $\Delta = 36 - 52 = -16$, et aux deux solutions non réelles conjuguées $\frac{6 - i\sqrt{16}}{2}$ et $\frac{6 + i\sqrt{16}}{2}$, c'est-à-dire $3 - 2i$ et $3 + 2i$. En conclusion, les solutions de l'équation P(z) = 0 sont $-4i$, $3 - 2i$, $3 + 2i$.

4. Avec les notations de la figure, démontrons que $D \in (AC)$, sachant que $z_A = -4i$, $z_D = 2$ et $z_C = 3 + 2i$.

$z_{\overrightarrow{DC}} = z_C - z_D = 1 + 2i$ et $z_{\overrightarrow{AC}} = z_C - z_A = 3 + 6i = 3(1+2i)$

$\Rightarrow z_{\overrightarrow{AC}} = 3z_{\overrightarrow{DC}}$.

Il en résulte que les vecteurs $\overrightarrow{DC}$ et $\overrightarrow{AC}$ sont colinéaires, donc que les points A, D, C sont alignés, ce qu'il fallait démontrer.

Nombres complexes

TEST-BILAN

→ *Réponses au verso.*

**Vrai ou faux ? Cochez les affirmations qui sont vraies.
Dans la suite, x , x' , y , y' désignent des nombres réels et z , z' des nombres complexes. On note $z = x + iy$ et $z' = x' + iy'$.**

1 Calculs

a. ☐ $i^{20} = 1$. **b.** ☐ $(1+i)^2 = 0$.

c. ☐ La partie réelle de 1 + iz est 1.

2 Conjugué

a. ☐ Le conjugué de iz est $-iz$. **b.** ☐ $\overline{z+z'} = \overline{z} + \overline{z'}$.

c. ☐ $z + \overline{z} = 2x$. **d.** ☐ $z\overline{z} \in \mathbb{R}$.

3 Module

a. ☐ $|z+z'| = |z| + |z'|$. **b.** ☐ $|zz'| = |z||z'|$. **c.** ☐ $|\overline{z}| = -|z|$.

4 Argument

a. ☐ $\arg(zz') = \arg(z) + \arg(z')$. **b.** ☐ $\arg(-z) = \pi + \arg(z)$.

c. ☐ $\arg(z+z') = \arg(z)\arg(z')$. **d.** ☐ $\arg(\overline{z}) = -\arg(z)$.

5 Formes trigonométrique et exponentielle

a. ☐ $2\left(\sin\frac{\pi}{3} + i\cos\frac{\pi}{3}\right)$ est une forme trigonométrique.

b. ☐ $\cos\frac{\pi}{6}\left(\cos\frac{2\pi}{3} + i\sin\frac{2\pi}{3}\right)$ est une forme trigonométrique.

c. ☐ $e^{i\pi} = -1$

d. ☐ $e^{\frac{i3\pi}{2}} = -i$.

6 **Équations du second degré : P(x) est du 2e degré à coefficients réels.**

a. ☐ Dans $\mathbb{C}$, P(x) a toujours au moins une racine.

b. ☐ Les images des solutions non réelles sont symétriques par rapport à l'axe des abscisses.

SCHÉMA-BILAN

Comment calculer le module de z et un argument ?

Module $r = |z|$

- **Avec la forme algébrique $x + iy$** : $|z| = \sqrt{x^2 + y^2}$
- **Avec la forme trigonométrique** : $r(\cos \alpha + i \sin \alpha)$
- **Avec la forme exponentielle** : $re^{i\alpha}$

Argument $\alpha = \arg(z)$

- **Avec la forme algébrique $x + iy$** : $\cos \alpha = \dfrac{x}{r}$ et $\sin \alpha = \dfrac{y}{r}$ d'où on déduit α
- **Avec la forme trigonométrique** : On a directement r et α.
- **Avec la forme exponentielle** : On a directement r et α.

Réponses :

1 **a.** Vrai. $i^2 = -1 \Rightarrow i^4 = 1 \Rightarrow (i^4)^5 = 1 = i^{20}$. **b.** Faux. $(1 + i)^2 = 1 + 2i + i^2 = 2i$. **c.** Faux. $1 + iz = 1 + i(x + iy) = (1 - y) + ix \Rightarrow \mathrm{Re}(1 + iz) = 1 - y$. **2** **a.** Faux. $\overline{iz} = \bar{i}\bar{z} = -i\bar{z}$. **b.** Vrai. **c.** Vrai. $\bar{z} = x - iy$. **d.** Vrai. $z\bar{z} = x^2 + y^2$. **3** **a.** Faux. $|z + z'| \leqslant |z| + |z'|$. **b.** Vrai. **c.** Faux. $|\bar{z}| = |z|$. **4** **a.** Vrai. **b.** Vrai. **c.** Faux. **d.** Vrai. **5** **a.** Faux. Une forme trigonométrique est $2\left(\cos \frac{\pi}{3} + i \sin \frac{\pi}{3}\right)$. **b.** Vrai. En effet, $\cos \frac{\pi}{6} > 0$. **c.** Vrai. $e^{i\pi} = \cos \pi + i \sin \pi$. **d.** Vrai. $e^{i\frac{3\pi}{2}} = \cos\left(\frac{3\pi}{2}\right) + i \sin\left(\frac{3\pi}{2}\right)$. **6** **a.** Vrai. **b.** Vrai. Les solutions sont conjuguées donc leurs images sont symétriques par rapport à l'axe des abscisses.

Positions relatives de droites et de plans

FICHE 38

I Droites et plans

1. Deux droites

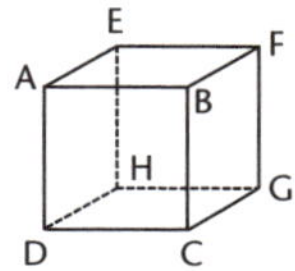

Figure 1

- Dans l'espace, deux droites peuvent être :
  - **coplanaires** et, dans ce cas, elles peuvent être sécantes ou parallèles ;
  - **non coplanaires** et, dans ce cas, elles n'ont aucun point en commun.

- Dans l'espace, il est donc possible que deux droites n'aient aucun point en commun et ne soient pas parallèles, par exemple (AE) et (BC) sur la figure 1 ci-dessus.

2. Une droite et un plan

- Une droite et un plan peuvent :
  - n'avoir **aucun point en commun** et, dans ce cas, la droite est parallèle au plan ;
  - avoir **un seul point commun** et, dans ce cas, la droite perce le plan en ce point ;
  - avoir **une infinité de points en commun** et, dans ce cas, la droite est incluse dans le plan.

- Lorsqu'une droite est parallèle à un plan, elle n'est pas parallèle à toute droite du plan. Ainsi, (EF) est parallèle au plan CDHG ; elle est parallèle à (CD) et (HG) mais n'est pas parallèle à (DH).

3. Deux plans distincts

Deux plans distincts peuvent :

- n'avoir **aucun point en commun** et dans ce cas ils sont parallèles ;
- avoir une **infinité de points en commun** ; ces points sont situés sur une droite qui est l'intersection des deux plans.

4. Trois plans $\mathscr{P}$, $\mathscr{Q}$, $\mathscr{R}$ distincts

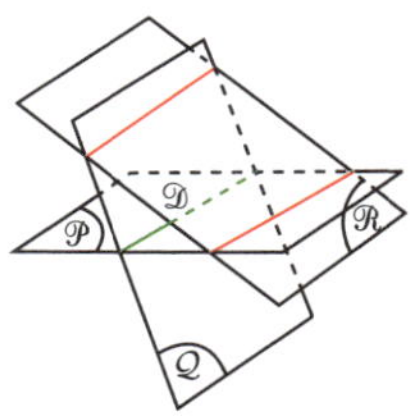

Figure 2

- Si **$\mathscr{P}$ et $\mathscr{Q}$ sont parallèles**, alors les trois plans n'ont aucun point en commun.

- Si **$\mathscr{P}$ et $\mathscr{Q}$ sont sécants** selon une droite $\mathscr{D}$, alors :
  - si **$\mathscr{D}$ est strictement parallèle à $\mathscr{R}$**, les trois plans n'ont aucun point en commun (voir figure 2) ;

• si 𝒟 **perce ℛ en un point A**, alors A est l'unique point commun aux trois plans ;
• si 𝒟 **est incluse dans ℛ**, alors les trois plans ont une infinité de points en commun, ceux de 𝒟 (voir figure 3 ci-contre).

• **Théorème :** trois plans deux à deux distincts peuvent n'avoir aucun point en commun, ou avoir un seul point en commun ou une infinité de points en commun.

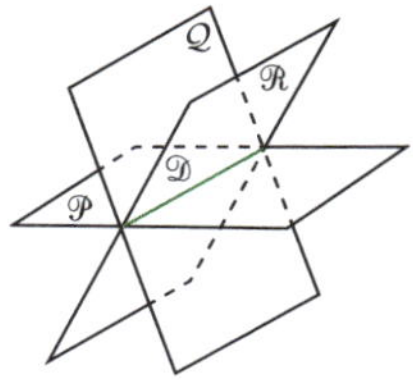

Figure 3

II Propriétés

1. Théorème du toit

Soit deux plans 𝒫 et 𝒫′ sécants selon une droite Δ. Si des droites 𝒟 de 𝒫 et 𝒟′ de 𝒫′ sont parallèles, alors chacune d'elles est parallèle à Δ.

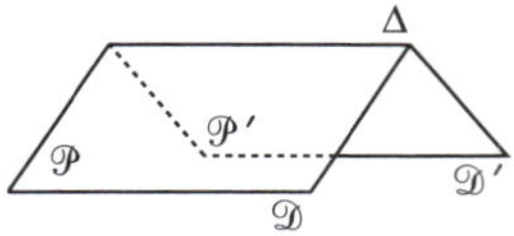

Figure 4

2. Orthogonalité

• Dire qu'une droite 𝒟 est orthogonale à une droite 𝒟′ signifie qu'il existe une droite Δ parallèle à 𝒟′ et perpendiculaire à 𝒟.

• Deux droites sont perpendiculaires si et seulement si elles forment un angle droit **et** sont sécantes. Sur la figure du cube, (EF) est orthogonale à (DH) car (AE) est parallèle à (DH) et (AE) ⊥ (EF).

• Dans le plan, deux droites sont orthogonales si et seulement si elles sont perpendiculaires.

• Dire qu'une droite est orthogonale à un plan signifie qu'elle est orthogonale à toutes les droites de ce plan.

3. Théorème

Une droite est orthogonale à un plan si et seulement si elle est orthogonale à deux droites sécantes de ce plan.

Calcul vectoriel

FICHE 39

I Repères de l'espace

1. Introduction

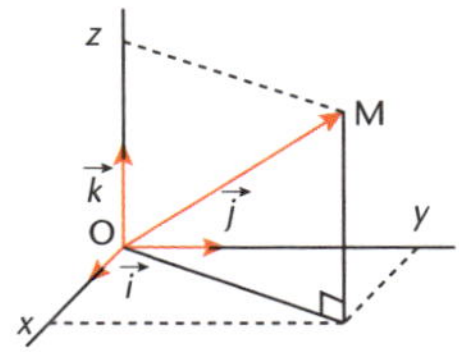

- **Définition :** un **repère de l'espace** est un quadruplet constitué d'un point et de trois vecteurs non coplanaires, par exemple $(O, \vec{i}, \vec{j}, \vec{k})$.
- Pour tout point M de l'espace, il existe trois **nombres uniques** x, y et z tels que $\overrightarrow{OM} = x\vec{i} + y\vec{j} + z\vec{k}$.
- x, y et z sont respectivement l'abscisse, l'ordonnée et la cote de M ou du vecteur $\overrightarrow{OM}$.
- Si les trois vecteurs sont deux à deux orthogonaux et de même longueur, on dit que le repère est **orthonormé**.
- Sur la figure, les segments en pointillés sont perpendiculaires aux axes.
- D'après l'unicité de x, y et z, deux vecteurs sont égaux si et seulement si ils ont les mêmes coordonnées dans un même repère.

> Le **vecteur nul** est le vecteur dont les coordonnées sont toutes égales à 0 ; il se note $\vec{0}$.

2. Formules

- On donne un repère quelconque de l'espace et les points $A(x_A, y_A, z_A)$, $B(x_B, y_B, z_B)$ dont le milieu est I et deux vecteurs $\vec{u}\begin{pmatrix} x \\ y \\ z \end{pmatrix}$ et $\vec{u'}\begin{pmatrix} x' \\ y' \\ z' \end{pmatrix}$:

$$\overrightarrow{AB}\begin{pmatrix} x_B - x_A \\ y_B - y_A \\ z_B - z_A \end{pmatrix} ; I\begin{pmatrix} \dfrac{x_B + x_A}{2} \\ \dfrac{y_B + y_A}{2} \\ \dfrac{z_B + z_A}{2} \end{pmatrix} ; \vec{u} + \vec{u'}\begin{pmatrix} x + x' \\ y + y' \\ z + z' \end{pmatrix} \text{ et } \alpha\vec{u}\begin{pmatrix} \alpha x \\ \alpha y \\ \alpha z \end{pmatrix} \text{ avec } \alpha \in \mathbb{R}.$$

- On remarque que ces formules généralisent celles que l'on a déjà vues dans le plan.

II Application

• **Énoncé type :** dans l'espace muni d'un repère, on donne trois points A(2 ; 3 ; – 1), B(–1 , 2 ,0) et C(1 , – 4 , 2). À tout point M(*x*, *y*, *z*), on associe le vecteur $\vec{u} = 2\overrightarrow{MA} - 3\overrightarrow{MB} + 5\overrightarrow{MC}$.

1. Exprimer les coordonnées de $\overrightarrow{MA}$, $\overrightarrow{MB}$, $\overrightarrow{MC}$ en fonction de celles de M.

2. Exprimer les coordonnées de $\vec{u}$ en fonction de celles de M.

3. Démontrer qu'il existe un unique point M tel que $\vec{u} = \vec{0}$. On note G ce point.

4. Exprimer $\vec{u}$ en fonction de $\overrightarrow{MG}$.

• **Réponses : 1.** On a successivement $\overrightarrow{MA}\begin{pmatrix} 2-x \\ 3-y \\ -1-z \end{pmatrix}$, $\overrightarrow{MB}\begin{pmatrix} -1-x \\ 2-y \\ -z \end{pmatrix}$, $\overrightarrow{MC}\begin{pmatrix} 1-x \\ -4-y \\ 2-z \end{pmatrix}$.

2. Les coordonnées de $\vec{u}$ se calculent ainsi :

$$\begin{pmatrix} 4-2x \\ 6-2y \\ -2-2z \end{pmatrix} + \begin{pmatrix} 3+3x \\ -6+3y \\ 3z \end{pmatrix} + \begin{pmatrix} 5-5x \\ -20-5y \\ 10-5z \end{pmatrix} = \begin{pmatrix} 12-4x \\ -20-4y \\ 8-4z \end{pmatrix}.$$

3. On déduit de la question précédente que $\vec{u} = \vec{0} \Leftrightarrow \begin{cases} 12-4x=0 \\ -20-4y=0, \\ 8-4z=0 \end{cases}$ c'est-à-dire $x = 3$; $y = -5$ et $z = 2$. On vient donc de démontrer qu'il existe un unique point M tel que $\vec{u} = \vec{0}$ et que les coordonnées de ce point sont (3 ; –5 ; 2).

4. On constate que $\begin{pmatrix} 12-4x \\ -20-4y \\ 8-4z \end{pmatrix} = 4\begin{pmatrix} 3-x \\ -5-y \\ 2-z \end{pmatrix}$. Or $\begin{pmatrix} 3-x \\ -5-y \\ 2-z \end{pmatrix}$ sont les coordonnées de $\overrightarrow{MG}$. Par conséquent, $\vec{u} = 4\overrightarrow{MG}$.

Équations paramétriques

I Équations paramétriques d'une droite

• On considère un point $A(x_A, y_A, z_A)$, un vecteur non nul $\vec{u}(\alpha, \beta, \gamma)$ et la droite $\mathcal{D}$ passant par A dont un vecteur directeur est $\vec{u}$. Un point $M(x\,;y\,;z)$ appartient à la droite $\mathcal{D}$ si et seulement si les vecteurs $\overrightarrow{AM}$ et $\vec{u}$ sont colinéaires, donc si et seulement si il existe un réel t tel que $\overrightarrow{AM} = t\vec{u}$, autrement dit : $\begin{cases} x - x_A = t\alpha \\ y - y_A = t\beta \\ z - z_A = t\gamma \end{cases}$.

Ces équations s'appellent les équations paramétriques de la droite $\mathcal{D}$.

• Le **paramètre** est t ; c'est un nombre qui varie en fonction de M. Dans le cas de deux droites, on utilise deux paramètres : t et t', par exemple.

• Une droite admet une infinité d'équations paramétriques dont l'expression varie en fonction du point et du vecteur directeur choisis.

Exemple : on donne les points A(–1 ; 0 ; 2) et B(3 ; –1 ; 4). Quelles sont les équations paramétriques de la droite (AB) ?

Le vecteur $\overrightarrow{AB}$ a pour coordonnées (4; –1 ; 2) et c'est un vecteur directeur de (AB). Ses équations paramétriques sont donc :

$\begin{cases} x + 1 = 4t \\ y = -t \\ z - 2 = 2t \end{cases}$, équivalentes à $\begin{cases} x = -1 + 4t \\ y = -t \\ z = 2 + 2t \end{cases}$.

En choisissant le point B comme référence, on obtiendrait :

$$\begin{cases} x = 3 + 4t \\ y = -1 - t \\ z = 4 + 2t. \end{cases}$$

• Lorsqu'aucune des coordonnées des vecteurs directeurs n'est nulle, on obtient les équations suivantes : $\dfrac{x - x_A}{\alpha} = \dfrac{y - y_A}{\beta} = \dfrac{z - z_A}{\gamma}$.

II Équations paramétriques d'un plan

- On définit un plan $\mathscr{P}$ par les données d'un point $A(x_A, y_A, z_A)$ et de deux vecteurs non colinéaires $\vec{u}(\alpha\,;\beta\,;\gamma)$ et $\vec{u'}(\alpha'\,;\beta'\,;\gamma')$.
- Un point $M(x\,;y\,;z)$ appartient au plan $\mathscr{P}$ si et seulement si il existe deux réels t et t' tels que $\overrightarrow{AM}=t\vec{u}+t'\vec{u'}$, autrement dit :

$$\begin{cases} x-x_A=t\alpha+t'\alpha' \\ y-y_A=t\beta+t'\beta' \\ z-z_A=t\gamma+t'\gamma'. \end{cases}$$

- Un plan admet une infinité d'équations paramétriques.

Exemple : trouver les équations paramétriques du plan passant par les trois points non alignés $A(1\,;0\,;1)$, $B(0\,;1\,;-1)$ et $C(1\,;-1\,;1)$.

Choisissons comme références le point A et les vecteurs $\overrightarrow{AB}(-1\,;1\,;-2)$ et $\overrightarrow{AC}(0\,;-1\,;0)$.

Ces vecteurs ne sont pas colinéaires car A, B, C ne sont pas alignés.

On trouve les équations $\begin{cases} x-1=-t \\ y=t-t' \\ z-1=-2t \end{cases}$ équivalentes à $\begin{cases} x=1-t \\ y=t-t' \\ z=1-2t \end{cases}$.

III Application

- **Énoncé type :** déterminer les coordonnées du point d'intersection de la droite $\mathscr{D}$ et du plan $\mathscr{P}$ précédents.
- **Réponse :** on utilise pour cela le paramètre t pour $\mathscr{D}$ et t' et t'' pour $\mathscr{P}$. Les coordonnées $(x\,;y\,;z)$ du point d'intersection vérifient simultanément les équations $\begin{cases} x=-1+4t \\ y=-t \\ z=2+2t \end{cases}$ et $\begin{cases} x=1-t' \\ y=t'-t'' \\ z=1-2t' \end{cases}$ donc, en égalant les expressions de x, y et z : $\begin{cases} 4t+t'=2 \\ t+t'-t''=0 \\ 2t+2t'=-1 \end{cases}$ qui fournissent $t=\frac{5}{6}\,;\ t'=-\frac{4}{3}\,;\ t''=-\frac{1}{2}$, le point d'intersection a pour coordonnées $\left(\frac{7}{3}\,;-\frac{5}{6}\,;\frac{11}{3}\right)$.

Produit scalaire

FICHE 41

I Définition et propriétés

1. Définition

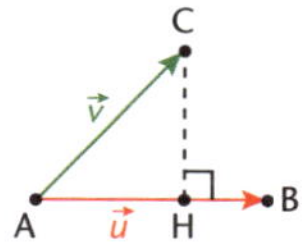

- Soit A, B, C, trois points d'un plan $\mathcal{P}$ et les deux vecteurs $\vec{u} = \overrightarrow{AB}$ et $\vec{v} = \overrightarrow{AC}$.
- Le produit scalaire $\vec{u} \cdot \vec{v}$ est égal au produit scalaire de $\overrightarrow{AB} \cdot \overrightarrow{AC}$ calculé dans $\mathcal{P}$.
- Dans le cas où A, B et C sont deux à deux distincts, $\vec{u} \cdot \vec{v} = \overrightarrow{AB} \cdot \overrightarrow{AH}$, où H est le projeté orthogonal de C sur (AB).

Carré scalaire : $\vec{u} \cdot \vec{u}$ s'appelle le carré scalaire de $\vec{u}$ et se note $\|\vec{u}\|^2$; ainsi, $\|\vec{u}\| = AB$.

2. Propriétés

- Si A, B et C sont deux à deux distincts, $\vec{u} \cdot \vec{v} = AB \times AC \cos\widehat{BAC}$. On dispose ainsi d'une façon de calculer un angle défini par trois points uniquement à l'aide de leurs coordonnées : $\cos\widehat{BAC} = \dfrac{\overrightarrow{AB} \cdot \overrightarrow{AC}}{AB \times AC}$.
- $\vec{u} \cdot \vec{v} = \vec{v} \cdot \vec{u}$; $(\lambda\vec{u}) \cdot \vec{v} = \lambda(\vec{u} \cdot \vec{v})$; $\vec{u} \cdot (\vec{v} + \vec{w}) = \vec{u} \cdot \vec{v} + \vec{u} \cdot \vec{w}$ où $\lambda \in \mathbb{R}$.
- $\|\vec{u} \pm \vec{v}\|^2 = \|\vec{u}\|^2 \pm 2\vec{u} \cdot \vec{v} + \|\vec{v}\|^2$.
- $(\vec{u} + \vec{v}) \cdot (\vec{u} - \vec{v}) = \|\vec{u}\|^2 - \|\vec{v}\|^2$.
- Dans un repère orthonormé de l'espace, les coordonnées de $\vec{u}$ et $\vec{v}$ étant respectivement $(x\,;y\,;z)$ et $(x'\,;y'\,;z')$, $\vec{u} \cdot \vec{u'} = xx' + yy' + zz'$. En particulier, $\|\vec{u}\| = \sqrt{x^2 + y^2 + z^2}$.
- Dire que deux vecteurs $\vec{u}$ et $\vec{v}$ sont orthogonaux signifie que leur produit scalaire est égal à 0.
- Deux droites de l'espace sont orthogonales si et seulement si leurs vecteurs directeurs sont orthogonaux.

Un **vecteur normal à un plan** est un vecteur orthogonal à deux vecteurs non colinéaires de ce plan.

II Équations cartésiennes de plans

- On se place dans un repère orthonormé de l'espace. Soit $\mathcal{P}$ un plan, $A(x_A\,;y_A\,;z_A)$ un point de $\mathcal{P}$ et $\vec{n}\,(a\,;b\,;c)$ un vecteur normal à $\mathcal{P}$. Un point $M(x\,;y\,;z)$ appartient à $\mathcal{P}$ si, et seulement si, $\overrightarrow{AM} \cdot \vec{n} = 0$.

De plus, $\overrightarrow{AM} \cdot \vec{n} = 0 \Leftrightarrow a(x - x_A) + b(y - y_A) + c(z - z_A) = 0$.
Cette dernière équation est de la forme $ax + by + cz + d = 0$.

- Réciproquement : soit a, b, c et d quatre nombres tels que $(a, b, c) \neq (0, 0, 0)$. Toute équation de la forme $ax + by + cz + d = 0$ est une équation cartésienne d'un plan dont un vecteur normal a pour coordonnées $\begin{pmatrix} a \\ b \\ c \end{pmatrix}$.

- Un plan a une infinité d'équations cartésiennes. Si $ax + by + cz + d = 0$ est l'une d'elles, alors $k(ax + by + cz + d) = 0$ en est une autre pour tout réel $k \neq 0$.

- L'équation $x + y = 0$ est une équation d'un plan ($a = b = 1$, $c = 0$), de même que $z = 0$, etc.

- **Orthogonalité de plans et de droites**
  - Soit $\mathcal{D}$ une droite de vecteur directeur $\vec{u}$ et $\mathcal{P}$ un plan contenant deux vecteurs non colinéaires $\vec{v}$ et $\vec{v'}$; la droite $\mathcal{D}$ est orthogonale à $\mathcal{P}$ si, et seulement si, $\vec{u} \cdot \vec{v} = 0$ et $\vec{u} \cdot \vec{v'} = 0$.
  - Deux plans de vecteurs normaux respectifs $\vec{n}$ et $\vec{n'}$ sont orthogonaux si, et seulement si, $\vec{n} \cdot \vec{n'} = 0$ (voir figure ci-contre).

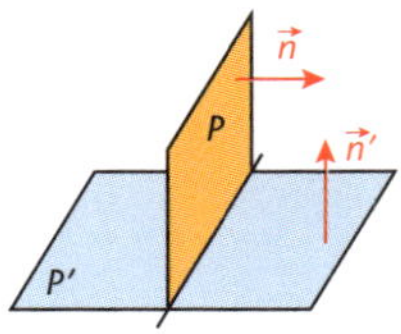

- **Plan médiateur d'un segment [AB]**

C'est le plan $\mathcal{P}$ passant par le milieu de [AB] et orthogonal à (AB). On démontre que c'est aussi l'ensemble des points de l'espace équidistants de A et B. Autrement dit, $M \in \mathcal{P} \Leftrightarrow MA = MB$.

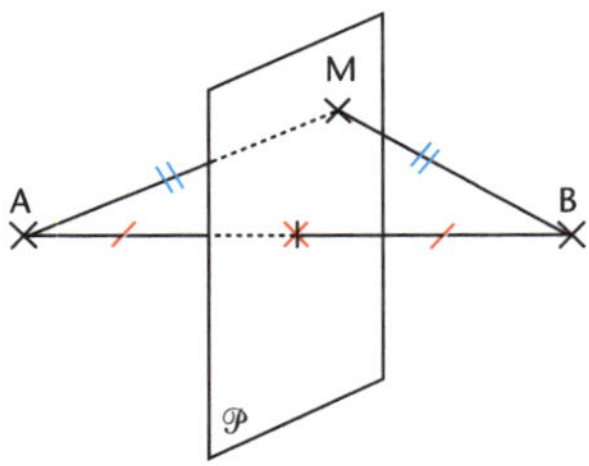

Géométrie dans l'espace

TEST-BILAN

→ *Réponses au verso.*

Vrai ou faux ? Cochez les affirmations qui sont vraies. On se place dans l'espace muni d'un repère orthonormé $(O\,;\vec{i}\,;\,\vec{j}\,;\vec{k})$.

1 Positions relatives de droites et plans : soit $\mathcal{P}$ et $\mathcal{P}'$ deux plans.

a. ☐ Si $\mathcal{P}\ //\ \mathcal{P}'$, alors toute droite de $\mathcal{P}$ est parallèle à toute droite de $\mathcal{P}'$.

b. ☐ Si $\mathcal{P}$ et $\mathcal{P}'$ sont orthogonaux, alors toute droite coupant leur intersection $\mathcal{D}$ est perpendiculaire à $\mathcal{D}$.

c. ☐ Deux droites non parallèles sont sécantes.

d. ☐ Deux droites sécantes sont coplanaires.

e. ☐ Deux droites orthogonales sont sécantes.

2 Calcul vectoriel : on donne les points A(1;2;0) et B(1;0;–1). Soit I le milieu de [AB].

a. ☐ Les coordonnées de I sont $\left(0\,;-1\,;\dfrac{1}{2}\right)$.

b. ☐ Les coordonnées de $\overrightarrow{AB}$ sont (0;–2;–1).

c. ☐ Des équations paramétriques de la droite (AB) sont :

$$\begin{cases} x=1 \\ y=-2t \\ z=-1-t. \end{cases}$$

d. ☐ Le vecteur de coordonnées (4;–2;4) est orthogonal à $\overrightarrow{AB}$.

3 Produit scalaire : soit $\vec{u}(x\,;y\,;z)$ et $\vec{u'}(x'\,;y'\,;z')$ deux vecteurs, A, B, C trois points distincts.

a. ☐ $\vec{u}\cdot\vec{u'}=0$ si et seulement si $\vec{u}=\vec{0}$ ou $\vec{u'}=\vec{0}$.

b. ☐ Si $\vec{u} = \overrightarrow{AB}$ et $\vec{v} = \overrightarrow{AC}$ alors $\vec{u} \cdot \vec{v} = AB \times AC \times \sin\widehat{BAC}$.

c. ☐ $\|\vec{u}\| = x^2 + y^2 + z^2$.

d. ☐ $\vec{u} \cdot \vec{u'} = \frac{1}{2}\left(\|\vec{u} + \vec{u'}\|^2 - \|\vec{u}\|^2 - \|\vec{u'}\|^2\right)$.

4 Équations cartésiennes de plans : soit *a*, *b*, *c* trois nombres réels.

a. ☐ L'équation $y = 0$ est l'équation d'un plan.

b. ☐ L'équation $2x - y + 4z = 2$ est l'équation cartésienne d'un plan dont un vecteur normal a pour coordonnées $(2 ; -1 ; 4)$.

c. ☐ $ax + by + cz + d = 0$ est toujours une équation cartésienne d'un plan.

SCHÉMA-BILAN

Écrire une équation cartésienne d'un plan $\mathcal{P}$

On connaît un point A et un vecteur normal $\vec{n}(a ; b ; c)$.

↓

$M(x ; y ; z) \in P \Leftrightarrow \overrightarrow{AM} \cdot \vec{n} = 0$

↓

On trouve $ax + by + cz + d = 0$.

Réponses :

1 **a.** Faux. Sur la figure de la fiche 38, page 85, (EFB) // (HGC) et (EB) n'est pas parallèle à (HG). **b.** Faux. (BCG) et (HGC) sont orthogonaux et (HC) n'est pas perpendiculaire à (GC) **c.** Faux. (BF) et (HG) sont non parallèles et non sécantes. **d.** Vrai. **e.** Faux. – **2** **a.** Faux. $I\left(1 ; 1 ; -\frac{1}{2}\right)$. **b.** Vrai. **c.** Vrai. Les référents sont B et $\overrightarrow{AB}$. **d.** Vrai. Son produit scalaire avec $\overrightarrow{AB}$ est égal à 0. – **3** **a.** Faux. $\vec{u} \cdot \vec{u'} = 0$ si et seulement si $\vec{u}$ et $\vec{u'}$ sont orthogonaux. **b.** Faux. $\vec{u} \cdot \vec{v} = AB \times AC \times \cos\widehat{BAC}$. **c.** Faux. $\|\vec{u}\| = \sqrt{x^2 + y^2 + z^2}$. **d.** Vrai. – **4** **a.** Vrai ($a = 0$, $b = 1$, $c = 0$). **b.** Vrai. **c.** Faux. Il faut en plus que *a*, *b* et *c* ne soient pas tous nuls.

Divisibilité et congruences

FICHE 43

I Divisibilité

1. Diviseurs et multiples

• Soit a et b deux nombres relatifs. Dire que a divise b (on note $a \mid b$) signifie qu'il existe un entier relatif k tel que $b = ak$. On dit alors que a est un **diviseur** de b et que b est un **multiple** de a.

• **Propriétés :** soit a, b, c, u et v des entiers relatifs.

1. Réflexivité : $a \mid a$.
2. Transitivité : $(a \mid b \text{ et } b \mid c) \Rightarrow a \mid c$.
3. Antisymétrie : $(a \mid b \text{ et } b \mid a) \Rightarrow a = b$.
4. Si c divise a et b, alors c divise toute combinaison linéaire de a et b, c'est-à-dire tout nombre de la forme $au + bv$. En particulier, $c \mid a + b$ et $c \mid a - b$.

• Tout entier relatif x a au moins deux diviseurs : 1 et -1 et, s'il est distinct de -1 et de 1, il a au moins quatre diviseurs : -1, 1, x, $-x$.

Remarque : 0 est un multiple de tout entier relatif.

2. Division euclidienne

• **Théorème :** soit a un entier relatif et b un entier relatif non nul. Il existe un unique couple d'entiers (q, r) tels que $a = bq + r$ avec $0 \leqslant r < |b|$. Le procédé qui permet de trouver q et r est la division euclidienne de a par b.

• a est un multiple de b si, et seulement si, le reste de la division euclidienne de a par b est nul.

• L'inégalité $0 \leqslant r < |b|$ assure l'unicité de q et de r.

II Congruences

1. Théorie

• Soit n un entier naturel non nul. Dire que l'entier relatif a est congru à l'entier relatif b modulo n, ou que a et b sont congrus modulo n signifie que a et b ont le même reste dans la division euclidienne par n. On écrit **$a \equiv b\ [n]$ (a congru à b modulo n)**.

• **Propriétés :** soit a, b, c des entiers relatifs, et $n \in \mathbb{N}^*$.

1. $a \equiv b\,[n]$ équivaut à $a - b$ est divisible par n.
2. $a \equiv 0\,[n]$ signifie que a est divisible par n.
3. $a \equiv a\,[n]$ (réflexivité).
4. $(a \equiv b\,[n]$ et $b \equiv c\,[n]) \Rightarrow a \equiv c\,[n]$ (transitivité).

• **Définition :** si $a = b\,[n]$ et si $0 \leqslant b < n$, alors b s'appelle le résidu de a modulo n. Il y a donc n résidus modulo n : 0, 1,..., $n - 1$.

Remarque : l'inverse et la division ne sont pas des opérations usuelles en arithmétique car l'inverse d'un entier n'est pas nécessairement un entier.

• **Théorème :** la relation de congruence est compatible avec l'addition et la multiplication. Autrement dit : $(a \equiv b\,[n]$ et $c \equiv d\,[n]) \Rightarrow (a + c \equiv b + d\,[n]$ et $ac \equiv bd\,[n])$.

• **Corollaires :** soit a et b deux entiers relatifs, et n et p deux entiers de $\mathbb{N}^*$:

$$a \equiv b\,[n] \Rightarrow a^p \equiv b^p\,[n].$$

2. Pratique

• **Énoncé type**

1. Résoudre dans $\mathbb{Z}$ l'équation $8x \equiv 7\,[5]$.
2. Démontrer que, pour tout entier naturel, $3^{n+3} \equiv 4^{4n+2}[11]$.

• **Réponses**

1. Il suffit de raisonner sur les résidus modulo 5 et de construire une table de multiplication.

x	0	1	2	3	4
3	0	3	1	4	2

$8x \equiv 7\,[5] \Leftrightarrow 3x \equiv 2\,[5]$. En effet, $8 \equiv 3\,[5]$ et $7 \equiv 2\,[5]$.

On voit que $x \equiv 4\,[5]$ car $3 \times 4 \equiv 2[5]$. On en déduit que les solutions sont les nombres relatifs de la forme $5k + 4$ où $k \in \mathbb{Z}$.

2. « Nettoyons » modulo 11. $3^{n+3} = 3^3 3^n = 27 \times 3^n \Rightarrow 3^{n+3} \equiv 5 \times 3^n$.
$4^{4n+2} = 4^2((4^2)^2)^n \Rightarrow 4^{4n+2} \equiv 5 \times (5^2)^n \equiv 5 \times 3^n$, ce qu'il fallait démontrer.
En effet, modulo 11 : $27 \equiv 5\ (27 - 5 = 22)$, $16 \equiv 5\,(16 - 5 = 11)$, $25 \equiv 3(25 - 3 = 22)$.

PGCD et applications

I PGCD

• **Définition :** soit a et b deux entiers relatifs dont l'un au moins est non nul. Le PGCD de a et b est leur plus grand diviseur commun. On le note PGCD(a, b) ou $a \wedge b$. On a donc PGCD(a, b) $\geqslant 0$.

• Lorsque $a \wedge b = 1$, les deux entiers a et b sont dits **premiers entre eux**.

• Soit a, b des entiers relatifs :

$a \wedge 0 = |a|$ $\qquad$ $a \wedge 1 = 1$ $\qquad$ $a \wedge b = |a| \wedge |b|$

$a \mid b \Rightarrow a \wedge b = |a|$ donc si a est un diviseur de b, alors PGCD(a, b) = $|a|$.

• Soit a, b, k des entiers **naturels** non nuls, avec $b > a$. Soit r le reste de la division euclidienne de a par b ; alors $a \wedge b = b \wedge r$. Autrement dit, quels que soient a, b, q, r : $a = bq + r \Rightarrow \text{PGCD}(a\,;b) = \text{PGCD}(b\,;r)$.
C'est le principe de l'**algorithme d'Euclide**.

• Les diviseurs communs à a et b sont les diviseurs de leur PGCD.

• $\text{PGCD}(ka, kb) = |k|\text{PGCD}(a, b)$.

• δ est le PGCD de a et b si, et seulement si, $\frac{a}{\delta}$ et $\frac{b}{\delta}$ sont premiers entre eux.

> **L'algorithme d'Euclide** permet de déterminer le PGCD de a et b par divisions euclidiennes successives : c'est le dernier reste non nul du processus.

Exemple : déterminer le PGCD de 322 et 69.

a	b	r	
322	69	46	$322 = 69 \times 4 + 46$
69	46	23	$69 = 46 \times 1 + 23$
46	23	0	$46 = 23 \times 2 + 0$

On a donc $322 \wedge 69 = 23$.

II Applications

1. Propositions de Bézout

• **Identité de Bézout :** soit a et b deux entiers relatifs non nuls dont le PGCD est d. Alors il existe deux entiers relatifs u et v tels que $au + bv = d$.

• **Théorème de Bézout :** deux entiers relatifs a et b sont premiers entre eux si, et seulement si, il existe deux entiers relatifs u et v tels que $au + bv = 1$.

• **Remarque :** dans les deux cas, les entiers u et v ne sont pas uniques.

2. Théorème de Gauss

• **Théorème :** soit a, b, c trois entiers relatifs non nuls. Si a divise bc et si a et b sont premiers entre eux, alors a divise c. Autrement dit : $(a | bc \text{ et } a \wedge b = 1) \Rightarrow a | c$.

• **Corollaire :** supposons **a et b premiers entre eux**. Si chacun d'eux est un diviseur de c, alors leur produit est aussi un diviseur de c. Autrement dit : $(a | c, b | c, a \wedge b = 1) \Rightarrow ab | c$.

• **Remarque :** l'hypothèse « a et b premiers entre eux » est essentielle. En effet, 3 et 6 divisent 12, mais 3×6 ne divise pas 12 ! Donc 3 et 6 ne sont pas premiers entre eux.

3. Application

• **Énoncé type :** trouver tous les entiers relatifs x et y vérifiant $17x - 5y = 7$, sachant que le couple (1 ; 2) est solution.

• **Réponse :** on a $\begin{cases} 17x - 5y = 7 \\ 17 \times 1 - 5 \times 2 = 7. \end{cases}$

Par soustraction : $17(x-1) - 5(y-2) = 0 \Rightarrow 17(x-1) = 5(y-2)$. 5 et 17 sont premiers entre eux ; 5 divise $17(x-1)$ donc 5 divise $x - 1$ d'après le théorème de Gauss. On a donc $x - 1 = 5k$, donc $x = 1 + 5k$, k étant un entier relatif quelconque. Il en résulte que $17 \times 5k = 5(y-2) \Rightarrow y = 17k + 2$. On trouve donc $x = 1 + 5k$ et $y = 2 + 17k$, k étant un entier relatif quelconque.

Nombres premiers

FICHE 45

I Théorie

1. Définition

- Un **nombre premier** est un entier naturel qui a exactement deux diviseurs.
- 1 n'est pas premier ; en effet, il n'a qu'un seul diviseur : 1.
- Les deux diviseurs d'un nombre premier sont 1 et lui-même.
- Tous les nombres premiers sont impairs, sauf 2.
- On trouve en annexe la liste des nombres premiers inférieurs à 2000 et des nombres « trompeurs » (→ *voir annexes p. 114-115*).

2. Propriétés

- Soit n un nombre entier non premier. Le plus petit diviseur de n autre que 1 est un nombre premier. On en déduit que tout nombre strictement supérieur à 1 admet au moins un diviseur premier.
- Tout nombre premier p est premier avec tout entier qui n'est pas divisible par p.
- Deux nombres premiers distincts sont premiers entre eux.

> **Remarque** : il faut bien différencier « nombre premier » (au singulier) et « nombres premiers entre eux » (au pluriel).

- Si p est premier et divise le produit ab, alors p divise a ou p divise b.
- Tout entier naturel x strictement supérieur à 1 se décompose de manière unique en un produit de puissances de nombres premiers. Plus précisément : il existe n nombres premiers uniques p_1, $p_2, \ldots, p_n$ et n entiers strictement positifs uniques $a_1, a_2, \ldots, a_n$ tels que $x = p_1^{a_1} p_2^{a_2} \ldots p_n^{a_n} = \prod_{i=1}^{i=n} p_i^{a_i}$. On en déduit que la décomposition de tout diviseur de x s'écrit sous la forme $\prod_{i=1}^{i=n} p_i^{\beta_i}$ où les nombres β_i sont des entiers compris entre 0 et α_i.

II Applications

1. Calcul du PGCD

• **Théorème :** soit a et b deux entiers naturels. Le PGCD de deux entiers a et b est égal à 1 ou au produit des nombres premiers communs aux deux décompositions élevés chacun à leur plus petite puissance.

Exemple : si $a = 3^7 \times 11^3 \times 19^4$ et $b = 2^5 \times 3^4 \times 7^8 \times 19^3$, alors $\text{PGCD}(a\,;b) = 3^4 \times 19^3$.

• On peut obtenir la décomposition en facteurs premiers d'entiers naturels « pas trop grands » grâce à des logiciels de calcul formel ou sur certaines calculatrices.

2. Nombre de diviseurs d'un entier

• **Énoncé type**

1. Combien 198 a-t-il de diviseurs ? Les écrire tous.

2. Combien un entier naturel $x > 0$ a-t-il de diviseurs ?

• **Réponse**

1. On utilise la décomposition de 198 en facteurs premiers :
$198 = 2 \times 99 = 2 \times 9 \times 11 \Rightarrow 198 = 2 \times 3^2 \times 11$.

Tout diviseur de 198 s'écrit donc sous la forme $2^{\beta_1} \times 3^{\beta_2} \times 11^{\beta_3}$ avec $0 \leqslant \beta_1 \leqslant 1$, $0 \leqslant \beta_2 \leqslant 2$ et $0 \leqslant \beta_3 \leqslant 1$. Il y a donc deux choix pour β_1, trois pour β_2 et deux pour β_3, soit $2 \times 3 \times 2$ c'est-à-dire 12 choix en tout, donc 12 diviseurs.

2. Si $x = \prod_{i=1}^{i=n} p_i^{\alpha_i}$, tout diviseur de x a pour décomposition $\prod_{i=1}^{i=n} p_i^{\beta_i}$ avec $0 \leqslant \beta_i \leqslant \alpha_i$. Choisir un diviseur de x revient donc à choisir β_1, β_2, ..., β_n.

Il y a $\alpha_1 + 1$ choix pour β_1 : 0, 1, ..., α_1.

Il y a $\alpha_2 + 1$ choix pour β_2 : 0, 1, ..., α_2...

Il y a $\alpha_n + 1$ choix pour β_n : 0, 1, ..., α_n.

Au total, il y a donc $(\alpha_1 + 1)(\alpha_2 + 1)\ldots(\alpha_n + 1)$ choix possibles, donc $(\alpha_1 + 1)(\alpha_2 + 1)\ldots(\alpha_n + 1)$ diviseurs de x.

Arithmétique

TEST-BILAN

→ *Réponses au verso.*

Vrai ou faux ? Cochez les affirmations qui sont vraies. On considère des entiers *a*, *b*, *c* ...

1 Divisibilité

a. ☐ Le carré d'un entier pair est divisible par 4.

b. ☐ 0 est un multiple de tout entier.

c. ☐ 1 est un diviseur de tout entier.

d. ☐ Le reste de la division euclidienne de -17 par 4 est -1.

2 Congruences

a. ☐ $a \equiv 7\ [3] \Rightarrow a \equiv 1 [3]$.

b. ☐ $a \equiv 8\ [5]$ et $b \equiv 2\ [5] \Rightarrow a + b \equiv 0\ [5]$.

c. ☐ $a \equiv b\ [4]$ et $c \equiv d\ [7] \Rightarrow ac \equiv bd\ [28]$.

d. ☐ $ab \equiv 0\ [6] \Rightarrow a \equiv 0\ [6]$ *ou* $b \equiv 0\ [6]$.

3 PGCD: on pose $\delta = \text{PGCD}(a\ ;\ b)$.

a. ☐ $\text{PGCD}(-10, -25) = -5$. **b.** ☐ $\delta \mid (2a - 7b)$.

c. ☐ Si $a = bq + r$ alors $\text{PGCD}(a\ ;\ b) = \text{PGCD}(b\ ;\ r)$.

d. ☐ $a = \delta a'$ *et* $b = \delta b' \Rightarrow a' \wedge b' = 1$.

4 Théorèmes de Bézout et de Gauss

a. ☐ Soit *a*, *b*, *c* trois entiers. On peut toujours trouver deux entiers *x* et *y* tels que $ax + by = c$.

b. ☐ $a \mid c$ *et* $b \mid c \Rightarrow ab \mid c$.

c. ☐ Si deux nombres premiers sont premiers entre eux, alors ils sont distincts.

d. ☐ $a \mid bc \Rightarrow (a \mid b$ *ou* $a \mid c)$.

5 Mélange

a. ☐ Si $a = 2^{11} \times 3^4 \times 13 \times 91^2$ et $b = 3^2 \times 17^8 \times 91^5$, alors $a \wedge b = 3^2 \times 91^2$.

b. ☐ $a \wedge b = 1 \Rightarrow a^p \wedge b^q = 1$. ($p \in \mathbb{N}$ et $q \in \mathbb{N}$).

c. ☐ Tout nombre premier est impair.

SCHÉMA-BILAN

Résoudre $ax + by = 1$, tous les nombres étant entiers

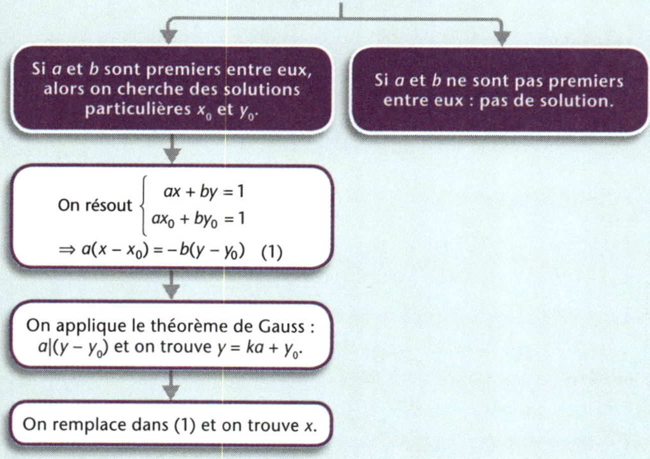

Réponses :

1 a. Vrai. $x = 2n \Rightarrow x^2 = 4n^2$. **b.** Vrai. $0 = 0 \times n$. **c.** Vrai. $n = 1 \times n$. **d.** Faux. Le reste doit être positif. $-17 = 4 \times (-5) + 3$ et $0 \leqslant 3 < 4$. Le reste est donc 3. **2 a.** Vrai. **b.** Vrai. $8 + 2 = 10 \Leftrightarrow 8 + 2 \equiv 0\ [5]$. **c.** Faux. $10 \equiv 2\ [4]$, $12 \equiv 5\ [7]$ et $120 \equiv 8\ [28]$. **d.** Faux. $2 \times 3 \equiv 0\ [6]$. **3 a.** Faux. Un PGCD est un nombre positif. $-10 \wedge (-25) = 5$ **b.** Vrai. **c.** Vrai. **d.** Vrai. **4 a.** Faux. Il faut et il suffit que c soit un multiple du PGCD de a et b. **b.** Faux. $4 | 12$ et $6 | 12$ mais 24 ne divise pas 12. Il faut en plus : a et b premiers entre eux, selon le théorème de Gauss. **c.** Vrai. **d.** Faux. $4 | (6 \times 2)$ mais 4 ne divise ni 6 ni 2. **5 a.** Faux. $91 = 7 \times 13 \Rightarrow a \wedge b = 3^2 \times 7^2 \times 13^3 = 3^2 \times 91^2 \times 13$. **b.** Vrai. **c.** Faux. 2 est le seul nombre premier pair.

Matrices et opérations

FICHE 47

I Introduction

• **Définitions :** une **matrice** est un tableau de nombres à n lignes et p colonnes. Si $n = p$, la matrice est dite carrée d'ordre n ; si $n = 1$ c'est une **matrice ligne** et si $p = 1$ c'est une **matrice colonne**. On note $a_{i,j}$ l'élément de la ligne i et de la colonne j.

• Une **matrice carrée** est dite **diagonale** lorsque tous ses termes sont nuls sauf éventuellement ceux de sa diagonale. Donc $i \neq j \Rightarrow a_{ij} = 0$.

• Une matrice diagonale dont tous les termes diagonaux sont égaux à 1 s'appelle une **matrice identité** d'ordre n, notée I_n.

Exemple : $I_2 = \begin{pmatrix} 1 & 0 \\ 0 & 1 \end{pmatrix}$.

• Une **matrice nulle** est une matrice dont tous les termes sont nuls. On la note 0.

Ne pas confondre une matrice nulle (notée 0) avec le nombre réel 0.

II Les trois opérations sur les matrices

• **Addition :** pour additionner deux matrices $A(a_{ij})$ et $B(b_{ij})$, il faut et il suffit qu'elles aient les mêmes dimensions. Alors $A + B = C(a_{ij} + b_{ij})$.

• **Multiplication externe :** pour tout nombre α : $\alpha A = B(\alpha a_{ij})$. Il suffit de multiplier chaque terme de A par α.

• **Multiplication :** pour effectuer le produit AB, il faut et il suffit que le nombre de colonnes de A soit égal au nombre de lignes de B. On trouve un terme de C = AB selon le modèle ci-contre. On généralise sans peine.

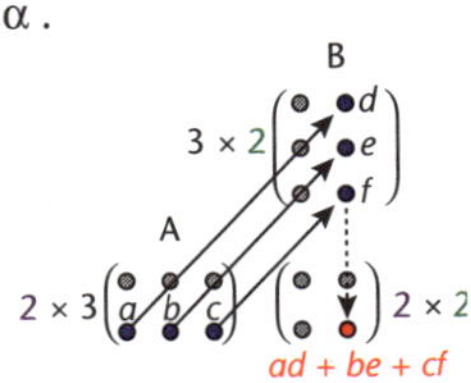

• En général $AB \neq BA$ (la multiplication des matrices n'est pas commutative).

Exemple : $\begin{pmatrix} 1 & 0 \\ -1 & 2 \end{pmatrix}\begin{pmatrix} 0 & 2 \\ 1 & 1 \end{pmatrix} = \begin{pmatrix} 0 & 2 \\ 2 & 0 \end{pmatrix}$ et $\begin{pmatrix} 0 & 2 \\ 1 & 1 \end{pmatrix}\begin{pmatrix} 1 & 0 \\ -1 & 2 \end{pmatrix} = \begin{pmatrix} -2 & 4 \\ 0 & 2 \end{pmatrix}$.

- On peut avoir AB = 0 et en même temps A ≠ 0 et B ≠ 0.

Exemple : $\begin{pmatrix} 1 & 0 \\ 0 & 0 \end{pmatrix}\begin{pmatrix} 0 & 0 \\ 0 & 1 \end{pmatrix}=\begin{pmatrix} 0 & 0 \\ 0 & 0 \end{pmatrix}$.

Remarque : les logiciels de calcul formel et les calculatrices permettent d'opérer sur les matrices (menu MATRIX).

III Sommes et produits particuliers

- La somme et le produit de deux matrices diagonales est une **matrice diagonale**.
- Si $D(d_{ij})$ est diagonale, alors, pour tout $p \in \mathbb{N}$, D^p est diagonale et a pour coefficients (d_{ij}^p). On élève chaque terme de D à la puissance p.
- Pour toute matrice carrée A d'ordre n : $AI_n = I_nA = A$.
- Soit A et X deux matrices. Alors, lorsqu'on peut effectuer les opérations :

• si X est une matrice colonne, AX l'est aussi :

$\begin{pmatrix} 1 & 2 \\ -5 & -3 \end{pmatrix}\begin{pmatrix} 4 \\ 6 \end{pmatrix}=\begin{pmatrix} 16 \\ -38 \end{pmatrix}$;

• si A est une matrice ligne, alors AX l'est aussi :

$(4 \quad 6)\begin{pmatrix} 1 & 2 \\ -5 & -3 \end{pmatrix}=(-26 \quad -10)$.

Inverse d'une matrice

FICHE 48

Dans toute la suite, on considère des **matrices carrées** d'ordre n ($n \in \mathbb{N}^*$) ; on note I_n la matrice identité.

I Introduction

1. Définition et théorèmes

- **Définition :** dire qu'une matrice M est **inversible** signifie qu'il existe une matrice, notée M^{-1}, telle que $MM^{-1} = M^{-1}M = I_n$. Pour déterminer M^{-1}, on peut utiliser une calculatrice ou un logiciel de calcul formel.

- **Théorème 1 :** soit A une matrice inversible, X et B des matrices telles que l'équation à l'inconnue X $AX = B$ ait un sens. Alors $X = A^{-1}B$. En général, $A^{-1}B \neq BA^{-1}$.

- **Théorème 2 :** toute matrice diagonale dont **aucun élément diagonal n'est nul** est inversible. Son inverse est égale à la matrice diagonale dont les éléments diagonaux sont les inverses des précédents.

- **Remarque :** pour calculer A^{-1}, on utilise aussi des relations matricielles comme dans l'exemple ci-après.

2. Pratique

- **Énoncé type :** on pose $M = \begin{pmatrix} 2 & 1 & 1 \\ 1 & 2 & 1 \\ 1 & 1 & 2 \end{pmatrix}$.

1. Montrer que $M^2 - 5M + 4I_3 = 0$.

2. En déduire que M est inversible et exprimer M^{-1} en fonction de M et de I_3.

- **Réponse : 1.** On trouve $M^2 = \begin{pmatrix} 2 & 1 & 1 \\ 1 & 2 & 1 \\ 1 & 1 & 2 \end{pmatrix}\begin{pmatrix} 2 & 1 & 1 \\ 1 & 2 & 1 \\ 1 & 1 & 2 \end{pmatrix} = \begin{pmatrix} 6 & 5 & 5 \\ 5 & 6 & 5 \\ 5 & 5 & 6 \end{pmatrix}$

et donc : $M^2 - 5M = \begin{pmatrix} 6 & 5 & 5 \\ 5 & 6 & 5 \\ 5 & 5 & 6 \end{pmatrix} - \begin{pmatrix} 10 & 5 & 5 \\ 5 & 10 & 5 \\ 5 & 5 & 10 \end{pmatrix} = \begin{pmatrix} -4 & 0 & 0 \\ 0 & -4 & 0 \\ 0 & 0 & -4 \end{pmatrix}$

$\Rightarrow M^2 - 5M = -4I_3$, ce qu'il fallait démontrer.

2. On en déduit que $M(M-5I_3)=-4I_3$ et, par conséquent, $M\left(-\frac{1}{4}M+\frac{5}{4}I_3\right)=I_3$. Cette égalité prouve que M est inversible et que $M^{-1}=-\frac{1}{4}M+\frac{5}{4}I_3=\begin{pmatrix}\frac{3}{4} & -\frac{1}{4} & -\frac{1}{4}\\ -\frac{1}{4} & \frac{3}{4} & -\frac{1}{4}\\ -\frac{1}{4} & -\frac{1}{4} & \frac{3}{4}\end{pmatrix}$.

II Applications

1. Systèmes

• Le système au triplet inconnu $(x\ ;\ y\ ;\ z)$ $\begin{cases}ax+by+cz=j\\ dx+ey+fz=k\\ gx+hy+iz=l\end{cases}$ s'écrit sous forme matricielle sous la forme AX = B où $A=\begin{pmatrix}a & b & c\\ d & e & f\\ g & h & i\end{pmatrix}$, $X=\begin{pmatrix}x\\ y\\ z\end{pmatrix}$ et $B=\begin{pmatrix}j\\ k\\ l\end{pmatrix}$.

• Ce système a une solution unique si et seulement si A est inversible et on a alors $X = A^{-1}B$.

2. Calcul de la puissance d'une matrice carrée

• Soit A une matrice carrée. Supposons qu'il existe une matrice P inversible et une matrice D diagonale telles que $A = P^{-1}DP$. Alors, pour tout entier naturel m, on a $A^m = P^{-1}D^mP$.

• **Preuve :** utilisons un raisonnement par récurrence.

• **Initialisation :** l'égalité est vraie si $m = 0$ car $A^0 = I_n$ et $P^{-1}D^0P = P^{-1}P = I_n$.

• **Hérédité :** supposons l'égalité vraie pour un entier naturel m donné et démontrons qu'elle reste vraie pour son successeur $m + 1$.

$A^{m+1} = AA^m = (P^{-1}DP)(P^{-1}D^mP) = P^{-1}D(PP^{-1})D^mP$
$= P^{-1}DI_nD^mP = P^{-1}DD^mP = P^{-1}D^{m+1}P$,

ce qu'il fallait démontrer.

• **Bilan :** l'égalité est vraie pour tout entier naturel m.

Suites de matrices

FICHE 49

I Exemple commenté

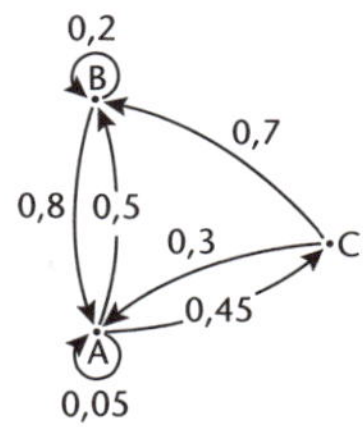

- On considère un processus aléatoire modélisé par le graphe ci-contre. Il peut prendre trois états : A, B, C.
- Si, à une étape quelconque, le processus est dans l'état A, alors, à l'étape suivante il sera dans l'état A avec la probabilité 0,05 ; B avec la probabilité 0,5 ; C avec la probabilité 0,45.
- On raisonne de même pour les états B et C.
- On résume cela par la matrice suivante T, construite colonne par colonne, appelée **matrice de transition** (les lettres sont indiquées pour mémoire).

$$\begin{array}{c} \begin{matrix} \text{A} & \text{B} & \text{C} \end{matrix} \\ \begin{pmatrix} 0{,}05 & 0{,}8 & 0{,}3 \\ 0{,}5 & 0{,}2 & 0{,}7 \\ 0{,}45 & 0 & 0 \end{pmatrix} \begin{matrix} \text{A} \\ \text{B} \\ \text{C} \end{matrix} \end{array}$$

- **Propriété :** dans une matrice de transition, tous les coefficients sont compris entre 0 et 1 et la somme d'une colonne quelconque est égale à 1.
- Notons $X_n = \begin{pmatrix} a_n \\ b_n \\ c_n \end{pmatrix}$ la matrice-colonne des probabilités du processus à l'étape n : $a_n + b_n + c_n = 1$.

| **Exemple :** la probabilité que le processus soit dans l'état C est c_n.

- On a alors $X_{n+1} = TX_n$ **et donc** $X_n = T^n X_0$.
- **Remarque :** il est possible de modéliser le processus à l'aide de matrices lignes. Dans le cas précédent, on aurait alors à calculer $X_n P$

où $X_n = (a_n\ b_n\ c_n)$ et $P = \begin{pmatrix} 0{,}05 & 0{,}5 & 0{,}45 \\ 0{,}8 & 0{,}2 & 0 \\ 0{,}3 & 0{,}7 & 0 \end{pmatrix}$.

II Des résultats généraux

1. Définition et théorèmes

- **Définition :** dire qu'une matrice dont les coefficients dépendent de n converge signifie que chacun de ses coefficients a une limite finie quand n tend vers $+\infty$.

- **Théorème 1 :** soit T une matrice de transition. Il existe une matrice colonne S dont les coefficients sont positifs et de somme 1 et telle que TS = S. S représente un état stable du processus.

- **Théorème 2 :** soit A et B deux matrices. Si la suite de matrices (U_n) vérifiant la relation $U_{n+1} = AU_n + B$ converge, alors sa limite est une matrice L vérifiant $L = AL + B$. Pour tout $n \in \mathbb{N}$: $U_n - L = A^n(U_0 - L)$.

2. Pratique

- **Énoncé type :** quand il combat le monstre du Loch Ness, Super Pan a une chance sur deux de gagner au départ. S'il gagne un combat, il gagne le suivant avec la probabilité 0,8 ; et s'il perd un combat, il perd le suivant avec la probabilté 0,4. Modéliser la situation par un arbre, trouver la matrice de l'état stable et interpréter le résultat.

- **Réponse :** on obtient le graphe ci-contre avec des notations évidentes.

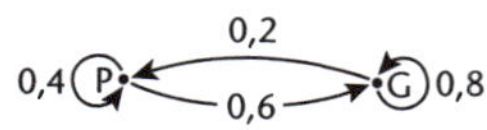

La matrice de transition est $T = \begin{pmatrix} 0{,}8 & 0{,}6 \\ 0{,}2 & 0{,}4 \end{pmatrix}$.

- Soit $X_n = \begin{pmatrix} g_n \\ p_n \end{pmatrix}$ la matrice représentant l'état du procesus à l'étape n ; alors $X_n = T^n X_0$ et $X_0 = \begin{pmatrix} \frac{1}{2} \\ \frac{1}{2} \end{pmatrix}$.

- On cherche $S = \begin{pmatrix} x \\ y \end{pmatrix}$ pour que $TS = S \Rightarrow \begin{pmatrix} 0{,}8 & 0{,}6 \\ 0{,}2 & 0{,}4 \end{pmatrix}\begin{pmatrix} x \\ y \end{pmatrix} = \begin{pmatrix} x \\ y \end{pmatrix}$, sachant que $x + y = 1$. On est conduit à résoudre le système $\begin{cases} -0{,}2x + 0{,}6y = 0 \\ x + y = 1 \end{cases}$ et on trouve $S = \begin{pmatrix} 0{,}75 \\ 0{,}25 \end{pmatrix}$.

- Cela signifie qu'au bout d'un nombre assez grand de parties, Super Pan en aura gagné environ 75 %.

Matrices

TEST-BILAN

→ *Réponses au verso.*

Vrai ou faux ? Cochez les affirmations qui sont vraies. A,B,... désignent des matrices ; I est la matrice unité et 0 la matrice nulle.

1 Opérations sur les matrices

a. ☐ $A + B = B + A$.

b. ☐ Si A et B sont carrées de même taille, alors $AB = BA$.

c. ☐ $AB = 0 \Rightarrow A = 0$ ou $B = 0$.

d. ☐ Si A et B sont carrées de même taille, $(A + B)^2 = A^2 + 2AB + B^2$.

e. ☐ $D = \begin{pmatrix} 3 & 0 \\ 0 & -1 \end{pmatrix} \Rightarrow D^3 = \begin{pmatrix} 27 & 0 \\ 0 & -1 \end{pmatrix}$.

2 Matrices inverses

a. ☐ Si A est non nulle, alors A est inversible.

b. ☐ $D = \begin{pmatrix} 4 & 0 \\ 0 & -2 \end{pmatrix} \Rightarrow D^{-1} = \begin{pmatrix} \frac{1}{4} & 0 \\ 0 & -\frac{1}{2} \end{pmatrix}$.

c. ☐ Si A est inversible, alors $AX = B \Rightarrow X = A^{-1}B$.

d. ☐ Si A est inversible, alors, pour tout $\lambda \neq 0$, $(\lambda A)^{-1} = \frac{1}{\lambda}A^{-1}$.

e. ☐ Si A et B sont inversibles, alors $(AB)^{-1} = B^{-1}A^{-1}$.

3 Matrices et suites

a. ☐ Pour tout $n \in \mathbb{N} : X_{n+1} = AX_n \Rightarrow X_n = A^n X_0$.

b. ☐ Si $X_{n+1} = MX_n + P$ et si X_n tend vers L alors $L = ML + P$.

c. ☐ Si T est la matrice de transition modélisant un processus aléatoire décrit par colonnes et S la matrice de l'état stable, alors $TS = S$.

4 Mélanges

a. ☐ $(A^{-1})^{-1} = A$.

b. ☐ Pour tout entier relatif n : $(A^{-1})^n = (A^n)^{-1}$.

c. ☐ $A(A - 3I) = I \Rightarrow A^{-1} = A - 3I$.

SCHÉMA-BILAN

Modélisation d'un processus aléatoire dans la matrice de transition T

Par colonnes	Par lignes
La somme de chaque colonne est égale à 1.	La somme de chaque ligne est égale à 1.
La matrice de l'état stable S est colonne et vérifie TS = S.	La matrice de l'état stable S est ligne et vérifie ST = S.

Réponses :

1 **a.** Vrai. **b.** Faux. Il est possible que l'on ait AB = BA, mais ce n'est pas nécessairement vrai. **c.** Faux. → *Voir fiche 47, II., p. 103.* **d.** Faux. $(A + B)^2 = (A + B)(A + B) = A^2 + AB + BA + B^2$. **e.** Vrai. D étant une matrice diagonale, on élève chaque terme à la puissance 3. **2** **a.** Faux. **b.** Vrai. Aucun des termes diagonaux n'est nul. Pour obtenir D^{-1}, on calcule l'inverse de chacun d'eux. **c.** Vrai. Noter que $A^{-1}B \neq BA^{-1}$. **d.** Vrai. **e.** Vrai. Bien noter que l'on a $B^{-1}A^{-1}$ et non $A^{-1}B^{-1}$. En effet, $ABB^{-1}A^{-1} = AIA^{-1} = AA^{-1} = I$. **3** **a.** Vrai. Cela se démontre par récurrence sachant que $A^{n+1} = AA^n$. **b.** Vrai. **c.** Vrai. Si la modélisation s'effectue par ligne alors ST = S.
4 **a.** Vrai. **b.** Vrai. **c.** Vrai.

Mémos visuels

Courbes des fonctions exponentielle et logarithme népérien avec leurs tangentes aux points d'abscisses 0, 1 et e

Observer la symétrie par rapport à la droite en pointillés (équation $y = x$), première bissectrice du repère.

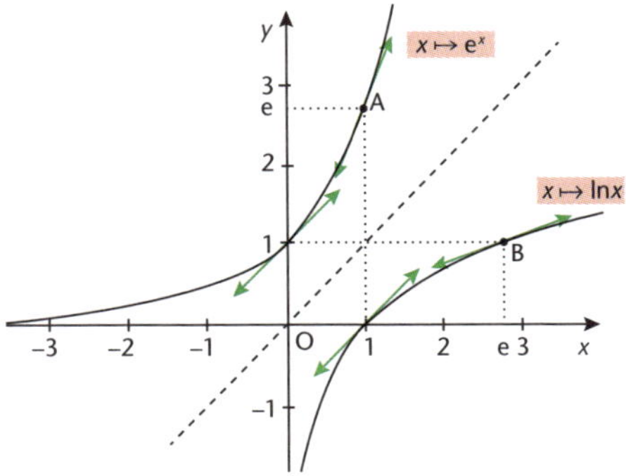

Arbre de probabilité

Formule des probabilités totales :

$P(X) = P(X \cap A_1) + P(X \cap A_2) + P(X \cap A_3)$.

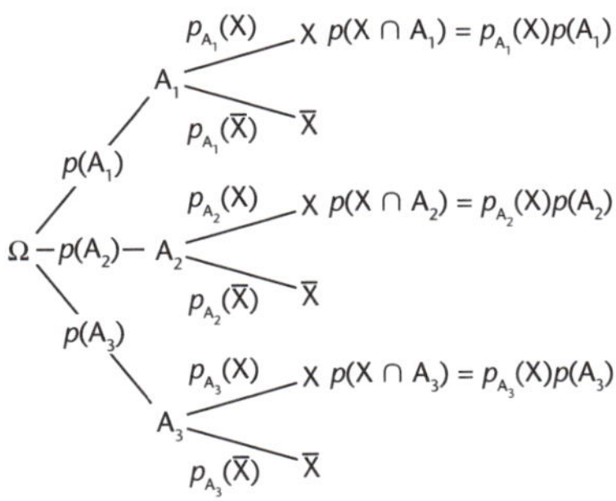

Courbe de Gauss normalisée avec ses deux tangentes d'inflexion aux points d'abscisses – 1 et 1

1. Si une variable aléatoire X suit la loi $\mathcal{N}(0\ ;\ 1)$, alors, pour tout x, $P(X \leqslant x) = \Pi(x)$. C'est l'aire hachurée (sur la figure $\Pi(x) = 0{,}92$).

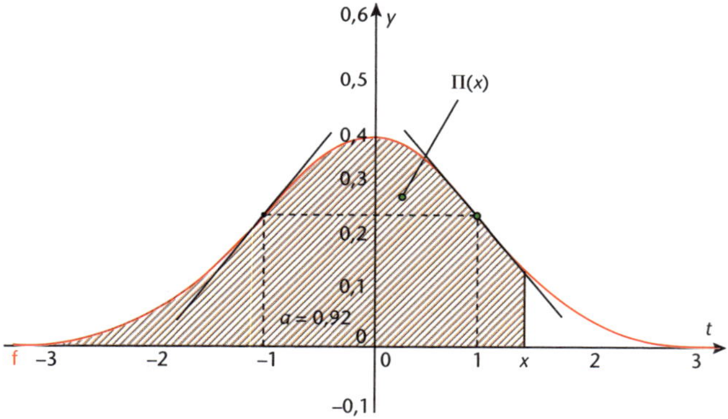

2. Si est X une variable aléatoire qui suit une loi normale de paramètres μ et σ, alors :

- $P(\mu - \sigma \leqslant X \leqslant \mu + \sigma) \approx 0{,}68$
- $P(\mu - 2\sigma \leqslant X \leqslant \mu + 2\sigma) \approx 0{,}95$
- $P(\mu - 3\sigma \leqslant X \leqslant \mu + 3\sigma) \approx 0{,}99$

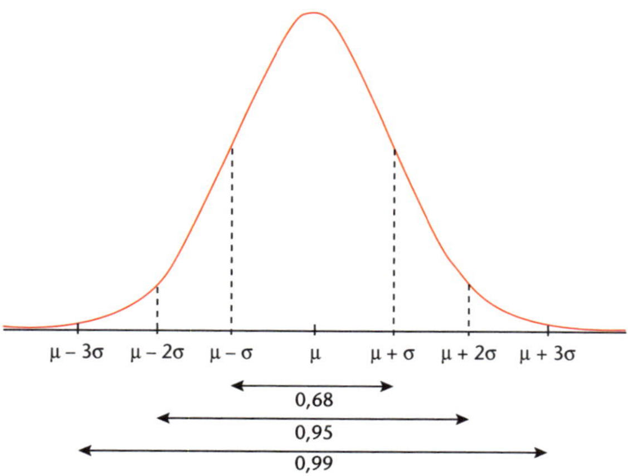

Calcul de $p(a \leqslant X \leqslant b)$ dans le cas où X suit la loi exponentielle de paramètre λ

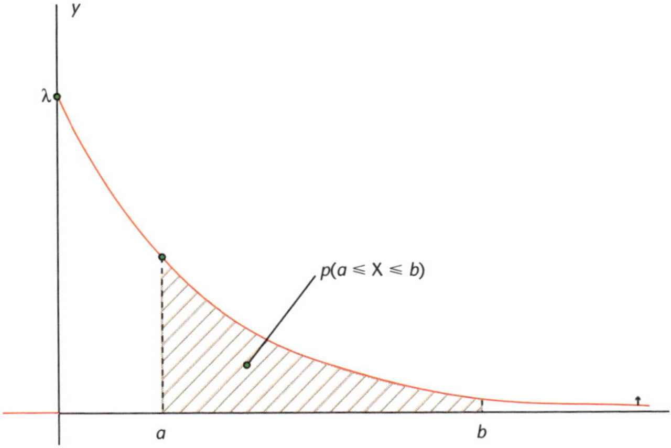

Représentation géométrique des nombres complexes

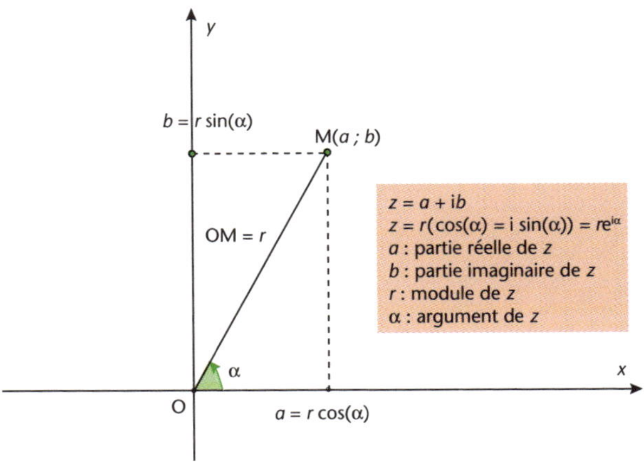

Table des nombres premiers de 1 à 2 000

2	167	389	631	883	1 153	1 447	1 709
3	173	397	641	887	1 163	1 451	1 721
5	179	401	643	907	1 171	1 453	1 723
7	181	409	647	911	1 181	1 459	1 733
11	191	419	653	919	1 187	1 471	1 741
13	193	421	659	929	1 193	1 481	1 747
17	197	431	661	937	1 201	1 483	1 753
19	199	433	673	941	1 213	1 487	1 759
23	211	439	677	947	1 217	1 489	1 777
29	223	443	683	953	1 223	1 493	1 783
31	227	449	691	967	1 229	1 499	1 787
37	229	457	701	971	1 231	1 511	1 789
41	233	461	709	977	1 237	1 523	1 801
43	239	463	719	983	1 249	1 531	1 811
47	241	467	727	991	1 259	1 543	1 823
53	251	479	733	997	1 277	1 549	1 831
59	257	487	739	1 009	1 279	1 553	1 847
61	263	491	743	1 013	1 283	1 559	1 861
67	269	499	751	1 019	1 289	1 567	1 867
71	271	503	757	1 021	1 291	1 571	1 871
73	277	509	761	1 031	1 297	1 579	1 873
79	281	521	769	1 033	1 301	1 583	1 877
83	283	523	773	1 039	1 303	1 597	1 879
89	293	541	787	1 049	1 307	1 601	1 889
97	307	547	797	1 051	1 319	1 607	1 901
101	311	557	809	1 061	1 321	1 609	1 903
103	313	563	811	1 063	1 327	1 613	1 913
107	317	569	821	1 069	1 361	1 619	1 931
109	331	571	823	1 087	1 367	1 621	1 933
113	337	577	827	1 091	1 373	1 627	1 949
127	347	587	829	1 093	1 381	1 637	1 951
131	349	593	839	1 097	1 399	1 657	1 973
137	353	599	853	1 103	1 409	1 663	1 979
139	359	601	857	1 109	1 423	1 667	1 987
149	367	607	859	1 117	1 427	1 669	1 993
151	373	613	863	1 123	1 429	1 693	1 997
157	379	617	877	1 129	1 433	1 697	1 999
163	383	619	881	1 151	1 439	1 699	

Produits particuliers de 1 à 1 000

$91 = 7 \times 13$
$119 = 7 \times 17$
$133 = 7 \times 19$
$161 = 7 \times 23$
$169 = 13 \times 13$
$203 = 7 \times 29$
$217 = 7 \times 31$
$221 = 13 \times 17$
$247 = 13 \times 19$
$259 = 7 \times 37$
$287 = 7 \times 41$
$289 = 17 \times 17$
$299 = 13 \times 23$
$301 = 7 \times 43$
$323 = 17 \times 19$
$329 = 7 \times 47$
$343 = 7 \times 7 \times 7$
$361 = 19 \times 19$
$371 = 7 \times 53$
$377 = 13 \times 29$
$391 = 17 \times 23$
$403 = 13 \times 31$
$413 = 7 \times 59$
$427 = 7 \times 61$
$437 = 19 \times 23$
$469 = 7 \times 67$
$493 = 17 \times 29$
$497 = 7 \times 71$
$511 = 7 \times 73$
$527 = 17 \times 31$
$529 = 23 \times 23$
$533 = 13 \times 41$
$551 = 19 \times 29$
$553 = 7 \times 79$
$559 = 13 \times 43$
$581 = 7 \times 83$
$589 = 19 \times 31$
$611 = 13 \times 47$
$623 = 7 \times 89$
$629 = 17 \times 37$
$637 = 7 \times 7 \times 13$
$667 = 23 \times 29$
$679 = 7 \times 97$
$689 = 13 \times 53$
$697 = 17 \times 41$
$703 = 19 \times 37$
$707 = 7 \times 101$
$713 = 23 \times 31$
$721 = 7 \times 103$
$731 = 17 \times 43$
$749 = 7 \times 107$
$763 = 7 \times 109$
$767 = 13 \times 59$
$779 = 19 \times 41$
$791 = 7 \times 113$
$793 = 13 \times 61$
$799 = 17 \times 47$
$817 = 19 \times 43$
$833 = 7 \times 7 \times 17$
$841 = 29 \times 29$
$851 = 23 \times 37$
$871 = 13 \times 67$
$889 = 7 \times 127$
$893 = 19 \times 47$
$899 = 29 \times 31$
$901 = 17 \times 53$
$917 = 7 \times 131$
$923 = 13 \times 71$
$931 = 7 \times 7 \times 19$
$943 = 23 \times 41$
$949 = 13 \times 73$
$959 = 7 \times 137$
$961 = 31 \times 31$
$973 = 7 \times 139$
$989 = 23 \times 43$

PHYSIQUE CHIMIE

Sommaire

ENSEIGNEMENT SPÉCIFIQUE

Observer

Ondes et matière

Comprendre

Temps, mouvement et évolution

Structure et transformation de la matière

Énergie, matière et rayonnement

Agir

Économiser les ressources et respecter l'environnement

Synthétiser des molécules

Transmettre et stocker l'information

ENSEIGNEMENT DE SPÉCIALITÉ

L'eau

Son et musique

Matériaux

ANNEXES

Description de l'épreuve et conseils pour réussir

L'épreuve écrite

Cette épreuve représente 80 % de la note finale (soit 16 points).
Durée : 3 heures 30
Coefficient : 6 (enseignement spécifique) + 2 (spécialité)

• **Trois exercices** sont à traiter le jour de l'épreuve :
– 2 exercices communs à tous les candidats ;
– 1 exercice différent suivant que le candidat a choisi ou non la spécialité.

• De nouveaux types d'exercices (en plus de ceux existants) sont apparus depuis la réforme du lycée :
– la synthèse argumentée ;
– la résolution de problème en spécialité.

• Répartissez bien votre temps pendant l'épreuve. Prenez entre 50 minutes et 1 heure pour résoudre chaque exercice, afin d'avoir le temps d'effectuer une relecture de votre copie.

• Commencez par l'exercice qui vous semble le plus facile ; cela peut vous donner confiance pour la suite du sujet.

L'épreuve d'évaluation des capacités expérimentales (ECE)

Elle représente 20 % de la note finale (soit 4 points).
Durée : 1 heure

• Le but de cette épreuve est d'évaluer la compréhension et la maîtrise des gestes expérimentaux réalisés tout au long de l'année.

• Il faut bien gérer votre stress. Essayez de ne pas trembler quand vous faites des transvasements ou des prélèvements.

• Vérifiez bien votre matériel, votre montage ou votre réponse lorsque vous appelez l'enseignant. Un appel donne lieu à une notation.

L'épreuve orale de contrôle

Temps de préparation : 20 minutes ; *temps de passage :* 20 minutes

• Le candidat tire au sort un sujet qui comporte deux questions traitant de deux domaines différents du programme.

- Si le candidat a choisi l'enseignement de spécialité, l'une des deux questions portera sur cette partie.

Réussir un calcul

- Il faut bien maîtriser le maniement des relations et les fonctions inverses : $\sqrt{x} \Leftrightarrow x^2$; $\ln x \Leftrightarrow e^x$; $\log x \Leftrightarrow 10^x$.
- L'application numérique nécessite une bonne maîtrise de la calculatrice. N'oubliez pas les parenthèses et utilisez les touches de raccourcis (×10^ peut être remplacé par E).
- L'écriture du résultat doit être faite en tenant compte du nombre de chiffres significatifs. Il peut être déterminé :
  - par le nombre dans le calcul ayant le moins de chiffres significatifs ;
  - à partir de l'incertitude du résultat (→ *voir annexe 1, p. 221*).
- Il ne faut pas oublier d'indiquer l'unité du résultat, s'il y a lieu.

Réussir sa synthèse argumentée

- Lisez bien les documents et étudiez bien les graphes donnés.
- Recoupez les informations et les données pour répondre à la question en faisant appel à vos connaissances.
- Rédigez votre réponse au brouillon en répondant à la question demandée et en évitant les paraphrases.
- N'hésitez pas à faire des schémas ou à écrire des équations-bilan par exemple pour illustrer vos propos.

Réussir sa résolution de problème

- Dans cet exercice, il faut construire les étapes du raisonnement.
- Plusieurs solutions sont possibles pour répondre à la question demandée.
- Une réponse appropriée peut nécessiter du temps. Les informations données doivent en général être recoupées.
- Une fois la solution trouvée, il faut rédiger très clairement les étapes de votre raisonnement. Il faut également soigner la rédaction ; une part de la note de l'exercice en tient compte.

FICHE 1

Ondes et particules

La recherche fondamentale s'est posée et se pose toujours des questions sur les **particules** constituant la matière. En outre, il n'est pas toujours facile de faire la **distinction entre particules et ondes**.

I Rayonnement dans l'univers : généralités

- Un **rayonnement** désigne une **propagation d'énergie** émise par une source.
- Il peut être décrit à l'aide **des particules** (électrons, neutrinos…) lorsqu'il y a déplacement **d'énergie et de matière** ou à l'aide d'une **onde** lorsqu'il y a seulement déplacement **d'énergie**.

Spectre des domaines des rayonnements électromagnétiques

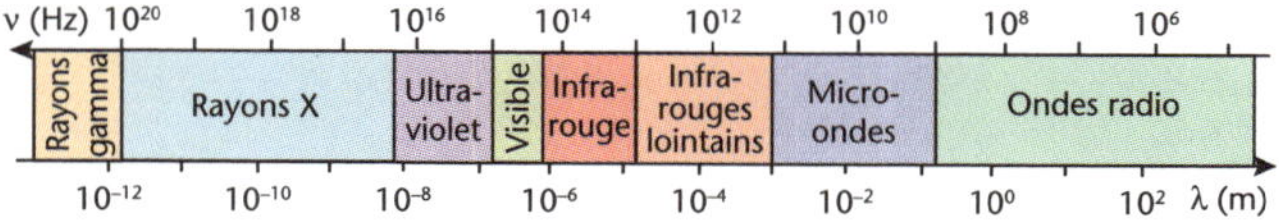

- Le **spectre électromagnétique est composé d'une infinité de radiations** pouvant prendre toutes les longueurs d'ondes et fréquences possibles.
- La lumière visible ne constitue qu'un cas particulier des ondes électromagnétiques et ne représente qu'une infime partie de ce spectre.
- $\lambda = \frac{c}{\nu}$ avec λ longueur d'onde en *m* ; ν fréquence en Hz et $c = 3{,}00 \times 10^8\ m \cdot s^{-1}$ célérité de la lumière dans le vide.

II Les ondes dans la matière

1. Ondes mécaniques

- Une **onde** correspond au phénomène de **propagation d'une perturbation sans transport de matière** mais avec **transport d'énergie**.
- Si la perturbation nécessite un **milieu matériel**, l'onde est dite **mécanique**.

Les ondes électromagnétiques constituent un cas d'onde non mécanique, puisque la lumière se propage dans le vide (ce qui n'est pas le cas d'une onde sonore).

• Une onde est **transversale** si la **perturbation est perpendiculaire** à sa direction de propagation, et **longitudinale**, dans le cas où la **perturbation est parallèle** à sa direction de propagation.

Déplacement d'une onde transversale le long d'une corde

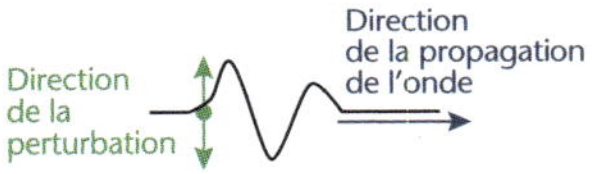

Déplacement d'une onde longitudinale le long d'un ressort

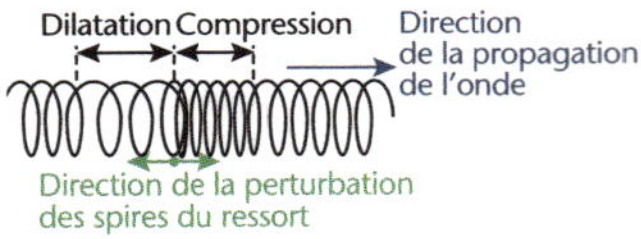

2. Magnitude d'un séisme

• La magnitude traduit l'**énergie libérée** par un séisme.

• La magnitude de **Richter** se détermine ainsi : $M = \log\left(\frac{y_{max}}{y_0}\right)$.

y_{max} amplitude maximale en *m* ; y_0 amplitude de référence en *m* et M magnitude sans unité.

III Rayonnement cosmique

• La Terre est constamment bombardée de particules provenant de l'espace (photons, protons, électrons…).

• L'interaction entre les noyaux de l'atmosphère et cette particule incidente de haute énergie créent **énormément de particules secondaires**.

• Des télescopes (HESS, VERITAS) ont été construits pour déterminer l'origine de certains des rayonnements cosmiques (trous noirs, étoiles à neutrons, noyaux actifs de galaxie).

Représentation d'une gerbe cosmique

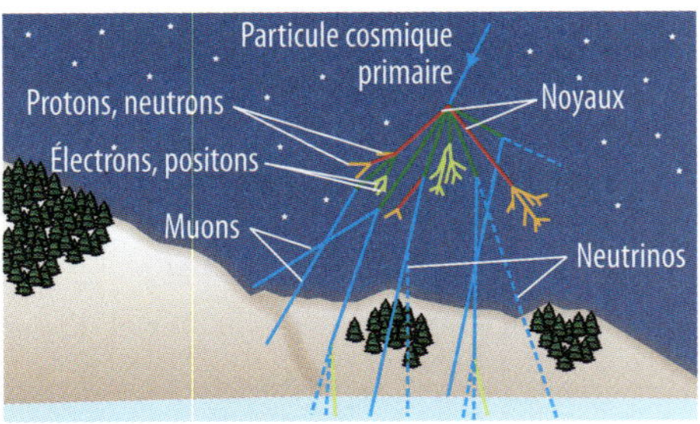

Caractéristiques des ondes

FICHE 2

Les ondes ne possèdent pas les mêmes propriétés que la matière. De nouvelles définitions sont donc à envisager pour déterminer leurs caractéristiques.

I Ondes progressives

- Si la **perturbation** d'une onde **se propage**, cette onde est dite **progressive**.
- La **vitesse de propagation d'une onde** est appelée **célérité**.

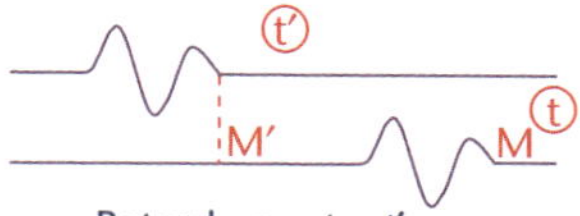

Retard : $\tau = t - t'$

- La célérité peut se déterminer ainsi : $V = \dfrac{MM'}{\tau}$ avec V en $m \cdot s^{-1}$, MM' en *m* et τ en *s*.

II Ondes progressives périodiques

- Une onde périodique possède donc une **périodicité spatiale et temporelle**.
- La période (notée T) est la **plus petite durée** qui sépare deux perturbations identiques.

> **Un sinus** peut toujours se transformer en cosinus et réciproquement :
> $\sin x = \cos\left(x - \dfrac{\pi}{2}\right)$ et $\cos x = \sin\left(x + \dfrac{\pi}{2}\right)$.

- Une onde sinusoïdale peut être modélisée par une fonction $x(t)$:

$$x(t) = X_{max} \cdot \cos\left(\frac{2\pi}{T}t + \varphi\right)$$

X_{max} amplitude de l'onde, T en *s*, φ la phase à l'origine.

- La **période spatiale** d'une onde s'appelle la **longueur d'onde**. Elle se note λ, et se mesure en mètre.
- Une onde périodique possède donc une périodicité spatiale et temporelle.
- Période et longueur d'onde sont reliées par $\lambda = V \cdot T$, avec λ en *m* ; V en $m \cdot s^{-1}$ et T en *s*.

III Caractéristiques des ondes acoustiques

1. Son, ultrason, infrason

Un son est une onde mécanique longitudinale de compression-dilatation. L'être humain peut entendre les sons entre 20 Hz et 20 kHz. En dehors de ce domaine, on définit les infrasons ($f < 20$ Hz) et ultrasons ($f > 20$ kHz).

2. Hauteur d'une note

- La hauteur d'une note correspond à la fréquence du son joué.
- Plus la fréquence d'une note est élevée, plus le son est aigu. Inversement, un son grave correspond à une fréquence basse.

3. Timbre d'une note

- On peut toujours décomposer un signal périodique de fréquence f en une somme de sinusoïdes. Les fréquences de cette décomposition sont des multiples entiers de f : f, $2f$, $3f$..., kf (k entier). On appelle f le fondamental (correspond à la hauteur de la note) et $2f$, $3f$,..., kf les harmoniques.
- L'ensemble du spectre en fréquences caractérise le timbre d'un instrument.

Spectre en fréquences du la_3 joué à la guitare (a) et au piano (b)

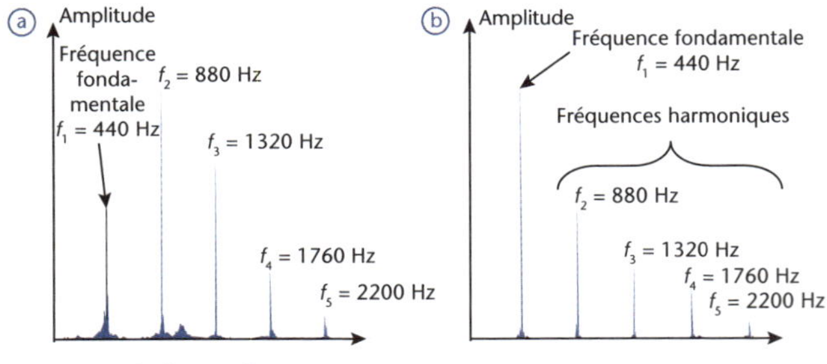

4. Intensité et niveau sonore

- On définit l'intensité sonore comme étant $I = \dfrac{P}{S}$ avec S surface du récepteur en m^2, P puissance sonore reçue en W et I intensité sonore en $W \cdot m^{-2}$.
- Le niveau sonore L se détermine ainsi : $L = 10 \log\left(\dfrac{I}{I_0}\right)$ avec $I_0 = 10^{-12}\ W \cdot m^{-2}$; L s'exprime en décibel acoustique (dB_A) et se mesure avec un sonomètre.

Diffraction et effet Doppler

FICHE 3

La diffraction et l'effet Doppler sont deux exemples des **propriétés particulières** des ondes.

I Description du phénomène de diffraction

1. Conditions de diffraction d'une onde

• Le phénomène de diffraction se produit lorsqu'une onde rencontre un obstacle ou une **ouverture** (de dimension *a*) et qu'elle **est inférieure à la longueur d'onde** ($a < \lambda$) ou du même ordre de grandeur ($a \approx \lambda$).

$a >> \lambda$	$a < \lambda$ ou $a \approx \lambda$	$a << \lambda$
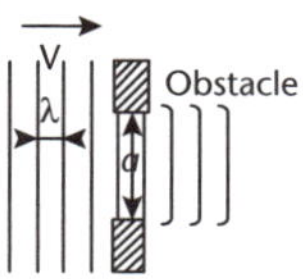	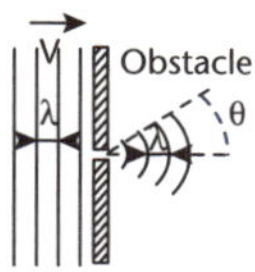	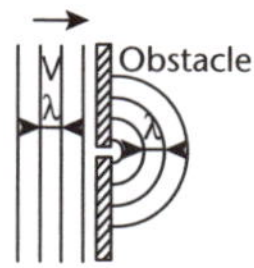
Pas de diffraction	L'onde diffractée se propage avec une ouverture angulaire θ	L'onde diffractée occupe tout l'espace

• Dans **l'approximation des angles petits**, l'ouverture angulaire θ peut être estimée par $\theta \approx \frac{\lambda}{a}$, λ et *a* s'exprime en *m* et θ en rad.

• Le phénomène de diffraction **ne modifie pas** la longueur d'onde, la fréquence et la célérité de l'onde.

Approximation des angles petits : lorsque θ est faible ($\theta < 10°$ soit 0,17 rad), **sin θ ≈ θ et tan θ ≈ θ** à condition que θ s'exprime en **rad**.

2. Cas des ondes lumineuses

• La diffraction de la lumière permet de considérer la **lumière comme une onde lumineuse**.

• Pour une fente rectiligne ou un fil, on observe une **tache centrale** ayant **une largeur deux fois plus grande que les taches secondaires**.

Tache de diffraction de largeur L obtenue sur un écran situé à une distance D de la fente

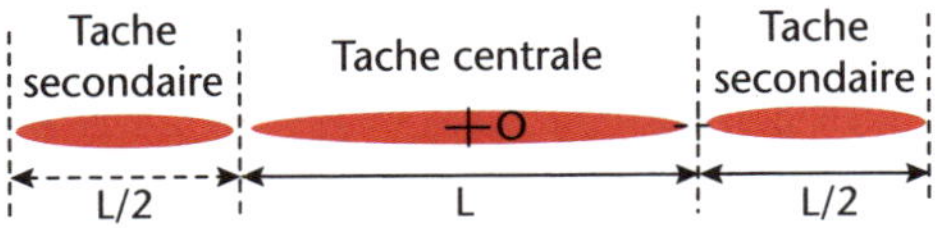

• Dans l'approximation des angles petits, on obtient $\theta \approx \frac{\lambda}{a} = \frac{L}{2D}$ avec λ, a, L et D en m et θ en rad.

II Effet Doppler

1. Variation des vitesses et des fréquences

• L'effet Doppler correspond à la variation de fréquence d'une onde mesurée, lorsque la distance entre l'émetteur et le récepteur varie au cours du temps.

La source s'approche de l'observateur	La source s'éloigne de l'observateur
La fréquence reçue f_R est supérieure à la fréquence émise f_E : $f_R > f_E$	La fréquence reçue f_R est inférieure à la fréquence émise f_E : $f_R < f_E$

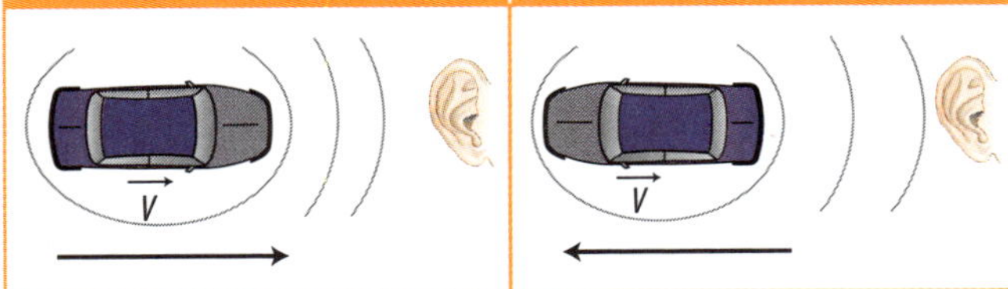

• On se place dans le cas où la vitesse v de la source ou du récepteur est faible par rapport à la célérité V de l'onde : $v << V$.

• Dans le cas où la source est mobile et le récepteur immobile : $f_E = f_R \cdot (1 \pm \frac{v_E}{V})$. Dans le cas où la source est immobile et le récepteur mobile : $f_R = f_E \cdot (1 \pm \frac{v_R}{V})$. Dans les deux expressions précédentes, v_R et v_E sont respectivement la vitesse du récepteur ou de l'émetteur en $m \cdot s^{-1}$ et V la célérité de l'onde en $m \cdot s^{-1}$.

2. Effet Doppler en astronomie

Les raies spectrales d'astres n'appartenant pas à notre galaxie sont toutes décalées vers les basses fréquences, c'est-à-dire vers des longueurs d'ondes plus grandes (Redshift). Ce décalage montre que l'univers est en expansion.

Interférences

Lorsque deux ondes se rencontrent, leur amplitude s'additionne, pouvant ainsi donner lieu au phénomène d'interférences.

I Interférences constructives et destructives

• Pour observer en pratique des interférences, il faut que les deux ondes soient **cohérentes** (on utilise une source unique que l'on divise en deux) et **monochromatiques**.

• On considère deux ondes sinusoïdales de même période et de même amplitude se superposant. On observe alors des interférences :
- **constructives** lorsque les deux ondes sont en **phase** (les maximums et les minimums coïncident) ;
- **destructives** lorsque les deux ondes sont en **opposition de phase** (les maximums d'une onde correspondent aux minimums de l'autre).

Interférences constructives : les ondes sont en phase

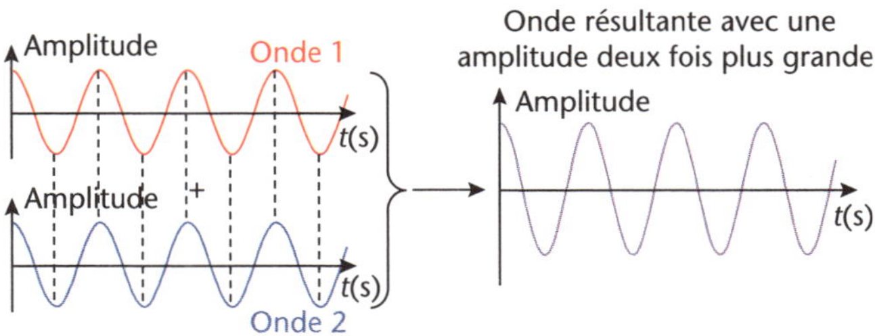

Interférences destructives : les ondes sont en opposition de phase

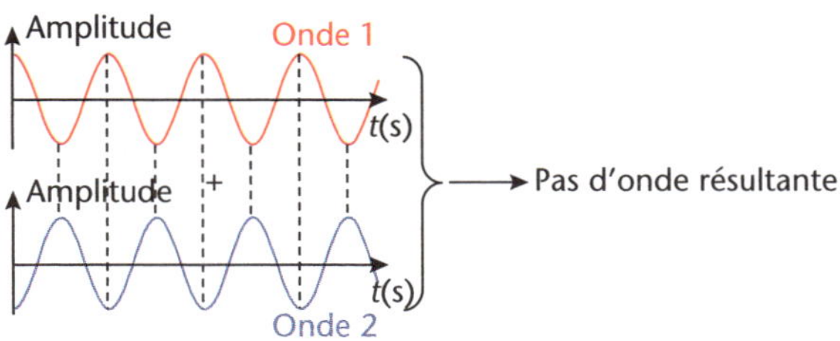

II Différence de marche

Différence de marche

$\delta = d_2 - d_1$

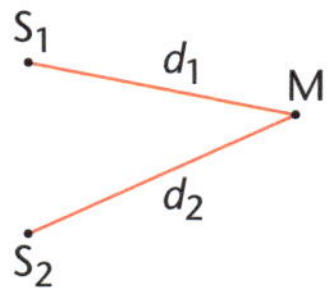

- La **différence de marche** δ en un point M correspond à la **différence de distance** entre les deux sources :

$$\delta = d_2 - d_1 = S_2M - S_1M.$$

- La différence de marche peut s'exprimer à partir du retard entre les deux sources : $d_2 = V \cdot t_2$ et $d_1 = V \cdot t_1$, d'où $\delta = d_2 - d_1 = V \cdot (t_2 - t_1) = V \cdot \tau$ où V est la célérité de l'onde et τ le retard.

La différence de marche est une grandeur algébrique : elle peut prendre des valeurs positives ou négatives.

- Le tableau ci-dessous résume les conditions sur le retard et la différence de marche pour que l'on ait des interférences constructives ou destructives (avec *k* un entier relatif) :

	Retard	Différence de marche
Interférences constructives	Nul ou multiple entier de la période : $\tau = k \cdot T$	Nul ou multiple entier de la longueur d'onde : $\delta = k \cdot \lambda$
Interférences destructives	Multiple impair de la demi-période : $\tau = (2k+1) \cdot \frac{T}{2}$	Multiple impair de la demi-longueur d'onde : $\delta = (2k+1) \cdot \frac{\lambda}{2}$

III Figure d'interférences obtenue avec des fentes d'Young

- Avec le dispositif des fentes d'Young, en lumière monochromatique, on obtient sur l'écran une alternance de franges claires et de franges sombres.
- Les **franges sombres** correspondent aux **interférences destructives** et les **franges claires** aux **interférences constructives**.

Figure d'interférences obtenue en lumière monochromatique

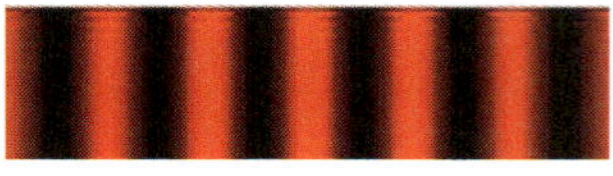

- L'**interfrange** correspond à la distance entre **deux franges consécutives**. Elle est notée *i* et s'exprime en *m*.
- Dans le cas des trous d'Young : $i = \frac{\lambda \cdot D}{a}$ avec *a* distance entre les deux fentes en *m*, D distance entre l'écran et les fentes d'Young et λ en *m*.

Caractéristiques et propriétés des ondes

TEST-BILAN

→ *Réponses au verso.*

1 La lumière est une onde :

a. ☐ mécanique. b. ☐ électromagnétique. c. ☐ sonore.

2 Une onde progressive périodique a une périodicité :

a. ☐ temporelle. b. ☐ spatiale. c. ☐ temporelle et spatiale.

3 La note jouée par un instrument peut se décomposer en une somme de sinusoïdes. La première fréquence est :

a. ☐ la hauteur de la note. b. ☐ le fondamental.

c. ☐ le timbre.

4 On observe un effet Doppler, lorsque :

a. ☐ la source d'onde se déplace par rapport au récepteur.

b. ☐ le récepteur se déplace par rapport à la source d'onde.

c. ☐ la source et le récepteur se déplacent ensemble (même direction, même sens et même vitesse).

5 Pour obtenir des interférences constructives, le retard τ doit être :

a. ☐ un multiple entier de la période.

b. ☐ un multiple impair de la demi-période.

c. ☐ quelconque.

6 Si l'on note *a* la distance entre les deux fentes d'Young, D la distance entre l'écran et les deux fentes et λ la longueur d'onde, l'interfrange se détermine avec la relation :

a. ☐ $i = \frac{\lambda \cdot a}{D}$. b. ☐ $i = \frac{a \cdot D}{\lambda}$. c. ☐ $i = \frac{\lambda \cdot D}{a}$.

SCHÉMA-BILAN

Caractéristiques des ondes

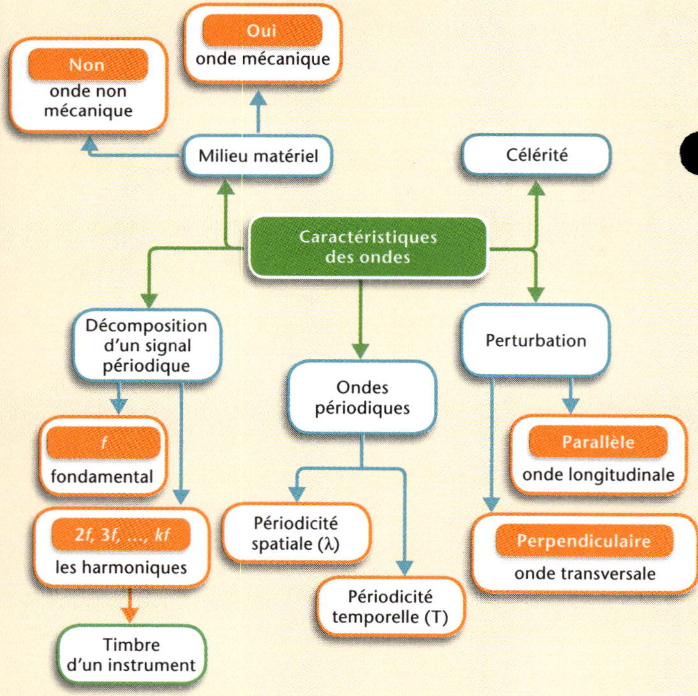

Réponses :

1 b – 2 c – 3 a et b – 4 a et b – 5 a – 6 c.

Nomenclature des molécules organiques

FICHE 6

La représentation et la nomenclature des molécules organiques constituent la base pour étudier les propriétés de ces molécules.

I Représentation des molécules organiques

- Il est plus simple de représenter les molécules en **formule semi-développée** ou en **formule topologique**.
- Dans la formule topologique :

– la chaîne carbonée est représentée par une **chaîne brisée** ;
– on n'écrit pas les atomes de carbone et d'hydrogène ;
– on écrit les autres atomes ainsi que les hydrogènes liés à ceux-ci.

Représentation de la molécule d'aspirine

Formule semi-développée	Formule topologique
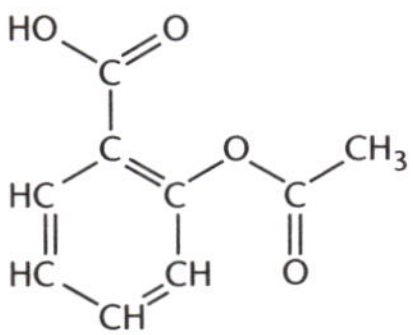	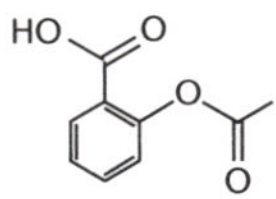

II Nomenclature

Pour nommer une molécule, on doit, dans l'ordre :

1. entourer le(s) groupe(s) caractéristique(s) ;
2. numéroter la chaîne carbonée la plus longue de façon à ce que le groupe caractéristique soit sur le carbone ayant le plus petit numéro ;
3. identifier les groupes alkyles restants ;
4. nommer la molécule en mettant en premier les groupes alkyles (avec le numéro du carbone), puis la chaîne carbonée la plus longue avec le groupe caractéristique.

Pour les alcènes, on distingue les isomères Z et E. Dans l'isomère Z, les deux groupes alkyles sont du même côté de la double liaison alors que dans le E, ils sont de part et d'autre.

Groupe caractéristique	Famille	Formule semi-développée	Nom
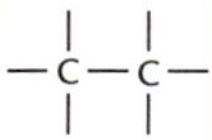	Alcane	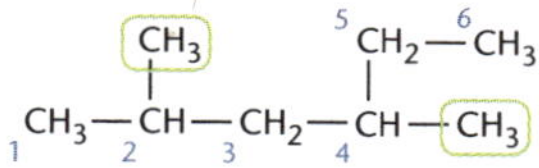	2,4-diméthylhexane
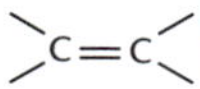	Alcène	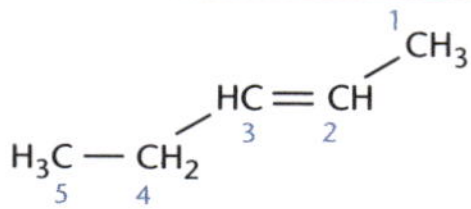	E-pent-2-ène
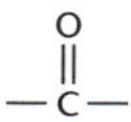	Cétone	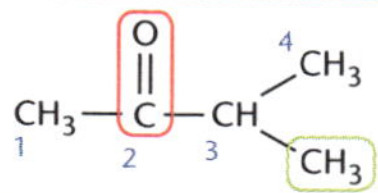	3-méthylbutan-2-one
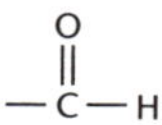	Aldéhyde	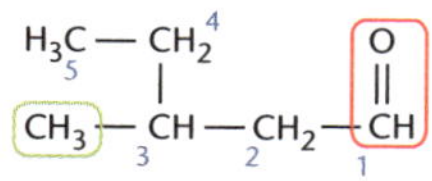	3-méthylpentanal
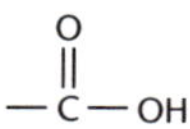	Acide carboxylique	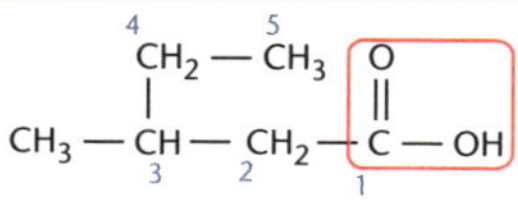	Acide 3-méthylpentanoïque
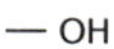	Alcool	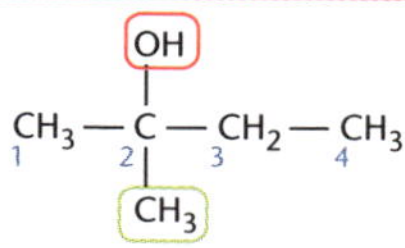	2-méthylbutan-2-ol
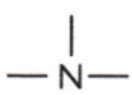	Amine	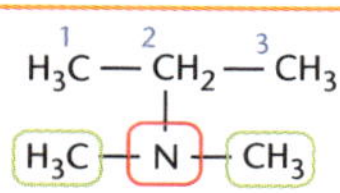	N,N-diméthylprop-2-amine
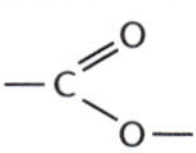	Ester	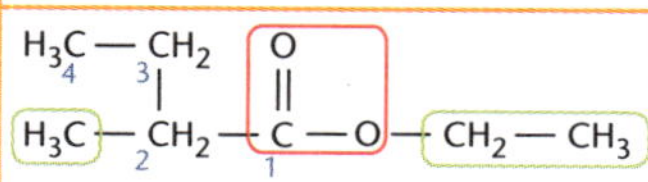	2-méthylbuta[redacted]ate d'éthyl[redacted]
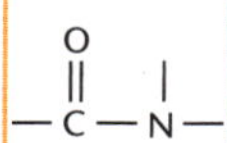	Amide	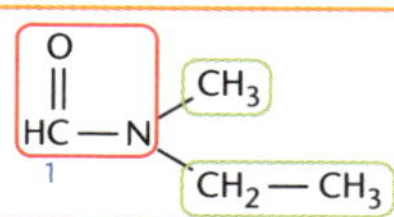	N-éthyl N-méthylméthanamide

Spectres UV/visible et infrarouge (IR)

FICHE 7

L'étude des spectres UV/visible et infrarouge peut nous renseigner sur les propriétés chimiques des molécules que l'on étudie.

I Spectroscopie UV/visible

1. Couleur des objets

- La coloration des molécules organiques provient du fait qu'elles possèdent des **doubles liaisons conjuguées** (au moins 7).
- Certaines espèces inorganiques ($MnO_{4(aq)}^-$, $Cu^{2+}_{(aq)}$...) absorbent des radiations dans le domaine du visible. Les solutions de ces espèces sont donc colorées.
- La **couleur d'une solution** ou d'une espèce est due à l'absorption de sa couleur complémentaire.

Cercle chromatique des couleurs
La double flèche se reporte au maximum d'absorption de la radiation (en nm).

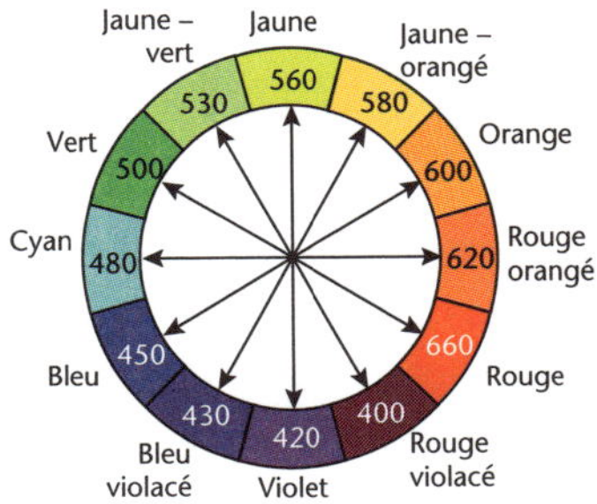

- Une solution de couleur rouge absorbera sa couleur complémentaire : le vert (500 nm) et inversement (voir schéma ci-dessus).

2. Absorbance d'une solution

- L'absorbance A est une **grandeur sans unité** qui se mesure avec un **spectrophotomètre**.
- Pour que l'absorbance ne dépende que de l'espèce en solution, il faut **étalonner le spectrophotomètre**.
- La **longueur d'onde d'étude** est choisie **au maximum de l'absorption** pour avoir une meilleure sensibilité.
- Pour des solutions suffisamment diluées, l'absorption est proportionnelle à la concentration de l'espèce en solution : $A = kC$, avec A absorbance, C concentration de l'espèce en solution en $mol \cdot L^{-1}$ ou $mg \cdot L^{-1}$ et k coefficient de proportionnalité en $L \cdot mol^{-1}$ ou $L \cdot mg^{-1}$.

II Spectroscopie infrarouge

• La **transmittance T** est le pourcentage de l'intensité lumineuse restante après traversée d'une espèce ou d'une solution : $T = \frac{I}{I_0}$ avec I_0 intensité avant traversée et I intensité après traversée T en %.

• Sur un spectre infrarouge, on indique le **nombre d'onde σ en cm^{-1}** ($\sigma = 1/\lambda$) sur l'axe des abscisses et la **transmittance** sur l'axe des ordonnées.

Vibration d'élongation pour la molécule de méthane

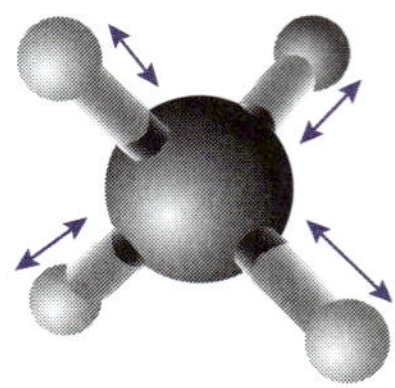

• Les radiations infrarouges (IR) émises par une source peuvent faire **vibrer** les liaisons chimiques : la radiation est alors **absorbée**. Pour certaines longueurs d'ondes, le spectre présente alors des **pics ou des bandes d'absorption**.

• Les groupes caractéristiques vibrent toujours à peu près à la même valeur (—O—H a une bande large d'absorption entre 3 200 et 3 600 cm^{-1}).
→ *Voir annexe 5, p. 225.*

• Ainsi, l'analyse d'un spectre IR permet de connaître les groupes caractéristiques d'une molécule.

• On analyse en général les valeurs au-dessus de 1 400 cm^{-1}, celles en-dessous correspondent à l'**empreinte digitale** de la molécule (absorption la chaîne carbonée).

Analyse spectrale de l'acide butanoïque : $CH_3–CH_2–CH_2–COOH$

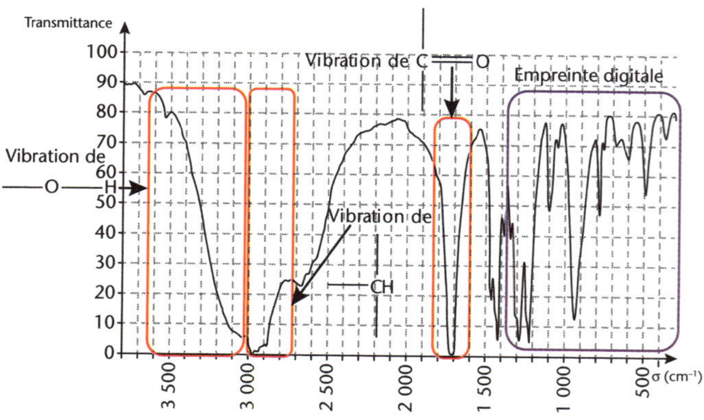

Spectres RMN

FICHE 8

La **résonance magnétique nucléaire** (RMN) est une technique d'analyse en chimie qui permet de déterminer les groupes caractéristiques d'une molécule organique, voire sa structure.

I Description d'un spectre RMN

1. Déplacement chimique

- Les **noyaux d'hydrogène** (ou protons), placés sous un champ magnétique, peuvent absorber certaines radiations électromagnétiques à leur **fréquence de résonance** (f_0).
- L'environnement de ces noyaux n'étant pas le même, la fréquence d'absorption f peut légèrement **changer**.

Spectre RMN du propan-2-ol

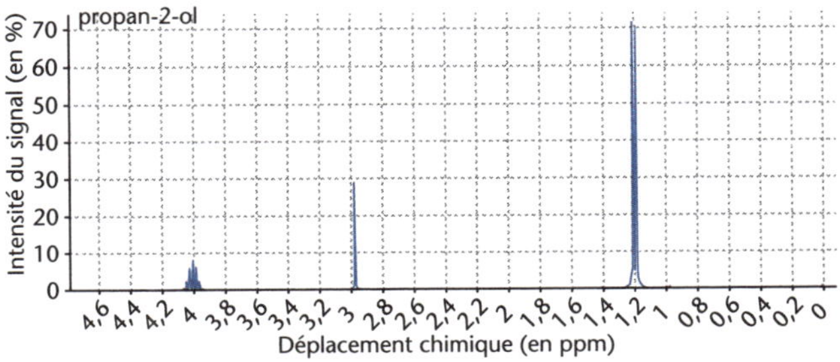

- Dans un spectre RMN, on représente sur l'axe des abscisses **le déplacement chimique δ** : $\delta = \dfrac{f - f_0}{f_0}$ (grandeur sans unité exprimée en ppm).

Les **grandeurs de très faibles valeurs** peuvent s'exprimer en :
– partie par million (ppm) en multipliant par 10^6 ;
– partie par milliard (ppb) en multipliant par 10^9.

2. Protons équivalents et tables RMN

- Les protons (ou noyaux d'hydrogène) ayant le **même environnement** chimique auront **le même déplacement chimique**.

Groupes de protons équivalents du propan-2-ol

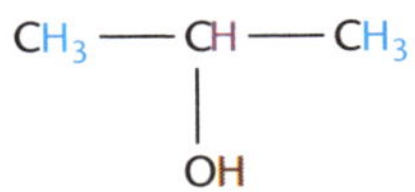

• Le nombre de signaux sur un spectre correspond donc au **nombre de groupes de protons ayant le même environnement**.

Exemple : La molécule du propan-2-ol a trois groupes de protons équivalents, on observe donc trois signaux sur le spectre RMN.

• La **valeur de ce déplacement chimique** δ d'un noyau d'hydrogène **dépend donc du groupe caractéristique** auquel il est associé (→ *voir annexe 6, p. 225*).

II Analyse complète d'un spectre RMN

1. Multiplicité du signal

• Les **noyaux d'hydrogène** équivalents **n'ayant pas d'atome d'hydrogène voisin** donnent un pic appelé **singulet**.

• Règle des ($n+1$)-uplets : si les carbones voisins aux noyaux d'hydrogène équivalents possèdent n protons, alors le signal sera constitué de ($n+1$) pics.

Nombre d'hydrogènes voisins	0	1	2	3	4
Signal	singulet	doublet	triplet	quadruplet	quintuplet
Forme du multiplet	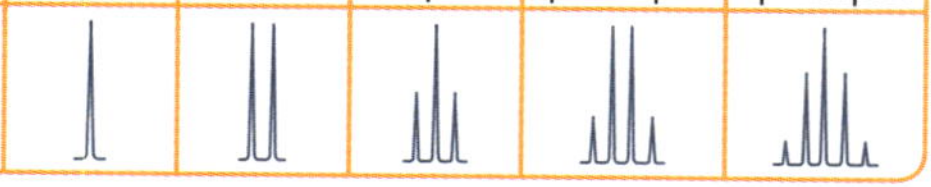				

2. Courbe d'intégration

• L'**aire** sous les pics est **proportionnelle au nombre de protons équivalents**. On peut alors ajouter la courbe d'intégration au spectre.

• Le rapport des hauteurs de la courbe d'intégration entre les signaux est égal au rapport du nombre de protons équivalents entre chaque signal.

Analyse complète du spectre RMN du propan-2-ol

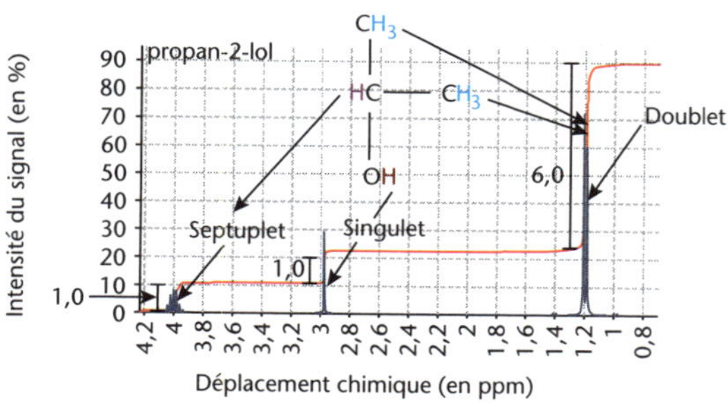

Analyse spectrale – nomenclature

TEST-BILAN

→ *Réponses au verso.*

1 La formule topologique de la propanamide est :

a. ☐ 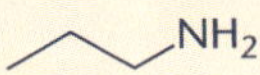
b. ☐ 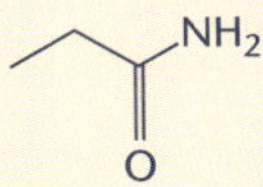
c. ☐ 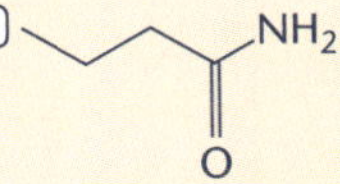

2 Le maximum d'absorption d'une solution correspond à sa :

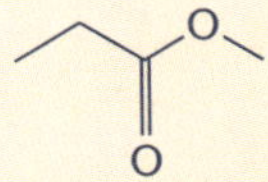

a. ☐ couleur complémentaire.
b. ☐ propre couleur.
c. ☐ couleur intermédiaire.

3 Une large bande d'absorption vers 3 200 cm^{-1} dans un spectre IR signifie que la molécule contient la fonction :

a. ☐ —OH. b. ☐ —NH_2. c. ☐ —Br.

4 Dans la molécule représentée ci-contre, le signal du spectre RMN correspondant aux protons représentés en gras sera un :

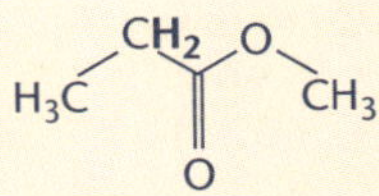

a. ☐ singulet. b. ☐ triplet. c. ☐ quadruplet.

5 L'étude de la courbe d'intégration de la molécule représentée ci-contre sera pour chaque signal en hauteur relative :

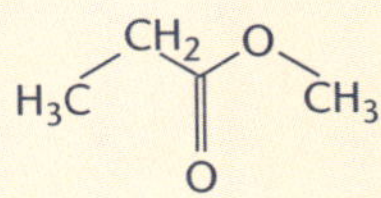

a. ☐ 4–3–3 b. ☐ 2–3–3 c. ☐ 1–2–3

SCHÉMA-BILAN

L'analyse spectrale

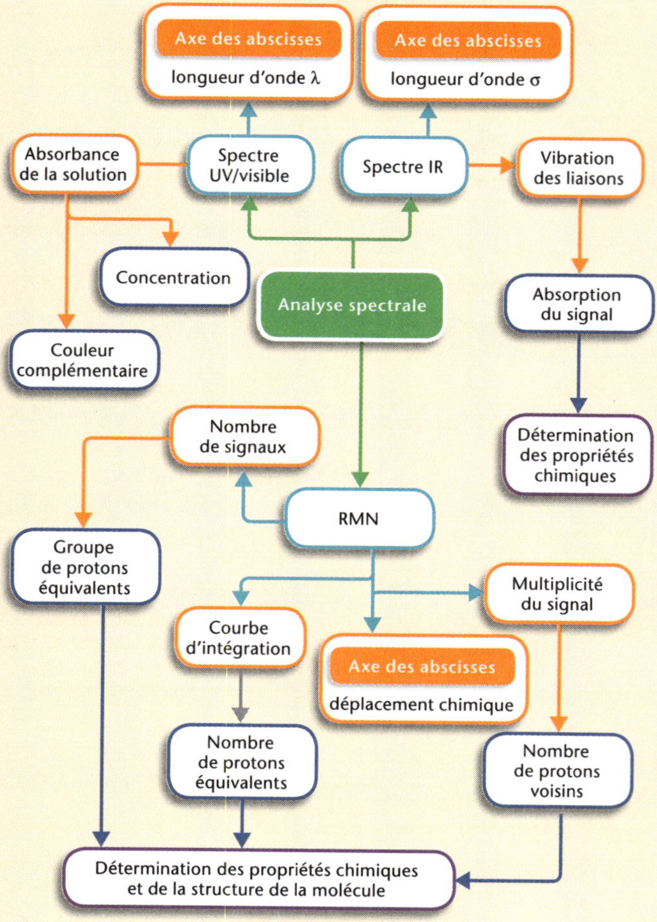

Réponses :
1 b – 2 a – 3 a – 4 c – 5 b.

FICHE 10

Dynamique newtonienne

Les lois de Newton permettent de prévoir le mouvement des objets.

I Trois vecteurs pour décrire un mouvement

Vecteur position OG à l'instant t_1

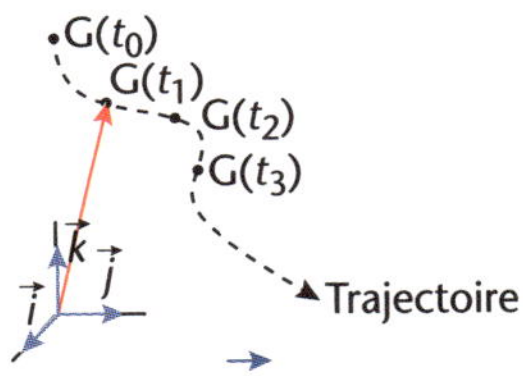

• Lors d'une étude mécanique, on définit toujours le **système** et le **référentiel d'étude** supposé galiléen en terminale S.

• On choisit ensuite un repère, en général orthonormé $(O; \vec{i}, \vec{j}, \vec{k})$.

• On définit le vecteur vitesse : $\vec{v_G}(t) = \lim_{\Delta t \to 0} \frac{\Delta \overrightarrow{OG}}{\Delta t} = \frac{d\overrightarrow{OG}}{dt}$ avec v_G en $m \cdot s^{-1}$.

• On peut définir également le vecteur accélération : $\vec{a_G}(t) = \lim_{\Delta t \to 0} \frac{\Delta \vec{v_G}}{\Delta t} = \frac{d\vec{v_G}}{dt}$ avec a_G en $m \cdot s^{-2}$.

• En coordonnées cartésiennes, les **vecteurs position, vitesse et accélération** s'écrivent :

$$\overrightarrow{OG}\begin{vmatrix} x(t) \\ y(t) \\ z(t) \end{vmatrix} \qquad \vec{v_G}\begin{vmatrix} \frac{dx}{dt} = \dot{x} \\ \frac{dy}{dt} = \dot{y} \\ \frac{dz}{dt} = \dot{z} \end{vmatrix} \qquad \vec{a_G}\begin{vmatrix} \frac{d^2x}{dt^2} = \ddot{x} \\ \frac{d^2y}{dt^2} = \ddot{y} \\ \frac{d^2z}{dt^2} = \ddot{z} \end{vmatrix}$$

Afin de simplifier les écritures des **dérivées** par rapport au temps, on écrit : $\frac{dx}{dt} = \dot{x}(t)$ et $\frac{d^2x}{dt^2} = \ddot{x}(t)$.

II Mouvement circulaire uniforme

• Lorsque le mouvement est circulaire et uniforme, le **vecteur vitesse** est toujours **tangent au cercle** et le **vecteur accélération** est **centripète**.

$\omega = \frac{2\pi}{T} = 2\pi f$ où T est la période de rotation et f sa fréquence.

• Un vecteur centripète est radial et dirigé vers le centre du cercle.

Vecteur vitesse et accélération pour un mouvement circulaire uniforme

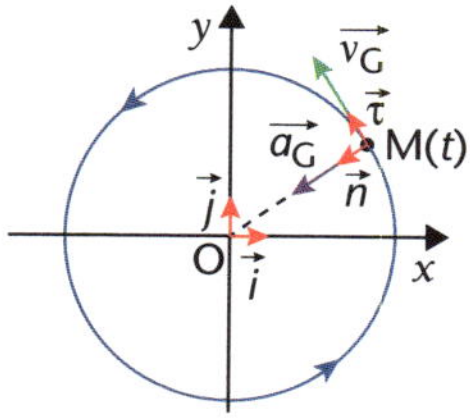

• Pour un mouvement circulaire uniforme, les normes de vitesse et accélération sont constantes :

$v_G = R\omega$ et $a_G = \dfrac{v_G^2}{R}$ avec **ω la vitesse angulaire en rad·s⁻¹**.

• En définissant un vecteur qui reste toujours tangent au cercle et $\vec{n}$ un vecteur toujours centripète, on peut écrire :

$\overrightarrow{v_G} = R\omega\vec{\tau}$ et $\overrightarrow{a_G} = \dfrac{v_G^2}{R}\vec{\tau} = R\omega^2\vec{n}$.

III Lois de Newton

1. Première loi de Newton ou principe d'inertie

• Galilée énonça le premier le principe d'inertie. Newton le reformula ensuite autrement : « Tout corps persévère dans son état de repos ou de mouvement rectiligne uniforme si les forces qui s'exercent sur lui se compensent. »

• Dans un référentiel galiléen, un point isolé ou pseudo-isolé est immobile ou a un mouvement rectiligne uniforme, le principe d'inertie doit être vérifié dans ce type de référentiel.

• Un solide est **pseudo-isolé si la somme vectorielle des forces extérieures qui lui sont appliquées est nulle**.

2. Deuxième loi de Newton

• La deuxième loi de Newton ne s'applique qu'au centre d'inertie (G) et non aux points périphériques (A).

Mouvement rectiligne uniforme du centre d'inertie G

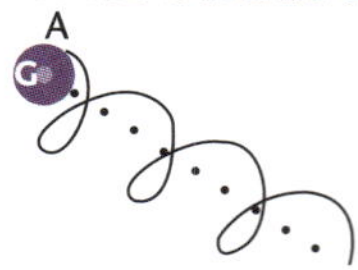

• Dans un référentiel galiléen, pour un système donné : $\sum\overrightarrow{F_{ext}} = m\overrightarrow{a_G}$ avec $\sum\overrightarrow{F_{ext}}$ somme de forces extérieurs en N ; m du système en kg ; a_G accélération en m·s⁻².

• $\overrightarrow{a_G} = \dfrac{\sum\overrightarrow{F_{ext}}}{m}$ qui peut se traduire par effet $= \dfrac{\text{cause}}{\text{inertie}}$.

• La **masse** d'un corps est la **mesure de son inertie**, soit sa résistance aux variations de vitesse.

3. Troisième loi de Newton

Si un système A exerce sur un système B une force $\overrightarrow{F_{A/B}}$, alors B exerce sur A une force $\overrightarrow{F_{B/A}}$ tel que $\overrightarrow{F_{A/B}} = -\overrightarrow{F_{B/A}}$.

Quantité de mouvement

FICHE 11

Un objet lourd lancé à grande vitesse dévie difficilement de sa trajectoire. La grandeur qui traduit cette observation est la **quantité de mouvement**.

I Définition

- La quantité de mouvement (ou **impulsion**) d'un système assimilé à un point matériel est défini par le produit de sa masse par sa vitesse : $\vec{p} = m\vec{v}$ avec m masse du système en kg, $\vec{v}$ vitesse du système en $m \cdot s^{-1}$ et $\vec{p}$ impulsion en **$kg \cdot m \cdot s^{-1}$**.
- Un **système isolé** est un système qui **n'échange ni énergie** (donc des forces) **ni matière** (la masse reste constante).
- La quantité de mouvement d'un **système pseudo-isolé ou isolé** se conserve : $\vec{p} = \overrightarrow{cste}$.

II Collisions élastiques

- La conservation de la quantité de mouvement permet d'expliquer les collisions élastiques.
- Le système composé de deux boules de billard peut être considéré comme un système isolé :
  - avant le choc, la quantité de mouvement vaut $\vec{p} = m_1\vec{v_0}$;
  - après le choc, les boules ont des vitesses $\vec{v_1}$ et $\vec{v_2}$. La quantité de mouvement vaut donc $\vec{p} = m_1\vec{v_1} + m_2\vec{v_2}$.
- Comme la quantité de mouvement se conserve, nous pouvons écrire $m_1\vec{v_0} = m_1\vec{v_1} + m_2\vec{v_2}$.

Conservation de la quantité de mouvement lors d'un choc entre deux boules

III Propulsions par réaction

- On peut, dans un premier temps, considérer qu'un système (barque + passager) est un système pseudo-isolé ($\sum \overrightarrow{F_{ext}} = \vec{0}$ et m = cste).
- Si la personne saute de la barque, elle partira en avant et la barque en arrière à cause de la conservation de la quantité de mouvement. Avant le saut, la quantité de mouvement du système est nulle puisque $\overrightarrow{p_{barque}} + \overrightarrow{p_{passager}} = \vec{0}$; juste après le saut, la quantité du système doit être nulle aussi puisque $\overrightarrow{p_{passager}} = -\overrightarrow{p_{barque}}$. On en déduit que $\overrightarrow{v_{passager}} = -\dfrac{m_{barque}}{m_{passager}}\overrightarrow{v_{barque}}$.
- Bien que ce ne soient pas des systèmes isolés, on comprend le principe de la réaction de la propulsion par réaction avec des exemples comme le nageur dans l'eau ou la fusée qui décolle et qui est propulsée par les gaz qu'elle éjecte.

Exemple de propulsion par réaction

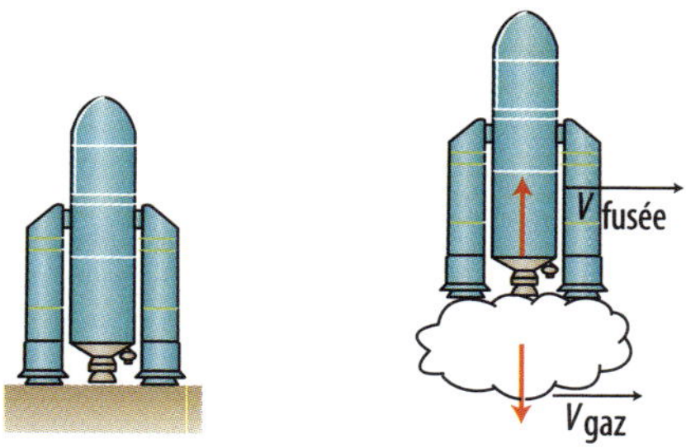

IV Quantité de mouvement d'un système fermé

- Un système fermé peut échanger de l'énergie (donc des forces) mais pas de matière (la masse reste constante).
- La dérivée par rapport au temps de la quantité de mouvement d'un système fermé a pour expression $\dfrac{d\vec{p}}{dt} = m\dfrac{d\vec{v}}{dt} = m\vec{a}$.
- On peut ainsi réécrire la deuxième loi de Newton dans un référentiel galiléen pour un système fermé ponctuel : $\dfrac{d\vec{p}}{dt} = \sum \overrightarrow{F_{ext}}$ avec $\vec{p}$ impulsion en $kg \cdot m \cdot s^{-1}$ et $\sum \overrightarrow{F_{ext}}$ en N.

La relation $\dfrac{d\vec{p}}{dt} = \sum \overrightarrow{F_{ext}}$ reste valable en relativité restreinte mais pas $m\vec{a} = \sum \overrightarrow{F_{ext}}$.

Mouvement dans un champ de force

FICHE 12

Un champ de force est une zone où se manifeste un système de forces (gravitationnelles, électrostatiques…).

I Mouvement dans un champ de pesanteur uniforme

1. Mise en équation

- On lance un objet de masse m constante dans un champ pesanteur uniforme, avec comme conditions initiales :

$$\overrightarrow{OG}(t=0)\left|\begin{array}{l} x_0 = 0 \\ y_0 = 0 \\ z_0 = 0 \end{array}\right. \qquad \overrightarrow{v_G}(t=0)\left|\begin{array}{l} v_{0x} = v_0 \cdot \cos\alpha \\ v_{0y} = 0 \\ v_{0z} = v_0 \cdot \sin\alpha \end{array}\right.$$

- Le référentiel est terrestre supposé galiléen.
- Une seule force agit : le poids $\vec{P} = m\vec{g}$, on néglige les autres (frottements).
- En appliquant le principe fondamental de la dynamique :

$$\frac{d\vec{p}}{dt} = m\overrightarrow{a_G} = \sum \overrightarrow{F_{ext}} = \vec{P} = m\vec{g}$$

soit $\overrightarrow{a_G} = \vec{g} = -g\vec{k}$.

Projection du vecteur vitesse à $t = 0$

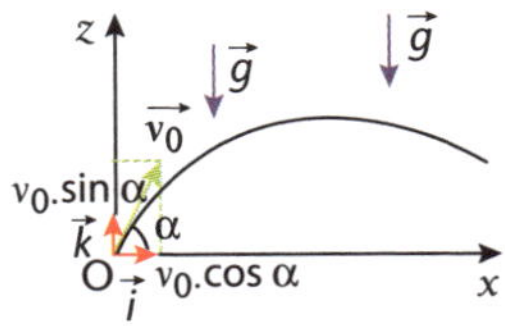

2. Équations horaires du mouvement

En intégrant et en tenant compte des conditions initiales, on obtient :

$$\overrightarrow{v_G}(t)\left|\begin{array}{l} v_x(t) = v_0 \cdot \cos\alpha \\ v_z(t) = -gt + v_0 \cdot \sin\alpha \end{array}\right. \qquad \overrightarrow{OG}(t)\left|\begin{array}{l} x(t) = (v_0 \cdot \cos\alpha) \cdot t \\ z(t) = -\frac{1}{2}gt^2 + (v_0 \cdot \sin\alpha) \cdot t \end{array}\right.$$

3. Équation de la trajectoire

- À partir de l'équation horaire, on isole t de sorte que $t = \dfrac{x(t)}{v_0 \cdot \cos\alpha}$ et on reporte dans $z(t)$.
- L'expression de la trajectoire est donc :

$$z(x) = -\frac{1}{2}g\frac{x^2}{v_0^2\cos^2\alpha} + x\tan\alpha.$$

4. Importance des conditions initiales

L'équation de la trajectoire peut être différente, il faut bien tenir compte des conditions initiales.

- La **flèche** se détermine en résolvant l'équation $v_z = 0$: $H = \dfrac{v_0^2 \cdot \sin\alpha^2}{2g}$.

Représentation de la flèche et de la portée

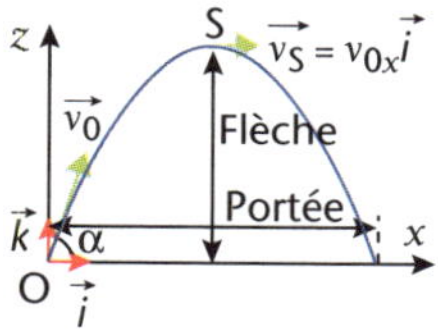

- La **portée** D se détermine en résolvant l'équation $z(x) = 0$.

On obtient $D = \dfrac{v_0^2 \cdot \sin 2\alpha}{g} = \dfrac{2 \cdot v_{0x} \cdot v_{0z}}{g}$ après simplification.

La portée est **maximale** pour **$\alpha = 45°$**.

II Mouvement dans un champ électrique uniforme

1. Champ électrostatique et force

- Une tension appliquée entre deux armatures crée un **champ électrostatique** $\vec{E}$.
- Dans certaines conditions, le champ peut être uniforme :

$E = \dfrac{U_{PN}}{d} = \dfrac{V_P - V_N}{d}$ avec E en **V·m⁻¹** → avec E en $V \cdot m^{-1}$, d en m et U_{PN} en V.

- Une particule de charge q subira une force telle que $\vec{F} = q\vec{E}$ avec F en N, q en C et E en $V \cdot m^{-1}$.

2. Déviation d'une particule chargée par un champ électrique

- Il faut résoudre ce genre de problème **de la même manière que pour un champ de pesanteur** en tenant toujours compte des conditions initiales.
- Ci-contre, l'équation de la trajectoire sera : $z(x) = -\dfrac{qE}{2m \cdot v_0}x^2$.

Déviation d'un électron par un champ électrique

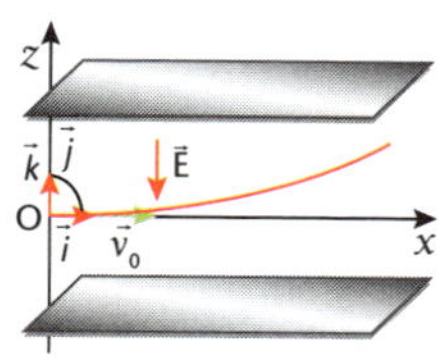

Lois de Kepler

FICHE 13

Kepler (1571-1630) établit, à partir des observations de Tycho Brahé, trois lois qui régissent le mouvement des planètes.

I Énoncé des trois lois de Kepler

1. Première loi de Kepler

- La première loi précise la nature des **trajectoires des planètes**.
- Dans un référentiel héliocentrique, les orbites des planètes sont des ellipses dont le centre S du Soleil occupe l'un des foyers.
- Une ellipse est caractérisée par **les foyers F et F′** ([FM] + [F′M] est une constante), et une distance a nommée **« demi-grand axe »**.

Une ellipse avec ses caractéristiques

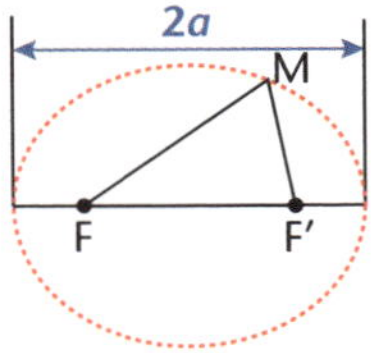

2. Deuxième loi de Kepler ou loi des aires

- Dans leur trajectoire elliptique, les planètes ont une **vitesse plus grande** lorsqu'elles sont **proches du Soleil**.
- Pendant une durée donnée Δt, l'aire ΔA balayée par le rayon joignant le centre du Soleil au centre de la planète est constante.

Deuxième loi de Kepler : l'aire balayée ΔA pendant une durée Δt est constante

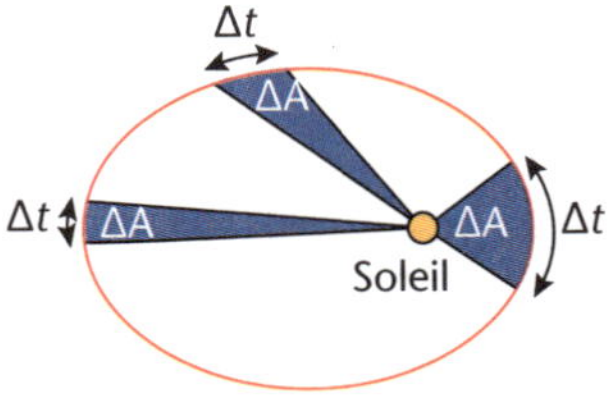

3. Troisième loi de Kepler ou loi des périodes

- La **période de révolution T** d'une planète désigne le temps mis entre deux passages successifs par un même point de sa trajectoire.
- La période de révolution T et demi-grand axe a d'une ellipse sont liés par la relation $\frac{T^2}{a^3} = K_S$ avec T en s ; a en m ; **K_S une constante qui ne dépend que de l'astre attracteur** (ici le Soleil) en $s^2 \cdot m^{-3}$.

La troisième loi de Kepler est encore actuellement utilisée notamment pour trouver la masse des astres.

• Cette troisième loi de Kepler peut se démontrer en appliquant la seconde loi de Newton et en considérant une orbite circulaire.

• On se place dans le référentiel héliocentrique supposé galiléen. On considère une planète de masse m constante, gravitant à une distance r du centre S du Soleil (masse M) et ayant une vitesse v_P.

• En appliquant le principe fondamental de la dynamique : $\frac{d\vec{p}}{dt} = m\vec{a} = \sum \vec{F}_{ext} = G\left(\frac{m \cdot M}{r^2}\right) \cdot \vec{n}$, et en reprenant les propriétés des mouvements circulaires uniformes (→ *voir fiche 10, p.141*), on montre que : $v_P = \sqrt{G\frac{M}{r}}$.

• En reprenant l'expression de la période $T = \frac{2\pi \cdot r}{v_P}$, on retrouve la troisième loi de Kepler : $\frac{T^2}{r^3} = \frac{4\pi^2}{GM}$ d'où $K_S = \frac{4\pi^2}{GM}$.

II Mouvement des satellites

1. Trajectoire d'un satellite

Plan orbital et trajectoire d'un satellite

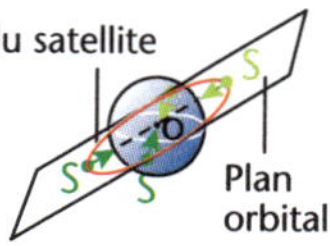

• Un satellite est un objet en orbite autour d'une planète.

• On considère cette fois-ci un référentiel dont le centre de la planète est fixe et en translation par rapport au référentiel héliocentrique (référentiel géocentrique dans le cas de la Terre).

• La trajectoire d'un satellite est située dans un plan passant par le centre O de cette planète.

• La troisième loi de Kepler reste valable en remplaçant la masse du Soleil M par celle de la planète m.

2. Cas des satellites géostationnaires

• Un satellite est dit géostationnaire s'il occupe une position fixe dans le référentiel terrestre. Il reste toujours à la verticale d'un point de la Terre.

• Sa trajectoire est un cercle contenu dans le plan équatorial.

BILAN

Lois de Newton et applications

FICHE 14

TEST-BILAN

→ *Réponses au verso.*

1 La dérivée première de la vitesse par rapport au temps donne :

a. ☐ la vitesse. b. ☐ la position. c. ☐ l'accélération.

2 Pour un mouvement circulaire uniforme, la vitesse est :

a. ☐ centripète. b. ☐ centrifuge. c. ☐ tangente au cercle.

3 Pour un mouvement circulaire uniforme, la norme de l'accélération vaut :

a. ☐ $\overrightarrow{a_G} = \frac{v_G^2}{R}\vec{\tau}$ b. ☐ $a_G = \frac{v_G^2}{R}$ c. ☐ $a_G = R\omega^2$

4 La deuxième loi de Newton s'applique si l'on suppose le référentiel :

a. ☐ galiléen. b. ☐ terrestre. c. ☐ géocentrique.

5 L'expression du vecteur quantité de mouvement est :

a. ☐ $m\overrightarrow{a_G}$. b. ☐ $m\overrightarrow{v_G}$. c. ☐ ma_G.

6 La quantité de mouvement se conserve pour les systèmes :

a. ☐ fermés. b. ☐ ouverts. c. ☐ isolés.

7 La force électrostatique exercée par un champ électrique sur une particule de charge q ($q < 0$) a pour expression :

a. ☐ $\vec{F} = qU$. b. ☐ $\vec{F} = q\vec{E}$. c. ☐ $\vec{F} = -q\vec{E}$.

8 L'énoncé de la deuxième loi de Kepler signifie que $\frac{\Delta A}{\Delta t}$:

a. ☐ augmente. b. ☐ diminue. c. ☐ reste constant.

9 La troisième loi de Kepler relie la période de révolution au demi-grand axe par la relation :

a. ☐ $\frac{T^2}{a^3} = K_S$ b. ☐ $\frac{T^3}{a^2} = K_S$ c. ☐ $\frac{a^2}{T^3} = K_S$

SCHÉMA-BILAN

Résoudre un problème en mécanique

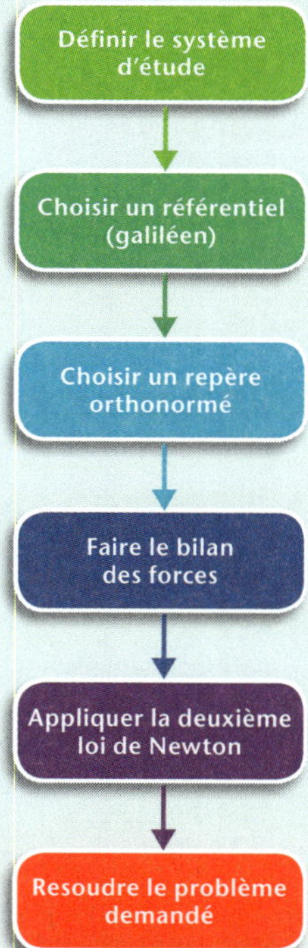

Réponses :

1 c – 2 c – 3 b et c – 4 a – 5 b – 6 c – 7 b – 8 c – 9 a.

Oscillateurs et bilan énergétique

FICHE 15

Les oscillations d'un pendule peuvent s'expliquer à partir des variations d'énergie.

I Travail d'une force

- Le **travail** traduit l'**efficacité** d'une force.
- Le **travail W_{AB} d'une force constante** $\vec{F}$ dont le point d'application se déplace de A à B a pour expression : $W_{AB}(\vec{F}) = \vec{F}.\overrightarrow{AB} = F\,AB\cos\alpha$ avec F en N ; AB en *m* ; α angle entre les vecteurs $\overrightarrow{AB}$ et $\vec{F}$; $W_{AB}(\vec{F})$ en J.

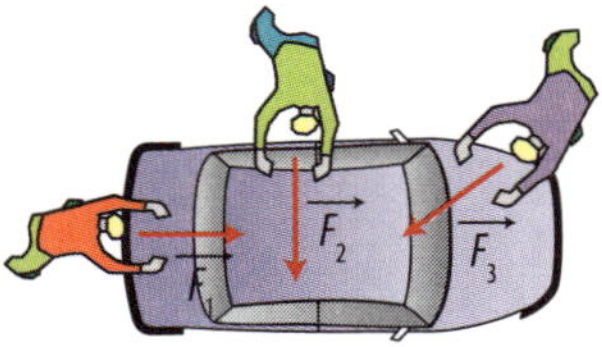

Ici, seule la personne derrière la voiture exerce une force efficace

$W_{AB}(\vec{F}) > 0$	$W_{AB}(\vec{F}) = 0$	$W_{AB}(\vec{F}) < 0$
$0 < \alpha < 90°$	$\alpha = 90°$	$90° < \alpha < 180°$
Favorise le déplacement	Aucun effet	S'oppose au déplacement
Travail moteur	Travail nul	Travail résistant

- Une force est dite **conservative** si son travail **ne dépend pas du chemin suivi** (exemples de forces conservatives : poids, force électrique).

II Énergie potentielle

- Le travail d'une force conservative peut être défini comme la **variation d'une énergie appelée énergie potentielle** :

$$\Delta E_p = E_p(B) - E_p(A) = -W_{AB}(\vec{F})$$

- Le tableau ci-dessous donne l'expression du travail et de l'énergie potentielle de quelques forces conservatives pour un système se déplaçant d'un point A à un point B.

	Champ de pesanteur	Champ électrique
Travail	$W_{AB}(\vec{P}) = mg(z_A - z_B)$	$W_{AB}(\vec{F}) = q\cdot U_{AB} = q\cdot(V_A - V_B)$
Énergie potentielle	$E_{PP}(z) = mgz$ avec $E_{PP}(0) = 0$	$E_{PE} = qV$ avec $E_{PE}(0) = 0$

III Énergie mécanique d'un système

- **L'énergie cinétique** d'un système en translation de vitesse $\vec{v}$ par rapport à un référentiel donné est $E_C = \frac{1}{2} mv^2$ avec E_C en J, m en kg et v en $m \cdot s^{-1}$.
- **L'énergie mécanique** d'un système correspond à la somme de l'énergie cinétique et de l'énergie potentielle : $E_m = E_C + E_P$.
- Si les forces de frottements sont **nulles ou négligeables**, il y a **conservation de l'énergie mécanique** du système : $\Delta E_m = 0$.
- $\Delta E_m < 0$, $\Delta E_m = W_{AB}(\vec{f})$ si les frottements $\vec{f}$ ne sont pas négligeables.

IV Applications au pendule

- Un **pendule simple** peut être modélisé par un point, le centre d'inertie de la masse accrochée.
- La **période T_0 est indépendante de la masse m du pendule et de l'angle de départ** pour des angles faibles (**isochronisme** des petites oscillations).
- Si le cas précédent est vérifié, la période se détermine de la manière suivante : $T_0 = 2\pi\sqrt{\frac{\ell}{g}}$, avec T_0 en s, ℓ longueur du fil en m, g intensité de pesanteur en $m \cdot s^{-2}$.
- Au cours des oscillations d'un pendule, lorsque l'énergie cinétique est maximale, l'énergie potentielle est minimale et réciproquement.
- Si les frottements ne sont pas négligeables, l'énergie mécanique du pendule diminue.
- Les forces de frottements provoquent une **diminution de l'amplitude des oscillations et une augmentation de la pseudo-période ($T > T_0$)**.

Variation de E_C, E_P et E_m en présence de frottements

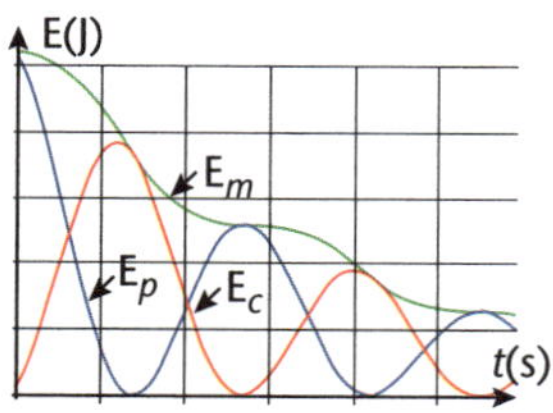

Relativité restreinte et mesure du temps

FICHE 16

En 1905, **Einstein** révolutionne la physique en proposant son article sur la relativité restreinte. Il a fallu l'invention d'horloges très précises pour vérifier cette théorie.

I Principe de relativité et postulats

- D'après le principe d'inertie (ou première loi de Newton), aucune expérience de physique ne permet de savoir si l'on est en mouvement rectiligne uniforme ou au repos : principe de la relativité.
- Selon ce même principe, **les lois de la physique ne doivent donc pas privilégier un point de vue** (ou référentiel) pour décrire un phénomène.
- **Postulats de la relativité restreinte** :

– quelle que soit la vitesse de l'observateur, la célérité de la lumière est toujours la même ($c \approx 3{,}00 \times 10^8$ m·s^{-1} dans le vide) dans tous les référentiels ;

– le temps et l'espace sont déformés selon la vitesse de l'observateur.

- Il existe donc une **vitesse limite**, égale à la célérité c de la lumière dans le vide. Cette vitesse ne peut être atteinte que par des particules de masse nulle.

La relativité est « restreinte » car elle n'inclut pas la gravitation. Einstein l'inclura plus tard dans sa théorie et appellera cette relativité « générale ».

II Dilatation du temps

- Une **durée propre** est une durée mesurée par **une horloge immobile dans le référentiel considéré**.
- On suppose un wagon allant à une très grande vitesse $\vec{v}$ et équipé de miroirs au sol et au plafond. L'observateur 1 est lié au référentiel du wagon et l'observateur 2 se situe dans un référentiel terrestre.
- Chaque observateur est immobile dans son référentiel et mesure donc chacun une **durée propre** (τ pour l'observateur 1 et t pour l'observateur 2) pour que la lumière fasse un aller-retour dans le wagon.

- S'ils comparent leurs montres, il ne s'est pas écoulé le même temps pour les deux observateurs.
- Les deux durées propres sont liées par la relation $t = \gamma\tau$, avec γ le facteur de dilatation du temps $\gamma = \dfrac{1}{\sqrt{1 - \dfrac{v^2}{c^2}}}$.
- La **dilatation du temps** permet d'expliquer la présence de **muons** (particules ayant un temps de demi-vie de 2,2 µs) dans les basses couches de l'atmosphère.

Trajectoire de la lumière vue par l'observateur 1 (a) et par l'observateur 2 (b)

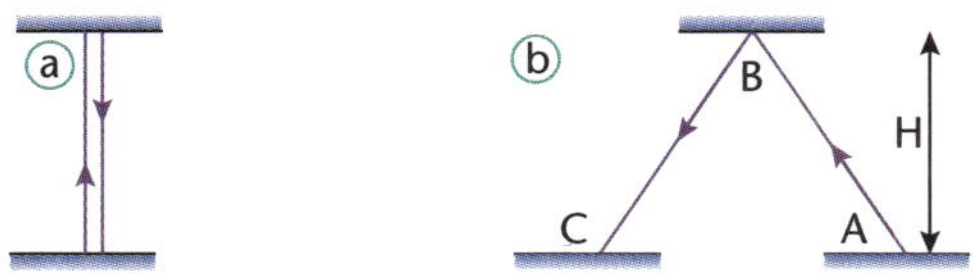

III Mesure du temps

- Le premier système construit pour mesurer le temps de façon précise a été le pendule (→ *voir fiche 15, p. 151*).
- Les frottements **réduisent la précision** de la mesure du temps ($T > T_0$).

Dans les horloges à balancier, les oscillations sont entretenues grâce à la chute d'un poids.

- L'arrivée des **horloges atomiques** a permis d'obtenir une très grande précision de la seconde, et de vérifier expérimentalement la relativité restreinte.

Mécanisme d'une horloge à balancier

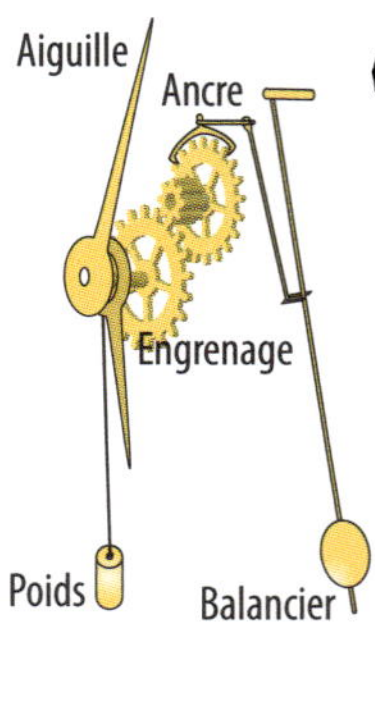

Cinétique et catalyse des réactions chimiques

FICHE 17

Certaines réactions mettent plusieurs minutes à s'effectuer : ce sont des **réactions lentes**. L'utilisation d'un **catalyseur** permet **d'accélérer ces réactions**.

I Transformations lentes et rapides

• Certaines réactions d'oxydo-réduction et d'estérification peuvent être lentes.

• Si la réaction semble **terminée dès que les réactifs entrent en contact**, la **réaction** est dite **rapide**.

• Une réaction est dite lente, si elle est **observable par l'œil humain** (quelques secondes à plusieurs minutes). Au-delà, elle est qualifiée d'extrêmement lente.

Parmi les réactifs d'une réaction d'oxydo-réduction, **l'oxydant gagne** un ou plusieurs électrons, **le réducteur perd** un ou plusieurs électrons.

II Facteurs cinétiques

• Certains paramètres, comme la **concentration des réactifs** ou la **température**, influencent la vitesse d'évolution du système chimique : ce sont des facteurs cinétiques.

• En général, l'**augmentation** de la **température** ou de la **concentration** des réactifs **accélère** la vitesse d'évolution du système chimique.

Influence de la température (a) et de la concentration initiale (b) sur la vitesse d'évolution d'une réaction

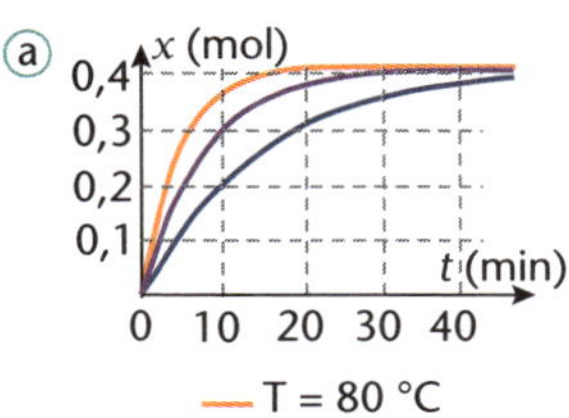

— T = 80 °C
— T = 60 °C
— T = 40 °C

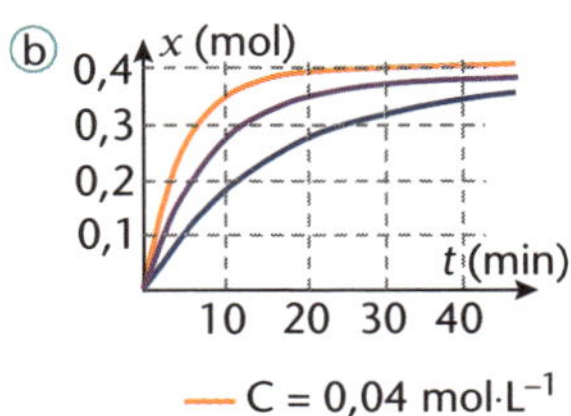

— C = 0,04 mol·L^{-1}
— C = 0,02 mol·L^{-1}
— C = 0,01 mol·L^{-1}

• La diminution de la vitesse de réaction dans la courbe $x = f(t)$ s'explique par la diminution de la concentration des réactifs (facteur cinétique).

III Rôle des catalyseurs

• **Un catalyseur est une espèce chimique qui augmente la vitesse d'une réaction, mais qui ne figure pas dans l'équation de la réaction.**

• Le tableau ci-dessous présente plusieurs catalyses que l'on peut effectuer pour la réaction de dismutation de l'eau oxygénée :
$2\ H_2O_{2(aq)} \rightleftharpoons 2\ H_2O_{(\ell)} + O_{2(g)}$.

	Catalyse homogène	Catalyse hétérogène	Catalyse enzymatique
Définitions	Le catalyseur appartient à la même phase que les réactifs.	Le catalyseur n'appartient pas à la même phase que les réactifs.	Le catalyseur est de nature protéique.
Exemples	$Fe^{2+}_{(aq)}$ ou $Fe^{3+}_{(aq)}$	$Ag_{(s)}$ ou $Pt_{(s)}$	catalase

• Les catalyseurs sont régénérés à la fin de la réaction, ils peuvent donc être réemployés.

• Ils peuvent être sélectifs en accélérant une réaction plutôt qu'une autre.

IV Temps de demi-réaction

• Le temps de demi-réaction ($t_{1/2}$) correspond à la **durée au bout de laquelle l'avancement de la réaction atteint la moitié de sa valeur finale (x_f)**.

• Les réactions étudiées en Terminale sont totales :

$$x_f = x_{max} : x(t_{1/2}) = \frac{x_f}{2} = \frac{x_{max}}{2}.$$

Détermination graphique du temps de demi-réaction

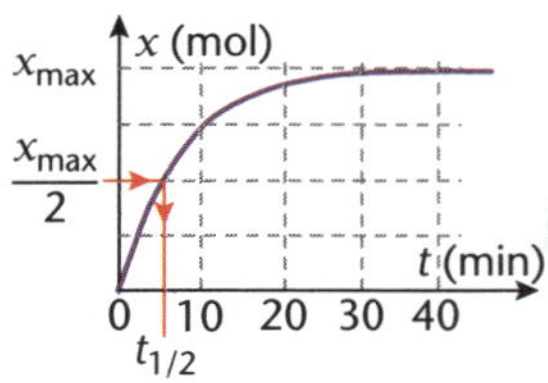

• Le temps de demi-réaction permet d'avoir l'ordre de grandeur de l'achèvement d'une réaction.

Temps : mesure, relativité et évolution chimique

TEST-BILAN

→ *Réponses au verso.*

1 Sur le schéma ci-contre, on a représenté le parcours [AB] réalisé par un système subissant une force $\vec{F}$ constante. Le travail de cette force est :

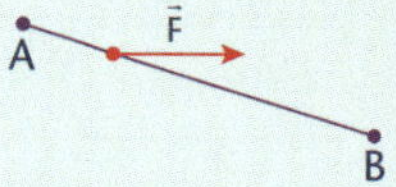

a. ☐ positif. **b.** ☐ négatif. **c.** ☐ nul.

2 Pour un système oscillant, les frottements provoquent au final une perte de :

a. ☐ l'énergie cinétique du système.

b. ☐ l'énergie potentielle du système.

c. ☐ l'énergie mécanique du système.

3 L'horloge, embarquée dans une fusée se déplaçant à une vitesse proche de la lumière par rapport au référentiel terrestre, mesure une durée propre dans le référentiel :

a. ☐ terrestre. **b.** ☐ géocentrique. **c.** ☐ associé à la fusée.

4 Une fusée se déplace à *c*/2 par rapport à un référentiel terrestre. Le facteur de dilatation du temps sera :

a. ☐ 0,5. **b.** ☐ 1. **c.** ☐ 1,15.

5 Un facteur cinétique est une grandeur qui influence :

a. ☐ la température du système.

b. ☐ la vitesse de réaction.

c. ☐ l'équilibre final du système.

6 La réaction $CH_3—CH_2—OH_{(g)} \rightarrow CH_2{=}CH_{2(g)} + H_2O_{(g)}$ peut être catalysée par de l'alumine ($Al_2O_{3(s)}$). Dans ce cas, la catalyse est :

a. ☐ homogène. **b.** ☐ hétérogène. **c.** ☐ de nature protéique.

SCHÉMA-BILAN

Mesure du temps, oscillateurs

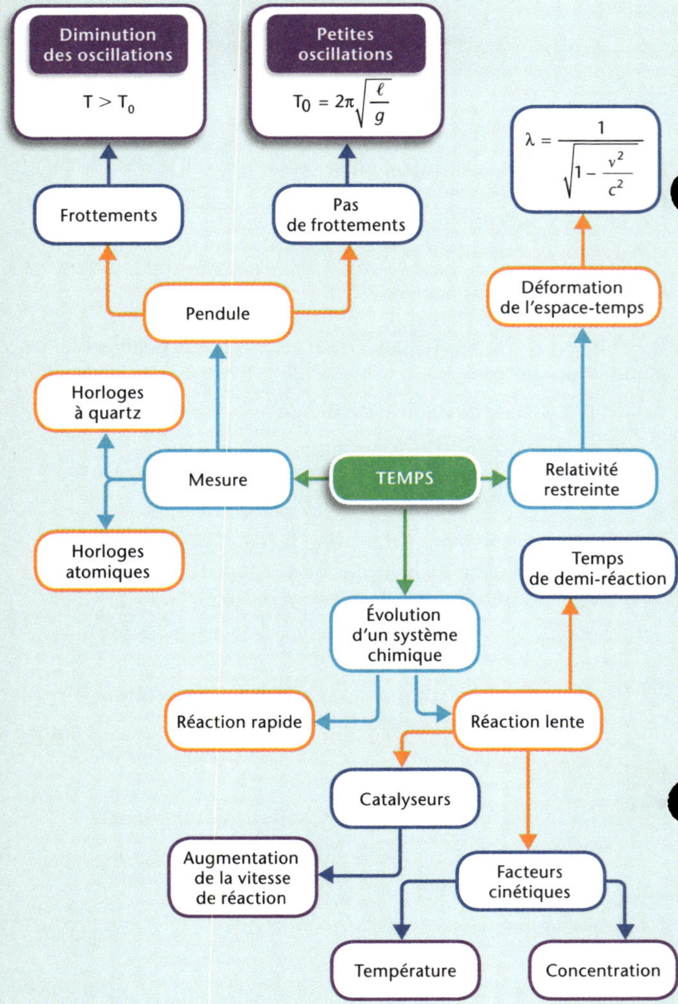

Réponses :

❶ a – ❷ a, b et c – ❸ c – ❹ c – ❺ b – ❻ b.

Représentation spatiale et chiralité des molécules organiques

FICHE 19

La chimie du vivant repose sur l'asymétrie de certaines molécules. Les chimistes ont inventé des représentations pour rendre compte de cette asymétrie.

I Représentation de Cram

• Les quatre liaisons simples d'un atome de carbone **se répartissent dans l'espace selon un tétraèdre** dont l'atome de carbone occupe le centre.

• Pour tenir compte de cette géométrie spatiale, les chimistes ont élaboré une représentation spatiale appelée **représentation de Cram**. On indique par :
- un **trait** (—) **les liaisons situées dans le plan** de la feuille ;
- un **triangle plein** (◄) **les liaisons situées en avant** du plan ;
- un **triangle hachuré** (hachuré) **les liaisons situées en arrière** du plan.

Représentation de Cram de la molécule de chloro-éthanol

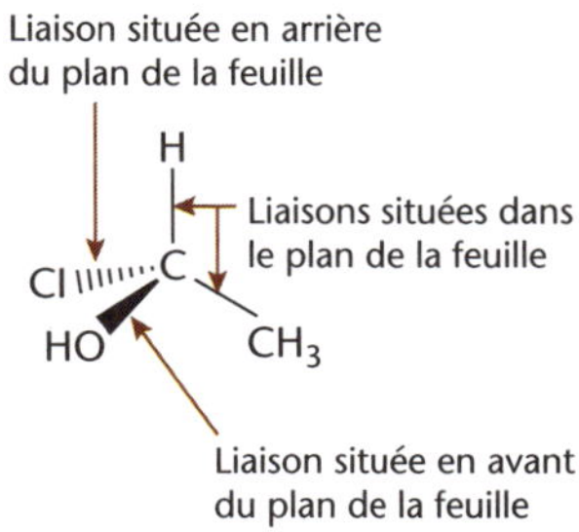

II Chiralité et carbone asymétrique

• Une molécule chirale n'est pas superposable avec son image dans un miroir plan.

• Les molécules qui sont **achirales** possèdent un **plan de symétrie**.

• Un atome de carbone **lié à quatre atomes ou groupes d'atomes différents est dit asymétrique**. On représente le carbone asymétrique par un **astérisque** ou une étoile.

La **chimie du vivant** repose énormément sur **cette asymétrie** : 19 des 20 acides aminés naturels sont **chiraux**.

• Une molécule contenant **un seul carbone asymétrique** est forcément **chirale**.

La molécule de chloro-éthanol est non superposable avec son image : elle est chirale

La molécule de propan-2-ol est superposable avec son image : elle est achirale

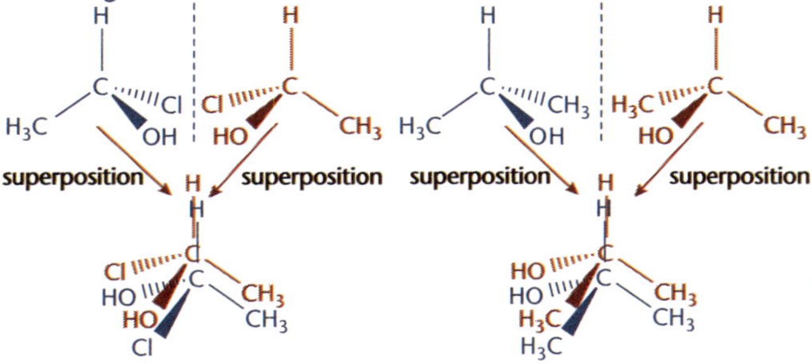

• Une molécule possédant **plusieurs carbones asymétriques** peut être **chirale à condition qu'elle ne possède pas de plan de symétrie**.

Un carbone asymétrique : molécule chirale

Pas de carbone asymétrique : molécule achirale

Plan de symétrie : molécule achirale

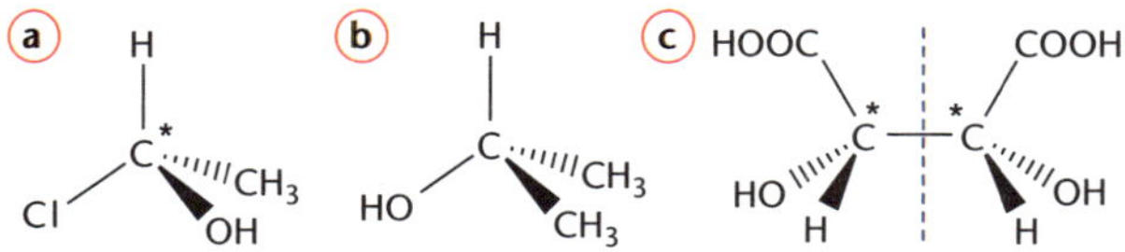

• Les molécules chirales ont la particularité de **dévier le plan de polarisation de la lumière**.

• Deux molécules chirales et images l'une de l'autre dans un miroir plan ne feront pas dévier la lumière dans le même sens.

• Les molécules **lévogyres** dévient le plan de polarisation vers la gauche, celles qui le dévient vers la droite sont **dextrogyres**.

Modification du plan de polaristion de la lumière

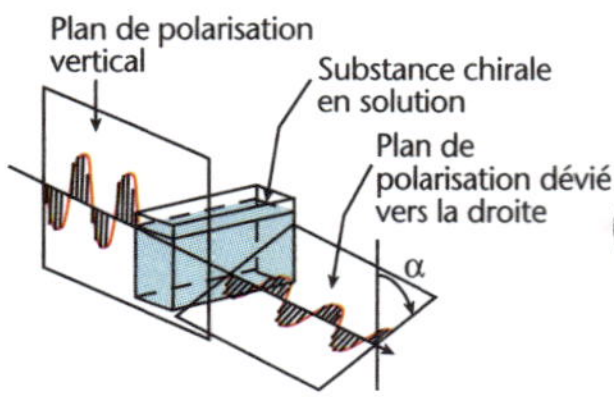

Stéréoisomérie de configuration et de conformation

FICHE 20

Deux **stéréoisomères** ont la **même formule semi-développée** et ne se distinguent que par **l'arrangement spatial** de leurs atomes.

I Stéréoisomérie de configuration

• Si, pour passer d'un stéréoisomère à un autre, on doit **rompre des liaisons**, alors la stéréoisomérie est dite de configuration.

• On distingue deux cas dans la stéréoisomérie de configuration, les **énantiomères** et les **diastéréoisomères**.

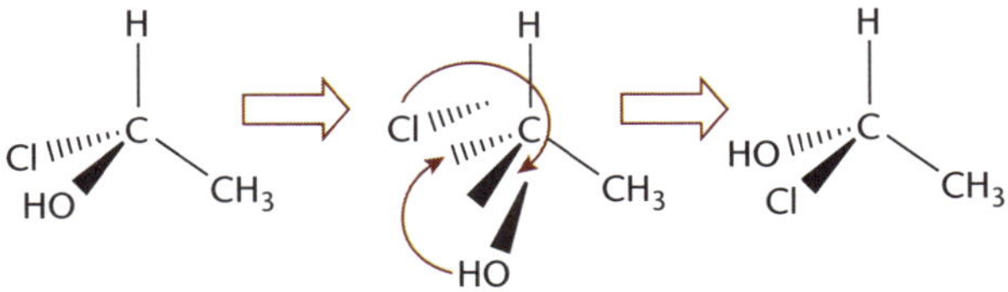

• Pour passer d'un stéréoisomère de configuration à un autre, on est obligé de rompre des liaisons.

1. Énantiomères

• Deux molécules chirales images l'une de l'autre dans un miroir plan sont des énantiomères.

• Un couple d'énantiomères a exactement les **mêmes propriétés physiques et chimiques** (température de fusion, solubilité…). Néanmoins, ils **ne dévient pas le plan de polarisation de la lumière dans le même sens** (→ *voir fiche 19, p. 159*). Il est donc difficile de séparer un couple d'énantiomères.

• Dans un mélange **racémique**, les deux **énantiomères sont en quantité égale**.

2. Diastéréoisomères

• Deux molécules stéréoisomères de configuration qui ne sont **pas énantiomères** sont des diastéréoisomères.

Diastéréoisomères E et Z du but-2-ène

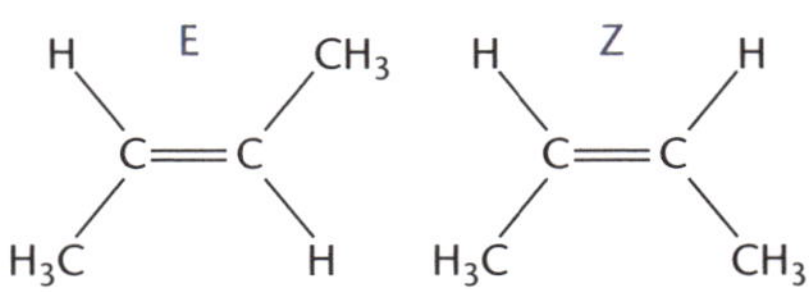

- La **stéréoisomérie Z et E**, pour les alcènes, constitue un **exemple de diastéréoisomérie**.
- Une molécule ayant n carbones asymétriques possèdera 2^n stéréoisomères de configuration au maximum.

Représentation des 4 configurations possibles d'une molécule possédant 2 carbones asymétriques avec les relations de passage

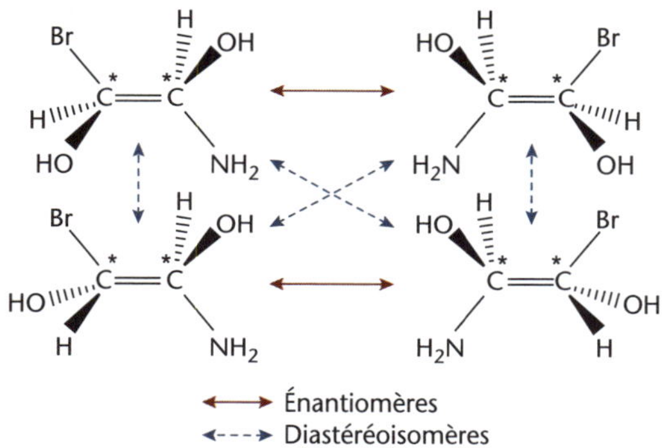

II Stéréoisomérie de conformation

- Si, pour passer d'un stéréoisomère à un autre, on **ne rompt pas les liaisons**, alors la stéréoisomérie est dite de conformation.
- Pour passer d'un conformère à un autre, on effectue des **rotations autour des liaisons simples**. Il existe donc une **infinité de conformations** pour une même molécule.
- La meilleure façon de représenter ces rotations est d'utiliser la **projection de Newman**. Elle correspond au point de vue d'un observateur qui regarderait dans l'axe C—C.

Projection de Newman pour la molécule d'éthane

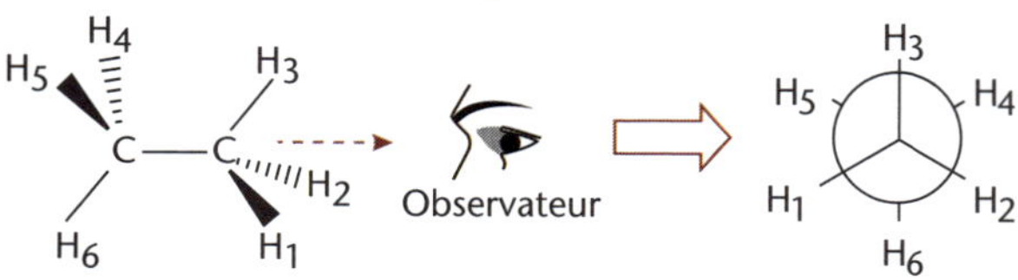

- La conformation est moins stable quand les atomes se superposent (**conformation éclipsée**), et est plus stable quand les atomes sont **décalés**.

Transformations en chimie organique

FICHE 21

Les connaissances actuelles en chimie sont telles que l'on peut modifier la chaîne carbonée ou le groupe caractéristique d'une molécule organique.

I Modification de la chaîne carbonée

	Craquage	Reformage	Polymérisation
Action	**Raccourcissement** de la chaîne	**Modification de la structure** de la chaîne	**Allongement** de la chaîne
Utilité	Rendre des pétroles lourds plus légers	Augmentation de l'indice d'octane d'une essence	Créer des polymères
Exemples	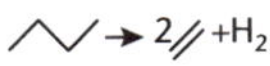	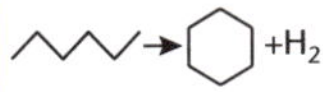	$n H_2C{=}CH(Cl) \rightarrow *\!-\!\left(CH_2-CH(Cl)\right)_n\!-\!*$

Ces réactions sont souvent utilisées dans l'industrie pétrolière et nécessitent des catalyseurs spécifiques (→ *voir fiche 17, p. 155*).

II Les grandes catégories de réaction en chimie organique

	Substitution	Addition	Élimination
Définition	**Un atome** ou un groupe d'atomes **est remplacé par un autre atome** ou groupe d'atomes.	**Deux réactifs** réagissent ensemble pour donner en général **un seul produit.**	Il y a **départ d'une petite molécule** à partir d'une plus grande molécule.
Forme de l'équation-bilan	$A + X \rightarrow B + Y$	$A + X \rightarrow B$	$A \rightarrow B + Y$
Exemples	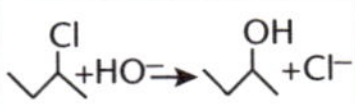	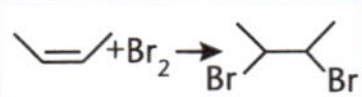	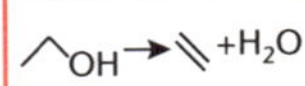

III Électronégativité et polarisation de la liaison

- L'électronégativité (grandeur sans dimension) est la capacité d'un atome à attirer les électrons d'une liaison vers lui.
- Les éléments proches de la famille des halogènes ont une électronégativité élevée. À l'inverse, les éléments proches de la famille des alcalins ont une éléctronégativité faible.

Évolution générale de l'électronégativité dans le tableau périodique des éléments

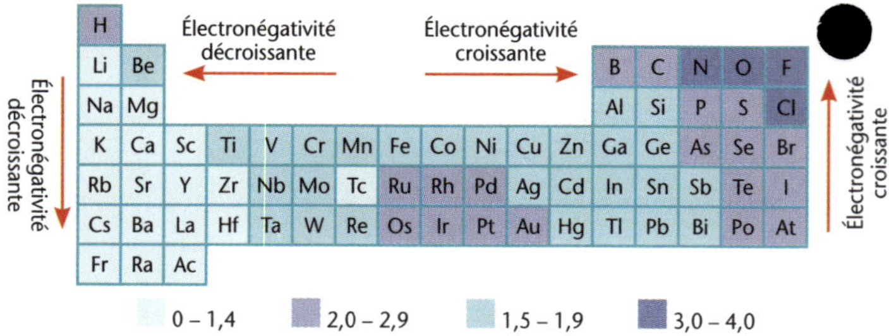

- Si, dans une liaison A—B, $\chi(B) > \chi(A)$, alors le doublet d'électrons sera localisé davantage sur B que sur A. La liaison devient polarisée et il se crée des charges partielles sur A et B.

Notation d'une liaison polarisée

$^{\delta-}A \rightarrow B^{\delta+}$

IV Mécanisme réactionnel

- Les mécanismes réactionnels permettent d'expliquer au niveau microscopique les étapes d'une réaction chimique.
- Dans une liaison polarisée, les sites ayant une charge partielle positive δ^+ seront des sites accepteurs d'électrons et ceux ayant une charge partielle négative δ^- seront donneurs d'électrons.

Par **convention**, la flèche part toujours du site donneur vers lesite accepteur.

Exemple de mécanisme de substitution nucléophile

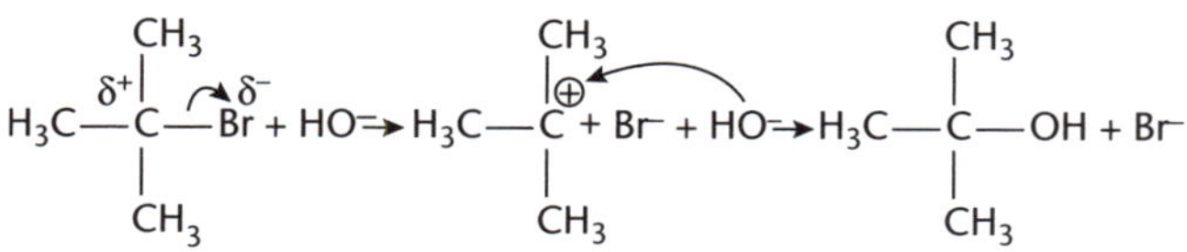

Représentation et transformation des molécules

TEST-BILAN

→ *Réponses au verso.*

1 La molécule ci-contre est représentée en :

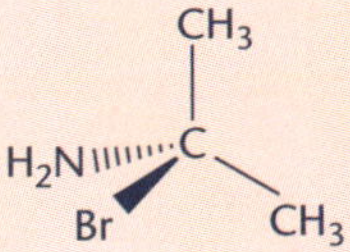

a. ☐ projection de Newman. b. ☐ Cram.
c. ☐ formule semi-développée.

2 La molécule représentée ci-contre possède :

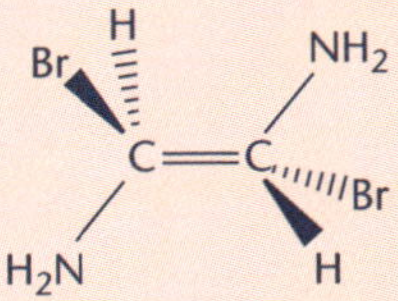

a. ☐ deux carbones asymétriques et elle est achirale.
b. ☐ deux carbones asymétriques et elle est chirale.
c. ☐ un carbone asymétrique et elle est chirale.

3 Les deux molécules représentées ci-dessous sont des :

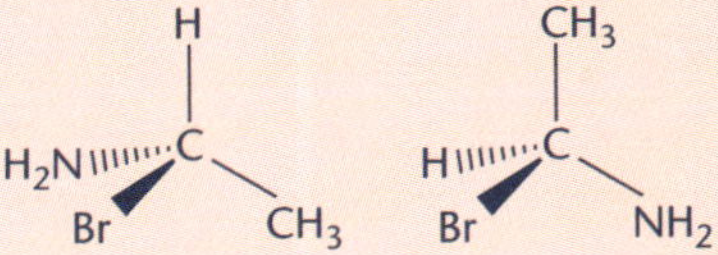

a. ☐ conformères.
b. ☐ stéréoisomères de configuration.
c. ☐ énantiomères.

4 Le conformère le plus stable de la molécule de butane sera la représentation :

a. ☐ 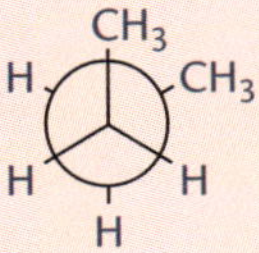

b. ☐ 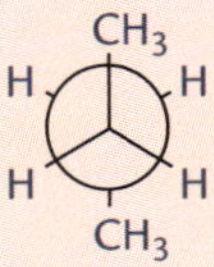

c. ☐ 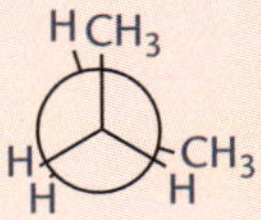

5 La forme générale d'une réaction d'addition est :

a. ☐ $A + X \rightarrow B + Y$ b. ☐ $A + X \rightarrow B$ c. ☐ $A \rightarrow B + Y$

SCHÉMA-BILAN

Stéréoisomérie de configuration et de conformation

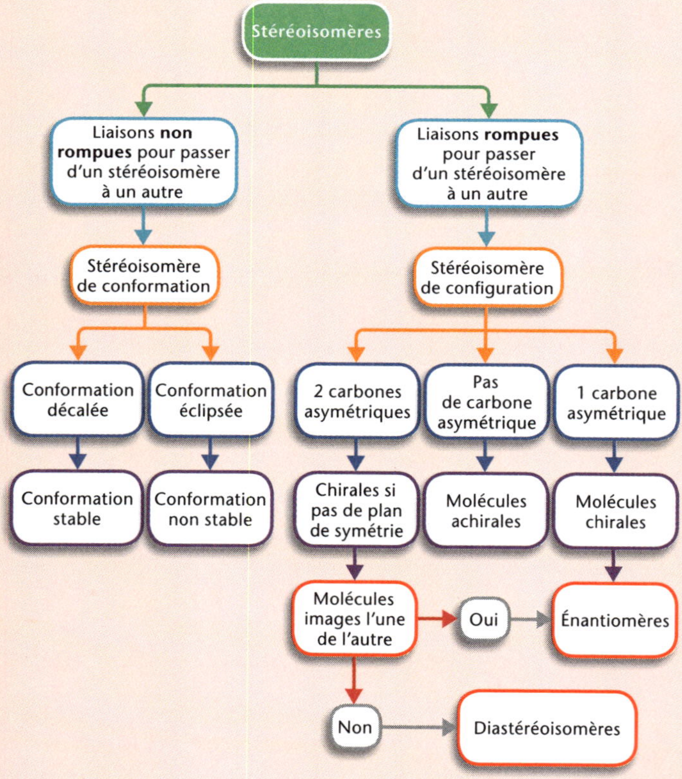

Réponses :

1 b – **2** a – **3** a – **4** b – **5** b.

Acides et bases en solution aqueuse

FICHE 23

Le pH signifie potentiel d'hydrogène. Cette échelle évalue la concentration des ions oxoniums ($H_3O^+_{(aq)}$ ou $H^+_{(aq)}$) dans l'eau.

I Mesure du pH d'une solution

1. Définition

• Pour les solutions diluées, le pH est défini par $pH = -\log [H_3O^+]$ soit $[H_3O^+] = 10^{-pH}$. $[H_3O^+]$ s'exprime en $mol \cdot L^{-1}$, le pH est une grandeur sans dimension.

• Le pH peut se mesurer avec du papier pH ou un pH-mètre. La précision d'un pH-mètre est de ± 0,1.

Avant toute mesure, **le pH-mètre doit être étalonné** avec des solutions tampons.

• Le pH d'une solution varie avec la température.

• À 25 °C, l'échelle des pH d'une solution aqueuse varie entre 0,0 et 14,0. À 25 °C, la solution est acide si pH < 7, neutre si pH = 7 et basique si pH > 7.

2. Produit ionique de l'eau

• La présence des ions oxoniums dans l'eau pure (pH = 7,0 à 25 °C) provient de la réaction des molécules d'eau entre elles :

$$2\,H_2O_{(\ell)} \rightleftharpoons HO^-_{(aq)} + H_3O^+_{(aq)}.$$

Cette réaction est appelée autoprotolyse de l'eau.

• La double flèche dans l'équation d'autoprotolyse signifie que la réaction est non totale.

• L'autoprotolyse de l'eau est définie également par une constante d'équilibre K_e appelée produit ionique de l'eau : $K_e = [H_3O^+]_{éq} \cdot [HO^-]_{éq}$. D'où $K_e = 1{,}0 \times 10^{-14}$ à 25 °C.

En chimie, on définit la grandeur pX, par :
$pX = -\log X$.
Ainsi, $pK_e = -\log K_e = 14{,}0$ à 25 °C.

• On peut relier la concentration des ions HO^- avec la valeur du pH : $pH = pK_e + \log [HO^-]$. Soit à 25 °C : $pH = 14 + \log [HO^-]$.

Solutions acide, basique et neutre à 25 °C

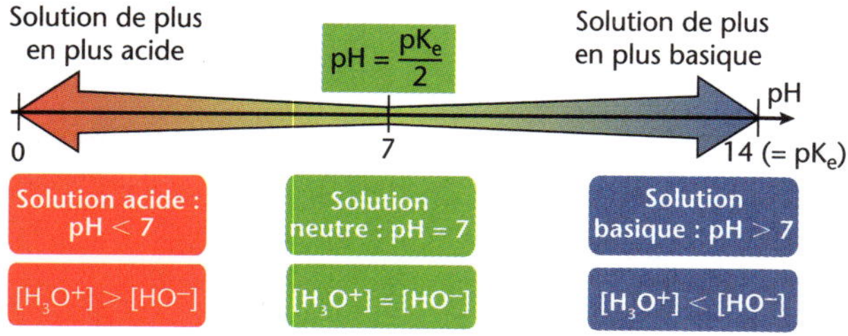

II Définitions des acides et des bases selon Brønsted

Par convention, dans un couple acide/base, l'acide est toujours indiqué en premier.

- Un **acide** est une espèce chimique susceptible de **céder un ou plusieurs protons**. **Une base** est une espèce chimique susceptible de **gagner un ou plusieurs protons**.

- Deux entités chimiques constituent un **couple acide/base** s'il est possible de passer de l'une à l'autre par gain ou perte d'un proton.

Quelques couples acide/base à connaître

Couple	Demi-équation acido-basique	Nom de l'acide	Nom de la base conjuguée
H_3O^+/H_2O	$H_3O^+ = H_2O + H^+$	H_3O^+ : ion oxonium	H_2O : eau
NH_4^+/NH_3	$NH_4^+ = NH_3 + H^+$	NH_4^+ : ion ammonium	NH_3 : ammoniac
HCO_3^-/CO_3^{2-}	$HCO_3^- = CO_3^{2-} + H^+$	HCO_3^- : ion hydrogéno-carbonate	CO_3^{2-} : ion carbonate
$H_2O, CO_2/HCO_3^-$	$H_2O, CO_2 = HCO_3^- + H^+$	CO_2 : dioxyde de carbone	HCO_3^- : ion hydrogéno-carbonate
H_2O/HO^-	$H_2O = HO^- + H^+$	H_2O : eau	HO^- : ion hydroxyde
$CH_3CO_2H/CH_3CO_2^-$	$CH_3CO_2H = CH_3CO_2^- + H^+$	CH_3CO_2H : acide éthanoïque	$CH_3CO_2^-$: ion éthanoate

- Certaines entités, comme H_2O, HCO_3^- ou les acides aminés (→ *voir fiche 24, p. 169*) peuvent se comporter comme un acide ou comme une base. Ce sont des **ampholytes** ou **espèces amphotères**.

Réactions acide-base

FICHE 24

Un acide réagit lorsqu'il est mis en contact avec une base. Cependant, la réaction n'est pas toujours totale.

I Dissolution des acides dans l'eau

1. Réactions limitées

Une **réaction est totale** si l'avancement final x_f est égal à l'avancement maximal x_{max} : $x_f = x_{max}$. Au contraire, si $x_f < x_{max}$, la réaction est limitée. Une **réaction limitée peut se dérouler dans les deux sens**, et aboutir à un état d'équilibre (symbolisé par une **double flèche** $\rightleftharpoons$ dans l'équation.

2. Constante d'acidité K_A d'un couple acide/base

On considère la réaction d'un acide faible A dans l'eau : $A_{(aq)} + H_2O_{(\ell)} \rightleftharpoons B_{(aq)} + H_3O^+{}_{(aq)}$. On définit la constante d'acidité par $K_A = \dfrac{[B]_f \cdot [H_3O^+]_f}{[A]_f}$

et $pK_A = -\log K_A$ et $K_A = 10^{-pKa}$. Pour un acide faible :

$$pH = pK_A + \log\frac{[B]}{[A]}.$$

K_A ne dépend que de la température et non des espèces dissoutes.

II Diagramme de prédominance d'un couple acide-base

1. Forme générale

$pH = pK_A$	$pH < pK_A$	$pH > pK_A$
$\log\frac{[B]}{[A]} = 0 \Leftrightarrow [A] = [B]$	$\log\frac{[B]}{[A]} < 0 \Leftrightarrow [A] > [B]$	$\log\frac{[B]}{[A]} > 0 \Leftrightarrow [B] > [A]$
L'acide et la base sont en quantités égales.	L'acide prédomine dans la solution.	La base prédomine dans la solution.

Diagramme de prédominance de l'acide éthanoïque (pKA_1) et de l'ammoniaque (pKA_2)

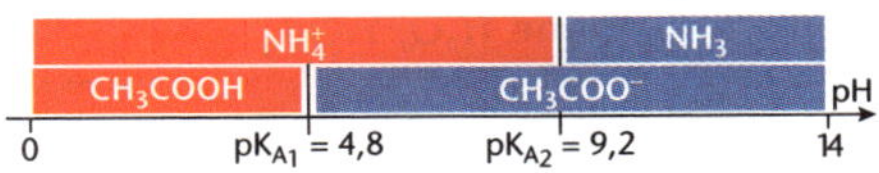

Les milieux biologiques comme le sang sont **régulés par des solutions tampons** qui minimisent la variation de pH.

Dans une solution tampon, le pH varie très peu par ajout modéré d'acide, de base ou d'eau. Le **pH est alors proche du pK_A du couple acide/base** présent en solution.

2. Cas des acides aminés

- Les acides aminés présentent deux formes acido-basiques : $—COOH/—COO^-$ et $—NH_3^+/—NH_2$.

Diagramme de prédominance des couples de l'alanine

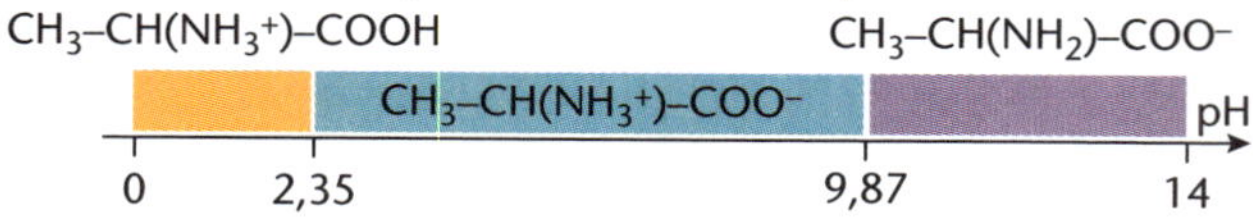

- Les acides aminés n'existent donc pas sous une forme neutre.

III Force d'un acide et d'une base

- Dans le tableau ci-dessous, C représente la concentration de l'acide ou de la base dissoute.

	Acide fort	Acide faible	Base forte	Base faible
Réaction avec l'eau	Totale	Limitée	Totale	Limitée
Équation-bilan	$AH_{(aq)} + H_2O_{(\ell)} \rightarrow A^-_{(aq)} + H_3O^+_{(aq)}$	$AH_{(aq)} + H_2O_{(\ell)} \rightleftharpoons A^-_{(aq)} + H_3O^+_{(aq)}$	$A_{(aq)} + H_2O_{(\ell)} \rightarrow AH^+_{(aq)} + HO^-_{(aq)}$	$A_{(aq)} + H_2O_{(\ell)} \rightleftharpoons AH^+_{(aq)} + HO^-_{(aq)}$
pH	$C = [H_3O^+]$ $pH = -\log C$	$pH = pK_A + \log\dfrac{[A^-]}{[AH]}$	$C = [HO^-]$ $pH = 14 + \log C$	$pH = pK_A + \log\dfrac{[A]}{[AH^+]}$

- Un **acide est d'autant plus fort que sa constante d'acidité K_A est grande** (donc un pK_A petit).
- La **réaction entre un acide fort et une base forte** est totale et libère beaucoup de chaleur (**exothermique**).
- La **dilution d'un acide** étant **exothermique**, il faut donc toujours verser l'acide dans l'eau et non l'inverse.

Réactions chimiques par échange de protons

TEST-BILAN

→ *Réponses au verso.*

1 La réaction d'autoprotolyse de l'eau est possible, car l'eau a un comportement :

a. ☐ acide. b. ☐ basique. c. ☐ à la fois acide et basique.

2 L'acide conjugué de HCO_3^- est :

a. ☐ H_2O, CO_2 b. ☐ HCO_3^- c. ☐ CO_3^{2-}

3 L'ion hydrogénocarbonate HCO_3^- a à la fois un comportement acide et basique ; on appelle cette propriété :

a. ☐ amphibie. b. ☐ ampholyte. c. ☐ amphibole.

4 Le produit ionique de l'eau dépend de la :

a. ☐ concentration de l'ion oxonium H_3O^+.

b. ☐ concentration de l'ion hydroxyde HO^-.

c. ☐ température de la solution.

5 La relation pour déterminer la constante d'acidité est :

a. ☐ $K_A = \dfrac{[A]_f \cdot [H_3O^+]_f}{[B]_f}$ b. ☐ $K_A = \dfrac{[B]_f \cdot [H_3O^+]_f}{[A]_f}$

c. ☐ $K_A = \dfrac{[B]_f}{[A]_f \cdot [H_3O^+]_f}$

6 Une solution a un pH = 6 et contient le couple acide éthanoïque/ion éthanoate : CH_3COOH / CH_3COO^- ($pK_A = 4{,}8$). L'espèce majoritaire est :

a. ☐ CH_3COOH b. ☐ CH_3COO^- c. ☐ on ne peut pas savoir.

7 Le couple $HCOOH/HCOO^-$ a un pK_A de 3,8, CH_3COOH/CH_3COO^- un pK_A de 4,8. L'acide le plus fort est :

a. ☐ HCOOH b. ☐ CH_3COOH c. ☐ CH_3COO^-

SCHÉMA-BILAN

Réactions chimiques par échange de protons

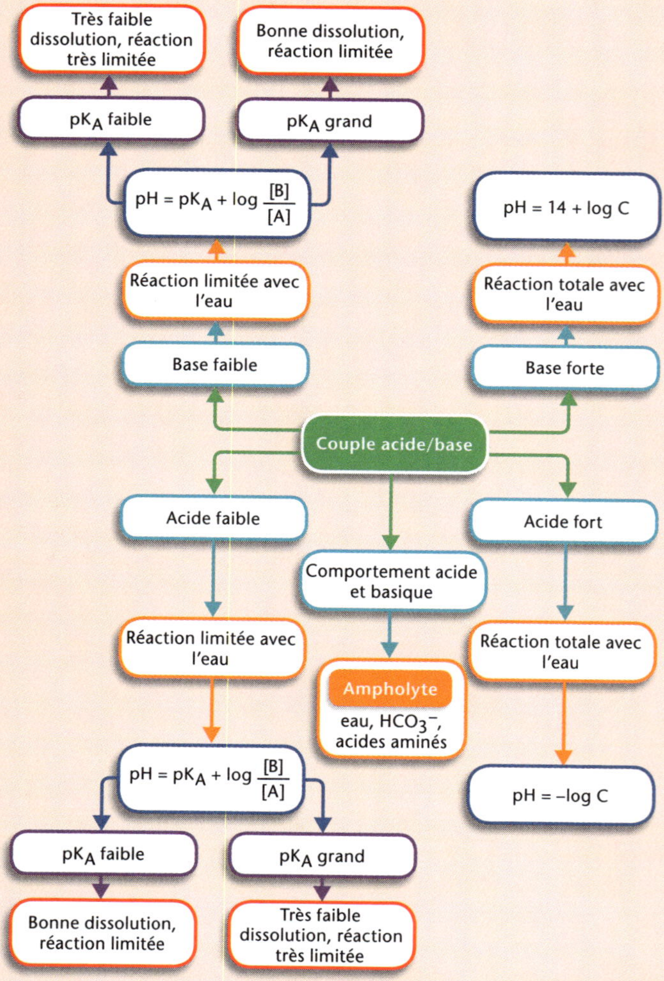

Réponses :

1c – 2a – 3b – 4c – 5a – 6b – 7a.

Transferts d'énergie thermique

FICHE 26

Les conducteurs thermiques transfèrent bien la chaleur.
Au contraire, les isolants ne la transfèrent pas ou très peu.

I Énergie interne d'un système

1. Définition

- L'énergie totale E d'un système correspond à $E = E_C + E_P + U$ avec E_C énergie cinétique, E_P énergie potentielle et U énergie interne.
- L'énergie interne est liée à la structure microscopique du système (énergie thermique, chimique, nucléaire…).

2. Travail et chaleur

- L'énergie interne U d'un système peut se décomposer en travail et chaleur : $U = W + Q$ avec U énergie interne en J, W travail échangé en J et Q chaleur échangée en J.

Par convention, $Q > 0$, si le système reçoit de la chaleur et $Q < 0$ s'il en perd.

- Si le système est fermé (→ *voir fiche 11, p. 143*) et n'échange que de la chaleur, la relation précédente devient $\Delta U = \Delta Q = m \cdot c \cdot \Delta T$ pour une phase condensée (liquide, solide) avec ΔU en J, ΔT variation de la température en K, *c* capacité massique en $J \cdot K^{-1} \cdot kg^{-1}$ et *m* masse en kg.

II Transferts thermiques

1. Différents modes de transferts thermiques

	Conduction	Convection	Rayonnement
Mode de transfert	De proche en proche	Mouvement d'un fluide	Interaction lumière – matière
Exemple	Propagation de la chaleur dans une poêle	Un radiateur chauffe une pièce par convection	Le soleil chauffe la Terre par rayonnement.

2. Définition

- Un flux thermique s'effectue toujours spontanément du corps chaud vers le corps froid.
- Ce phénomène est spontané et irréversible.

- En première approximation, **le flux thermique Φ** échangé entre un corps chaud et un corps froid est défini par $\Phi = \frac{\Delta Q}{\Delta t}$.

- **Φ : transfert thermique en watt (W)**, ΔQ chaleur échangée en J et Δt durée de l'échange thermique en s.

Transfert thermique Φ spontané pour $T_1 > T_2$

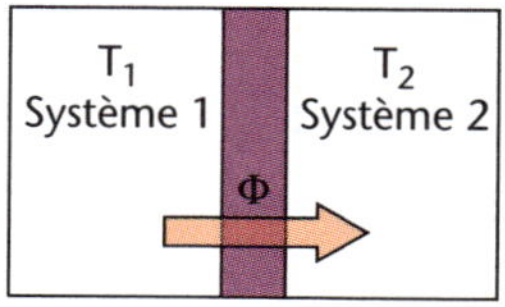

3. Flux thermique et résistance thermique

Pour une différence de température, la conversion en kelvin n'est pas utile.

- $T_1 - T_2 = R_{th} \cdot \Phi$ avec T en Kelvin (K) ou °C, Φ en W et **R_{th} résistance thermique de la paroi en $K \cdot W^{-1}$**.

- Analogie avec l'électricité :

Thermique	Électricité
$T_1 - T_2 = R_{th} \cdot \Phi$	$V_A - V_B = R \cdot I$
$T_1 - T_2$: différence de température	$V_A - V_B$: différence de potentiel électrique
Φ : flux de chaleur	I : intensité électrique (flux de charges)
R_{th} : résistance thermique	R : résistance électrique

- Pour une surface plane : $\Phi = \lambda \frac{S}{e} \cdot \Delta T$ avec Φ en W, ΔT en K, S surface de la paroi en m^2, e épaisseur de la paroi en m et **λ conductivité thermique en $W \cdot m^{-1} \cdot K^{-1}$**. Soit $R_{th} = \frac{e}{\lambda \cdot S}$.

III Machines thermiques

- **Un moteur thermique** reçoit de l'énergie d'une source chaude (Q_C) qu'il convertit en travail (W). Il en cède une partie à une source froide (Q_F). Bilan en valeur absolue : $Q_C - W - Q_F = 0$.

- **Un récepteur** reçoit du travail qui lui permet de pomper de la chaleur d'une source froide pour la céder à une source chaude. Bilan en valeur absolue : $-Q_C + W + Q_F = 0$.

Transferts d'énergie quantique

FICHE 27

Les scientifiques, ne parvenant pas à expliquer l'émission des corps noirs, durent donner naissance à une nouvelle physique : la **mécanique quantique**.

I Effet photoélectrique et spectres atomiques

1. Effet photoélectrique

- Une **onde lumineuse peut éjecter des électrons** d'une plaque métallique : c'est **l'effet photoélectrique**.
- Pour interpréter **l'interaction de la lumière avec la matière**, Einstein invente un nouveau **modèle** (en plus du modèle ondulatoire) dans lequel la lumière se comporte comme une particule que l'on appelle « **photon** ».
- $E = h\nu$ ou $E = h\dfrac{c}{\lambda}$ avec E énergie du photon en J, ν fréquence du rayonnement en Hz, λ longueur d'onde en m, $c = 3{,}00 \times 10^{8}\ \text{m} \cdot \text{s}^{-1}$, h constante de Planck $= 6{,}626 \times 10^{-34}\ \text{J} \cdot \text{s}$.

2. Spectres atomiques

- Chaque couche électronique d'un atome (K, L, M...) correspond à un niveau d'énergie pour les électrons.
- Le niveau énergétique le plus bas est **l'état fondamental**, les autres niveaux sont des **états excités**. L'atome est **ionisé** lorsque l'électron atteint une énergie nulle.

Niveaux énergétiques de l'atome d'hydrogène

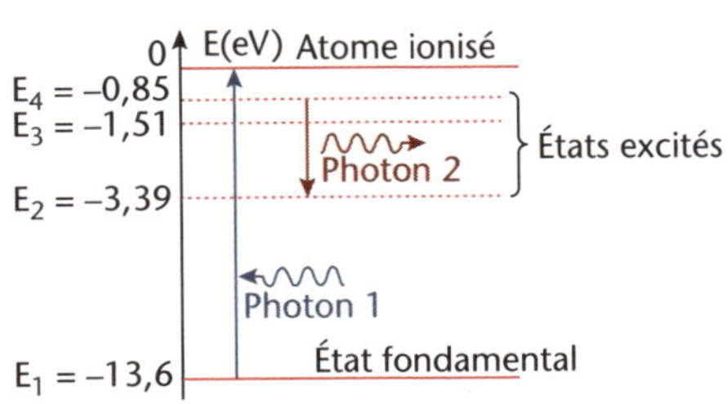

Le photon 1 est absorbé ; le photon 2 est émis.

- Un électron peut acquérir ou perdre de l'énergie par absorption ou émission de photon : $|E_n - E_m| = h\nu_{n-m} = h\dfrac{c}{\lambda_{n-m}}$ avec ν_{n-m} fréquence du photon émis ou absorbé en Hz, λ_{n-m} longueur d'onde du photon en m, E_n et E_m niveau d'énergie n et m en J.

II Les lasers

- Les lasers (**Light Amplification by Stimulated Emission of Radiation**) utilisent le principe de l'émission stimulée.
- Dans une **émission stimulée**, le photon 1 provoque l'émission du photon 2. Ces deux particules ont alors la **même fréquence**, la **même direction** et un **déphasage nul**.
- Un laser contient :
  - une **cavité résonante** de longueur L délimitée par **deux miroirs** : $2L = k\lambda$, pour qu'il y ait amplification ;
  - une **source d'énergie** ;
  - un cristal ou un gaz contenant **l'élément à exciter**.
- Un laser possède un **faisceau très directif, cohérent et monochromatique**.

Schéma de principe d'un laser

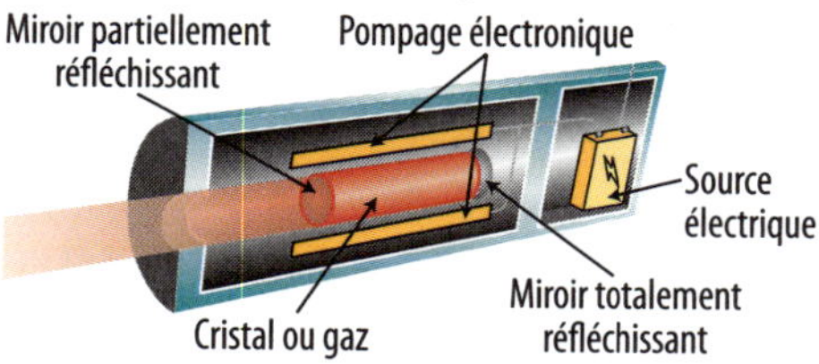

III Dualité onde-corpuscule

- **La dualité onde-particule est étendue** par Louis de Broglie à toutes les particules.

Le photon possède une quantité de mouvement bien que sa masse soit nulle.

- À toute particule est associée une **onde de matière** et une **quantité de mouvement** telle que $p = \dfrac{h}{\lambda}$ avec p en $kg \cdot m \cdot s^{-1}$; λ en m.
- Lors d'interférences d'ondes lumineuses, les franges brillantes correspondent donc à une **probabilité maximale de présence du photon**.

BILAN

Transferts thermiques et quantiques d'énergie

FICHE 28

TEST-BILAN

→ *Réponses au verso.*

1 L'énergie interne d'un système peut être une énergie :

a. ☐ cinétique. b. ☐ potentielle. c. ☐ thermique.

2 En électricité, le flux thermique peut être comparé à une :

a. ☐ tension. b. ☐ intensité. c. ☐ résistance.

3 La relation $R_{th} = \frac{e}{\lambda \cdot S}$ n'est valable que pour des :

a. ☐ surfaces planes. b. ☐ échanges de conduction.

c. ☐ échanges de convection.

4 Un récepteur thermique reçoit :

a. ☐ du travail. b. ☐ de la chaleur d'une source chaude.

c. ☐ de la chaleur d'une source froide.

5 La dualité onde-corpuscule signifie que chaque particule se comporte comme :

a. ☐ une onde. b. ☐ une particule. c. ☐ une particule et une onde.

6 Un électron d'un atome dans un état excité peut revenir à l'état fondamental en :

a. ☐ émettant un photon. b. ☐ absorbant un photon.

c. ☐ on ne peut pas savoir.

7 Les deux miroirs constituant un laser peuvent amplifier la lumière si la longueur L les séparant a pour relation :

a. ☐ $2L = k\lambda$ b. ☐ $L = k\lambda$ c. ☐ $kL = 2\lambda$

8 La quantité de mouvement associée à toute particule a pour expression :

a. ☐ $p = \frac{h}{\lambda}$ b. ☐ $p = \frac{hc}{\lambda}$ c. ☐ $p = h\lambda$

SCHÉMAS-BILANS

Transfert thermique

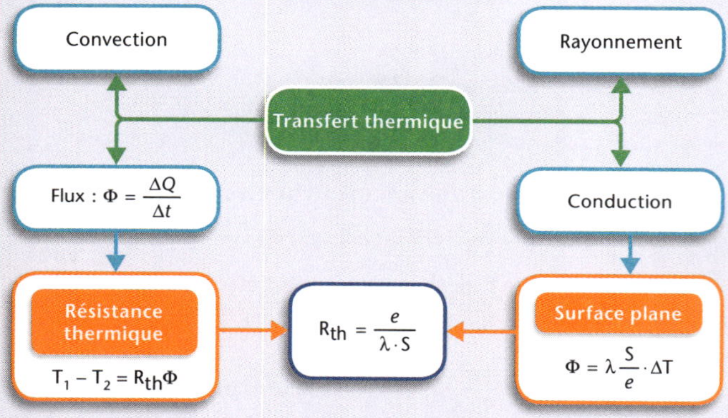

Transfert quantique

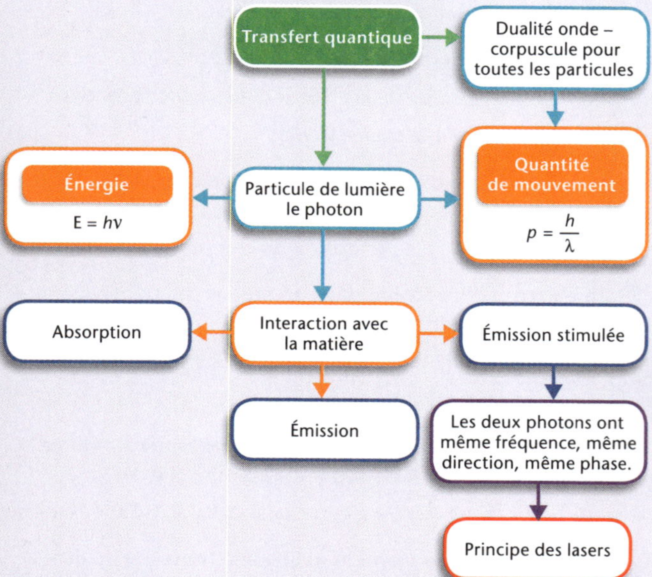

Réponses :

❶ c – ❷ b – ❸ a et b – ❹ a – ❺ c – ❻ a – ❼ a – ❽ a.

Enjeux énergétiques et chimie durable

FICHE 29

Les ressources de notre planète étant limitées, il est important de les économiser et de protéger également notre environnement (principe de la chimie durable).

I Les chaînes énergétiques

Pour les consommations électriques, on utilise souvent le **kW·h** : 1 kW·h = $3{,}6 \times 10^6$ J.

- En première approximation, la puissance et l'énergie sont liées par la relation $P = \dfrac{\Delta E}{\Delta t}$ avec P puissance en Watt, E énergie en J et *t* temps en s.
- L'objectif étant que toute la population doit avoir accès à l'énergie avec un impact sur l'environnement le plus faible possible.
- De nouvelles chaînes énergétiques comme les éoliennes ou les panneaux solaires sont développées et améliorées de manière à diminuer la part de consommation des énergies non renouvelables (charbon, pétrole, nucléaire…).

Schéma en coupe d'une éolienne

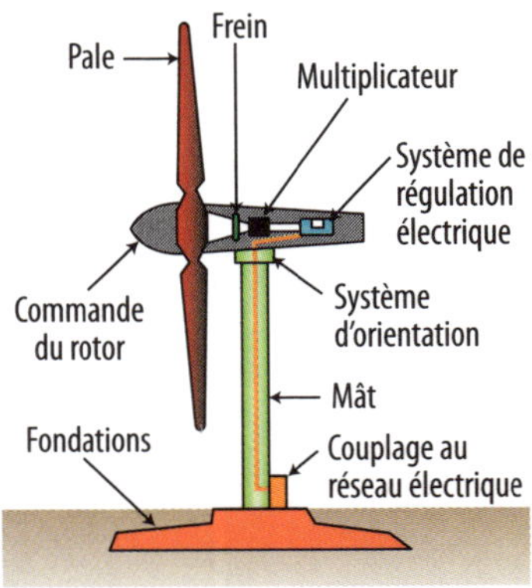

- Quelle que soit la chaîne envisagée, la conversion d'énergie n'est jamais totale. Il y a des pertes par frottement et de chaleur.

II Bilan et économie d'énergie

- En régime permanent, les apports d'énergie compensent les pertes énergétiques. Le bilan total énergétique de l'habitation est donc finalement nulle.

Bilan énergétique d'une habitation en régime permanent

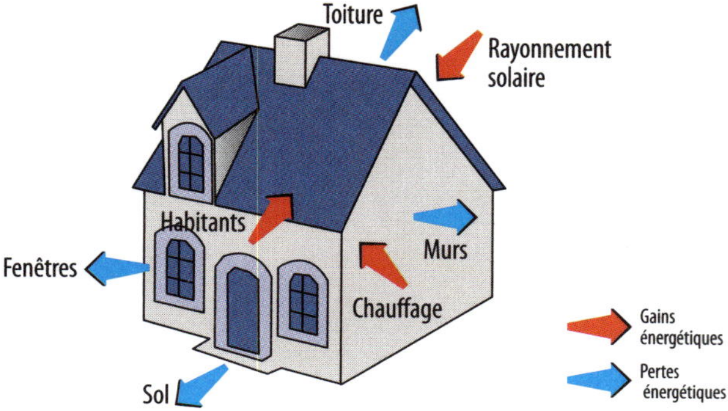

• Afin de **diminuer les flux de chaleur perdus**, il est important de **bien isoler** les murs et les fenêtres en jouant sur les résistances thermiques (→ *voir fiche 26, p. 173*).

III Chimie durable

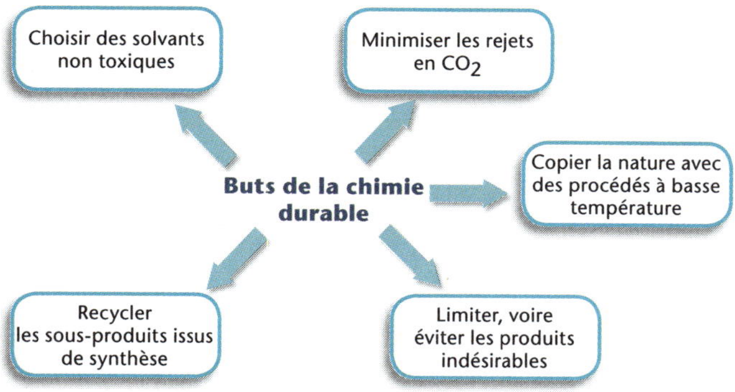

• Sur la transformation suivante : $a\text{A} + b\text{B} \rightarrow c\text{C} + d\text{D}$, on peut introduire une nouvelle grandeur, **l'économie d'atomes EA (en %)** qui permet de connaître le nombre d'atomes issus de A et de B se retrouvant dans C : $\text{EA}(\%) = \dfrac{c\text{M(C)}}{a\text{M(A)} + b\text{M}(b)}$.

• Il faut privilégier **les réactions d'addition** par rapport aux **réactions d'élimination et de substitution** (→ *voir fiche 21, p. 163*) pour **avoir le minimum de déchets** (EA proche alors de 100 %).

Conductimétrie et dosage par étalonnage

FICHE 30

La **conductimétrie** est une technique permettant de connaître la **concentration d'un soluté en solution** à condition de réaliser une **courbe d'étalonnage**.

I Conductimétrie

1. Conductance d'une solution ionique

- Dans les métaux, la circulation du courant est due au mouvement des électrons. Dans les solutions, en revanche, le passage du courant est assuré par le déplacement des ions.
- Les ions positifs vont se déplacer dans le sens conventionnel du courant ; les ions négatifs dans le sens inverse.
- Pour des tensions faibles, les solutions ioniques obéissent à la loi d'Ohm : $U = R \cdot I$

Principe expérimental d'un conductimètre pour mesurer la conductance d'une solution

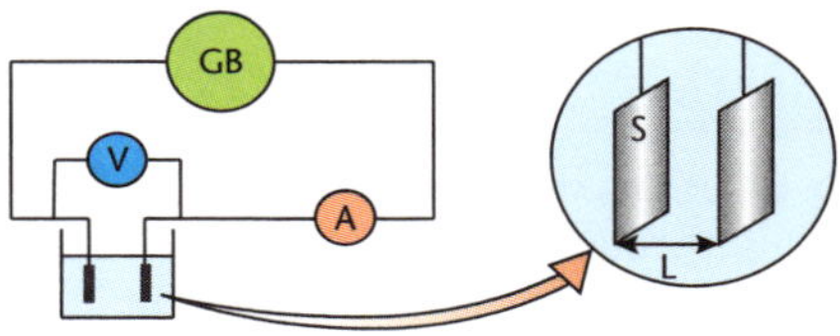

- La **conductance, notée G**, d'une solution comprise entre deux plaques est, par définition, égale à l'inverse de sa résistance R. Nous avons donc $I = G \cdot U$ avec $G = 1/R$, R en ohm (Ω), I en ampère (A), U en volt (V) et G en siemens (S).
- La conductance entre deux électrodes identiques :
  – est proportionnelle à la surface S d'une électrode ;
  – est inversement proportionnelle à la distance L entre les deux électrodes ;
  – augmente avec la concentration et la température de la solution.

2. Conductivité d'une solution ionique

- Afin de s'affranchir des paramètres dont dépend la cellule, on définit la conductivité par la relation $G = \sigma \cdot \frac{S}{L}$ avec G en S, L en m, S en m², σ en $S \cdot m^{-1} \cdot \sigma$ est la conductivité de la solution.

Comme pour le pH-mètre et le spectrophotomètre, **le conductimètre doit être étalonné avant toute mesure.**

• Le rapport $k = L/S$ correspond à la constante de la cellule (en m^{-1}). $G = \frac{\sigma}{k}$.

• Contrairement à la conductance, la conductivité est seulement caractéristique de la solution (concentration et nature des ions en solution).

3. Conductivité molaire ionique

• La conductivité molaire ionique traduit l'aptitude d'un ion à conduire le courant électrique. Elle se note λ et s'exprime en $S \cdot m^2 \cdot mol^{-1}$ (→ *voir annexe 7, p. 226*).

• Pour un ion monochargé considéré, et pour des concentrations faibles, nous avons la relation $\sigma = \lambda \cdot c$ avec σ en $S \cdot m^{-1}$, λ en $S \cdot m^2 \cdot mol^{-1}$ et c en $mol \cdot m^{-3}$.

Conversion :
$1 \text{ mol} \cdot m^{-3} = 10^3 \text{ mol} \cdot L^{-1}$

• À cause de l'électroneutralité d'une solution, nous n'avons jamais un seul ion. La conductivité est donc due à la contribution de tous les ions en solution.

$$\sigma = |z_1| \cdot \lambda_1 \cdot [X_1] + |z_2| \cdot \lambda_2 \cdot [X_2] + ... + |z_p| \cdot \lambda_p \cdot [X_p] = \sum_{i=1}^{p} |z_i| \cdot \lambda_i \cdot [X_i]$$

avec $|z_i|$ nombre de charges portées par l'ion, σ en $S \cdot m^{-1}$, λ en $S \cdot m^2 \cdot mol^{-1}$ et [X] en $mol \cdot m^{-3}$.

II Dosage par étalonnage

• La conductivité n'est proportionnelle à la concentration que si nous n'avons qu'un seul soluté et qu'il est en concentration faible (même propriété que l'absorbance).

• Principe du dosage par étalonnage : après avoir tracé une droite d'étalonnage, on peut déterminer la concentration d'une solution dont on veut réaliser la mesure.

Allure d'une courbe d'étalonnage de conductivité ou d'absorbance

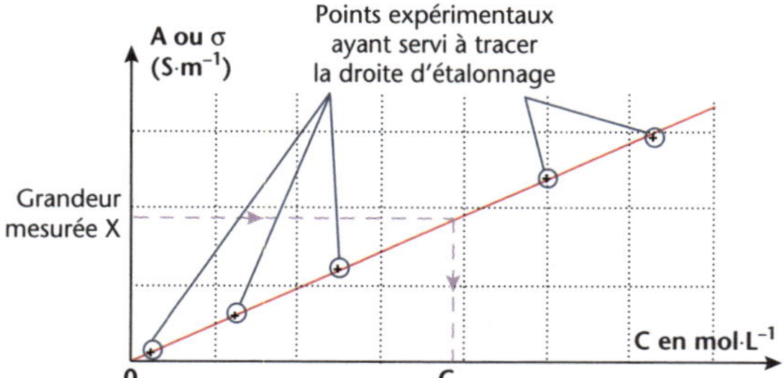

Titrage direct et dosage pH-métrique

FICHE 31

Lors d'un **dosage (ou titrage) direct**, on évalue **la concentration ou la quantité de matière d'une espèce à titrer** (A) par réaction avec une autre espèce dont on connaît la concentration, **l'espèce titrante** (B).

I Principe d'un titrage

- Pour réaliser un titrage, on commence par prélever un **volume connu (prise d'essai)** de la solution et à titrer (A) avec une **pipette jaugée**.
- On introduit ensuite la **solution titrante B** grâce à la **burette graduée**. On lira le volume à l'équivalence sur la burette.
- La réaction de titrage doit être **rapide, totale et spécifique**.

Schéma de principe d'un dosage par titrage

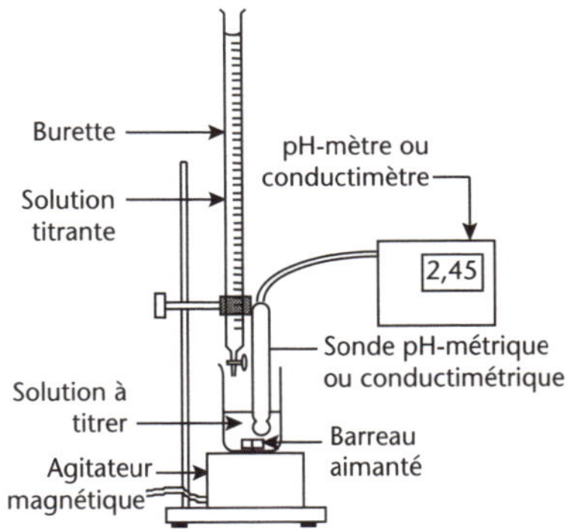

II Définition de l'équivalence

- Considérons l'équation-bilan du dosage :

$$a\,A_{(aq)} + b\,B_{(aq)} \rightarrow c\,C_{(aq)} + d\,D_{(aq)}$$

À l'équivalence, les réactifs sont introduits en proportion stœchiométrique : $\frac{n(A)}{a} = \frac{n(B)}{b}$.

- Le volume à l'équivalence doit être le plus précis possible, pour déterminer de façon précise la quantité de matière de l'espèce à titrer.

III Titrage pH-métrique

1. Principe du dosage pH-métrique

- Cette méthode n'est valable que si la réaction de dosage est une réaction acido-basique.

• Dans un titrage pH-métrique, on suit le titrage par mesure des variations de pH dans le milieu réactionnel.

• On note $V_{éq}$ le volume à l'équivalence et V_B le volume de la solution titrante introduite. La courbe de titrage peut être décomposée en trois parties :

1. Avant l'équivalence	2. Autour de l'équivalence	3. Après l'équivalence
Faible variation du pH	Brusque variation du pH : « saut de pH »	Faible variation du pH
$V_B < V_{éq}$	$V_B \approx V_{éq}$	$V_B > V_{éq}$
Réactif titrant B est limitant	Zone de l'équivalence	Réactif titré A est limitant

2. Détermination du volume équivalent

• La méthode des tangentes permet de déterminer le point équivalent E.

Repérage de l'équivalence par la méthode des tangentes

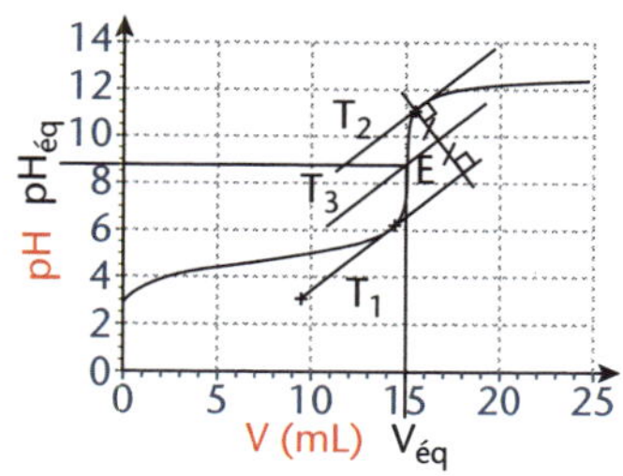

• Pour le dosage des acides faibles ou des bases, on remarque que **pH = pK_A à la demi-équivalence** ($V_B = V_{éq}/2$). Dans ce cas, la solution se comporte comme une **solution tampon** (→ *voir fiche 24, p. 169*).

Titrage d'un acide faible par une base forte

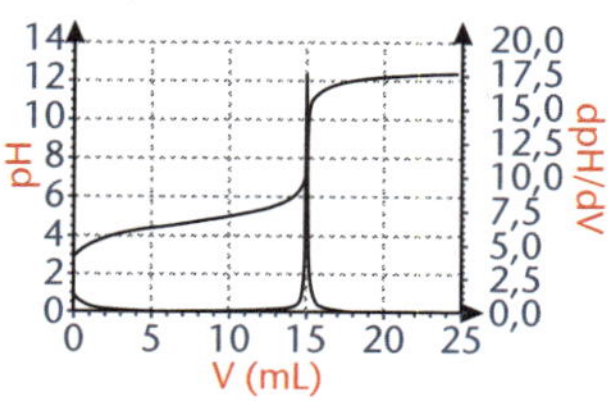

Titrage d'une base faible par acide fort

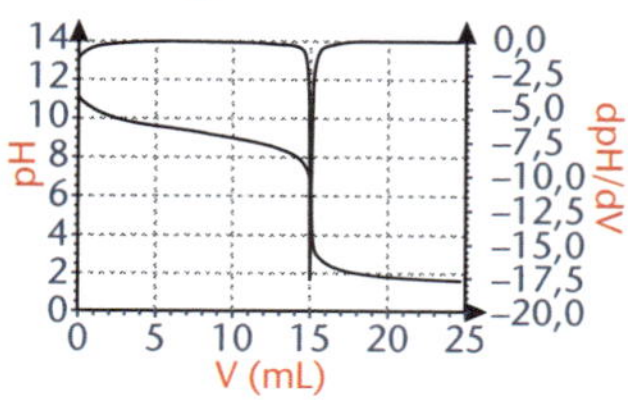

Dosage conductimétrique et colorimétrique

FICHE 32

En plus du dosage pH-métrique, il existe le dosage conductimétrique et colorimétrique.

I Titrage conductimétrique

Dans un titrage conductimétrique, l'observable est la **conductivité ou la conductance** (→ *voir fiche 30, p. 181*) de la solution dans le bécher.

Lors du dosage, on ajoute un volume d'eau assez conséquent dans le bécher contenant la solution à titrer de manière à avoir des demi-droites.

1. Dosage d'une base forte par un acide fort

- Considérons le dosage d'une solution de soude ($Na^+_{(aq)}$, $HO^-_{(aq)}$) par une solution d'acide chlorhydrique ($H_3O^+_{(aq)}$, $Cl^-_{(aq)}$). L'équation de dosage est $H_3O^+_{(aq)} + HO^-_{(aq)} \rightarrow 2\,H_2O_{(\ell)}$.

Avant l'équivalence $V_B < V_{éq}$	Après l'équivalence $V_B > V_{éq}$
Les ions Na^+ remplacent les ions H_3O^+ qui ont été consommés	L'espèce $HO^-_{(aq)}$ n'est plus consommée, la conductance de la solution augmente
Fonction décroissante car $\lambda(Na^+_{(aq)}) < \lambda(H_3O^+_{(aq)})$	Fonction croissante car la quantité d'ions augmente

- L'intersection des deux droites correspond au **point équivalent**, il est obtenu par extrapolation.

2. Dosage d'un acide faible par une base forte

On considère le dosage de l'acide éthanoïque par une solution de soude : $CH_3COOH_{(aq)} + HO^-_{(aq)} \rightarrow H_2O_{(\ell)} + CH_3COO^-_{(aq)}$.

Avant l'équivalence $V_B < V_{éq}$	Après l'équivalence $V_B > V_{éq}$
Les ions Na^+ et CH_3COO^- remplacent CH_3COOH consommé lors du dosage	L'espèce $HO^-_{(aq)}$ n'est plus consommée, la conductance de la solution augmente
Fonction croissante car la quantité d'ions augmente	Fonction croissante car la quantité d'ions augmente

Titrage conductimétrique d'une base forte par un acide fort

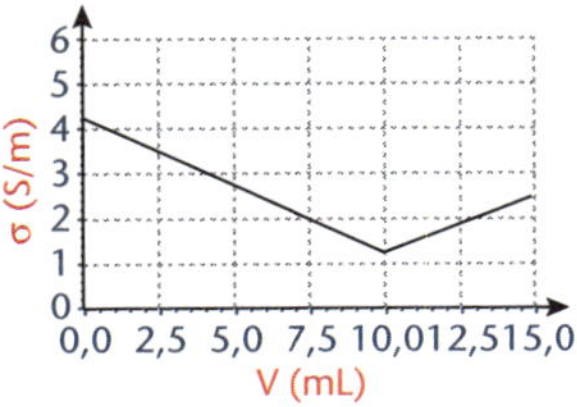

Titrage conductimétrique de l'acide éthanoïque par une solution de soude

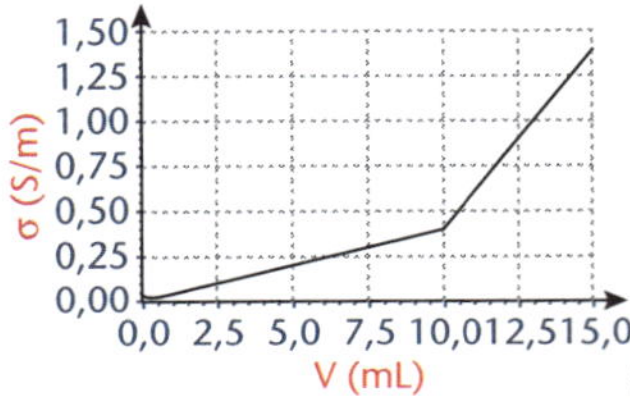

II Dosage colorimétrique

• Dans le **titrage colorimétrique**, on observe le changement de couleur de la solution à l'aide d'un indicateur coloré **au moment de l'équivalence**.

• L'une des espèces de la réaction peut être colorée ($MnO^-_{4(aq)}$) et peut servir de support à un dosage colorimétrique.

1. Indicateurs colorés pH-métriques

• Ces indicateurs peuvent servir de support pour trouver l'**équivalence d'un dosage pH-métrique**.

• Les indicateurs colorés pH-métriques ont une coloration acide et une coloration basique différente. En solution aqueuse, on a : $IndH_{(aq)} + H_2O_{(\ell)} \rightleftharpoons Ind^-_{(aq)} + H_3O^+_{(aq)}$.

• L'indicateur coloré prend sa teinte acide si $pH < pK_A - 1$ et sa teinte basique si $pH > pK_A + 1$.

• **Dans le domaine $pK_A - 1 < pH < pK_A + 1$** appelé zone de virage de l'indicateur coloré, celui-ci possède alors une teinte plus ou moins variable (→ *voir annexe 8, p. 226*).

2. Choix de l'indicateur coloré

Un indicateur est convenablement choisi si le pH à l'équivalence appartient à la zone de virage de l'indicateur.

Le pH à l'équivalence appartient à la zone de virage du rouge de méthyle

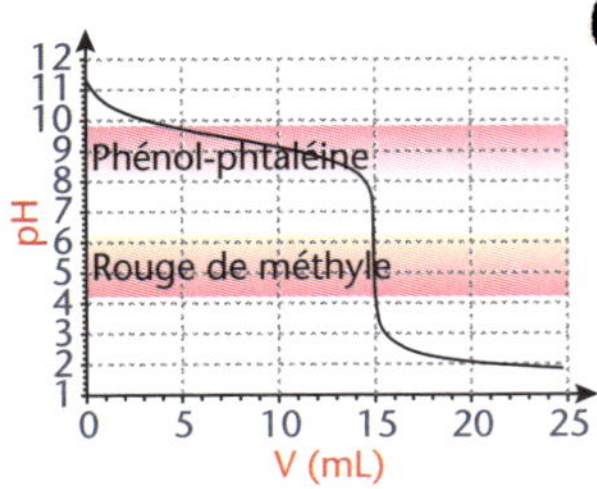

Dosage direct et dosage par étalonnage

TEST-BILAN

→ *Réponses au verso.*

1 On réalise la courbe d'étalonnage ci-dessous pour doser le diiode dans une solution. On mesure pour la solution inconnue une absorbance de 0,075. La concentration de la solution est de :

a. ☐ 20 mmol·L^{-1}.

b. ☐ 30 mmol·L^{-1}.

c. ☐ 40 mmol·L^{-1}.

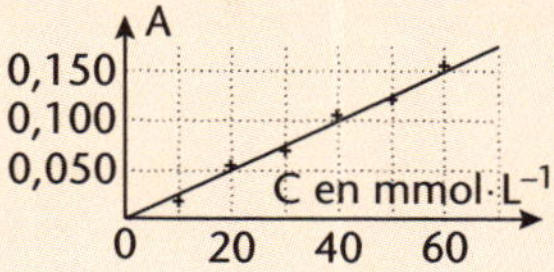

2 Lors d'un dosage, l'équivalence est déterminée lorsque la quantité de matière du titrant :

a. ☐ devient inférieure à la quantité de matière du réactif titré.

b. ☐ est égale à la quantité de matière du réactif titré.

c. ☐ est en proportion stœchiométrique avec la quantité de matière du réactif titré.

3 Les ions $MnO^-_{4(aq)}$ sont de couleur violette en solution. On veut les utiliser pour doser des ions fer II ($Fe^{2+}_{(aq)}$). L'équation-bilan qui sert de support pour le dosage est :

$MnO^-_{4(aq)} + 8H^+_{(aq)} + 5Fe^{2+}_{(aq)} \rightarrow Mn^{2+}_{(aq)} + 4H_2O_{(\ell)} + 5Fe^{3+}_{(aq)}$.

Ce dosage constitue un titrage :

a. ☐ pH-métrique. b. ☐ conductimétrique. c. ☐ colorimétrique.

4 En reprenant l'énoncé de la question précédente, la relation à l'équivalence est :

a. ☐ $n(MnO_4^-)_{\text{versés}} = n(Fe^{2+})_{\text{introduits}}$

b. ☐ $n(MnO_4^-)_{\text{introduits}} = n(Fe^{2+})$

c. ☐ $n(MnO_4^-)_{\text{versés}} = \dfrac{n(Fe^{2+})_{\text{introduits}}}{5}$

5 **On a réalisé le dosage pH-métrique donnant la courbe ci-contre. Ceci constitue le dosage :**

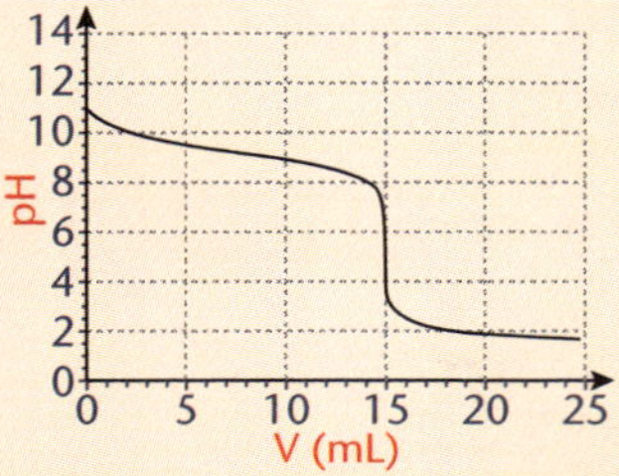

a. ☐ d'un acide fort par une base forte.

b. ☐ d'un acide faible par une base forte.

c. ☐ d'une base faible par un acide fort.

SCHÉMA-BILAN

Dosage direct ou par étalonnage

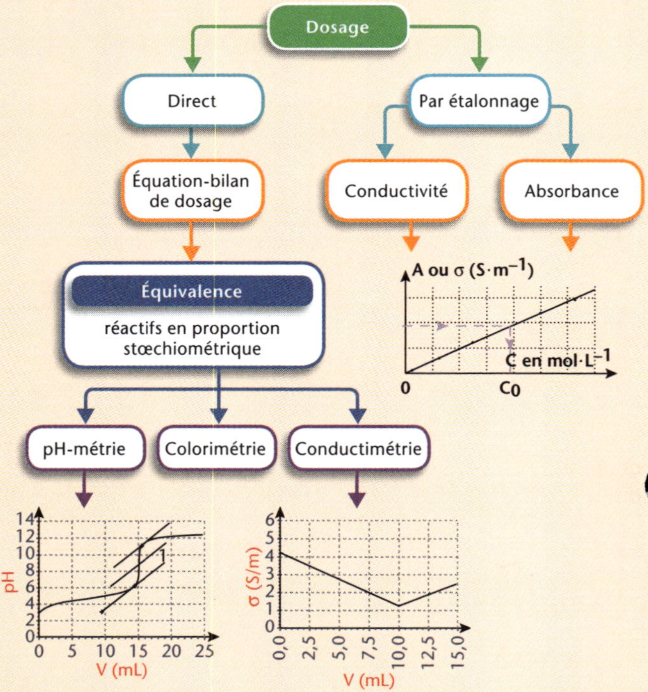

Réponses :

1 b – 2 c – 3 c – 4 c – 5 c.

Stratégie de la synthèse organique

FICHE 34

Lors d'une synthèse, les conditions expérimentales sont très importantes. Le produit est ensuite séparé, purifié, puis analysé.

I Identification des réactifs, du solvant, du catalyseur et des produits

- Une extraction consiste à isoler une espèce chimique contenue dans un végétal. Lors d'une synthèse, l'espèce chimique est obtenue par transformation chimique.
- On peut faire apparaître dans l'équation-bilan les réactifs, les produits, mais aussi certaines conditions expérimentales (température, pression, solvant, catalyseur, durée...).

$$aA + bB \xrightarrow[\text{T, P, solvant, catalyseurs...}]{\text{Conditions expérimentales :}} cC + dD$$

- Afin de déterminer le rendement, les quantités de matière et le réactif limitant sont calculés.

II Conditions expérimentales

- Dans une synthèse organique, on utilise souvent le montage à reflux. Le chauffe-ballon permet d'augmenter la température du milieu réactionnel (facteur cinétique) et le réfrigérant évite les pertes des composés.
- Le solvant permet la mise en contact des réactifs. Dans le cadre de la chimie durable, il ne doit pas être nocif pour l'environnement et pour les expérimentateurs.

Schéma du montage à reflux

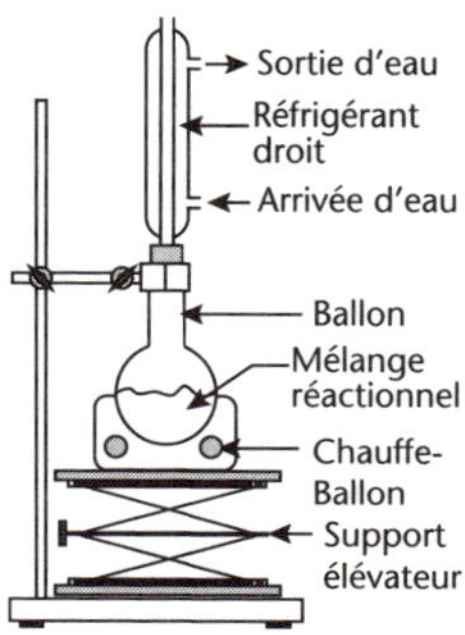

III Extraction et analyse du produit

1. Extraction du produit

À la fin de la synthèse, le produit synthétisé est souvent mélangé avec les autres composés. Plusieurs techniques sont possibles pour l'isoler selon son état.

État	Solide	En solution
Technique de séparation	**Filtration simple ou filtration sur Büchner** 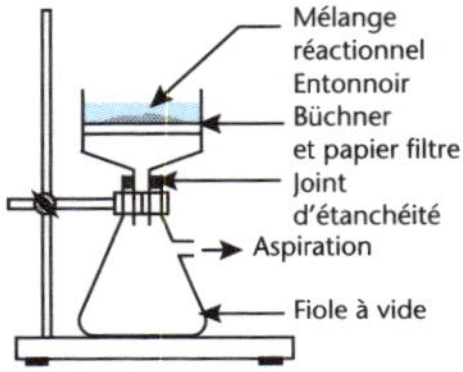	**Extraction liquide – liquide** 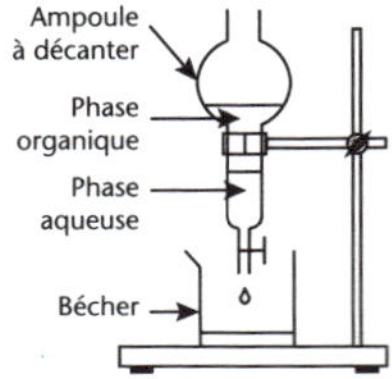
Séchage	Étuve	Sel anhydre

2. Purification du produit

Plusieurs techniques permettent de purifier le produit :

- la **chromatographie sur colonne** ;
- la **distillation** ;
- la **recristallisation** : le produit brut est solubilisé dans un solvant chaud. Lorsque le solvant refroidit, le produit recristallise, laissant les impuretés dissoutes dans le solvant.

Chromatographie sur couche mince

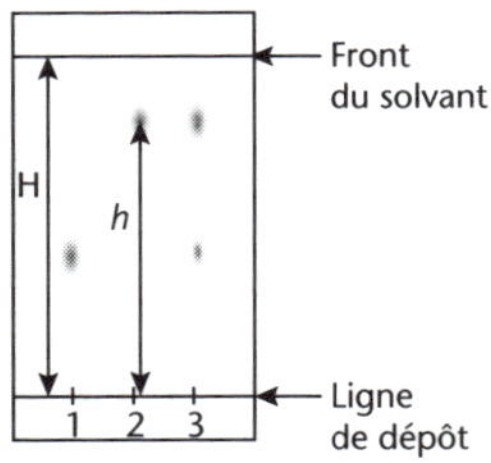

3. Analyse du produit

Pour caractériser le produit, on peut utiliser :

- la **chromatographie sur couche mince** : le nombre de taches indique le nombre de composés et on mesure le rapport frontal : $R_f = \frac{h}{H}$;
- le **banc Köfler**, avec la température de fusion ;
- la **spectroscopie UV-visible, infrarouge** et **RMN** (→ *voir fiche 7, p. 135, et fiche 8, p. 137*).

4. Rendement

- À la fin d'une synthèse, on détermine le rendement η :

$$\eta = \frac{n\text{ (produit purifié)}}{n_{max}\text{ (produit)}} \text{ ou } \eta = \frac{m\text{ (produit purifié)}}{m_{max}\text{ (produit)}}.$$

n_{max} ou m_{max} se détermine à partir du réactif limitant.

- Le rendement n'est jamais de 100 % à cause des **différentes pertes dans les étapes de synthèse** (lavage, recristallisation, réaction non totale…).

Sélectivité en chimie organique

FICHE 35

Une molécule possédant **plusieurs groupes caractéristiques** est un **composé polyfonctionnel**. On doit tenir compte de la réactivité de tous les groupes lors d'une synthèse chimique.

I Réactif chimiosélectif

- Un composé est **chimiosélectif si un seul groupe du composé polyfonctionnel réagit**.
- La synthèse du paracétamol est un exemple de réaction chimiosélective : seul le groupe amine réagit lors de cette transformation.

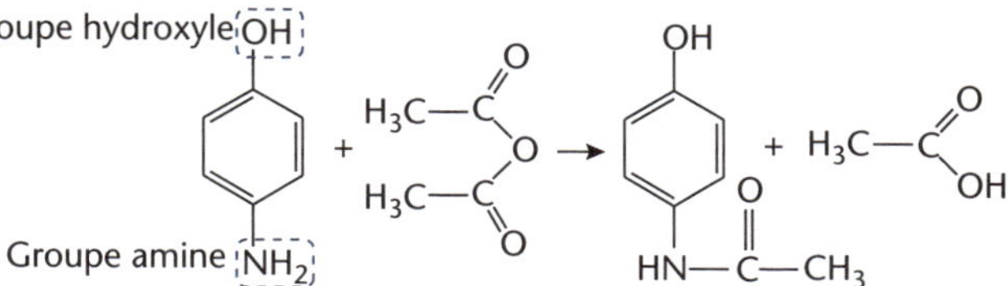

Para-aminophénol + Anhydride éthanoïque → Paracétamol + Acide éthanoïque

II Protection sélective

1. Protection et déprotection de fonction

- Si la réaction **n'est pas chimiosélective**, il faut **protéger les fonctions que l'on ne souhaite pas faire réagir**.
- Ainsi, lors d'une synthèse avec un **composé non chimiosélectif**, plusieurs étapes interviennent dans l'ordre suivant :

Étape 1	Protection de la (des) fonction(s) qui ne doivent pas réagir	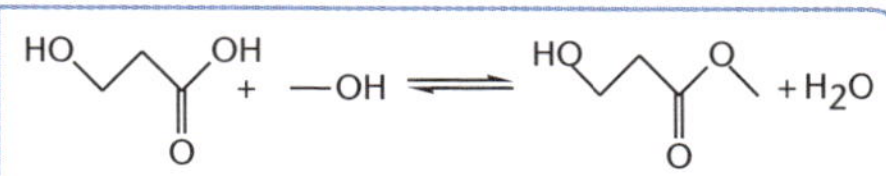
Étape 2	Réaction de synthèse	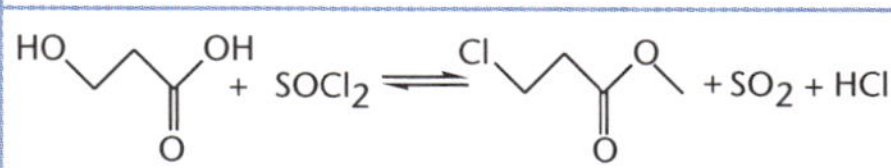
Étape 3	Déprotection de la (des) fonction(s)	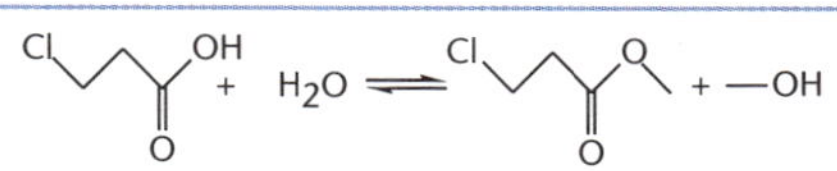

• L'équation globale de la transformation sera :

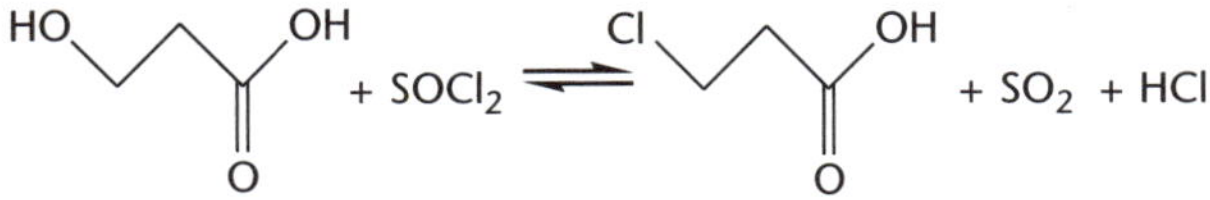

Les équations de protection et de déprotection n'interviennent pas dans l'équation globale de la transformation.

• Cette méthode présente néanmoins des inconvénients :
- une **diminution du rendement** de la synthèse ;
- un **grand nombre d'atomes doit être utilisé**, ce qui est contraire aux principes de la chimie durable.

2. Application à la synthèse d'un peptide

• La liaison peptidique correspond au groupe caractéristique amide.

• **La formation d'un peptide résulte de la réaction de deux acides aminés** (groupe acide carboxylique et groupe amine).

Exemple d'équation-bilan de synthèse d'un peptide

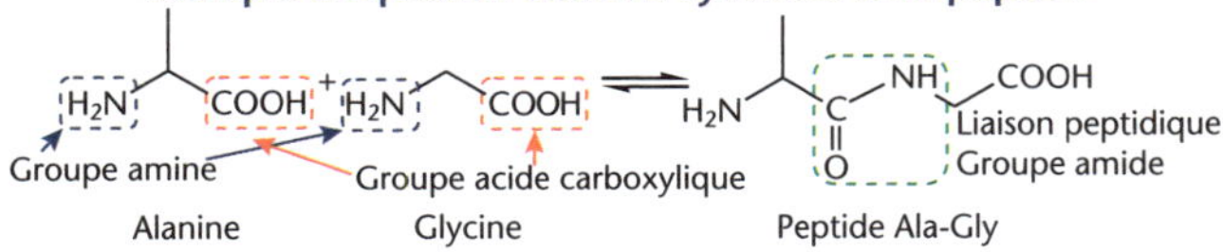

• La synthèse d'un peptide est **non chimiosélective** ; il faut donc ajouter des étapes de protection.

Étape 1	Protection du groupe acide carboxylique de l'alanine	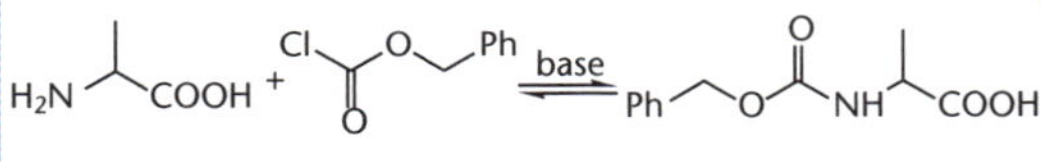
Étape 2	Protection du groupe amine de la glycine	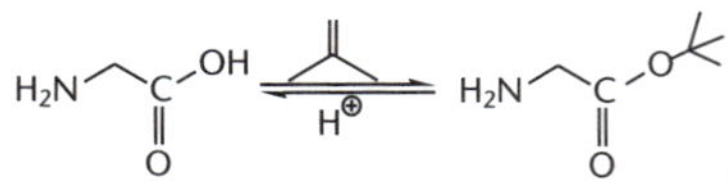
Étape 3	Synthèse du peptide	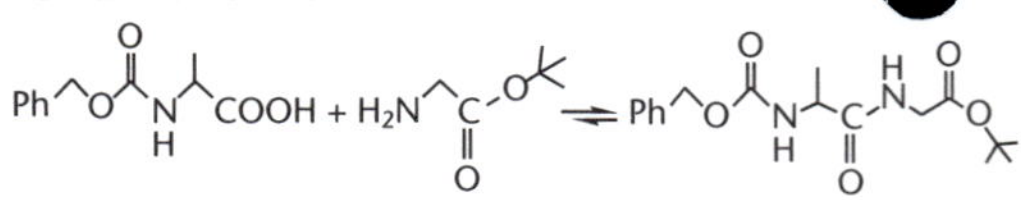
Étape 4	Déprotection des fonctions	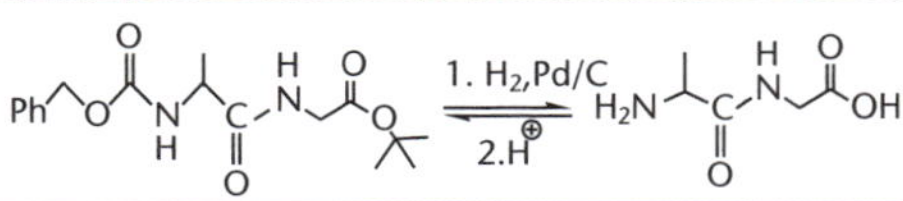

Synthétiser des molécules

TEST-BILAN

→ *Réponses au verso.*

1 Le montage à reflux permet :

a. ☐ d'accélérer la transformation chimique en jouant sur la température.
b. ☐ de favoriser le contact entre les réactifs.
c. ☐ d'éviter les pertes des composés chimiques.

2 Lorsque le composé synthétisé est dissous dans le milieu réactionnel, il vaut mieux utiliser :

a. ☐ une filtration simple.
b. ☐ une filtration sur Büchner.
c. ☐ une extraction liquide – liquide à l'aide d'une ampoule à décanter.

3 La recristallisation peut servir à purifier le produit. On solubilise le produit brut dans un solvant chaud. Après refroidissement :

a. ☐ les impuretés et le produit synthétisé recristallisent.
b. ☐ les impuretés recristallisent et le produit synthétisé reste en solution.
c. ☐ les impuretés restent dissoutes et le produit synthétisé recristallise.

4 Une réaction est chimiosélective si :

a. ☐ un seul groupe caractéristique réagit.
b. ☐ deux groupes caractéristiques réagissent.
c. ☐ plus de deux groupes caractéristiques réagissent.

5 Si la réaction n'est pas chimiosélective, il faut protéger la fonction que l'on souhaite :

a. ☐ faire réagir. b. ☐ ne pas faire réagir. c. ☐ substituer.

SCHÉMA-BILAN

Étapes de synthèse en chimie organique

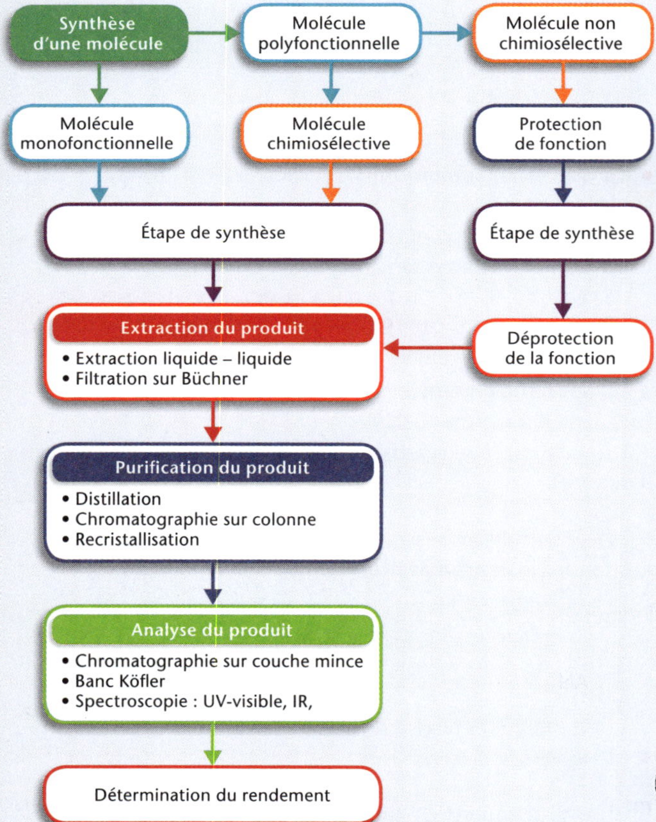

Réponses :

1 a et b – 2 c – 3 b et c – 4 a – 5 b.

Signaux analogiques et numériques

FICHE 37

La plupart des signaux sont maintenant traités de façon numérique. Un **échantillonnage** et une **quantification du signal** analogique sont donc nécessaires.

I Conversion analogique-numérique

- Un signal analogique varie continument dans le temps alors qu'un signal numérique varie de façon discontinue.

La télévision repose maintenant sur des signaux numériques (TNT) alors qu'auparavant, le signal était analogique.

- Un capteur en physique mesure une grandeur (pression, température...) qui est convertie en signal électrique analogique.

Conversion d'un signal analogique en signal numérique

- Pour avoir un traitement informatique au signal (enregistrement, analyse, etc.), il est nécessaire de transformer le signal analogique en signal numérique. Pour cela, on utilise un **convertisseur analogique-numérique ou « CAN »**.

- Le CAN **échantillonne** le signal à intervalle de temps régulier : il prélève une valeur tout les T_e où T_e est la période d'échantillonnage.

- **La fréquence d'échantillonnage F_e** ($F_e = \frac{1}{T_e}$) doit être suffisamment grande pour pouvoir reconstituer convenablement le signal analogique.

- Cependant, une **valeur trop grande de F_e** induit **des données redondantes** donc un stockage plus volumineux sans améliorer la qualité du signal numérique.

- **Théorème de Shannon :** pour obtenir un bon échantillonnage, le signal analogique de fréquence f et le signal numérique de fréquence d'échantillonnage F_e doivent vérifier l'inégalité $F_e > 2f$.

Signal bien échantillonné (a) et signal mal échantillonné (b)

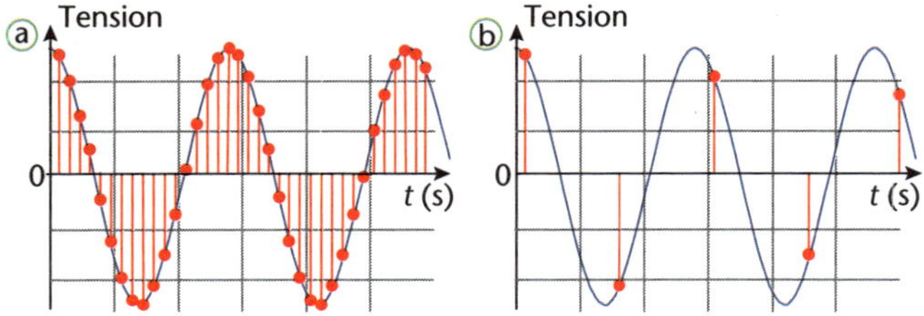

II Numérisation du signal

Bit est l'abréviation de ***binary digit*** qui signifie « chiffre binaire ».

- Lors de la numérisation, les valeurs du signal sont quantifiées et codées en nombres binaires.
- Ainsi, un fichier numérique contient une succession de nombres binaires appelés « bits ».
- **8 bits constituent un octet.** Avec un octet, on peut coder 256 entiers de 0 à $2^8 - 1 = 255$.
- N bits peuvent donc coder un nombre allant de **0 à $2^N - 1$ et donner 2^N valeurs possibles**. Par conséquent, le signal numérique ne peut prendre qu'un nombre limité de valeurs.

Exemples de codage et décodage de nombres binaires

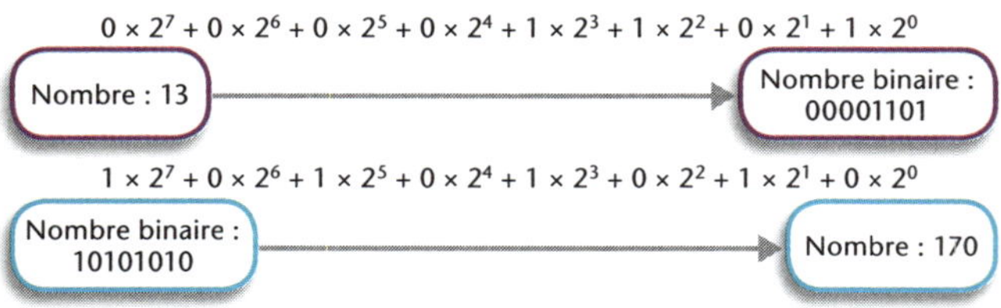

- À chaque échantillonnage, le CAN convertit la valeur du signal en un nombre binaire de N bits le plus proche possible de cette valeur.
- La quantification du signal analogique produit une légère perte d'information. Plus le nombre N de bits est important, meilleure est la quantification.
- L'écart entre deux niveaux de quantification dans un CAN est : $\frac{U_{max} - U_{min}}{2^N - 1}$. Si N est fixé, par construction du CAN par exemple, c'est $U_{max} - U_{min}$ qui doit être le plus faible possible.

Images numériques et stockage des informations

La **pixellisation** d'une image permet de la numériser, elle peut ensuite être stockée sur divers supports optiques : CD, DVD, Blu-ray…

I Pixellisation d'un fichier image

- Une image numérique peut s'obtenir à partir d'un appareil photo ou d'un scanner.

> Pixel signifie « ***picture element*** », partie élémentaire de l'image.

- Au cours de la numérisation, l'image est découpée en petites cases appelées **pixels**.
- On affecte à chaque pixel un nombre binaire qui correspond à la couleur de la case.
- Plus le nombre de pixels est important dans une image, plus l'image aura une bonne résolution, mais la mémoire utilisée pour le stockage sera plus importante.
- La résolution d'un scanner est une mesure de la précision de la numérisation et s'exprime en point par pouce (ppp) où 1 pouce vaut 2,54 cm.

Détermination du nombre de pixels utilisés pour le codage d'une feuille A4 avec une résolution de 300 ppp

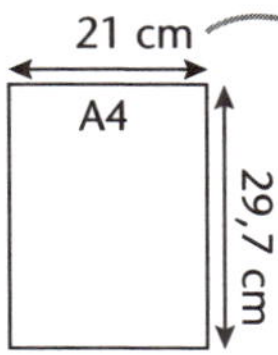

$$\frac{300}{2{,}54} \times 21{,}0 = 2\,480 \text{ pixels}$$

$$\frac{300}{2{,}54} \times 29{,}7 = 3\,508 \text{ pixels}$$

$$2\,480 \times 3\,508 = 8{,}70 \times 10^6 \text{ pixels} = 8{,}7 \text{ Mpixels}$$

II Codage des images

1. Codage en niveaux de gris

- Une image en noir et blanc présente des niveaux de gris différents.
- À chaque niveau de gris est associé un nombre binaire variant de 0 (pour le noir) à $2^N - 1$ pour le blanc, où N est le nombre de bits utilisés.
- Si chaque pixel est codé par un octet, il en résulte $2^8 = 256$ niveaux de gris.

Exemple de codage d'une image en niveaux de gris sur 4 bits

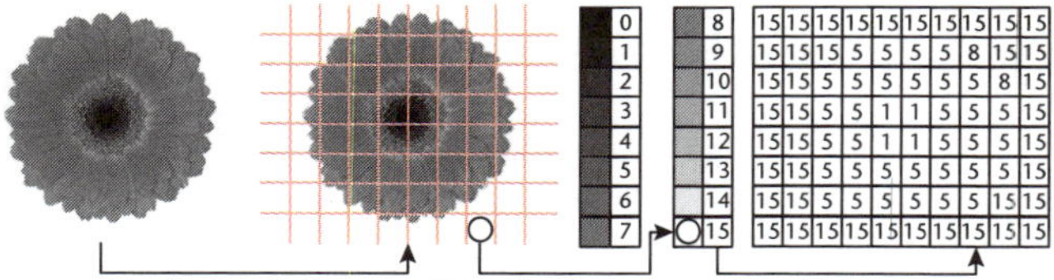

2. Codage en rouge, vert et bleu (RVB)

- Pour chaque pixel, on associe dans ce codage une superposition des trois couleurs primaires : rouge, vert et bleu.

- Si chaque couleur de chaque pixel est codée par un octet (un octet = 8 bits), le nombre de couleurs possibles en RVB est donc : $2^8 \times 2^8 \times 2^8 = 16{,}8$ millions de couleurs.

III Stockage optique

Codage binaire de la surface d'un CD

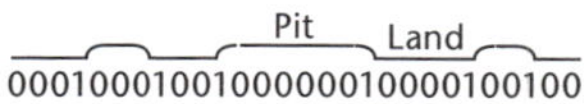

- Le faisceau laser pour lire un CD a une longueur d'onde de 780 nm.

- La face d'un CD présente une série de creux (les **pits**) dans une plaine (le **land**). La différence de hauteur entre un pit et un land est ajustée à 125 nm, soit le quart de la longueur du laser utilisé pour lire la piste.

- Lorsque le faisceau est à cheval entre un pit et un land, il y a interférence destructrice et on code par 1 en binaire, sinon on code par 0.

- Pour **augmenter la capacité de stockage**, il faut **diminuer le diamètre de la tache du faisceau laser** à cause du phénomène de diffraction ($\theta = \frac{\lambda}{a}$ → *voir fiche 3, p. 127*). On réduit, par exemple, la longueur d'onde du laser.

- La diffraction étant réduite, on peut donc diminuer la distance entre les pistes et stocker ainsi plus d'informations.

	CD	DVD	Blu-ray
Longueur d'onde du laser	780 nm	650 nm	405 nm
Épaisseur de chaque couche	1,2 mm	0,6 mm	0,1 mm
Capacité de stockage	700 Mo	4,7 Go	25 Go

Transmission de l'information

FICHE 39

L'onde électromagnétique est le support le plus rapide pour transférer des données numériques. Celles-ci peuvent être transmises par divers supports : Wifi, câble Ethernet, fibre optique…

I Propagation libre et guidée

- La propagation est dite libre lorsque l'onde électromagnétique se propage dans l'espace environnant (antenne), elle est guidée dans le cas où elle se propage à l'intérieur d'un support matériel (câble coaxial, fibre optique).

Comparaison de divers modes de transmission numérique

	Antenne Wifi	Câble coaxial (câble Ethernet)	Fibre optique
Mode de propagation	libre	guidée	guidée
Débit binaire	25 Mbits/s	10 Mbits/s	100 Mbits/s
Atténuation	7 dB/m à 2,4 GHz	≈ 15 dB/100 m à 400 MHz	0,15 dB/km pour λ = 1 550 nm

- La fibre optique est idéale pour la transmission de données sur de grandes distances, mais son raccordement à d'autres structures est difficile à mettre en œuvre. À l'inverse, la connexion à une borne Wifi est facile (propagation libre de l'onde), mais sa portée est limitée.

II Caractéristiques des différents modes de transmission

1. Le câble coaxial

- Un câble coaxial est constitué d'un conducteur central, enveloppé dans un isolant, puis d'une tresse métallique.

- La tresse métallique assure un blindage électromagnétique et évite toute distorsion provoquée par des « bruits » extérieurs.

Schéma en coupe d'un câble coaxial

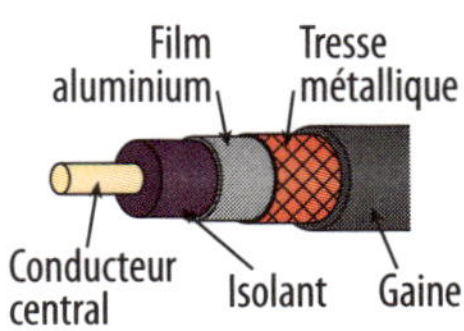

- L'onde électromagnétique se propage entre le conducteur central et la tresse.

2. L'antenne

Schéma d'une antenne demi-onde

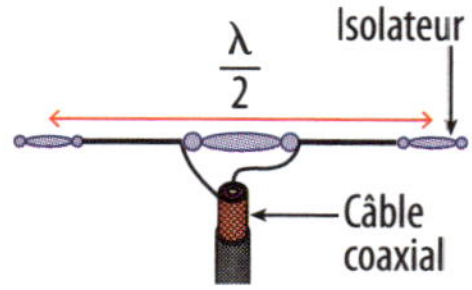

• Un conducteur, subissant des oscillations électriques, émet une onde électromagnétique ayant la même forme de signal que ces oscillations électriques. Ce conducteur se comporte alors comme une antenne.

• L'antenne la plus simple est donc un fil conducteur de longueur appropriée.

• Une antenne rayonne de façon efficace une onde électromagnétique si sa longueur L correspond à un demi ou un quart de la longueur d'onde : $L = \frac{\lambda}{2}$ antenne « demi-onde » ou $L = \frac{\lambda}{4}$ antenne « quart d'onde ».

3. La fibre optique

Composition d'une fibre optique

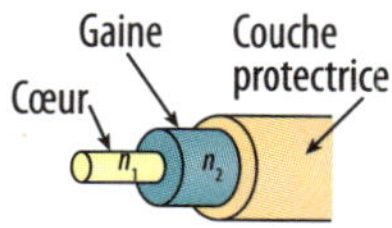

• Une fibre optique est constituée d'un cœur entouré d'une gaine. L'onde électromagnétique se propage par réflexion totale successive à l'interface cœur-gaine.

• Pour qu'il y ait réflexion totale, il faut que l'indice de réfraction n_1 du cœur soit supérieure à celui n_2 de la gaine : $n_1 > n_2$.

• Les fibres peuvent être classées en deux catégories : les fibres multimodes et les fibres monomodes (plus récentes).

	Fibre multimode	Fibre monomode
Structure	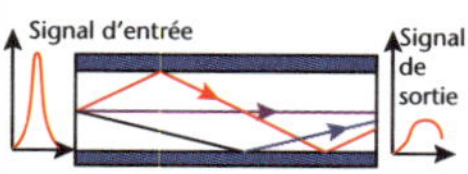	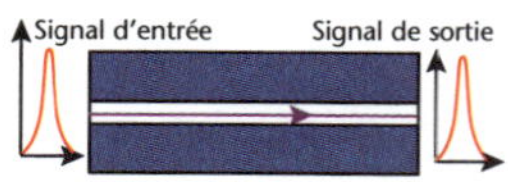
Définition	Transporte plusieurs trajets lumineux	Transporte un seul trajet lumineux
Dimensions du cœur et de la gaine	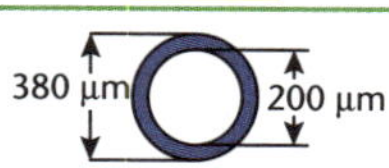	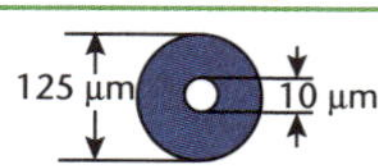
Avantage(s)	Facile à mettre en œuvre	Pas de distorsion du signal, propagation sur de très longues distances
Inconvénient	Distorsion du signal	À cause des faibles dimensions du cœur, difficile à mettre en œuvre

Transmettre et stocker l'information

TEST-BILAN

→ *Réponses au verso.*

1 Le signal analogique varie de façon :

a. ☐ aléatoire dans le temps.

b. ☐ continue dans le temps.

c. ☐ discontinue dans le temps.

2 On convertit un signal analogique en signal numérique pour pouvoir :

a. ☐ le traiter informatiquement.

b. ☐ le stocker numériquement.

c. ☐ transmettre les données vers d'autres supports.

3 Un signal numérique est correctement échantillonné si la fréquence d'échantillonnage est au moins :

a. ☐ une fois supérieure à la fréquence du signal analogique.

b. ☐ deux fois supérieure à la fréquence du signal analogique.

c. ☐ trois fois supérieure à la fréquence du signal analogique.

4 200 converti en nombre binaire de 8 bits s'écrit :

a. ☐ 10000011. b. ☐ 10001100. c. ☐ 11001000.

5 Le nombre binaire 01010101 correspond au nombre :

a. ☐ 255. b. ☐ 85. c. ☐ 13.

6 Dans un CD, le nombre binaire a la valeur 1 quand le faisceau laser :

a. ☐ parcourt un land.

b. ☐ parcourt un pit.

c. ☐ est à cheval entre un pit et un land.

7 **Pour augmenter la capacité de stockage d'un support optique, on doit :**

a. ☐ diminuer la longueur d'onde du laser.

b. ☐ augmenter la longueur d'onde du laser.

c. ☐ ne pas toucher à la longueur du laser.

8 **Lequel de ces supports de transmission correspond à une propagation guidée ?**

a. ☐ Wifi b. ☐ Câble coaxial c. ☐ Fibre optique

9 **La propriété d'une fibre monomode est qu'elle transmet :**

a. ☐ l'onde électromagnétique par un seul chemin optique.

b. ☐ seulement le fondamental du signal.

c. ☐ seulement les harmoniques du signal.

SCHÉMA-BILAN

Transmission et stockage de l'information

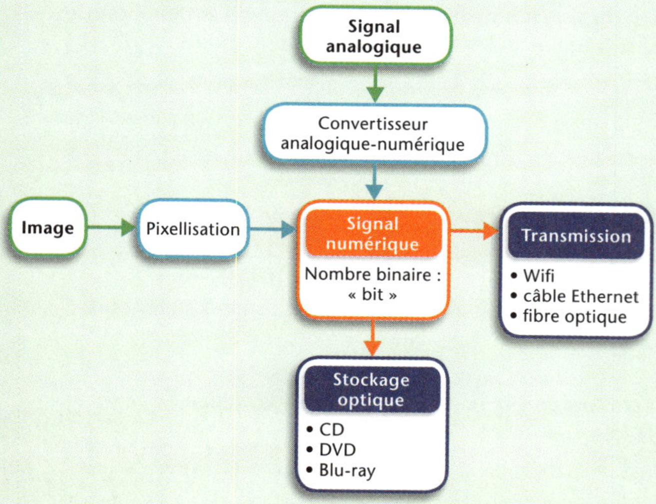

Réponses :

1 b – **2** a, b et c – **3** b – **4** c – **5** b – **6** c – **7** a – **8** b – **9** a.

Eau et environnement

FICHE 41

Les eaux des océans sont responsables à elles seules du climat sur notre Terre. Les eaux douces peuvent éroder une montagne, mais l'eau est aussi une ressource qu'il faut protéger.

I Les océans, régulateurs du climat

1. La circulation thermohaline

La salinité d'une eau de mer est la masse d'espèces ioniques dissoutes dans 1 kg d'eau.

- Les eaux des océans circulent de façon permanente : c'est la **circulation thermohaline**. Elle est due à des différences de densité entre les masses d'eaux.
- Ces écarts de densité proviennent des différences de température et de la salinité entre les eaux.

Paramètres faisant évoluer la salinité d'un océan

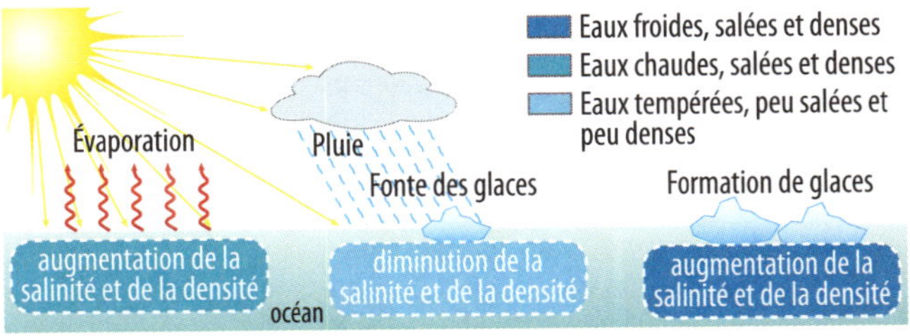

- Les proportions relatives des espèces dissoutes restant quasiment constantes ; le dosage des ions chlorure, par exemple, permet de remonter à la valeur de la salinité.

2. Les traceurs chimiques pour déterminer le climat

Un **traceur chimique** est un élément chimique qui se trouve **en faible quantité**.

Quelques exemples de traceurs chimiques

Traceurs	Origine	Étude
Oxygène 18	naturel	Température des pôles au cours des différentes ères glaciaires
CFC ; Tritium $^{3}_{1}H$	anthropique	Mouvement des masses d'eau en profondeur
Silicium, nitrate, phosphate	naturel	Évolution de la salinité des océans

II Érosion, concrétion, dissolution

• L'érosion est un phénomène naturel qui dégrade lentement les roches.

• L'eau et le dioxyde de carbone dissous ont un rôle très important dans le phénomène d'érosion :

$$CaAl_2Si_2O_{8(s)} + 3\,H_2O_{(\ell)} + 2\,CO_{2(aq)} \rightarrow Al_2Si_2O_5(OH)_{4(s)} + Ca^{2+}{}_{(aq)} + 2\,HCO^-_{3\,(aq)}$$

• Les produits de la réaction sont emportés par les rivières et peuvent former des concrétions de calcaire :

$$CaCO_3(s) : Ca^{2+}{}_{(aq)} + 2\ HCO^-_{3(aq)} \rightarrow CO_{2(aq)} + H_2O_{(\ell)} + CaCO_{3(s)}$$

• L'érosion a un effet indirect sur le climat : ce phénomène consomme du dioxyde de carbone (gaz à effet de serre).

III Surveillance et lutte contre les pollutions

1. Les pluies acides

• Les activités anthropiques dégagent des polluants comme les oxydes de soufre (SO_2 et SO_3) et les oxydes d'azote (NO et NO_2).

• Ces composés réagissent avec l'eau et le dioxygène pour former les pluies acides qui endommagent gravement la faune, mais aussi la flore.

Schéma de formation des pluies acides

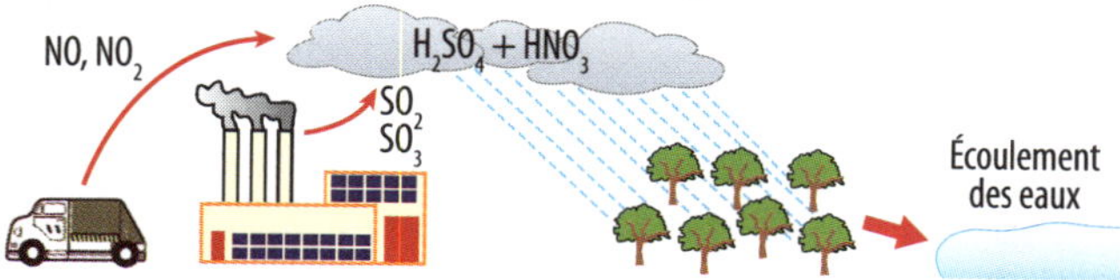

2. Pollution organique des eaux

• La pollution organique des eaux peut provenir des cadavres, des végétaux ou encore des industries.

• Le dioxygène dissous et les micro-organismes permettent de décomposer ces déchets.

3. Eutrophisation des rivières

• Les nitrates $NO^-_{3\,(aq)}$ et les phosphates $PO_4^{3-}{}_{(aq)}$ sont indispensables à la croissance des plantes.

• L'excès de phosphate ou de nitrate dans l'eau fait croître des algues qui consomment l'oxygène de l'eau. Une partie de la flore et de la faune de la rivière est alors détruite.

Ressources et énergie de l'eau

L'eau constitue une ressource à la fois minérale et organique, mais aussi énergétique.

I Eau et ressources

1. Production d'eau potable

Étapes de production d'une eau potable

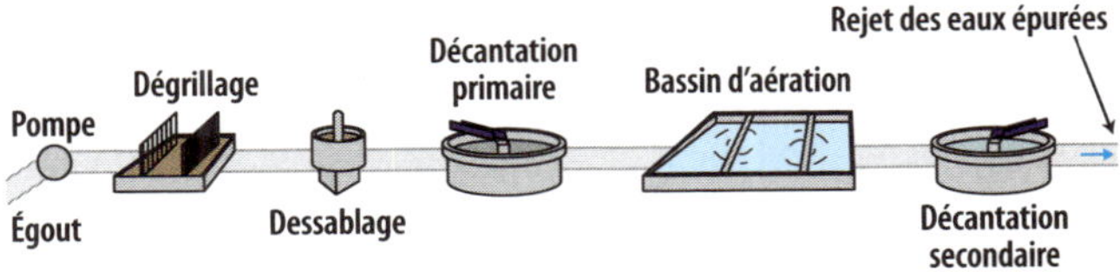

• Lors de l'étape de **floculation**, **les matières en suspension s'agglomèrent** et sont plus facilement éliminées. Pour cela, on ajoute des **agents floculants** (ions métalliques ou macromolécules) qui forment alors des **micelles** (→ *voir fiche 48, p. 217*).

• Selon le lieu du point de captage, chaque eau potable possède sa propre minéralité, les eaux peuvent être **douces ou dures, entartrantes ou agressives**.

• Plusieurs paramètres sont mesurés dans une station de production d'eau potable pour déterminer la qualité de l'eau : le titre alcalimétrique complet (TAC) : somme des concentrations des ions HO^-, HCO_3^- et CO_3^{2-} ; le titre hydrotimétrique (TH) : somme des concentrations des ions Mg^{2+} et Ca^{2+} (détermine la dureté de l'eau) ; le pH ; la température ; la concentration du dioxygène dissous.

2. Traitement des eaux usées

Étapes de traitement des eaux usées

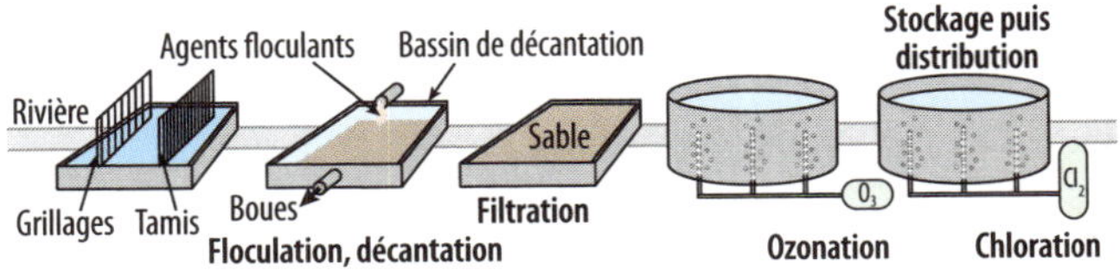

II Eau et énergie

1. Les hydrates de méthane

Structure d'un hydrate de méthane

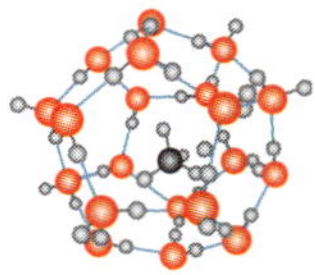

• Dans un hydrate de méthane, la molécule de méthane (CH_4) est piégée au milieu d'une cage de molécules d'eau.

• Ces composés ne se trouvent que dans des régions polaires ou dans les fonds océaniques où la température est basse et la pression élevée.

• Ces hydrates de méthane peuvent constituer une ressource importante d'énergie, mais aussi un danger pour la planète car le méthane est un gaz à effet de serre.

2. Les piles à hydrogène

• L'équation bilan de fonctionnement d'une pile à hydrogène : $2\ H_{2(g)} + O_{2(g)} \rightarrow 2\ H_2O_{(g)}$. L'anode et la cathode sont séparées par un électrolyte (milieu où le courant électrique est transporté par des ions).

L'**anode** est l'électrode où se produit l'**oxydation**.
La **cathode** est l'électrode où se produit la **réduction**.

• La cathode constitue le pôle positif de la pile et l'anode le pôle négatif de la pile.

3. Production d'hydrogène

Principe d'une pile à hydrogène

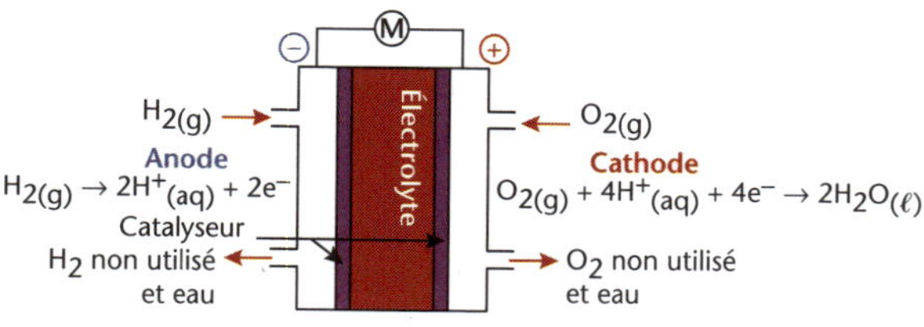

On peut produire du dihydrogène à partir de l'eau : les réactions sont inversées par rapport à la pile. On effectue dans ce cas une électrolyse.

$$2\ H_2O_{(\ell)} = O_{2(g)} + 4\ H^+_{(aq)} + 4\ e^-$$
$$(2\ H^+_{(aq)} + 2\ e^- = H_{2(g)}) \times 2$$
$$\overline{}$$
$$2\ H_2O_{(\ell)} \rightarrow H_{2(g)} + O_{2(g)}$$

L'eau

TEST-BILAN

→ *Réponses au verso.*

1 La circulation thermohaline dépend de la :

a. ☐ profondeur des océans. b. ☐ salinité des océans.

c. ☐ température des océans.

2 Un traceur chimique est un élément qui :

a. ☐ permet de suivre une grandeur.

b. ☐ se trouve en faible quantité. c. ☐ peut être un polluant.

3 Le phénomène qui détruit naturellement une montagne est :

a. ☐ l'érosion. b. ☐ la concrétion. c. ☐ la dissolution.

4 Les éléments pouvant créer les pluies acides sont les oxydes :

a. ☐ de plomb. b. ☐ de soufre. c. ☐ d'argent.

5 L'eutrophisation des rivières :

a. ☐ provoque une diminution du taux d'oxygène dans la rivière.

b. ☐ donne une ressource supplémentaire à la faune.

c. ☐ augmente la flore de la rivière.

6 Le titre hydrotimétrique mesure :

a. ☐ le pH de l'eau.

b. ☐ la concentration des ions $Ca^{2+}_{(aq)}$.

c. ☐ la dureté de l'eau.

7 Dans les hydrates de méthane, la molécule de méthane est piégée au milieu de molécules :

a. ☐ de dihydrogène. b. ☐ d'eau. c. ☐ d'hydroxyde.

8 **La cathode est l'électrode où se produit :**

a. ☐ l'oxydation. **b.** ☐ la dismutation. **c.** ☐ la réduction.

9 **L'électrolyte dans une pile conduit :**

a. ☐ les électrons. **b.** ☐ les ions. **c.** ☐ les molécules.

SCHÉMA-BILAN

Eau et environnement

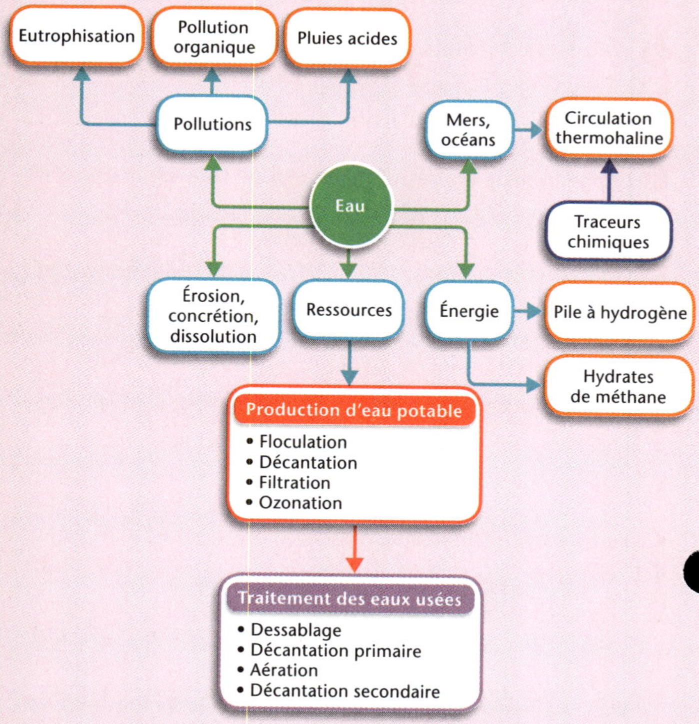

Réponses :

1 b et c – **2** a et b – **3** a – **4** b – **5** a et b – **6** c – **7** b – **8** c – **9** b.

Instruments de musique

FICHE 44

On peut classer les instruments de musique en trois catégories : les instruments à cordes, les instruments à vent et les instruments à percussion.

I Gamme tempérée

Gamme tempérée sur un clavier de piano

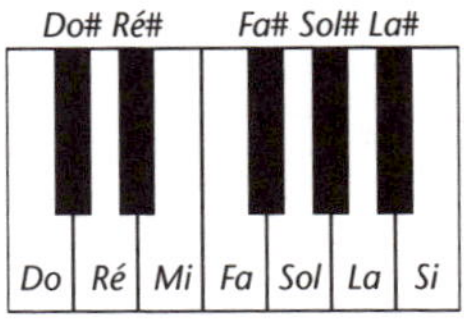

- Un son est une note s'il existe une relation simple entre les fréquences : présence du fondamental et des harmoniques lors de la décomposition du son (→ *voir fiche 2, p. 125*).
- Certains accords de notes paraissent agréables à l'oreille :
  - l'octave, les fréquences entre les deux notes ont un rapport de 2/1 ;
  - la quinte, qui correspond à un rapport 3/2 entre les deux notes.
- Dans la gamme tempérée, l'octave est séparée en douze intervalles, appelés demi-tons. Dans l'octave, la énième note a pour fréquence $f_n = f_0 2^{n/12}$, où f_0 est fréquence de la note de départ.

II Instruments de musique

La première fonction d'un instrument de musique est de vibrer. Ces vibrations sont transmises à un résonateur qui les amplifie.

1. Les instruments à cordes

- Ces instruments possèdent des clés qui permettent de régler la tension de la corde et donc d'ajuster la hauteur de la note émise par la corde à vide.
- L'instrumentiste peut jouer différentes notes avec une même corde en faisant varier la longueur de la vibration.
- Les cordes n'ont pas la même épaisseur : les plus grosses émettent des sons graves et les plus fines des sons aigus.
- Dans certaines conditions, et à des fréquences déterminées, une corde tendue peut présenter des nœuds et des ventres de vibration.

Fréquence	Nombre de fuseaux	Figure observée
f_1	1	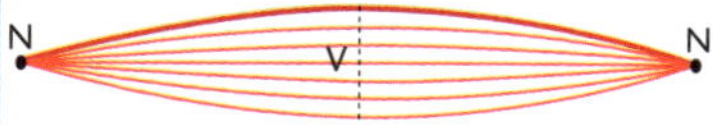
$2\,f_1$	2	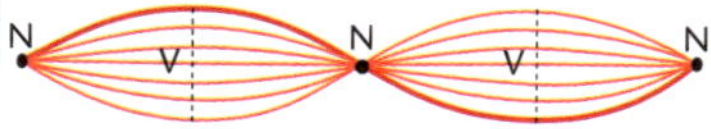
$3\,f_1$	3	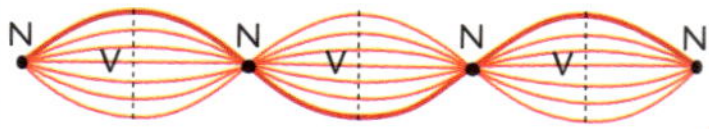

- La condition d'existence d'une onde stationnaire renforcée est $L = n\dfrac{\lambda}{2}$ avec L, longueur de la corde (m) et λ longueur d'onde (m). On déduit l'expression de la fréquence $f_n = \dfrac{nV}{2L}$ où V est la célérité de l'onde en $m \cdot s^{-1}$.

- Deux nœuds successifs ou deux ventres successifs sont **séparés de $\dfrac{\lambda}{2}$**.

- L'instrument met en jeu toutes ces vibrations. Dans le tableau, f_1 correspond à la vibration du **fondamental** et $2\,f_1$, $3\,f_1$... aux **harmoniques**.

2. Les instruments à vent

- La célérité de l'onde est maintenant celle du son dans l'air ($V \approx 340\ m \cdot s^{-1}$).

- On peut distinguer deux cas : celui où le tuyau est ouvert aux deux extrémités (flûte ou tuyau d'orgue) et celui où il est bouché à l'une des extrémités (flûte de Pan).

Fréquence	Tuyau ouvert aux deux extrémités	Tuyau bouché à une extrémité
f_1	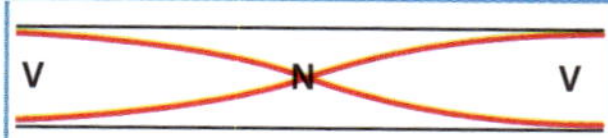	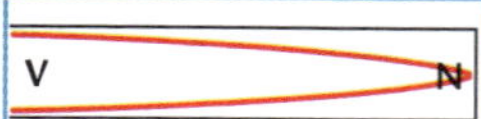
$2\,f_1$	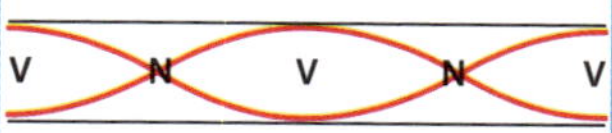	Pas de vibrations possibles
$3\,f_1$	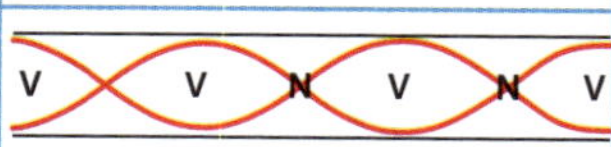	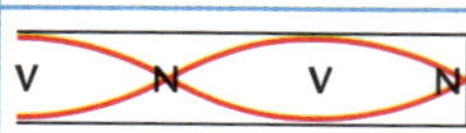

Émetteurs et récepteurs sonores, architecture

FICHE 45

Les avancées techniques et scientifiques ont permis de maîtriser le son. Les microphones, les haut-parleurs, l'acoustique d'une salle et l'isolation phonique en sont des exemples.

I Les émetteurs sonores

1. Le haut-parleur

- Un haut-parleur est constitué d'un **aimant** en forme de E et d'une **bobine** rattachée à une **membrane**.
- La bobine est plongée dans un champ magnétique. Lorsqu'elle est parcourue par un courant, il se crée alors une force, la **force de Laplace** $\vec{F_L}$, qui met en mouvement la membrane.

Schéma de principe d'un haut-parleur

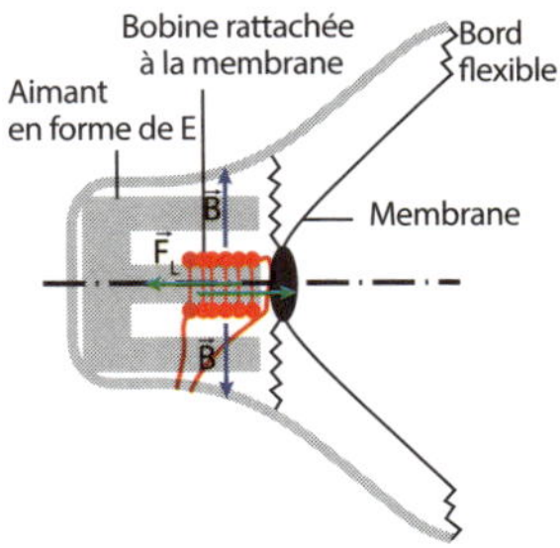

- Un haut-parleur convertit donc une énergie électrique en une énergie mécanique : c'est un **transducteur électromécanique**.
- Les haut-parleurs ont une certaine **bande passante** ; il en faut donc plusieurs dans une enceinte.

Enceintes	Boomer	Medium	Tweeter
Son transmis	Basse	Intermédiaire	Aigus

2. La voix humaine

- La voix se forme au niveau des **cordes vocales** : celles-ci **vibrent comme les cordes d'une guitare**.
- La fréquence du son émis dépend de **l'épaisseur** et de la **tension des cordes vocales**.
- Le son est amplifié et se complexifie dans la cavité buccale et nasale.

Schéma des cordes vocales

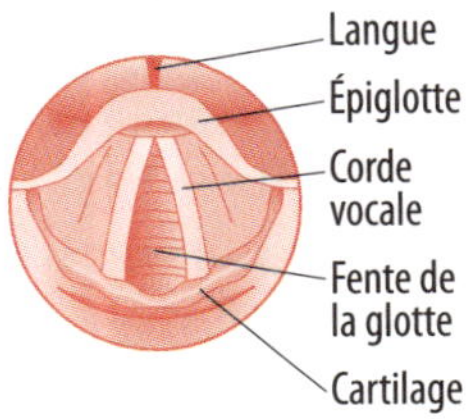

- La bouche et les lèvres émettent le son vers l'extérieur. Elles participent également à l'élaboration du son.

II Le microphone, un récepteur sonore

- Un microphone fonctionne exactement sur le principe inverse d'un haut-parleur : une membrane vibre sous l'action d'une onde sonore et fait osciller la bobine. Cette oscillation génère une tension électrique qui est alors amplifiée.
- Certains microphones privilégient les sons provenant d'une direction donnée.

Diagramme polaire d'un microphone unidirectionnel (a) et bidirectionnel (b)

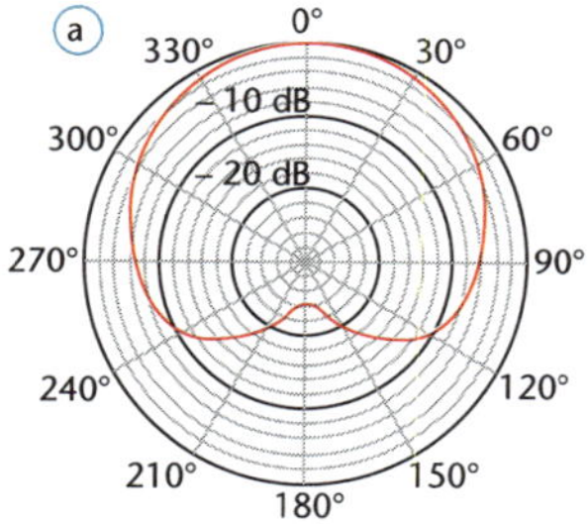

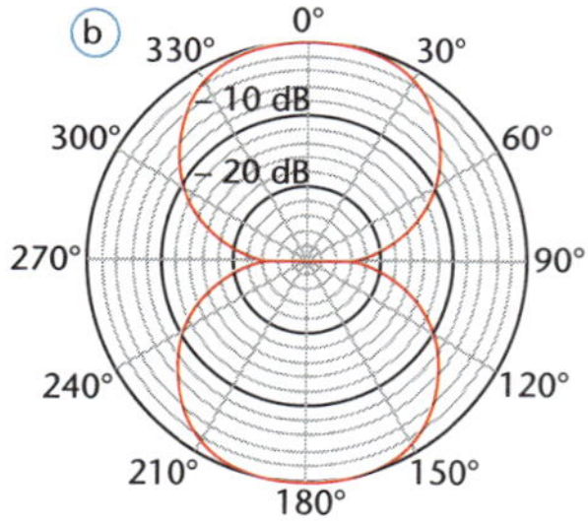

III Son et architecture

1. Isolation phonique

- Pour caractériser l'isolation phonique, on introduit une grandeur appelée indice d'affaiblissement R : $R = L_1 - L_2$ avec R en dB et L_1, L_2 niveau acoustique avant et après traversée du matériau en dB.
- Cet indice d'affaiblissement dépend de l'épaisseur, de la densité du matériau et de la fréquence du son émis.

2. Acoustique d'une salle

- Le temps de réverbération T (en s) est la durée nécessaire pour avoir un affaiblissement de 60 dB du niveau d'une source après son extinction. Plus ce temps est faible, meilleure est l'acoustique de la salle.
- Le temps de réverbération T peut se déterminer à partir de la loi empirique de Sabine : $T = 0,16 \times \frac{V}{A}$, avec V volume (en m^3), et A surface (en m^2) d'absorption équivalente des parois. $A = \Sigma\alpha_i \cdot S_i$ avec α_i coefficient d'absorption du matériau (en $s \cdot m^{-1}$) et S surface des parois (en m^2).

Son et musique

TEST-BILAN

→ *Réponses au verso.*

1 La quinte correspond à un rapport de fréquence entre deux notes de :

a. ☐ 1,5. b. ☐ 2. c. ☐ 2,5.

2 Le *sol* a une fréquence de 392 Hz et le *do* une fréquence de 262 Hz. Ces deux notes sont séparées par :

a. ☐ 5 demi-tons. b. ☐ 7 demi-tons. c. ☐ 9 demi-tons.

3 On considère la vibration de la corde ci-contre :

Cette vibration correspond :

a. ☐ au fondamental.

b. ☐ à l'harmonique de rang 2.

c. ☐ à l'harmonique de rang 4.

4 Un nœud et un ventre de vibration sont séparés de :

a. ☐ $\lambda/4$ b. ☐ $\lambda/2$ c. ☐ λ

5 La flûte de Pan est un instrument à vent bouché à une extrémité. Le schéma correspondant à l'harmonique de rang 5 est :

a. ☐ 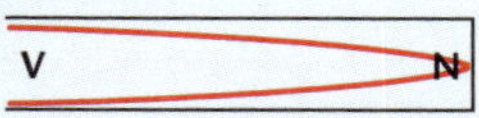

b. ☐ 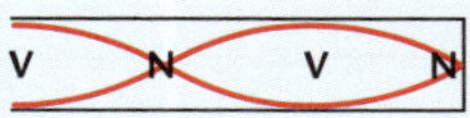

c. ☐ 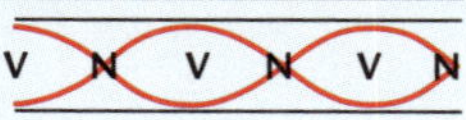

6 Un haut-parleur contient un aimant pour :

a. ☐ se fixer facilement sur des parois métalliques.

b. ☐ stabiliser la membrane.

c. ☐ créer une force avec l'intensité du courant.

7 **La voix humaine peut être comparée à un instrument à :**
a. ☐ vent. b. ☐ cordes. c. ☐ percussion.

8 **Un microphone omnidirectionnel capte le son dans :**
a. ☐ une seule direction. b. ☐ deux directions.
c. ☐ toutes les directions.

9 **Une salle ayant un écho présente une qualité acoustique :**
a. ☐ très bonne. b. ☐ satisfaisante. c. ☐ très mauvaise.

SCHÉMA-BILAN

Son et musique

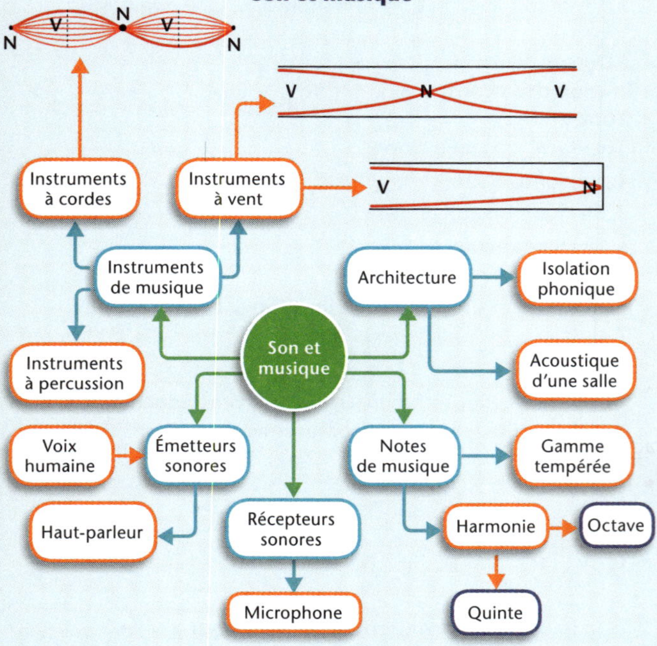

Réponses :
1a – 2b – 3c – 4a – 5c – 6c – 7b – 8c – 9c.

Cycle de vie des matériaux

La vie des matériaux commence à leur **élaboration** et leur **purification**. Lorsqu'ils sont détériorés ou **corrodés**, ils peuvent être tout de même **recyclés**.

I Élaboration d'un minerai

1. Élaboration de l'aluminium

- L'extraction de l'alumine dans la bauxite (Al_2O_3 et Fe_2O_3 essentiellement) est constituée de trois étapes principales :

Lixiviation	Attaque des particules du minerai par une base	$Al_2O_{3(s)} + 2\ HO^-_{(aq)} + 3\ H_2O_{(\ell)} \rightarrow 2\ Al(OH)_4{}^-_{(aq)}$
Précipitation	Formation d'un hydroxyde d'aluminium	$Al(OH)^-_{4(aq)} \rightarrow Al(OH)_{3(s)} + HO^-_{(aq)}$
Calcination	Décomposition thermique des particules d'hydroxyde avec formation d'alumine	$2\ Al(OH)_{3(s)} \rightarrow Al_2O_{3(s)} + 3\ H_2O_{(g)}$

- Des opérations classiques de séparation solide-liquide – **filtration, décantation** – sont également nécessaires, notamment après la lixiviation et la précipitation.

2. Élaboration de l'acier

- L'acier est un alliage de fer et de carbone.
- Lors de la préparation du minerai, le fer est broyé et aggloméré.
- Dans la cokerie, le charbon est débarrassé de ses composants volatils.

Formation de l'acier dans un haut-fourneau

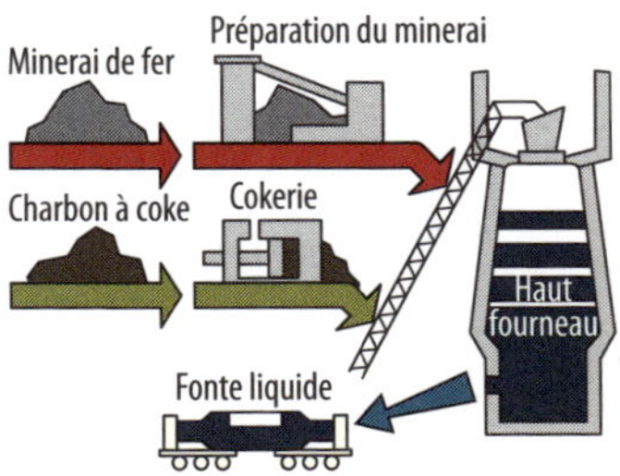

- Le haut-fourneau, appareil très complexe, peut être décomposé en cinq zones :
  - **formation du gaz réducteur CO** à partir du charbon et de l'oxygène ;
  - **réduction des oxydes de fer** : $Fe_2O_{3(s)} \rightarrow Fe_3O_{4(s)} \rightarrow FeO_{(s)} \rightarrow Fe_{(s)}$;
  - fusion du fer et des oxydes de fer restants ;
  - poursuite de la réduction des oxydes à l'état liquide ;
  - **formation de la fonte et de l'acier**.

II Corrosion des métaux

- Lors d'une **corrosion**, le métal réagit avec un **oxydant** (le dioxygène O_2 le plus souvent).
- L'un des moyens **pour se protéger de la corrosion** est de placer des blocs de zinc sur la coque d'un bateau qui réagiront à la place du fer.

Pile Fer – Zinc

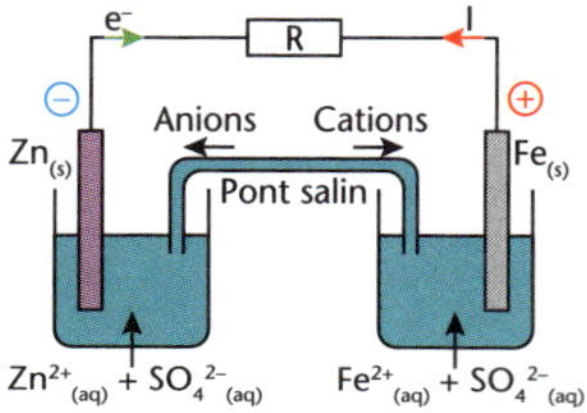

- Le système {fer + zinc + eau de mer} constitue une **pile électrochimique** : le fer jouant le rôle de la **cathode**, le zinc celui de **l'anode sacrificielle**.

III L'électrolyse pour protéger et purifier les métaux

- L'électrolyse consiste à faire passer un courant dans une solution pour générer des réactions qui ne se dérouleraient pas de façon spontanée.
- Pour **purifier un métal**, l'anode et la cathode sont constituées du même métal, le métal impur se trouvant à l'anode.
- Pour **protéger un métal** en le recouvrant d'un autre métal, on place le métal à protéger à la cathode. Le métal qui servira de protection sera, lui, à l'anode.

Purification électrolytique du cuivre

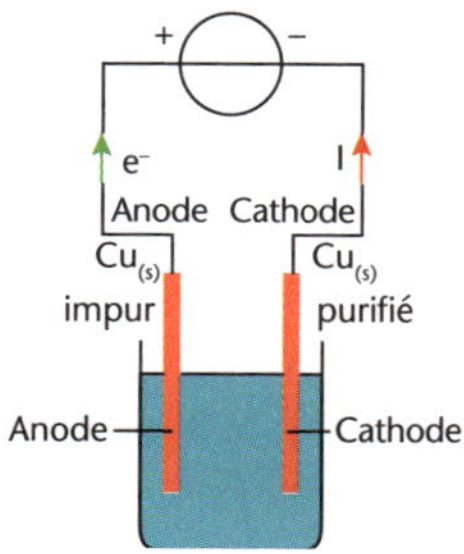

IV Recyclage

Le recyclage réintroduit les déchets dans le cycle de production des matériaux.

	Réutilisation
Acier	Pièces de moteur, outils, boîte de conserves
Aluminium	Cannettes, papier aluminium
Caoutchouc	Bac à fleurs, panneaux d'insonorisation
Carton	Carton, papier
Plastiques	Sacs, récipients, meubles de jardin, vêtements, jouets

Propriétés des matériaux, matériaux innovants

FICHE 48

Connaître les propriétés des matériaux permet de les améliorer et d'innover.

I Propriétés des semi-conducteurs

1. Théorie des bandes

Théorie des bandes dans le cas d'un isolant, d'un semi-conducteur et d'un métal

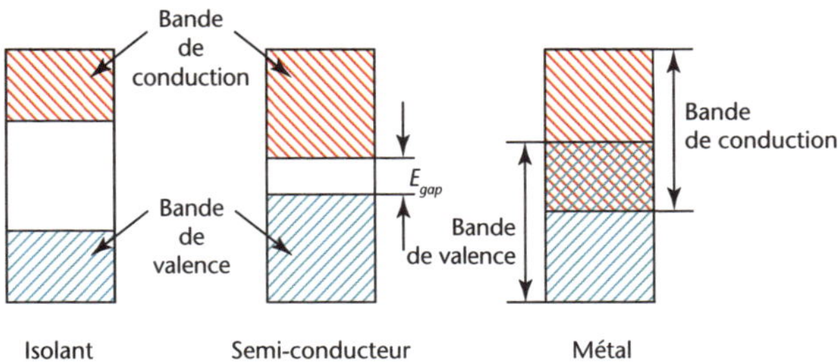

- La bande de basse énergie est la bande de valence, celle de plus haute énergie est la bande de conduction.
- Les électrons ne conduisent le courant que s'ils sont dans la bande de conduction.
- Afin d'augmenter la conductivité des semi-conducteurs, on introduit des éléments capables d'apporter un excès d'électrons (dopage N) ou un défaut d'électrons (dopage P).

2. Diode et panneaux solaires

- Une diode est un système qui comporte une partie dopée P et une autre dopée N (jonction PN).

• Comme les diodes ne laissent passer le courant que dans un seul sens, elles peuvent servir à **modifier un courant alternatif en un courant continu**.

• Les **panneaux solaires sont composés aussi d'une jonction PN**, mais seule la partie N est exposée au flux solaire.

II Propriétés des savons

Micelle de savon

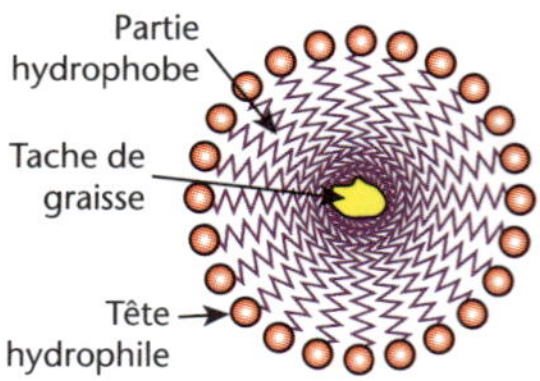

• Les **tensioactifs**, comme les savons, possèdent une tête hydrophile (qui peut se dissoudre dans l'eau) et une partie hydrophobe (qui ne se dissout pas dans l'eau).

• Pour dissoudre les taches de graisse, les savons forment des **micelles** dans l'eau.

• Les savons abaissent la **tension superficielle** de l'eau : ils peuvent former des mousses.

III Propriétés des cristaux liquides

• Un cristal liquide est à l'état **mésomorphe** : il présente **les propriétés d'un liquide et d'un solide**.

• L'état **cholestérique** ne peut exister que si la molécule est chirale (→ *voir fiche 19, p. 159*).

Différentes phases d'un cristal liquide

IV Les matériaux innovants

• Les céramiques sont des **solides inorganiques** qui peuvent servir **d'isolants thermiques ou de prothèse** ; elles ont en effet une faible inertie chimique.

• Les **verres** sont des solides amorphes, on peut rajouter des composés en faible quantité pour améliorer leurs propriétés.

• Le **Téflon®** ou **polytétrafluoroéthylène** est inerte chimiquement ; il a un coefficient de frottement très faible et reste stable à forte température (≈ 300 °C).

• Cette molécule a donc de nombreuses applications : vêtements en Gore-Tex®, poêles antiadhésives, verres hydrophobes…

Matériaux

TEST-BILAN

→ *Réponses au verso.*

1 L'étape consistant à extraire un composé d'un minerai se nomme la :

a. ☐ lixiviation. b. ☐ précipitation. c. ☐ calcination.

2 Un acier est un alliage de :

a. ☐ cuivre et d'étain. b. ☐ fer et de carbone. c. ☐ fer et de zinc.

3 L'une des fonctions d'un haut-fourneau est :

a. ☐ de précipiter le minerai de fer.
b. ☐ d'oxyder le minerai de fer. c. ☐ de réduire le minerai.

4 Pour se protéger de la corrosion, on peut placer des blocs de zinc sur la coque en fer. Ces blocs de zinc jouent le rôle d'une :

a. ☐ cathode. b. ☐ anode. c. ☐ électrolyse.

5 Une électrolyse peut servir à :

a. ☐ purifier un métal. b. ☐ extraire un composé d'un minerai.
c. ☐ protéger un métal.

6 Un conducteur laisse passer facilement le courant électrique, car :

a. ☐ il existe un intervalle (« gap ») entre la bande de valence et la bande de conduction.
b. ☐ la bande de valence est à une énergie supérieure à la bande de conduction.
c. ☐ la bande de valence et la bande de conduction se chevauchent.

7 Un dopage N comporte un :

a. ☐ excès d'électrons. b. ☐ défaut de protons.
c. ☐ défaut d'électrons.

8 **Un savon peut dissoudre les taches de graisse en formant des :**

a. ☐ vermicelles. b. ☐ micelles. c. ☐ nacelles.

9 **L'état mésomorphe possède les propriétés :**

a. ☐ d'un solide et d'un liquide. b. ☐ d'un liquide et d'un gaz.

c. ☐ d'un solide et d'un gaz.

SCHÉMA-BILAN

Matériaux

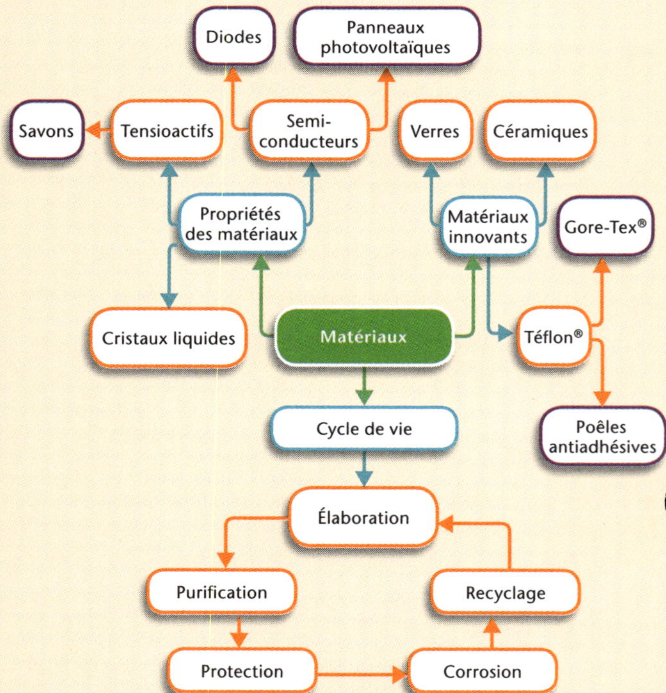

Réponses :

1 a – **2** b – **3** c – **4** b – **5** a et c – **6** c – **7** a – **8** b – **9** a.

Annexes

1. Incertitudes d'une mesure

La mesure expérimentale d'une grandeur entraîne des erreurs. Évaluer l'incertitude de la mesure est donc primordiale.

Vocabulaire

g : valeur de la grandeur mesurée

$u(\mathrm{G})$: incertitude type

$\mathrm{U(G)}$: incertitude élargie (celle que l'on souhaite obtenir)

$\dfrac{\mathrm{U(G)}}{g}$: incertitude relative

Notions d'erreurs aléatoires et systématiques

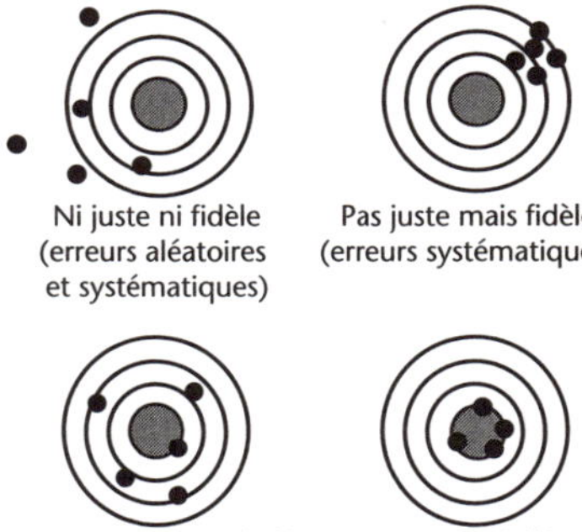

Ni juste ni fidèle (erreurs aléatoires et systématiques) — Pas juste mais fidèle (erreurs systématiques) — Pas juste mais pas fidèle (erreurs aléatoires) — Juste et fidèle (erreurs faibles)

Cas d'une série de *n* mesures : incertitudes de type A

→ La première étape dans l'évaluation de l'incertitude est de calculer la moyenne $\bar{g}$ de la série de mesure : $\bar{g} = \dfrac{1}{n}\sum_i g_i$.

→ On définit ensuite l'écart-type σ_{n-1} : $\sigma_{n-1} = \sqrt{\dfrac{\sum_i (g_i - \bar{g})^2}{n-1}}$.

→ L'écart-type permet d'évaluer l'incertitude-type $u(\mathrm{G})$: $u(\mathrm{G}) = \dfrac{\sigma_{n-1}}{\sqrt{n}}$.

→ Plus le nombre n de mesures indépendantes est grand et plus l'incertitude-type est petite.

L'incertitude élargie se détermine selon la méthode de Student : $\mathrm{U(G)} = t_{95\,\%} \cdot u(\mathrm{G})$ $\mathrm{U(G)} = t_{99\,\%} \cdot u(\mathrm{G})$ avec $t_{95\,\%}$ $t_{99\,\%}$ facteur d'élargissement qui dépend du nombre de mesures et du niveau de confiance choisi.

n	2	3	4	5	6	7	8	9	10
$t_{95\,\%}$	12,7	4,3	3,18	2,78	2,57	2,45	2,37	2,31	2,26
$t_{99\,\%}$	63.7	9,93	5,84	4,6	4,03	3,71	3,5	3,36	3,2

n	12	14	16	18	20	30	50	100	∞
$t_{95\,\%}$	2,2	2,16	2,13	2,11	2,09	2,04	2,01	1,98	1,96
$t_{99\,\%}$	3,11	3,01	2.95	2,9	2,86	2,76	2,68	2,63	2.57

Par convention, on peut déclarer qu'une grandeur est « aberrante » si elle s'écarte de plus de deux fois l'incertitude élargie.

Cas d'une mesure unique : incertitudes de type B

→ Si le constructeur fournit l'incertitude type, l'incertitude élargie avec un niveau de confiance de 95 % est : $U(G) = U(G) = \frac{2 \cdot \Delta C}{\sqrt{3}}$.

→ Si la mesure est obtenue par lecture sur une échelle ou un cadran, l'incertitude-type de lecture est $U_{\text{lecture}} = \frac{1\text{graduation}}{\sqrt{12}}$.

L'incertitude élargie, pour un niveau de confiance de 95 %, sera $U(G) = U_{\text{lecture}} = \frac{2\text{ graduations}}{\sqrt{12}}$.

→ Si la mesure nécessite une double lecture, comme par exemple une lecture sur une règle graduée, l'incertitude à prendre en compte est alors $U(G) = U_{\text{double lecture}} = \sqrt{2}\, U_{\text{lecture}}$.

Propagation des erreurs

La grandeur peut se déterminer à partir d'une expression. Dans ce cas, il faut tenir compte de toutes les erreurs des grandeurs composant la relation.

Si la grandeur est multipliée par un nombre exact $G = A \cdot G_1$, l'incertitude U(G) est donnée par $U(G) = A \cdot U(G_1)$.

1. Cas d'une somme ou d'une différence

$G = G_1 + G_2$ ou $G = G_1 - G_2$. L'incertitude U(G) est donnée par : $U(G) = \sqrt{U(G_1)^2 + U(G_2)^2}$.

On parle parfois de somme quadratique des incertitudes pour ce type de calcul.

2. Cas d'un produit ou d'un quotient

$G = G1.\ G2$ ou $G = \frac{G_1}{G_2}$. L'incertitude U(G) est donnée par :

$$\frac{U(G)}{G} = \sqrt{\left(\frac{U(G_1)}{G_1}\right)^2 + \left(\frac{U(G_2)}{G_2}\right)^2}.$$

On parle parfois de somme quadratique des incertitudes relatives pour ce type de calcul.

3. Autre cas

Si la grandeur est déterminée à partir d'une expression $G = f(G_i)$ où G_i sont les paramètres de l'expression, alors $U(G) = \sqrt{\sum\left[\frac{df}{dG_i}U(G_i)\right]^2}$.

Exemple : on souhaite déterminer l'incertitude de la période U(T) à partir de l'incertitude de la longueur d'un pendule U(L). Dans le cas des faibles angles : $T = 2\pi\sqrt{\frac{L}{g}}$.

$\frac{df}{dL} = \pi\sqrt{\frac{1}{g \cdot L}}$ (si $f(x) = \sqrt{x}$ alors $f'(x) = \frac{1}{2\sqrt{x}}$). On en déduit une expression de $U(T) = \pi\sqrt{\frac{1}{g \cdot L}}U(L)$.

En divisant par l'expression de la période, on détermine l'incertitude relative et on obtient l'expression $\frac{U(T)}{T} = \frac{1}{2}\frac{U(L)}{L}$.

Écriture d'un résultat

Le résultat d'une mesure s'écrit $g \pm U(G)$ où G appartient à l'intervalle $[g - U(G)\ ;\ g + U(G)]$.

Par convention, l'incertitude sera arrondie à la valeur supérieure avec, au plus, deux chiffres significatifs. Les derniers chiffres significatifs conservés pour la valeur mesurée *g* sont ceux sur lesquels porte l'incertitude U(G).

2. Grandeurs et unités

Grandeur	Unité
Absorbance (A)	Sans unité
Accélération (*a*)	$m \cdot s^{-2}$
Avancement (*x*)	mol
Capacité thermique massique (*c*)	$J \cdot kg^{-1} \cdot K^{-1}$
Champ de pesanteur (*g*)	$N \cdot kg^{-1}$ ou $m \cdot s^{-2}$
Champ électrostatique (E)	$V \cdot m^{-1}$
Charge électrique (*q*)	coulomb : C
Concentration massique (*t* ou C_m)	$kg \cdot m^{-3}$ ou $g \cdot L^{-1}$ $1\ kg \cdot m^{-3} = 1\ g \cdot L^{-1}$
Concentration molaire (C)	$mol \cdot m^{-3}$ ou $mol \cdot L^{-1}$ $1\ mol \cdot m^{-3} = 10^{3}\ mol \cdot L^{-1}$
Conductance (G)	siemens : S
Conductivité (σ)	$S \cdot m^{-1}$
Conductivité molaire ionique (λ)	$S \cdot m^{2} \cdot mol^{-1}$
Densité (*d*)	Sans unité
Déplacement chimique (δ)	Sans unité
Énergie (E)	joule : J
Flux thermique (φ)	watt : W
Force (F)	newton : N
Fréquence (*f* ou ν)	hertz : Hz
Intensité électrique (I)	ampère : A
Intensité sonore (I)	$W \cdot m^{-2}$
Longueur (L)	mètre : m

Grandeur	Unité
Masse (*m*)	kilogramme : kg
Masse linéique (μ)	$kg \cdot m^{-1}$
Masse molaire (M)	$g \cdot mol^{-1}$
Masse volumique (ρ ou μ)	$kg \cdot m^{-3}$ ou $g \cdot mL^{-1}$ $1\ kg \cdot m^{-3} = 10^{3}\ g \cdot mL^{-1}$
Niveau d'intensité sonore (L)	décibel (dB)
Nombre d'ondes (σ)	cm^{-1}
Période (T)	seconde : s
Pression (P)	pascal : Pa
Puissance (P)	watt : W
Quantité de matière (*n*)	mole : mol
Quantité de mouvement (*p*)	$kg \cdot m \cdot s^{-1}$
Résistance (R)	ohm : Ω
Résistance thermique (R_{th})	$K \cdot W^{-1}$ ou $°C \cdot W^{-1}$
Surface (S)	m^{2}
Température (T ou θ)	°C ou K 1°C = 1K + 273,15
Temps (*t*)	seconde : s
Tension électrique (U)	volt : V
Transmittance (T)	Sans unité
Travail (W)	joule : J
Vitesse (*v*)	$m \cdot s^{-1}$
Volume (V)	m^{3}

3. Constantes utilisées en physique

Grandeur	Symbole	Valeur	Valeur approchée
Célérité de la lumière dans le vide	c	299 792 458 $m \cdot s^{-1}$	$3,00 \times 10^{8}$ $m \cdot s^{-1}$
Charge élémentaire	q	$1,602\,176\,565 \times 10^{-19}$ C	$1,60 \times 10^{-19}$ C
Constante d'Avogadro	N_A	$6,022\,141\,29 \times 10^{23}$ mol^{-1}	$6,02 \times 10^{23}$ mol^{-1}
Constante de gravitation	G	$6,673\,85 \times 10^{-11}$ $N \cdot m^2 \cdot kg^{-2}$	$6,67 \times 10^{-11}$ $N \cdot m^2 \cdot kg^{-2}$
Constante de Planck	h	$6,626\,069\,57 \times 10^{-34}$ J·s	$6,63 \times 10^{-34}$ J·s
Masse de l'électron	m_e	$9,109\,382\,91 \times 10^{-31}$ kg	$9,11 \times 10^{-31}$ kg
Masse du proton	m_p	$1,67\,262 \times 10^{-27}$ kg	$1,67 \times 10^{-27}$ kg

4. Multiples et sous-multiples

Puissance	10^{-15}	10^{-12}	10^{-9}	10^{-6}	10^{-3}	10^{3}	10^{6}	10^{9}	10^{12}
Préfixe	femto	pico	nano	micro	milli	kilo	méga	giga	téra
Symbole	*f*	*p*	*n*	µ	*m*	K	M	G	T

5. Tables infrarouges

Liaison	—O—H	—NH	=CH	—CH—	C_{ald}-H (2 bandes)
σ en cm^{-1}	3 200 à 3 650	3 100 à 3 500	3 000 à 3 100	2 800 à 3 000	2 750 – 2 900

Liaison	>C=O	>C=C<	—CH—	—C—C—	—C—O—
σ en cm^{-1}	1 650 à 1 750	1 625 à 1 685	1 415 à 1 470	1 000 à 1 250	1 050 à 1 450

6. Tables RMN

Type de proton	R-C**H**$_3$	R-O**H**	R-C**H**$_2$-R'	R-C**H**=O	R-C**H**$_2$-OH
δ (ppm)	0,8 – 1,2	0,5 – 6,0	1,2 – 1,4	9,5 – 9,6	3,3 – 3,4

Type de proton	–C**H**-O-CO-R	R-CO-C**H**$_3$	C**H**-COOR	R-COO**H**	R-N**H**$_2$
δ (ppm)	3,7 – 4,8	2,1 – 2,6	2,0 – 2,4	11,0 – 12,0	0,5 – 4,0

7. Conductivité molaire ionique à 25 °C

Cations			Anions		
Nom	Symbole	λ^0 ($S \cdot m^2 \cdot mol^{-1}$)	Noms	Symbole	λ^0 ($S \cdot m^2 \cdot mol^{-1}$)
Oxonium	$H_3O^+_{(aq)}$	$349,8 \times 10^{-4}$	Hydroxyde	$HO^-_{(aq)}$	$198,6 \times 10^{-4}$
Potassium	$K^+_{(aq)}$	$73,5 \times 10^{-4}$	Bromure	$Br^-_{(aq)}$	$78,1 \times 10^{-4}$
Sodium	$Na^+_{(aq)}$	$50,1 \times 10^{-4}$	Iodure	$I^-_{(aq)}$	$76,8 \times 10^{-4}$
Ammonium	$NH^+_{4(aq)}$	$73,5 \times 10^{-4}$	Chlorure	$Cl^-_{(aq)}$	$76,3 \times 10^{-4}$
Lithium	$Li^+_{(aq)}$	$38,7 \times 10^{-4}$	Fluorure	$F^-_{(aq)}$	$55,4 \times 10^{-4}$
Césium	$Cs^+_{(aq)}$	$77,3 \times 10^{-4}$	Nitrate	$NO^-_{3(aq)}$	$71,4 \times 10^{-4}$
Rubidium	$Rb^+_{(aq)}$	$77,8 \times 10^{-4}$	Éthanoate	$CH_3COO^-_{(aq)}$	$40,9 \times 10^{-4}$
Argent	$Ag^+_{(aq)}$	$61,8 \times 10^{-4}$	Benzoate	$C_6H_5COO^-_{(aq)}$	$32,3 \times 10^{-4}$

8. Indicateurs colorés et leur zone de virage

Indicateur coloré	Couleur forme acide	Zone de virage	Couleur forme basique	pK_A
Hélianthine ou orange de méthyle	Rouge	3,1 – 4,4	Jaune	3,7
Vert de bromocrésol	Jaune	3,8 – 5,4	Bleu	4,7
Rouge de méthyle	Rouge	4,4 – 6,2	Jaune	5,2
Rouge de chlorophénol	Jaune	5,2 – 6,8	Rouge	6,1
Bleu de bromothymol	Jaune	6,0 – 7,6	Bleu	7,0
Phénolphtaléine	Incolore	8,2 – 10	Rouge violacé	9,4

9. Tableau périodique des éléments

Légende : Magnésium (Nom) – 24,3 (Masse atomique (g·mol⁻¹)) – Mg (Symbole) – 12 (Numéro atomique) – 1,2 (Électronégativité)

Ca : Solide – Br : Liquide – H : Gaz – Pu : Préparé par synthèse

Chaque case : Symbole – Nom – Numéro atomique – Masse atomique – Électronégativité

	1	2	3	4	5	6	7	8	9	10	11	12	13	14	15	16	17	18
1	H – Hydrogène – 1 – 1,0 – 2,2																	He – Hélium – 2 – 4,0
2	Li – Lithium – 3 – 6,9 – 1,0	Be – Béryllium – 4 – 9,0 – 1,5											B – Bore – 5 – 10,8 – 2,0	C – Carbone – 6 – 12,0 – 2,5	N – Azote – 7 – 14,0 – 3,0	O – Oxygène – 8 – 16,0 – 3,5	F – Fluor – 9 – 19,0 – 4,0	Ne – Néon – 10 – 20,2
3	Na – Sodium – 11 – 23,0 – 0,9	Mg – Magnésium – 12 – 24,3 – 1,2											Al – Aluminium – 13 – 27,0 – 1,5	Si – Silicium – 14 – 28,1 – 1,8	P – Phosphore – 15 – 31,0 – 2,1	S – Soufre – 16 – 32,1 – 2,5	Cl – Chlore – 17 – 35,5 – 3,2	Ar – Argon – 18 – 39,9
4	K – Potassium – 19 – 39,1 – 0,8	Ca – Calcium – 20 – 40,1 – 1,0	Sc – Scandium – 21 – 45,0 – 1,3	Ti – Titane – 22 – 47,9 – 1,5	V – Vanadium – 23 – 50,9 – 1,6	Cr – Chrome – 24 – 52,0 – 1,6	Mn – Manganèse – 25 – 54,9 – 1,5	Fe – Fer – 26 – 55,8 – 1,8	Co – Cobalt – 27 – 58,9 – 1,8	Ni – Nickel – 28 – 58,7 – 1,8	Cu – Cuivre – 29 – 63,5 – 1,9	Zn – Zinc – 30 – 65,4 – 1,6	Ga – Gallium – 31 – 69,7 – 1,6	Ge – Germanium – 32 – 72,6 – 1,8	As – Arsenic – 33 – 74,9 – 2,0	Se – Sélénium – 34 – 79,0 – 2,4	Br – Brome – 35 – 79,9 – 2,8	Kr – Krypton – 36 – 83,8
5	Rb – Rubidium – 37 – 85,5 – 0,8	Sr – Strontium – 38 – 87,6 – 1,0	Y – Yttrium – 39 – 88,9 – 1,3	Zr – Zirconium – 40 – 91,2 – 1,4	Nb – Niobium – 41 – 92,9 – 1,6	Mo – Molybdène – 42 – 95,9 – 1,8	Tc – Technétium – 43 – 98 – 1,9	Ru – Ruthénium – 44 – 101,1 – 2,2	Rh – Rhodium – 45 – 102,9 – 2,2	Pd – Palladium – 46 – 106,4 – 2,2	Ag – Argent – 47 – 107,9 – 1,9	Cd – Cadmium – 48 – 112,4 – 1,7	In – Indium – 49 – 114,8 – 1,7	Sn – Étain – 50 – 118,7 – 1,8	Sb – Antimoine – 51 – 121,8 – 1,9	Te – Tellure – 52 – 127,6 – 2,1	I – Iode – 53 – 126,9 – 2,5	Xe – Xénon – 54 – 131,3
6	Cs – Césium – 55 – 132,9 – 0,7	Ba – Baryum – 56 – 137,3 – 0,9	La – Lanthane – 57 – 138,9 – 1,1	Hf – Hafnium – 72 – 178,5 – 1,3	Ta – Tantale – 73 – 180,9 – 1,5	W – Tungstène – 74 – 183,9 – 1,7	Re – Rhénium – 75 – 186,2 – 1,9	Os – Osmium – 76 – 190,2 – 2,2	Ir – Iridium – 77 – 192,2 – 2,2	Pt – Platine – 78 – 195,1 – 2,2	Au – Or – 79 – 197,0 – 2,4	Hg – Mercure – 80 – 200,6 – 1,9	Tl – Thallium – 81 – 204,4 – 1,8	Pb – Plomb – 82 – 207,2 – 1,8	Bi – Bismuth – 83 – 209,0 – 1,9	Po – Polonium – 84 – 210 – 2,0	At – Astate – 85 – 210 – 2,2	Rn – Radon – 86 – 222
7	Fr – Francium – 87 – 223,0 – 0,7	Ra – Radium – 88 – 226 – 0,9	Ac – Actinium – 89 – 227 – 1,1	Rf – Rutherfordium – 104	Db – Dubnium – 105	Sg – Seaborgium – 106	Bh – Bohrium – 107	Hs – Hassium – 108	Mt – Meitnérium – 109	Ds – Darmstadium – 110	Rg – Roentgenium – 111	Cn – Copernicium – 112						

6	Ce – Cérium – 58 – 140,1 – 1,1	Pr – Praséodyme – 59 – 140,9 – 1,1	Nd – Néodyme – 60 – 144,2 – 1,1	Pm – Prométhium – 61 – 144,9	Sm – Samarium – 62 – 150,4 – 1,2	Eu – Europium – 63 – 152 – 1,2	Gd – Gadolinium – 64 – 157,3 – 1,2	Tb – Terbium – 65 – 158,9 – 1,2	Dy – Dysprosium – 66 – 162,5 – 1,2	Ho – Holmium – 67 – 164,9 – 1,2	Er – Erbium – 68 – 167,3 – 1,2	Tm – Thulium – 69 – 168,9 – 1,1	Yb – Ytterbium – 70 – 173,0 – 1,3	Lu – Lutétium – 71 – 175,0 – 1,3
7	Th – Thorium – 90 – 232,0 – 1,5	Pa – Protactinium – 91 – 231,0 – 1,5	U – Uranium – 92 – 238,0 – 1,7	Np – Neptunium – 93 – 237,0	Pu – Plutonium – 94 – 242	Am – Américium – 95 – 243	Cm – Curium – 96 – 247	Bk – Berkélium – 97 – 247	Cf – Californium – 98 – 249	Es – Einsteinium – 99 – 254	Fm – Fermium – 100 – 253	Md – Mendélévium – 101 – 256	No – Nobélium – 102 – 254	Lr – Lawrencium – 103 – 257

SVT

Sommaire

Corps humain et santé

ENSEIGNEMENT DE SPÉCIALITÉ

Énergie et vie cellulaire

Atmosphère et climats

Glycémie et diabète

Méthode pour le Bac

ANNEXE

Description de l'épreuve

Coefficient : 6 (spécifique) + 2 (spécialité)

L'épreuve écrite

Durée : 3 heures 30 minutes.

Notation : 16 points.

L'ensemble de l'épreuve écrite s'appuie sur la totalité du programme.

- **Partie 1 :** cette partie valide l'acquisition des connaissances.

– L'épreuve comprend une question de synthèse et/ou un QCM.
– Elle peut prendre appui sur un ou plusieurs documents.
– Elle mobilise les seules connaissances acquises dans une des parties évaluables du programme d'enseignement obligatoire.

- **Partie 2 :** cette partie est subdivisée en deux exercices et s'appuie sur des documents.

Les deux exercices portent sur des domaines différents de celui qui est abordé dans la restitution des connaissances.

Le premier exercice s'appuie sur un nombre réduit de documents.
– Il est noté sur **3 points**.
– Il permet d'évaluer les capacités du candidat à raisonner sur un problème scientifique formulé dans le sujet.
– Le sujet peut être sous forme d'une question ouverte ou sous forme de QCM.

Le deuxième exercice s'appuie sur plusieurs documents.
– Il est noté sur **5 points**.
– Il permet d'évaluer les capacités du candidat à pratiquer une démarche scientifique à partir d'un problème scientifique posé et en utilisant ses connaissances.
– La réponse doit être construite, argumentée et doit proposer une conclusion.

Pour les candidats de l'enseignement obligatoire, l'exercice 2 peut ou non porter sur la même partie du programme que le premier exercice ; pour les candidats de l'enseignement de spécialité, l'exercice 2 porte sur l'une des trois parties du programme de spécialité.

L'épreuve pratique d'évaluation des compétences expérimentales

Durée : 1 heure. *Notation :* 4 points.

Le candidat tire un sujet au sort parmi une série de travaux pratiques réalisés en classe durant l'année ; cela peut être un sujet de spécialité pour les candidats concernés.
Le calcul de la note se fait sur 20 points puis elle sera divisée par 5 avant d'être ajoutée à la note de l'écrit.

Conseils pour réussir

Quelques principes de base

- Vous devez bien distinguer les exigences scientifiques et méthodologiques de chaque partie du sujet.
- Prenez votre temps pour lire et comprendre le sujet afin de déterminer, pour chaque type d'exercice, le problème scientifique à résoudre.
- Prévoyez le temps à consacrer à chaque partie afin de pouvoir tout aborder et tout traiter.
- Commencez par l'exercice que vous pensez le mieux maîtriser.

Pour l'épreuve écrite

- **Dans la partie 1,** dans le cas où le sujet se présente sous la forme d'une question ouverte, la réponse doit présenter un plan apparent.
  - Dans l'introduction, le problème scientifique doit être explicitement formulé sous forme interrogative, le plan doit être annoncé.
  - Le développement peut être illustré par un ou plusieurs schémas.
  - La conclusion doit apporter la réponse au problème posé.
- **Pour l'exercice 1,** exploitez les documents et trouvez les arguments pour répondre à la question posée.
- Dans le cas d'un QCM, comme dans la partie 1, chaque proposition doit être bien étudiée.
- **Pour l'exercice 2,** exploitez les documents puis mettez-les en relation avec vos connaissances pour résoudre le problème posé.

La méiose

FICHE 1

La méiose* est une succession de deux divisions cellulaires dont seule la première est précédée par une **réplication* d'ADN**.

La méiose est le mécanisme qui permet aux cellules sexuelles de passer de la phase diploïde* (2*n* chromosomes) à la phase haploïde* (*n* chromosomes), état indispensable à la réalisation de la reproduction sexuée.

Réplication d'ADN : mécanisme par lequel une molécule d'ADN est synthétisée à partir d'une molécule préexistante. Les deux molécules d'ADN sont identiques entre elles et à celle dont elles sont issues.

I Première division de la méiose

Cette division se déroule en quatre phases de durée inégale.

1. La prophase I

Longue et complexe, elle se caractérise par :
- une **individualisation** des chromosomes* ;
- un **appariement** des chromosomes homologues à deux chromatides* et la formation de **chiasmas*** entre les chromatides ;
- la **disparition** de l'enveloppe nucléaire.

2. La métaphase I

Elle correspond à la disposition des chromosomes au niveau du plan équatorial de la cellule :
- les centromères des chromosomes sont disposés de part et d'autre du plan médian ;
- les chromosomes homologues de chaque paire sont disposés face à face.

3. L'anaphase I

Elle se matérialise par la **dissociation** des bivalents. Chaque homologue à deux chromatides migre vers l'un des pôles de la cellule.

4. La télophase I

- Elle termine la première division méiose et se caractérise par :
- des chromosomes à **deux chromatides** qui restent condensés ;

**Tous les mots suivis d'un astérisque sont définis dans le lexique page 351.*

– la formation de l'enveloppe nucléaire autour de chaque lot de chromosomes ;
– la séparation de la cellule en deux cellules filles possédant chacune l'un des chromosomes homologues de la paire.

• À partir d'une cellule à 2*n* chromosomes à deux chromatides se forment, à la fin de la première division, deux cellules à *n* chromosomes à deux chromatides.

II Seconde division de la méiose

• Elle affecte les deux cellules formées précédemment et elle succède directement à la première division méiose.

• Elle se déroule en quatre phases de durée inégale.

1. La prophase II

Phase très courte en durée :
– les chromosomes à deux chromatides sont déjà condensés ;
– seule l'enveloppe nucléaire disparaît.

2. La métaphase II

• Les chromosomes à deux chromatides se disposent sur le plan équatorial de la cellule.

• Les centromères des chromosomes sont alignés sur le plan médian.

3. L'anaphase II

Les chromatides des chromosomes se séparent. Chaque chromatide migre à un pôle de la cellule.

4. La télophase II

• Elle achève la deuxième division de méiose et se caractérise pour chaque cellule par :
– la décondensation des chromosomes à une chromatide ;
– l'apparition de l'enveloppe nucléaire autour de chaque lot de chromosomes ;
– la séparation de la cellule en deux cellules filles.

• Ainsi, chaque cellule à *n* chromosomes à deux chromatides donne, au cours de la deuxième division de méiose, deux cellules à *n* chromosomes à une chromatide.

Brassage génétique et accidents de méiose

FICHE 2

Il existe deux types de brassage génétique au cours de la méiose : les brassages inter- et intrachromosomiques qui conduisent à la diversité génétique.

Les deux types de brassage peuvent s'effectuer au cours de la même méiose, ce qui a pour effet d'accentuer le brassage génétique et la variabilité de chaque individu.

I Le brassage intrachromosomique*

1. Les principales étapes

- Le brassage intrachromosomique se produit en **prophase de 1re division de méiose**.
- Les chromosomes homologues à deux chromatides s'apparient et forment des **bivalents**. Les chromatides se chevauchent en des points nommés « **chiasmas** ».
- Les chromosomes homologues se séparent. Au niveau des chiasmas, ils peuvent échanger des portions de chromatides. C'est le phénomène d'enjambement ou **crossing-over***.

2. Résultats

- Sur les chromatides **recombinées**, on assiste à une nouvelle association de gènes. Les allèles d'origine parentale différente peuvent se retrouver associés sur un même chromosome.
- Cette recombinaison génétique entraîne un brassage des gènes au sein même des chromosomes homologues.

II Le brassage interchromosomique*

1. Les principales étapes

- Il se réalise au cours de la 1re division de méiose.
- À la métaphase de 1re division de méiose, les chromosomes homologues se disposent de façon **aléatoire** à l'équateur de la cellule.
- À l'anaphase de 1re division de méiose, les chromosomes homologues se séparent **indépendamment** les uns des autres.

• À la télophase de 1re division de méiose, on assiste à une **répartition au hasard** des chromosomes entre les deux cellules filles. Chaque cellule a un chromosome de chaque paire.

2. Résultats

Il y a un brassage indépendant des chromosomes non homologues et des gènes qui les constituent.

III Anomalies de nombre des chromosomes

1. Anomalies de nombre des chromosomes dans les gamètes

• Les anomalies ont pour origine des accidents qui se déroulent au cours de la méiose.

Translocation : soudure d'un fragment de chromosome ou d'un chromosome sur un autre chromosome non homologue.

• Au cours de la prophase de 1re division de méiose peut se produire une **translocation*** entre deux chromosomes : une cellule fille aura un chromosome plus long, l'autre cellule fille aura un chromosome plus court.

• Au cours de l'anaphase de 1re division de méiose peut avoir lieu une non-séparation des deux chromosomes homologues : une cellule fille aura $2n$ chromosomes, l'autre cellule fille en sera dépourvue.

• Au cours de l'anaphase de 2e division de méiose peut se réaliser une non-séparation des chromatides : une cellule fille aura n chromosomes à deux chromatides, l'autre en sera dépourvue.

2. Anomalies dans la cellule œuf ou zygote*

Après fécondation d'un gamète normal et d'un gamète présentant une anomalie de nombre de chromosomes on obtient :
- **les trisomies*** avec une cellule œuf possédant un chromosome du lot en trois exemplaires au lieu de deux : la trisomie du chromosome 21 constitue le syndrome de Down ; la trisomie des chromosomes sexuels se retrouve chez les individus ayant le caryotype* XXY ;
- **les monosomies** avec une cellule œuf possédant un chromosome du lot en un seul exemplaire au lieu de deux : la monosomie des chromosomes sexuels, le chromosome Y peut être absent comme dans le syndrome de Turner.

De la méiose à la fécondation

La méiose conduit à la formation de cellules haploïdes. La fécondation* rétablit la diploïdie.

I La formation des gamètes*

- Chaque individu peut produire en fin de méiose 2^n gamètes génétiquement différents, *n* correspond au nombre haploïde de chromosomes.
- Dans l'espèce humaine, les cellules diploïdes ont 23 paires de chromosomes, après les deux divisions de méiose, il peut se former 2^{23} gamètes soit $8{,}4 \times 10^{16}$ gamètes génétiquement différents.
- Les étapes de la formation des gamètes figurent dans le tableau ci-dessous.

Étapes	Nombre de chromosomes	Spermatogenèse	Ovogenèse
Multiplication des gonies par mitoses successives	2*n*	Spermatogonies	Ovogonies
Accroissement	2*n* à 2 chromatides	1 spermatocyte I	1 ovocyte I
Première division de méiose	*n* à 2 chromatides	2 spermatocytes II	1 ovocyte II 1 globule polaire I qui dégénère
Seconde division de méiose	*n* à 1 chromatide	4 spermatides	1 ovotide 1 globule polaire II qui dégénère
Différenciation	*n* à 1 chromatide	4 spermatozoïdes	1 ovule

- Ainsi se formeront à partir d'une cellule mère diploïde, quatre spermatozoïdes haploïdes chez l'homme et un ovule haploïde chez la femme.
- Ce phénomène permet de brasser les génotypes parentaux et d'obtenir une variabilité quasi infinie de gamètes.

II La fécondation

1. Le mélange des génomes*

- Des protéines spécifiques conditionnent l'adhérence spermatozoïde-ovule ; le noyau du spermatozoïde pénètre dans l'ovocyte II ;

il y a mise en commun du matériel génétique des noyaux des deux gamètes et la cellule œuf ou zygote est formée.

• La cellule œuf est diploïde et possède le nombre de chromosomes caractéristique de l'espèce. La fécondation se caractérise donc par l'association spécifique des génomes parentaux.

2. Le déroulement de la fécondation

La fécondation se réalise par étapes (*cf.* schéma ci-dessous) :
- un spermatozoïde dit fécondant pénètre à l'intérieur de l'ovocyte II dont le noyau, bloqué en métaphase II, achève la méiose et devient le pronucléus femelle ;
- le noyau du spermatozoïde devient le pronucléus mâle ;
- rapprochement des deux pronucléi. Le mélange des chromosomes conduit à la formation de la cellule œuf à $2n$ chromosomes.

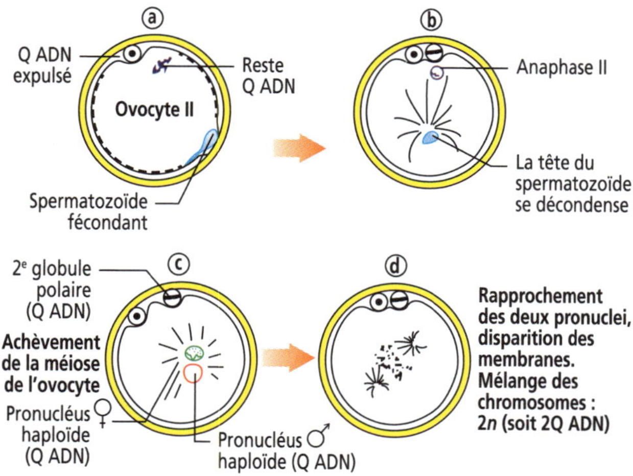

3. La fécondation, source de diversité génétique

• Pour un couple, la fécondation réunit au hasard deux gamètes.

• La fécondation amplifie le brassage génétique réalisé au cours de la méiose.

• La diversité génétique potentielle des zygotes est immense.

• Chaque zygote possède une combinaison unique d'allèles*.

Brassage chromosomique et dihybridisme

FICHE 4

Le dihybridisme correspond à la transmission de deux gènes.

Selon la localisation des différents allèles, les brassages inter- et intrachromosomique peuvent intervenir.

I Cas de gènes indépendants

Les gènes indépendants sont localisés sur des paires de chromosomes homologues différents.
La séparation indépendante des deux couples d'allèles au cours de l'anaphase I de méiose conduit en 2e division de méiose à la formation de quatre gamètes identiques deux à deux.

1. Résultats du croisement entre deux lignées pures

- Chaque parent est homozygote pour les deux gènes concernés et donne un seul type de gamète.
- Les hybrides de première génération sont tous semblables et possèdent les deux allèles indépendants de chaque parent.
- S'il y a dominance d'un allèle, les hybrides possèdent le phénotype de l'allèle dominant.
- S'il y a codominance des allèles, les hybrides possèdent un phénotype intermédiaire.

2. Résultats du croisement entre des hybrides de première génération

- Chaque hybride donne quatre types de gamètes différents.
- La rencontre aléatoire des gamètes lors de la fécondation aboutit à la naissance des hybrides de deuxième génération.
- Quand un allèle est dominant, on obtient pour les hybrides de deuxième génération :
  - 56,25 % soit 9/16 d'individus de phénotype dominant ;
  - 18,75 % soit 3/16 d'individus d'un phénotype recombiné ;
  - 18,75 soit 3/16 d'individus de l'autre phénotype recombiné ;
  - 6,25 % soit 1/16 d'individus de phénotype récessif.

3. Résultats d'un test cross

- L'homozygote double récessif donne un seul type de gamète.

- L'hybride donne quatre types de gamètes différents mais dans des proportions égales, soit 25 % de chaque type.

Test cross ou croisement en retour : croisement entre un homozygote double récessif et un hybride de première génération.

- Le pourcentage des phénotypes des hybrides de seconde génération correspond à celui des gamètes des hybrides de première génération, soit 25 % pour chaque type d'hybride.

II Cas des gènes liés

Les gènes liés sont localisés sur la même paire de chromosomes homologues.
Les gènes liés sont séparés s'il intervient un crossing-over en prophase I de méiose.

1. Résultat du croisement entre parents de lignée pure

- Chaque parent est homozygote pour les deux gènes concernés et donne un seul type de gamète.

- Les hybrides de première génération sont tous identiques et possèdent les deux allèles liés de chaque parent.

2. Résultats d'un test cross

- L'homozygote double récessif donne un seul type de gamète.

- L'hybride de première génération donne quatre types de gamètes dans des proportions différentes.

- Les pourcentages des hybrides de deuxième génération correspondent aux pourcentages des gamètes de l'hybride de première génération :
  - 45 % portent les allèles codant pour les phénotypes dominants parentaux ;
  - 45 % portent les allèles codant pour les phénotypes récessifs parentaux ;
  - 10 % environ portent les allèles codant pour les phénotypes recombinés.

- Les résultats d'un test cross permettent de déterminer les proportions des gamètes produits par l'individu testé.

- Le test cross permet de déduire le génotype de l'individu hybride et la localisation chromosomique des gènes.

La diversification du vivant par voie génétique

FICHE 5

Les mutations* sont à la base d'accidents génétiques. Elles entraînent la modification de certains gènes*.

D'autres mécanismes d'innovations génétiques interviennent pour créer de nouveaux gènes et diversifier le vivant.

I Les mécanismes de diversification du génome

1. Duplication* par enjambement inégal

L'enjambement inégal ou crossing-over inégal se déroule en prophase I de méiose :
- des portions de chromatide de longueur différente sont échangées ;
- une chromatide hérite d'une portion de chromatide sœur possédant des allèles de certains gènes tout en conservant ses propres allèles ;
- l'autre chromatide plus courte est dépourvue de ces allèles.

2. Duplication des gènes par polyploïdisation*

• L'hybridation entre deux espèces différentes mais proches conduit à la formation d'un descendant qui possède le lot de chromosomes de ses deux parents. Le descendant est stérile, la méiose ne peut avoir lieu car il n'y a pas de chromosomes homologues.

Espèce polyploïde : espèce possédant plus de deux jeux de chromosomes.

• Si une duplication des chromosomes intervient après l'hybridation, chaque chromosome retrouve un homologue. Les espèces polyploïdes obtenues ont des génomes différents de ceux dont ils sont issus, ils sont fertiles.

• La polyploïdisation qui suit une hybridation est donc une anomalie qui augmente le nombre de chromosomes des cellules.

3. Translocation des chromosomes

• La translocation entraîne la formation d'un caryotype différent et peut modifier le nombre de gènes.

• La translocation après polyploïdisation aboutit à deux copies du gène sur des chromosomes différents.

4. Les transferts horizontaux des gènes

- Certains organismes comme les virus* sont capables de transférer de l'ADN de manière volontaire ou accidentelle à d'autres espèces.
- Les 10 % du génome humain et les 50 % du génome du maïs ont une origine virale.
- Ces gènes transférés peuvent ensuite être transmis à la descendance qui possédera un ou des caractères nouveaux.

II La diversification du génome et la famille multigénique

1. Famille multigénique

- À partir d'un gène unique, par duplication génique, des familles de gènes peuvent se former. Les nouvelles copies du gène étudié sont situées sur des loci* différents du chromosome. L'évolution ultérieure des copies est autonome. Elles vont se comporter comme deux fragments d'ADN différents et subir des mutations indépendamment l'une de l'autre.
- Les molécules codées par des gènes qui dérivent d'un gène ancestral sont appelées des molécules homologues. Les gènes correspondants forment une famille multigénique.

2. Conséquences de la diversification du génome sur le phénotype

- Une copie de gène reste identique au gène initial. L'autre copie du gène se modifie et entraîne l'apparition d'une protéine ayant une fonction différente.
- L'innovation génétique au niveau de l'espèce se traduit par l'acquisition de fonctions différentes. C'est le cas des hormones* hypophysaires. Le génome est enrichi et diversifié.

III La modification de l'expression des gènes

- Des modifications de l'expression des gènes du développement ont pu être à l'origine de plans d'organisation nouveaux conduisant à la diversification du vivant.
- Des variations dans la chronologie et l'intensité de l'expression de gènes du développement entraînent des différences morphologiques entre des espèces très proches.

La diversification du vivant par voie non génétique

FICHE 6

La diversification des êtres vivants n'est pas toujours liée à une diversification génétique mais fait intervenir d'autres mécanismes.

I Modifications du vivant par association entre des organismes

Symbiose : association durable entre deux ou plusieurs individus qui en tirent chacun un bénéfice.

Exemple avec le phénomène de symbiose* :
- les êtres vivants associés sont d'espèces différentes ;
- ils exercent entre eux une influence réciproque ;
- l'association des organismes peut entraîner des modifications des phénotypes.

1. Modification du phénotype

Cas du lichen :
- c'est une association symbiotique entre un champignon et une algue ;
- les cellules de l'algue et du champignon sont fortement associées, ce qui entraîne une modification de leur phénotype ;
- l'algue, symbiote autotrophe*, utilise l'énergie lumineuse pour réaliser la photosynthèse* ;
- elle crée de la matière organique à partir de la matière minérale apportée par le champignon ;
- le champignon, symbiote hétérotrophe*, utilise la matière organique synthétisée par l'algue ;
- il lui fournit en retour la matière minérale dont elle a besoin ;
- le champignon sert de support à l'algue et constitue une réserve d'humidité.

- La symbiose entraîne la diversification du vivant.

2. Modification de la croissance

Cas des mycorhizes :
- c'est une association symbiotique entre des racines de végétaux et des champignons du sol ;
- les végétaux synthétisent la matière organique à partir des éléments minéraux puisés dans le sol et grâce à l'énergie lumineuse utilisée par les chloroplastes des feuilles ;

– le champignon favorise l'absorption racinaire en développant un réseau de filaments retenant l'eau et les sels minéraux autour des racines ;
– il utilise la matière organique fabriquée par les végétaux ;
– en conséquence, la **croissance des deux symbiotes est plus rapide**.

II Modifications du comportement chez les vertébrés

1. L'apprentissage

• L'étude du **chant des oiseaux** est un bon exemple :
– le chant est **propre** à chaque espèce ;
– l'acquisition du chant est réalisée durant la **phase juvénile** du développement de l'oiseau ;
– l'acquisition se fait par **imitation**,
– l'oisillon répète le chant d'un oiseau de l'espèce plus âgé ;
– le chant est transmis de génération en génération par voie non génétique ;
– les oiseaux reconnaissent plus **spécifiquement** le chant de leur espèce.

• Il existe un **déterminisme génétique** à la diversité des chants chez les oiseaux ; au sein d'une espèce selon **leur habitat**, les oiseaux peuvent avoir des chants différents.

• Des facteurs non génétiques, comme le milieu, peuvent ainsi intervenir sur la modification du chant des oiseaux.

2. L'utilisation d'outils

• Les **chimpanzés** utilisent des outils :
– chez le jeune, la réalisation et l'utilisation d'outils sommaires se font en observant les autres congénères ;
– les chimpanzés n'utilisent pas les mêmes outils selon le groupe auquel ils appartiennent ;
– les chimpanzés utilisent les matériaux qu'ils trouvent sur place pour la fabrication de leurs outils ;
– le milieu influence la fabrication et l'utilisation de certains outils ;
– le comportement se transmet de génération en génération par voie non génétique.

• La transmission des savoir-faire par voie culturelle est génératrice de diversité.

Évolution et biodiversité

FICHE 7

La biodiversité est définie et présentée comme produit et étape de l'évolution* à un moment donné de l'histoire de la vie.

C'est l'étude de l'évolution des populations qui illustre le mieux l'évolution de la biodiversité.

I Les populations : marqueurs de l'évolution de la biodiversité

- Une population est un ensemble d'individus appartenant à la même espèce*.
- Les individus d'une population vivent dans une aire géographique assez proche et sont susceptibles de se reproduire entre eux facilement.
- La fréquence des allèles au sein de la population peut varier au cours du temps de génération en génération et modifier les phénotypes.
- Les changements au sein d'une population marquent l'évolution.

II L'impact des crises* biologiques sur la biodiversité

- Les crises biologiques sont, à l'échelle des temps géologiques, des modifications brutales et globales qui affectent le monde vivant. Ce sont des discontinuités majeures qui séparent des périodes de plus grande stabilité.
- Les crises sont marquées par des extinctions massives plus ou moins fortes selon les groupes.
- Elles sont suivies d'une diversification importante des formes survivant à la crise avec apparition de nouvelles espèces.
- Les crises biologiques font évoluer la biodiversité.
- Le comportement de l'Homme, produit récent de l'évolution, semble influencer l'avenir de la planète. Les espèces en voie de disparition illustrent les conséquences négatives des activités humaines sur la biodiversité à l'échelle planétaire.

III Les mécanismes intervenant sur la biodiversité

- Les innovations génétiques avec les mutations ponctuelles, les **duplications géniques*** ou encore les remaniements chromosomiques ne permettent pas à eux seuls d'expliquer l'évolution de la biodiversité.
- D'autres mécanismes comme la **sélection naturelle*** et la **dérive génétique*** interviennent.

1. La sélection naturelle

- Elle affecte une population et non un individu isolé.
- Au sein d'une population, les gènes peuvent présenter **différents allèles** :
  - dans un **milieu donné**, un allèle d'un gène peut être favorable à une population et être transmis à la génération suivante ;
  - dans les mêmes conditions de milieu, l'autre allèle du gène peut être désavantageux et n'être pas transmis à la génération suivante ;
  - l'allèle désavantageux ne disparaît pas pour autant totalement dans la population ;
  - si les conditions du milieu changent, l'allèle défavorable peut devenir favorable et peut alors être transmis ;
  - le milieu modifie la fréquence des allèles d'un gène ;
  - il favorise celui qui confère un avantage aux individus qui le portent ;
  - il tend à réduire l'allèle le moins avantageux.
- La sélection naturelle est une modification de la diversité des allèles dans une population sous l'action du milieu ; elle influe sur l'évolution de la biodiversité.

2. La dérive génétique

- La dérive génétique correspond à une **modification aléatoire de la diversité des allèles** au sein d'une population.
- Elle dépend du nombre d'individus d'une population :
  - pour un grand nombre d'individus, la fréquence des allèles des gènes demeure constante au fil des générations ;
  - pour un petit nombre d'individus, la fréquence des allèles des gènes varie au cours des générations sous l'effet du hasard. On appelle cette variation la **dérive génétique**.

Espèce et spéciation

FICHE 8

Le concept d'espèce s'est modifié au cours du temps.

Des espèces disparaissent, d'autres apparaissent : c'est la **spéciation**.

I Les étapes de la définition d'espèce au cours du temps

- Au XVIIIe siècle, **Carl von Linné** utilise les critères de ressemblance et d'interfécondité pour réunir des individus dans la même espèce. C'est un concept **fixiste**.

- Au XIXe siècle, **Charles Darwin** considère que l'espèce est une **entité limitée** dans l'espace et dans le temps. Il fait de la variabilité une propriété du vivant. C'est un concept **évolutionniste** de l'espèce.

- Au XXe siècle, **Ernest Mayr** donne une définition **biologique** de l'espèce. Les individus de la même espèce peuvent se reproduire entre eux et avoir une descendance fertile.

- Au XXIe siècle, c'est l'analyse du **génome** qui va être utilisée pour définir l'espèce. Des individus génétiquement proches sont interféconds. L'espèce se réduit à un ensemble de gènes.

II Le concept d'espèce

- La définition de l'espèce est délicate car elle repose aujourd'hui sur des **bases génétiques**, phénotypiques mais aussi sur le critère d'**interfécondité**.

- Une espèce est un ensemble d'individus qui peuvent se reproduire entre eux et engendrer une descendance féconde.

- Du fait de leur isolement reproductif, les espèces sont isolées génétiquement des individus d'une autre espèce.

- Une espèce est définie sur un laps de temps **fini.** Elle disparaît si l'ensemble des individus concernés disparaît ou si elle cesse d'être isolée génétiquement. Une espèce supplémentaire est définie si un nouvel ensemble apparaît et présente un isolement reproductif avec les autres. Les espèces sont **temporaires** et sont des portions de l'arbre du vivant.

- La notion d'espèce est d'autant plus importante qu'elle est associée à la biodiversité et aux pratiques mises en œuvre pour la conserver.

- En accord avec la théorie de l'évolution, la définition de l'espèce doit reconnaître l'espèce dans sa **dimension temporelle** et changeante.

III La spéciation

Une espèce nouvelle est définie si un nouvel ensemble d'individus apparaît et présente un isolement reproductif avec les autres. Deux modalités conduisent à la spéciation.

Spéciation : apparition d'une nouvelle espèce à partir d'une espèce préexistante.

1. La spéciation par isolement géographique

- Les individus d'une même population peuvent être séparés à la suite d'événements **climatiques** ou **géologiques**. Les deux lots d'individus vont constituer deux sous-populations.

- Les sous-populations vont évoluer indépendamment les unes des autres sous l'action de la sélection naturelle et de la dérive génétique. Chaque sous-population va subir des variations génétiques. Les individus de ces deux sous-populations peuvent se rencontrer de nouveau mais peuvent ne plus être interféconds ; ils forment alors des **espèces distinctes**.

- Ces espèces disparaissent si la population cesse d'être isolée génétiquement.

2. La spéciation et l'isolement reproductif

- Dans une même niche écologique, des hybrides mal adaptés au milieu peuvent être défavorisés par rapport aux homozygotes.

- La sélection naturelle et la dérive génétique interviennent et tendent à isoler partiellement les hybrides en favorisant la reproduction entre les individus mieux adaptés à leur milieu.

- L'isolement reproductif conduit à la mise en place d'espèces différentes.

La place de l'Homme au sein des Primates

FICHE 9

L'Homme et les singes sont des mammifères que l'on classe dans le groupe des Primates*.

Singes anthropomorphes : singes catarhiniens sans queue ni callosités fessières, munis de 32 dents, se déplaçant par brachiation ou marche bipède, tels que le gibbon et les pongidés.

I Les caractéristiques des Primates

1. Les Primates actuels

- Ils sont réduits à six espèces : Gibbons, Orang-outans, Gorilles, Chimpanzés, Bonobos et l'Homme.
- Ils ont pour caractéristiques de posséder :

– un pouce opposable aux autres doigts et une main préhensile ;
– les membres terminés par cinq doigts qui possèdent des ongles plats ;
– des orbites dirigées vers l'avant ;
– un cortex cervical bien développé ;
– un nez distinct.

2. Les premiers Primates

- Ils apparaissent il y a environ –55 millions d'années. Le plus vieil ancêtre est un fossile découvert au Maroc, il s'agit d'*Altialasius*.
- Ils sont très diversifiés à l'éocène, de –55 Ma à –35 Ma, et se retrouvent dans le monde entier.
- Ils vivent essentiellement en Afrique de –35 à –20 millions d'années.
- Ils sont différents des singes actuels et de l'Homme actuel. Ce sont de petits singes arboricoles quadrupèdes pourvus d'une longue queue.
- Les groupes ont évolué depuis leur apparition jusqu'à l'époque actuelle.

II La mise en place du phénotype humain

1. Le phénotype morphologique

Il se met en place progressivement :

– chez l'Homme, les phases embryonnaire et juvénile ont des durées particulièrement longues ;
– le phénotype est lié au système nerveux qui a une maturation lente ;

– l'augmentation du volume cérébral est en relation avec l'augmentation du nombre de neurones.

2. Le phénotype humain par rapport au phénotype simien*

- La morphologie du crâne des fœtus Homme et Chimpanzé est identique au cours du développement.
- Après la naissance, le crâne du chimpanzé subit des transformations, sa croissance s'accélère et prend les caractéristiques simiesques. Le trou occipital chez le singe migre vers l'arrière.
- Après la naissance, le crâne de l'Homme croît mais ne développe pas les caractères simiens. Les organes de l'Homme et du Chimpanzé ne se développent pas à la même vitesse.
- Le phénotype humain et le phénotype simien s'acquièrent au cours du développement pré- et postnatal. C'est l'expression de certains gènes intervenant dans le développement, ainsi que les interactions avec l'environnement qui expliquent les différences entre les deux espèces.

3. Le phénotype comportemental

- Il est déterminé par des facteurs génétiques.
- Il dépend aussi des interactions avec les autres membres de la communauté dans laquelle ils vivent.
- Évoluant avec l'acquisition du langage, il fait intervenir des phénomènes d'apprentissage durant les phases infantiles et juvéniles.
- Il est directement en relation avec l'environnement. Le phénotype humain a une dimension sociale.

III L'Homme parmi les Primates

- L'Homme partage le caractère dérivé « absence de queue » avec le Chimpanzé, le Gorille, et l'Orang-outan. Ces espèces forment le groupe des grands Primates.
- Le Chimpanzé est le plus proche parent de l'Homme. Ces deux espèces partagent un ancêtre commun récent.

Les critères de l'hominisation

FICHE 10

Les critères de l'hominisation* ont été déterminés à partir de l'étude comparée des singes anthropomorphes actuels et de l'Homme moderne.

Hominisation : processus évolutif qui a conduit à l'Homme actuel.

I Les critères d'appartenance à la lignée humaine

1. Les critères du squelette

- Les critères du squelette humain sont les suivants :
- la colonne vertébrale présente quatre courbures permettant l'élasticité du tronc et le maintien vertical ;
- le trou occipital est sous le crâne dans l'axe de gravité du corps ;
- la tête est droite dans le prolongement de la colonne vertébrale ;
- les membres inférieurs sont plus longs que les membres supérieurs ;
- le bassin est court et élargi. L'insertion des muscles fessiers sur le bassin permet le redressement du corps et la station verticale ;
- l'articulation entre l'os iliaque et le fémur est oblique, ce qui facilite la marche ;
- au niveau du genou, la complémentarité et l'épaisseur des os du fémur et du tibia permettent à la jambe une position verticale.

- Le dimorphisme sexuel est peu visible sur le squelette.

2. Les critères du squelette de la tête

- Le crâne est globuleux, développé vers le haut et l'arrière.

- La face est réduite. Elle se caractérise par l'absence de bourrelet supraorbitaire, la présence d'un menton et d'un front droits et l'absence de prognathisme.

- La mâchoire inférieure est parabolique avec incisives et canines réduites.

3. Les critères culturels

- Les critères culturels sont nombreux :
- acquisition du langage articulé ;
- développement de la pensée et de la mémoire ;

– création d'**outils** de plus en plus élaborés ;
– développement de l'**art** et des **rites funéraires** ;
– **soins** aux jeunes et **transmission de savoir-faire**.

- Ces caractères culturels impliquent un système de communication.

- Les représentations artistiques figuratives ou abstraites sont caractéristiques de l'espèce *Homo sapiens*.

II Les caractères de l'hominisation

Quatre caractères permettent de déterminer l'acquisition de l'hominisation.

1. La bipédie

La bipédie est favorisée par :
– les caractéristiques du squelette axial ;
– la forme du pied avec des orteils courts ;
– une voûte plantaire à deux courbures ;
– la présence d'un talon bien délimité.

2. La libération de la main

Du fait de la bipédie, le membre supérieur est exclusivement préhensile.

3. Le développement de l'encéphale

- Le volume cérébral est supérieur à 450 cm^3 chez toutes les espèces.

- Le néocortex des lobes frontaux, temporaux et pariétaux présente un accroissement préférentiel avec des centres d'association complexe.

4. La régression de la mâchoire

Les dents sont petites et peu différenciées. La mâchoire a un rôle masticateur.

III La diversité du genre *Homo*

- Le genre *Homo* regroupe l'homme actuel et quelques fossiles ayant des caractéristiques communes, anatomiques et/ou culturelles.

- Si un fossile présente un des critères de l'hominisation, il peut être mis dans le genre *Homo*.

- C'est le cas de l'Homme de Florès qui, bien que possédant une capacité crânienne très faible mais une bipédie parfaite, peut se classer dans le genre *Homo*.

Les aspects chromosomiques de l'hominisation

FICHE 11

Les apports actuels de la cytologie et de la biologie moléculaire ont permis de donner avec plus de précision les arguments en faveur de l'hominisation.

I L'hominisation et le caryotype des Primates

Caryotype : ensemble des chromosomes d'une espèce.

- La garniture chromosomique des cellules des singes anthropomorphes actuels et de l'Homme actuel est très proche. Il existe cependant une différence dans la formule chromosomique des deux espèces. On compte $2n = 48$ chromosomes chez le Chimpanzé et $2n = 46$ chromosomes chez l'Homme. Cette différence s'explique par la fusion des chromosomes $2q$ et $2p$ du chimpanzé en un seul chromosome 2 chez l'Homme.
- Près de 99 % de l'ADN est identique entre l'Homme et le Chimpanzé.

II L'hominisation et les données moléculaires

- Les données moléculaires ont permis de réaliser une phylogénie au sein des Hominoïdes.
- On prend par exemple l'étude comparée des séquences des quatre chaînes de la molécule d'hémoglobine chez l'Homme, le Chimpanzé, le Gorille, l'Orang-Outan. On remarque qu'il n'y a aucune différence entre les séquences de l'Homme et du Chimpanzé. Il y a seulement trois différences entre les séquences de l'Homme et celles du Gorille. Il y a cinq différences entre les séquences de l'Homme et celles de l'Orang-Outan. On en déduit alors que le Chimpanzé et l'Homme ont un ancêtre commun exclusif proche. Ces deux espèces partagent un ancêtre commun plus proche avec le Gorille qu'avec l'Orang-Outan qui est ainsi l'espèce la plus éloignée.
- La divergence à partir de cet ancêtre entre la lignée des Chimpanzés et la lignée humaine est estimée entre 10 et 7 millions d'années.

III L'évolution génétique du genre *Homo*

Différents mécanismes ont interféré et ont conduit à la mise en place de la lignée humaine.

1. Les mutations*

- Les mutations au niveau des gènes permettraient d'expliquer l'évolution au sein des Hominoïdes. Les mutations des **gènes du développement*** aboutissent à des changements de phénotype.
- On note une existence d'un faible taux de mutations ponctuelles.
- Les innovations embryologiques et génétiques ont entraîné des modifications morphologiques et physiologiques à l'origine de la lignée humaine.

2. L'histoire du genre *Homo*

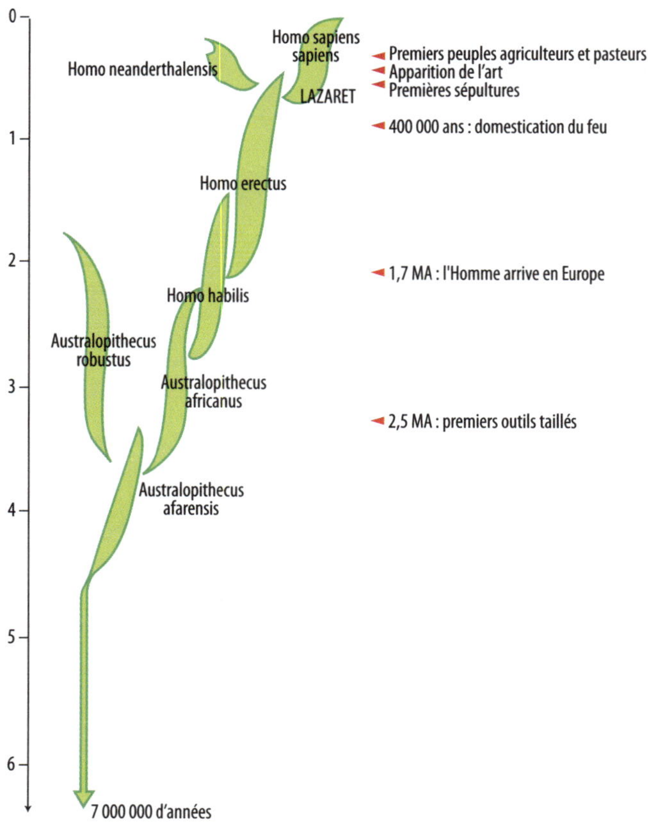

FICHE 12

Établissement d'une phylogénie

La phylogénie* exprime les liens de parenté entre des êtres vivants. Elle répond à la question : « qui est proche de qui ? » et se base sur l'étude des états primitifs et dérivés des caractères.

I État primitif et état dérivé d'un caractère

- Les caractères peuvent être morphoanatomiques, embryologiques, cellulaires ou moléculaires.
- L'**état primitif** correspond au caractère que devait posséder l'ancêtre commun à toutes les espèces du groupe considéré. C'est le caractère **ancestral** apparu le plus anciennement.
- L'**état dérivé** correspond à l'**évolution du caractère primitif** chez certaines espèces d'un même groupe.
- L'état primitif ou dérivé d'un caractère **dépend du groupe** auquel on s'intéresse. Un même caractère peut être considéré comme primitif dans certains cas et comme dérivé dans d'autres cas.

II Réalisation de phylogénies

- Une phylogénie est fondée sur le partage des caractères étudiés présents à l'état **dérivé**.
- Dans le cas des caractères moléculaires, ne sont prises en compte que les séquences nucléotidiques et les séquences d'acides aminés.

Phylum : ensemble d'êtres vivants apparentés possédant le même ancêtre commun.

- Les données moléculaires sont utilisées particulièrement pour préciser les relations de parenté entre organismes très proches ou très éloignés.
- Les données moléculaires permettent de confirmer ou de remettre en cause des phylogénies déjà établies à partir des caractères anatomiques.
- Pour pouvoir être regroupés, les caractères doivent présenter des similitudes ou **homologies***.
- On considère alors qu'un caractère trouvé à l'identique chez plusieurs espèces actuelles a été probablement légué par un ancêtre commun hypothétique **exclusif** à ces espèces.

- On considère que les organismes qui possèdent en commun le plus de caractères dérivés apparus le plus récemment au cours des temps géologiques sont plus proches parents.
- Ces organismes possèdent un ancêtre commun qu'ils ne partagent pas avec les autres organismes.

III Les arbres phylogénétiques

- Les arbres phylogénétiques traduisent la **parenté** entre les organismes et rapprochent ceux qui ont la plus grande parenté.
- Pour un nombre d'espèces données, en fonction du nombre de caractères dérivés pris en compte, on obtient des arbres phylogénétiques différents.
- Plus le nombre de caractères dérivés pris en compte est important et plus l'arbre phylogénétique obtenu donne la meilleure parenté entre les organismes.
- À la base de l'arbre phylogénétique figure l'**ancêtre commun** à toutes les espèces étudiées. Celui-ci est **hypothétique** ; il possède les caractères dérivés communs à toutes les espèces considérées. On ne peut pas préciser les autres caractéristiques de l'ancêtre commun, il ne correspond pas à une espèce fossile précise.
- Chaque nœud de l'arbre correspond à un ancêtre commun hypothétique aux espèces qui en dérivent. Cet ancêtre commun a acquis pour la première fois l'état dérivé d'un ou plusieurs caractères.
- Les espèces fossiles sont représentées au même titre que les espèces actuelles et elles possèdent le même ancêtre commun hypothétique.
- Dans la classification évolutive, chaque groupe doit contenir un ancêtre commun à tous ses descendants, on parle alors de **groupe monophylétique**.

L'adaptation d'une plante à fleurs à la vie fixée

FICHE 13

La vie fixée demande une organisation fonctionnelle particulière. Ainsi, des surfaces d'échange et des conductions spécifiques se sont développées, de même que la mise en place d'un système de protection contre les agressions.

I Organisation fonctionnelle des plantes et vie fixée

L'appareil végétatif d'une plante est constitué de racines dans le sol et de tiges feuillées au contact de l'air.

Les surfaces d'échanges sont très développées.

1. Les surfaces d'échanges

• Les **racines** constituent la surface d'échange avec le sol :
- les échanges se font par la **zone pilifère** située à l'extrémité des racines ;
- cette zone est constituée de très nombreux **poils absorbants*** très fins qui augmentent la surface de contact entre la plante et le sol pour prélever l'eau et les ions minéraux.

• La face supérieure des feuilles constitue la surface d'échange avec l'air :
- les **radiations de la lumière** sont capturées par les cellules chlorophylliennes du limbe des feuilles ;
- l'ouverture des **stomates***, situés sur la face inférieure des feuilles, permet les échanges gazeux de la photosynthèse et la respiration ; cette ouverture dépend de la lumière et de la température : les stomates s'ouvrent à la lumière mais se ferment si la température est trop élevée pour éviter la déshydratation.

Un **stomate** est constitué de deux cellules stomatiques qui délimitent l'orifice stomatique ou ostiole.

• Dans un milieu carencé, le système racinaire peut se développer pour atteindre un maximum d'ions minéraux.

2. Les systèmes de conduction de matière

• Il existe un **double système** de conduction entre les racines et la tige feuillée pour conduire la matière.

- L'eau et les ions minéraux puisés dans le sol constituent la **sève brute** véhiculée de la racine aux organes aériens par les vaisseaux du **xylème***.
- Ils sont formés par un empilement de cellules mortes dont la paroi est riche en lignine.
- **L'eau et les molécules organiques** solubles issues de la photosynthèse sont véhiculées par les vaisseaux du **phloème***.
- Le phloème est constitué de tubes formés d'un empilement de cellules vivantes dont la paroi est riche en cellulose.

II Des systèmes de protection

Incapables de se déplacer, les plantes ont mis en place, au cours de l'évolution, des structures et des mécanismes de protection.

1. Protection contre les agressions du milieu

- Des adaptations particulières permettent aux plantes de résister aux variations saisonnières.
- Une **cuticule** épaisse constituée de composés lipidiques hydrophobes limite l'épiderme des feuilles. Elle permet à la plante de résister aux lessivages des eaux de pluie, à une transpiration excessive et de résister aux attaques de parasites.
- En régions tempérées, certains arbres perdent leurs feuilles en hiver. Ces arbres ont leur activité métabolique qui diminue, ce qui leur permet de résister au froid.
- Les bourgeons ont une paroi épaisse pour les protéger du froid.

2. Protection contre des prédateurs

- Par des **structures anatomiques** particulières comme les épines ou les poils sur les tiges et les feuilles.
- Par la synthèse **de molécules chimiques** comme des molécules odorantes répulsives ou toxiques.
- Par des **relations d'entraide** entre des plantes de la même espèce ou entre espèces différentes.

Reproduction et vie fixée d'une plante à fleurs

FICHE 14

La fleur est un organe bisexué. La reproduction sexuée permet la formation des graines dont la dispersion est indispensable pour la survie des espèces végétales.

La pollinisation compense le mode de vie fixée des végétaux.

I Organisation de la fleur

1. Les composants d'une fleur

- Une fleur est constituée de **pièces florales** disposées en **couronnes** concentriques.

- **Deux couronnes externes** protègent les **deux couronnes centrales**. Ces couronnes protectrices sont stériles : ce sont les **sépales** et les **pétales**. Les couronnes centrales sont les **organes reproducteurs** :
  - de l'extérieur vers l'intérieur, on distingue les organes mâles ou **étamines** et les organes femelles **ou pistil** ;
  - les étamines renferment les **grains de pollen** ou gamètes mâles ;
  - l'ovaire est creux, il contient les **ovules** ou gamètes femelles situés dans plusieurs loges ou **carpelles**.

2. Les gènes de la mise en place des pièces florales

- Des **gènes du développement** contrôlent l'organisation de la fleur.

- Les gènes **homéotiques*** ou architectes se répartissent en trois classes A, B et C :
  - les gènes de la **classe A** s'expriment dans les deux couronnes externes nommées 1 et 2 ;
  - les gènes de la **classe B** s'expriment dans la couronne 2 et la couronne 3 plus interne ;
  - les gènes de la **classe C** s'expriment dans les couronnes internes 3 et 4.

- Chaque gène s'exprime dans deux couronnes. Les gènes peuvent se réprimer mutuellement.

II Pollinisation et formation des fruits et des graines

1. La pollinisation*

• On appelle pollinisation le **transport du pollen** d'une fleur à une autre, qui est assuré par le vent, l'eau ou les animaux.

• La pollinisation repose le plus souvent sur une collaboration entre plante et animal pollinisateur.

Coévolution : évolution conjointe de deux espèces en étroite relation.

• Au cours de l'évolution, les fleurs et les pièces buccales du pollinisateur se sont modifiées parallèlement : elles ont exercé une pression sélective l'une sur l'autre. Cette collaboration est le résultat d'une **coévolution***.

2. Formation des fruits et de la graine

• Les grains de pollen se fixent sur le pistil et germent. Ils fécondent les ovules qui deviennent des graines.

• Le pistil et les carpelles se transforment en fruits.

• On parle d'**autofécondation** quand le pollen d'une plante féconde l'ovule de la même plante.

• On parle de **fécondation croisée** quand le pollen d'une plante féconde l'ovule d'une autre plante.

III Dispersion des graines

• La dispersion des graines est nécessaire à la survie et à la dispersion de la descendance dans un milieu. Elle repose le plus souvent sur une collaboration entre animal disséminateur et plante.

• La **dissémination** peut être **passive** quand la structure des graines favorise leur transport. Elle peut être **active** quand les graines sont consommées par un animal et rejetées dans les excréments de celui-ci.

• La collaboration entre les animaux disséminateurs et la plante est souvent le produit d'une coévolution.

Diversité des êtres vivants

TEST-BILAN

→ *Réponses au verso.*

1 Dans les cellules issues de la 1re division de méiose :

a. ☐ la quantité d'ADN est diploïde.
b. ☐ les chromosomes homologues sont séparés.
c. ☐ chaque chromosome à deux chromatides.

2 L'enjambement des chromatides :

a. ☐ a lieu en prophase de 1re division de méiose.
b. ☐ se réalise entre des chromosomes non homologues.
c. ☐ échange des portions de chromatides.

3 La fécondation permet :

a. ☐ le mélange des génomes parentaux.
b. ☐ le retour à la diploïdie.
c. ☐ la rencontre au hasard des gamètes.

4 La polyploïdisation qui suit une hybridation :

a. ☐ ne touche pas le nombre de chromosomes.
b. ☐ augmente le nombre de chromosomes.
c. ☐ est une anomalie.

5 La notion d'espèce utilise :

a. ☐ des critères d'interfécondité.
b. ☐ des critères phénotypiques.
c. ☐ des bases génétiques.

6 Les stomates sont :

a. ☐ situés au niveau du limbe des feuilles.
b. ☐ ouverts à la lumière.
c. ☐ fermés si la température est basse.

SCHÉMA-BILAN

Brassage intra- et interchromosomique

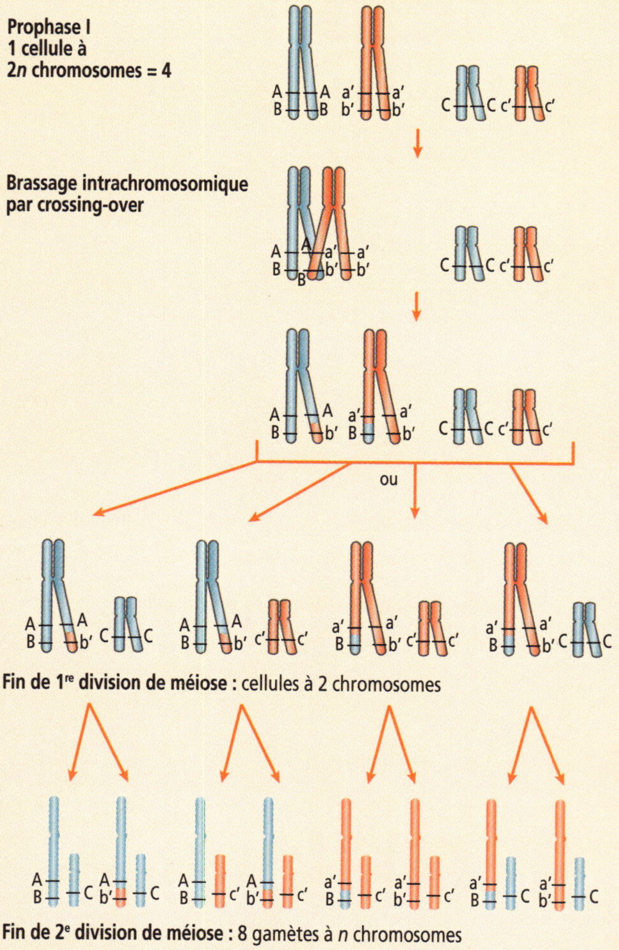

Réponses :
1 b ; c – 2 a ; c – 3 a ; b ; c – 4 b ; c – 5 a ; b ; c – 6 a ; b.

La caractérisation de la croûte continentale

FICHE 16

La croûte* continentale se retrouve dans les régions émergées du globe. Elle constitue 45 % de la surface du globe terrestre. Elle correspond à la partie superficielle de la lithosphère continentale.

Lithosphère : couche rigide superficielle de la Terre constituée de la croûte continentale ou de la croûte océanique et de la partie superficielle du manteau supérieur.

I Les roches de la croûte continentale

1. La composition de la croûte continentale

- Les roches de la croûte continentale visibles en surface présentent une grande variété. Ce sont des roches appartenant aux roches **magmatiques**, **sédimentaires** et **métamorphiques***.

- Les plus représentées sont les roches magmatiques plutoniques voisines du **granite***. Le granite a une structure **grenue** c'est-à-dire entièrement cristallisée. Il contient surtout des minéraux de quartz, de feldspath et de micas visibles à l'œil nu.

- La croûte continentale est aussi formée de roches métamorphiques comme les **gneiss***, qui sont des roches déformées par les contraintes et les enfouissements. Les gneiss se présentent en feuillets de minéraux de micas, de quartz et de feldspaths.

- Par comparaison, les roches de la croûte océanique sont essentiellement des roches volcaniques, comme le basalte, surmontées de roches plutoniques comme le gabbro.

2. La densité de la croûte continentale

- La densité de la croûte continentale est plus faible que celle de la croûte océanique. Elle est de l'ordre de 2,7 $g.cm^3$ alors que celle de la croûte océanique est proche de 2,9 $g.cm^3$.

- La différence de densité s'explique par la différence de composition minéralogique des deux croûtes.

- Cette différence est à la base des problèmes d'équilibre entre les deux types de croûte et le manteau.

3. L'âge des deux types de croûte

- Des méthodes de radiochronologie permettent de déterminer l'âge des croûtes.
- Les roches de la croûte continentale sont estimées par endroit à 4 Ga. C'est le cas des gneiss d'Acasta au Canada.
- L'âge de la croûte océanique n'excède pas 200 Ma.

II Isostasie de la lithosphère continentale

- La croûte est la partie superficielle de la lithosphère*, ensemble rigide et épais.
- La croûte et le manteau supérieur sont séparés par une discontinuité nommée le **moho**, qui traduit un changement dans la nature des roches.
- La lithosphère d'une centaine de kilomètres d'épaisseur est découpée en plaques rigides et mobiles, elle repose sur l'asthénosphère plus ductile et plus dense. Elle est en équilibre sur l'asthénosphère* : c'est le phénomène de l'**isostasie***.
- L'isostasie est un état d'**équilibre hydrostatique** de la lithosphère par rapport à l'asthénosphère sous-jacente.
- L'équilibre isostatique applique la **loi d'Archimède** : la poussée de l'asthénosphère sur la lithosphère est comparable à la poussée de l'eau sur un corps flottant.
- Cet équilibre est réalisé au niveau de la limite lithosphère-asthénosphère appelée **surface de compensation**.

III Relief et épaisseur de la croûte

L'épaisseur de la croûte varie selon les reliefs :
- en domaine continental, l'épaisseur moyenne de la croûte est d'environ 30 km, contrairement à la croûte océanique qui est de 6 à 7 km d'épaisseur ;
- dans les régions montagneuses au fort relief, le moho s'abaisse jusqu'à 70 km de profondeur ;
- sous les chaînes de montagne, on parle de **racine crustale** ;
- la croûte continentale est amincie au niveau des marges passives.

La datation absolue

FICHE 17

C'est un chimiste, Henri Becquerel, qui fut à l'origine de la découverte de la radioactivité naturelle en 1896.

Pour dater une roche par la méthode de datation absolue, il faut que le système soit fermé, c'est-à-dire qu'il n'y ait aucune contamination avec le milieu extérieur.

I Principe de la datation absolue

- Un élément « père » radioactif se transforme spontanément au cours du temps en un élément de nature chimique différente appelé **élément « fils »**.
- L'élément « fils » est **stable** et **non radioactif**.
- Cette transformation ou désintégration s'accompagne de l'émission de particules.
- Chaque élément radioactif se désintègre d'une façon caractéristique et constante qui ne dépend ni de son état physique, ni de son état chimique.
- L'équation représentant une désintégration nucléaire doit être équilibrée à la fois en masse et en charge.
- Dans tous les cas, la désintégration obéit à la même loi qui est la **loi de décroissance exponentielle en fonction du temps**.
- Il faut toujours le même temps pour qu'une quantité d'élément radioactif soit réduite de moitié par désintégration : on l'appelle **période** de l'élément radioactif ou **demi-vie** et on le note **T**.
- On mesure la quantité d'éléments « père » et d'éléments « fils » contenus dans la roche. Connaissant la demi-vie, on peut alors obtenir par le calcul le temps de désintégration. Ce temps correspond à l'**âge** de la roche au moment considéré.

Relation pour calculer l'âge d'un échantillon *t* : $t = T_{1/2}\ \ln_2 . \ln N_0/N_t$
$T_{1/2}$ est la demi-vie de l'élément radioactif ; N_0 est le nombre d'atomes initial ; N_t est le nombre d'atomes au temps considéré.

II Principaux couples radioactifs utilisés en datation absolue

1. La datation à partir du couple $^{14}C/^{14}N$

La datation à partir du couple $^{14}C/^{14}N$ est **utilisée pour les derniers millénaires** :
- la période radioactive du ^{14}C est courte, de l'ordre de 5 730 ans, et ne permet pas de déterminer des âges supérieurs à 50 000 ans ;
- la quantité de carbone 14 dans l'échantillon est connue au moment de la fermeture du système ;
- la quantité du carbone 14 restant dans l'échantillon permet de trouver l'âge de l'échantillon.

2. La datation à partir du couple $^{40}K/^{40}A$

La datation à partir du couple $^{40}K/^{40}A$ ne peut estimer que des **âges inférieurs à quelques centaines de millions d'années** :
- la quantité initiale de potassium est inconnue à la fermeture du système, celle de l'argon est négligeable ;
- la quantité finale d'argon provient alors de la désintégration du potassium ;
- il suffit de déterminer le rapport potassium/argon de l'échantillon à dater.

3. La datation à partir du couple $^{87}Rb/^{87}Sr$

- Le couple rubidium/strontium est utilisé pour des roches très anciennes de l'ordre de **quelques dizaines de millions d'années à quelques milliards d'années**. Les quantités initiales des éléments « pères » et des éléments « fils » à la fermeture du système sont inconnues. Il faut mesurer les rapports isotopiques de plusieurs minéraux de la même roche ayant cristallisé au même moment pour réaliser une courbe dans un repère orthonormé $^{87}Sr/^{86}Sr$ en fonction de $^{87}Rb/^{86}Sr$.

- Il existe deux isotopes stables le ^{87}Sr et le ^{86}Sr :
- l'isotope ^{87}Rb au cours du temps diminue au profit de l'isotope stable ^{87}Sr ;
- au cours du temps, la quantité de l'isotope ^{86}Sr reste constante ;
- le rapport $^{87}Rb/^{86}Sr$ diminue tandis que le rapport $^{87}Sr/^{86}Sr$ augmente ;
- à un temps t, on obtient une droite au coefficient directeur a ; c'est une droite isochrone ;
- le coefficient directeur de la droite indique le temps écoulé depuis la cristallisation de la droite.

Les Alpes : une convergence lithosphérique

FICHE 18

La subduction fait disparaître le plancher océanique.

Les blocs continentaux initialement séparés par l'océan vont rentrer en collision.

C'est ainsi que se sont formées les Alpes.

I Structure actuelle des Alpes

- De l'ouest vers l'est, on peut distinguer **trois grands types** d'unités dans la chaîne alpine :
  - des unités issues de **la marge continentale européenne** en partie amincie dans les domaines externes (Dauphinois et Briançonnais) ;
  - des unités **ophiolitiques***, cicatrices d'une portion de l'océan téthysien dans les **domaines médians** (zone liguro-piémontaise) ;
  - des unités dépendantes de la **marge africaine** dans les domaines internes (zones austro-alpines et sud-alpines).
- Les unités structurales ont toutes une concavité tournée vers l'est.
- Chaque ensemble est chevauchant vers l'extérieur à l'ouest.

II Étapes de la formation de la chaîne alpine

1. Des indices de la présence d'un océan alpin

- À l'ouest du massif alpin (massif de Belledonne), on retrouve des vestiges de **marges passives.** Ce sont des structures en **blocs basculés** limitées par des **failles normales**.
- Dans la zone interne de l'arc alpin (massif du Chenaillet), on observe des **séries ophiolitiques**. Ce sont les vestiges d'une lithosphère océanique.
- Ces séries ophiolitiques se retrouvent à plus de 2 000 mètres d'altitude.
- Cette situation traduit **un charriage*** de grande ampleur de ces formations au moment de la rencontre des deux plaques.

2. Fermeture de l'océan alpin

- L'océan s'est peu à peu résorbé par subduction. Ce sont les minéraux des roches retrouvées en affleurement qui témoignent de ce phénomène.

• Les **gabbros métamorphisés** sont fréquents dans la zone interne des Alpes. Les **glaucophanes*** témoignent des conditions de haute pression et de basse température qui sont réunies dans les zones de subduction.

• Au Mont Viso les roches sont **éclogitisées** avec des grenats caractéristiques du métamorphisme des zones profondes de subduction.

Coésite : silice qui cristallise à haute température et à haute pression dans les zones de collision de plaques lithosphériques.

• Dans la zone de Dora Maira, à l'est de la chaîne, on retrouve des roches de la croûte continentale métamorphisée à très haute pression avec des minéraux comme la **coésite**.

• Après la disparition de l'océan, la croûte continentale sombre avant que la subduction ne se bloque.

• Cette zone marque la **suture** entre les deux plaques continentales qui se sont affrontées après la disparition de l'océan alpin.

3. La collision continentale

• Le continent africain va rencontrer le continent européen, entraînant la formation de structures géologiques spécifiques.

• On observe un **relief important** et une **racine crustale profonde**.

• Les croûtes continentales s'affrontent, se fragmentent, s'écaillent.

• Les lambeaux se superposent les uns sur les autres pour constituer le relief de la chaîne.

• L'épaisseur de la croûte est telle que le moho est plus profond et peut atteindre 50 kilomètres.

• Les structures tectoniques sont particulières ; on relève la présence de plis, de fractures, de failles inverses et de chevauchements.

Métamorphisme et subduction

FICHE 19

Au cours de la subduction, les roches de la lithosphère océanique se transforment. Ce phénomène se nomme **métamorphisme**.

Métamorphisme : transformation à l'état solide des minéraux de roches préexistantes lorsque les conditions de température et de pression changent.

I Les roches de la plaque subduite

- C'est au cours de l'**accrétion*** que se mettent en place les roches de la lithosphère océanique. Elles sont libérées au niveau de la dorsale océanique et se forment à partir des péridotites asthénosphériques.
- On retrouve de bas en haut, constituant la lithosphère océanique, les **gabbros*** à structure grenue et au-dessus les **basaltes*** à structure microlithique. En profondeur, le résidu de la fusion des péridotites asthénosphériques constitue les **péridotites résiduelles** du manteau supérieur.
- Au fur et à mesure de sa formation, la lithosphère océanique est repoussée de part et d'autre de la dorsale.
- Les conditions de température et d'hydratation vont changer. Les roches préexistantes subissent des modifications minéralogiques.
- Les réactions chimiques entre les minéraux s'effectuent à l'état solide : c'est le **phénomène de métamorphisme***. Les transformations se font par étape, progressivement.

II Hydratation des constituants de la plaque lithosphérique océanique

- En s'éloignant de la dorsale, la plaque lithosphérique océanique se refroidit, s'hydrate et s'épaissit. Les roches commencent à se **transformer**.
- Dans les zones de fracture, l'eau de mer peut s'infiltrer et se réchauffer. Elle échange des ions avec les minéraux des basaltes, gabbros et péridotites résiduelles qu'elle rencontre.
- À des températures comprises entre 600 et 400 °C et à pression constante de 0 à 0,5 GPa, l'association minérale **plagioclases** et

pyroxène* des gabbros se transforme en une amphibole, l'hornblende.

- Pour des températures plus basses, entre 400 et 200 °C, l'association minérale plagioclases donne de la chlorite et une autre amphibole, l'actinote.
- C'est ainsi que se forme, au cours d'un métamorphisme de basse température et de basse pression, **un métagabbro faciès schistes verts**.

III Déshydratation de la plaque lithosphérique plongeante

- Dans la zone de plongement de la plaque lithosphérique se réalise un **métamorphisme de haute pression et de basse température**.
- L'augmentation de la pression va agir directement sur les associations minérales.
- Pour une profondeur de 15 km, à une pression de 0,5 GPa et pour une température proche de 200 °C, des réactions se produisent entre plagioclases, chlorite et actinote. Il se forme une **amphibole* bleue**, le glaucophane ; il y a **libération d'eau** et persistance de plagioclases.
- Le métagabbro faciès schistes verts donne, par augmentation de pression et par départ d'eau, **un métagabbro à glaucophane faciès schistes bleus**.
- Au-delà de 30 km de profondeur, la pression dépasse 1 GPa et la température s'élève vers 400 °C. Les associations minérales du métagabbro à faciès schistes bleus sont déstabilisées. Les plagioclases se transforment alors en **jadéite** et **quartz***, avec **expulsion d'eau**.
- Pour de plus grandes profondeurs, l'association plagioclases et glaucophane évolue en **jadéite** et **grenat** avec toujours **départ d'eau**. On observe alors une roche à **faciès éclogite**.

Le magmatisme des zones de subduction

FICHE 20

Les zones de subduction sont des zones asymétriques, polarisées par rapport à l'océan.

Ce sont des zones de déformations et de magmatisme intense.

I La genèse des magmas dans les zones de subduction

- La formation des magmas dans les zones de subduction fait intervenir plusieurs facteurs.
- **L'eau** issue du métamorphisme des roches de la plaque subduite va **hydrater** les péridotites du manteau lithosphérique de la plaque chevauchante. La présence d'eau en faible quantité décale le solidus vers les basses températures et permet la **fusion partielle** des péridotites du manteau.
- La diversité des séries magmatiques dépend de la proportion de **fusion partielle** et de la **pression** à laquelle cette fusion se fait.
- Le rôle fondamental de la plaque plongeante est donc de fournir l'eau nécessaire à la fusion partielle du manteau sus-jacent et de contaminer les sources des magmas.
- La transformation métamorphique des basaltes altérés de la croûte océanique en subduction s'accompagne d'une **déshydratation**. Il en est de même pour les sédiments océaniques entraînés dans la subduction.
- Dès 1 000 °C la fusion partielle des péridotites hydratées est à l'origine du magma situé à l'aplomb des arcs magmatiques. Les magmas traversent la croûte chevauchante. La composition chimique du magma évolue selon la nature de la croûte traversée :
  - sur une croûte océanique, il y a formation de roches à dominance **basaltique** ;
  - sur une croûte continentale, il y a prédominance de séries **calco-alcalines** avec andésites et rhyolites.

II Le volcanisme des zones de subduction

- Les volcans actifs sont localisés pour la plupart à l'aplomb du plan de Bénioff vers 100 à 150 km de profondeur.

• Suivant la nature de la plaque chevauchante, ils peuvent être situés soit sur de la croûte océanique, soit sur de la croûte continentale ou sur une croûte à caractère intermédiaire. Ces croûtes ont toutes pour caractéristique d'être épaisses.

Une roche à **structure microlithique** est constituée d'une pâte dans laquelle sont inclus des minéraux en bâtonnets appelés microlithes.

• Les roches volcaniques obtenues sont de nature très variée. Elles possèdent toutes une **structure microlithique**. Toutefois, la série calco-alcaline est la plus typique dans ce contexte.

• Ainsi les basaltes sont généralement saturés en SiO_2 et riches en Al_2O_3. Des **andésites*** lui sont associées. Elles contiennent en abondance des amphiboles et des plagioclases.

• Lorsque les magmas évoluent dans des réservoirs, ils sont contaminés. Par cristallisation ils vont donner des roches microlithiques plus acides que l'on nomme **rhyolites***.

• La dynamique d'éruption est très diverse selon la nature de la lave émise. Les coulées basaltiques sont rares. Les édifices sont le plus souvent formés par des coulées andésitiques visqueuses.

• La richesse en eau du magma et la viscosité des laves s'opposent au dégazage du magma. Beaucoup d'éruptions sont explosives.

III La genèse des granitoïdes*

• Certains magmas plus visqueux ne gagnent pas la surface. Ils forment de gigantesques **diapirs** qui cristallisent lentement en profondeur.

• Ils constituent des **plutons granitiques** à l'origine des granitoïdes de structure grenue. Ces roches n'atteindront la surface que par le jeu de l'érosion et par des phénomènes compressifs.

• Ce mécanisme est à l'origine de la **formation** de la croûte continentale.

La disparition des reliefs

FICHE 21

Les reliefs évoluent dès leur formation. Ils tendent à disparaître sous l'effet de l'érosion. Les matériaux libérés sont recyclés.

I Les caractéristiques des chaînes de montagne

1. Les chaînes de montagne anciennes

- Le massif Central, le massif Armoricain et les Vosges se sont formés à l'ère primaire entre **416 et –250 millions d'années**. Ce sont des vestiges de chaînes de montagnes qui ont un relief **aplani** nivelé par l'érosion. Les crêtes sont rares.
- En surface, on retrouve les roches formées en profondeur, granite et roches métamorphiques.

2. Les chaînes de montagnes récentes

- Les Alpes et les Pyrénées se sont formées plus récemment, il y a **30 à 40 millions d'années**.
- Les reliefs sont **élevés** et les crêtes découpées.
- On retrouve, en affleurement des roches sédimentaires, des roches plutoniques et une série ophiolitique dans le cas des Alpes.

II L'effacement des reliefs

1. L'altération

- Les roches subissent une altération **physique** et une altération **chimique**.
- Le gel, les variations de température, les glaciers et les végétaux sont les principaux agents d'altération physique des roches. Ils provoquent la **désagrégation mécanique** des roches à haute altitude. L'alternance du gel et du dégel de l'eau contenue dans les fissures entraîne l'éclatement de la roche. Les glaciers, en se déplaçant, frottent sur les roches encaissantes et les transforment en particules très fines. Les racines de végétaux agrandissent les fissures et favorisent la fragmentation des roches.
- À plus basse altitude, l'eau est aussi un facteur d'altération **chimique** par **hydrolyse**.

2. L'érosion*

- L'eau de pluie qui ruisselle sur les roches conduit à éliminer les produits solubles issus de l'altération. L'érosion **dégrade** et **modifie** les reliefs. Le départ des matériaux dépend de la gravité et de la vitesse des courants qui les transportent. Les gros éléments forment des éboulis au bas des pentes.
- Dans les massifs récents, ce sont les roches sédimentaires qui sont érodées. Dans les massifs anciens, le granite et les roches métamorphiques sont érodés.

III Le devenir des produits érodés

- Les parties solubles se dissolvent dans l'océan ou sont utilisées par les êtres vivants et peuvent participer à la formation des roches sédimentaires.
- Les produits solides constituent les roches sédimentaires détritiques dans les bassins sédimentaires.

IV La disparition des reliefs et les phénomènes tectoniques

1. Le réajustement isostatique

- L'érosion réduit l'épaisseur de la croûte continentale. La lithosphère continentale plus légère flotte sur l'asthénosphère. La racine crustale remonte progressivement en surface, c'est l'**ajustement isostatique**.
- Les roches formées en profondeur comme le granite affleurent alors en surface.
- Il faut plusieurs dizaines de milliers d'années pour que la chaîne soit transformée en pénéplaine.

2. Les phénomènes tectoniques

On retrouve des **failles normales*** actives dans les zones centrales des chaînes récentes. Elles témoignent de phénomènes d'**étirement**, avec un effondrement de la partie centrale de la chaîne.

BILAN

La dynamique du domaine continental

FICHE 22

TEST-BILAN

→ *Réponses au verso*

1 L'isostasie traduit un phénomène d'équilibre entre la lithosphère et l'asthénosphère.

a. ☐ Vrai b. ☐ Faux

2 La datation à partir du couple $^{14}C/^{14}N$:

a. ☐ est utilisée pour dater les roches du dernier millénaire.

b. ☐ détermine une période radioactive longue.

c. ☐ détermine une période radioactive courte.

3 La série ophiolitique :

a. ☐ est un vestige de croûte océanique.

b. ☐ se retrouve en altitude dans les Alpes.

c. ☐ est un marqueur de divergence.

4 Les roches de la lithosphère océanique :

a. ☐ se mettent en place au moment de l'accrétion.

b. ☐ sont granitiques.

c. ☐ se forment à partir des péridotites du manteau.

5 Le métagabbro à glaucophane faciès schistes bleus :

a. ☐ est une roche métamorphique.

b. ☐ libère de l'eau au cours de sa formation.

c. ☐ provient d'une roche à faciès éclogite.

6 Les facteurs de disparition des reliefs sont :

a. ☐ l'érosion. b. ☐ l'altération.

c. ☐ des mouvements tectoniques.

SCHÉMA-BILAN

Le magmatisme des zones de subduction : production de nouveaux matériaux continentaux

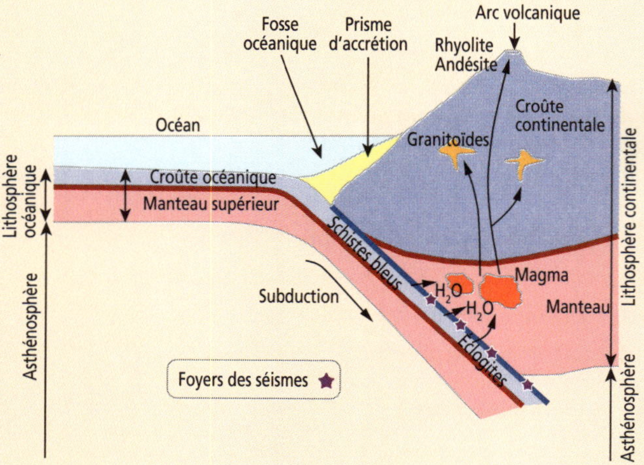

Chaîne récente : les roches sédimentaires sont importantes, les roches formées en profondeur commencent à affleurer. La racine crustale est profonde.

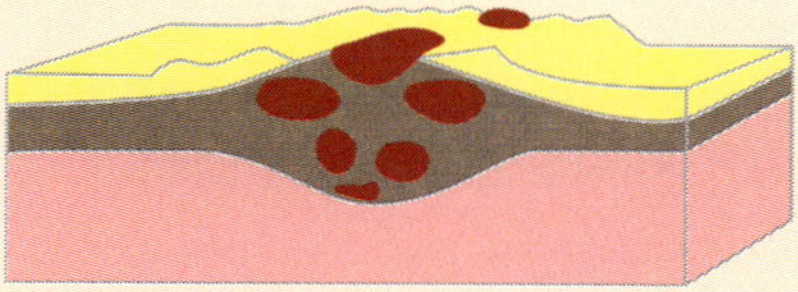

Chaîne ancienne : les roches sédimentaires sont érodées, les roches formées en profondeur, granite et gneiss, affleurent.

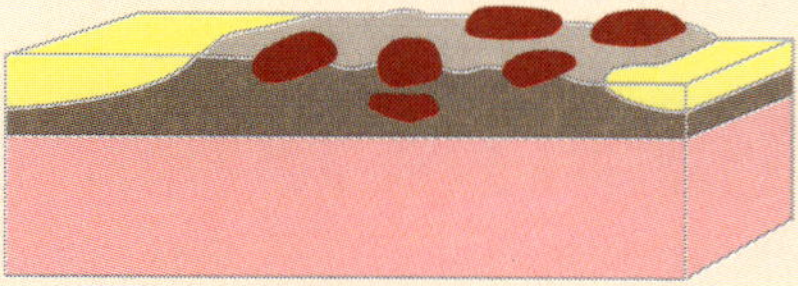

Réponses :

❶ a – ❷ a ; c – ❸ a ; b – ❹ a ; c – ❺ a ; b – ❻ a ; b.

Gradient et flux géothermique

FICHE 23

Un flux thermique d'origine interne se dirige vers la surface de la Terre.

La libération d'énergie par la Terre est liée au gradient géothermique.

Gradient géothermique et flux géothermique sont inégalement répartis à la surface du globe.

I Gradient géothermique

- La température croît avec la profondeur de la Terre : c'est le gradient géothermique.
- Le gradient géothermique varie en fonction du **contexte géodynamique** :
  - il est élevé au niveau des dorsales à cause de la remontée de matériel magmatique chaud ; il est de l'ordre de 30 °C.km^{-1} ;
  - il est faible au niveau des zones de subduction du fait du plongement de la lithosphère océanique froide ; il est de l'ordre de 10 °C.km^{-1}.
- L'étude des ondes sismiques permet d'évaluer la valeur du gradient thermique à l'intérieur de la Terre :
  - il est élevé de 10 °C à 30 °C.km^{-1} jusqu'à l'asthénosphère ;
  - il est faible de l'ordre de 0,5 °C.km^{-1} jusqu'à la limite manteau-noyau.

Géotherme : modélisation mathématique de l'augmentation de la température en fonction de la profondeur.

II Flux géothermique

1. Caractéristiques du flux géothermique

- C'est le gradient géothermique entre la profondeur et la surface de la Terre qui crée un **transfert d'énergie thermique**.
- On l'appelle le **flux géothermique** exprimé en **mW.m^{-2}**. Sa valeur moyenne est de 65 mW.m^{-2}.
- 95 % de la libération d'énergie interne est dissipée de cette façon.

2. Répartition du flux géothermique selon le contexte géodynamique

- Le flux géothermique est plus important dans les océans que sur les continents.
- En **domaine océanique**, il est en moyenne de **67 $mW.m^{-2}$**. Le flux est élevé au niveau des dorsales. Il est associé à la production de lithosphère océanique.
- Le flux est faible au niveau des zones stables comme le plateau continental et les plaines abyssales. Il est faible aussi au niveau des zones de subduction.
- En **domaine continental**, le flux géothermique est en moyenne de **57,7 $mW.m^{-2}$**. Il est élevé dans les régions volcaniques et dans les bassins sédimentaires où la croûte est amincie ; il est plus faible dans les autres bassins sédimentaires.

III Origine de la chaleur interne de la Terre

Il existe deux phénomènes principaux à l'origine de la chaleur interne de la Terre.

1. La désintégration naturelle

- L'origine principale est la **désintégration naturelle** des éléments radioactifs contenus dans les roches. On l'estime à plus de 90 % de l'énergie dissipée. Les éléments chimiques radioactifs sont l'**uranium**, le **thorium** et le **potassium**.
- C'est dans la croûte terrestre que la concentration en éléments radioactifs est la plus élevée. La croûte terrestre libérerait 1/3 de l'énergie totale.
- Le manteau est moins concentré en éléments radioactifs. Sa masse très importante lui confère néanmoins un rôle fondamental dans la production d'énergie interne. Il libérerait 2/3 de l'énergie totale.

2. Le refroidissement de la Terre

- La Terre a accumulé de l'énergie au cours de sa formation, on parle de **chaleur « primitive »**.
- La Terre restitue cette énergie lentement au cours du temps.

Le transfert de l'énergie thermique

FICHE 24

L'énergie thermique produite au sein du globe terrestre est transférée vers la surface par deux mécanismes : la conduction et la convection.

I La conduction

- La conduction* est un **transfert** de chaleur de **proche en proche** sans déplacement de matière. L'énergie passe d'une région chaude à une région froide par **contact**.
- L'échange thermique entre deux régions de températures différentes se traduit par un fort gradient thermique.

Conductivité (ou conductibilité) : quantité de chaleur transférée par unité de surface et de temps sous un gradient de température de 1 °C par mètre.

- La conduction intervient pour le transfert de l'énergie interne dans la lithosphère et à l'interface noyau/manteau. L'efficacité de ce transfert dépend de la conductivité du matériau. Les roches ont une faible conductibilité thermique.
- Ce mécanisme est peu efficace.

II La convection

- La convection* est un mode de transfert de chaleur qui implique un **déplacement de matière** dans le milieu. La matière en déplacement garde pratiquement sa température. Le gradient thermique entre deux régions voisines doit être faible.
- La convection se met en place **à l'intérieur du manteau terrestre**. Dans le globe terrestre, il existe une forte différence de température entre la base du manteau inférieur très chaud et la transition asthénosphère-lithosphère moins chaude. Les parties chaudes, moins denses, auront tendance à s'élever, tandis que les parties froides, plus denses, auront tendance à s'enfoncer et à s'échauffer. Ces mouvements de matière sont à l'origine des **cellules de convection** observées dans le manteau.
- La dynamique convective du manteau est très complexe. La convection est considérée comme le moteur de la tectonique des plaques.

- Le transfert de chaleur par convection est beaucoup plus efficace que celui par conduction.

III Le transfert de chaleur à l'échelle du globe

- L'énergie interne est efficacement transférée de la profondeur vers la surface :
  - le transfert d'énergie se fait par **convection** dans le **manteau** jusqu'à l'asthénosphère ;
  - l'énergie est dissipée par **conduction** à travers la **lithosphère** ;
  - le globe terrestre se refroidit très progressivement.

- La **tomographie sismique** détecte les **anomalies de vitesse** de propagation des ondes sismiques. Une accélération de la vitesse traduit une baisse de température et inversement une diminution de la vitesse traduit une augmentation de la température. Les données recueillies par la tomographie sismique permettent de montrer le **plongement de matière froide dans les zones de subduction**.

- Dans la **zone des dorsales**, on retrouve un **flux thermique élevé**. Il est associé à la production de lithosphère et à un mouvement ascendant de matière chaude peu dense.

- Dans les **zones de subduction**, on note la présence d'un **flux thermique faible**. Il est associé à un mouvement descendant de matière froide et dense. Les subductions seraient les seuls mouvements actifs.

- La Terre fonctionne comme une machine thermique indépendante. Elle libère de l'énergie géothermique créée dans le globe terrestre et provenant de la désintégration des atomes radioactifs contenus dans les roches.

- Variable d'un endroit à l'autre, l'énergie géothermique est utilisable par l'Homme.

L'énergie géothermique utilisable par l'Homme

FICHE 25

L'énergie géothermique est utilisée pour le **chauffage** et pour la **production d'électricité**.

Le prélèvement de l'énergie par l'Homme ne représente qu'une infime partie de ce qui est dissipé par le globe terrestre.

Cette énergie est une ressource **inépuisable** à l'échelle humaine.

I L'énergie géothermique à l'échelle du globe

- Le globe terrestre libère une énergie équivalente à une puissance de 35 000 GW inégalement dissipée selon les régions du globe.
- L'énergie issue des matériaux de surface est faible et peu exploitable. C'est l'énergie contenue dans les matériaux profonds qui est utilisée.
- L'eau chaude des nappes phréatiques et la chaleur issue des roches profondes sont principalement exploitées en géothermie*.

Énergie géothermique : l'énergie interne de la Terre qui peut être convertie en chaleur.

- La géothermie représente à peine 1 % de la consommation mondiale de l'énergie.

II Les différents types de géothermie

Ils sont classés en fonction de la quantité d'énergie qu'ils dégagent.

1. La géothermie de basse énergie

- La géothermie de basse énergie utilise la chaleur libérée par les eaux chaudes des nappes phréatiques.
- Cette eau chaude se situe dans des réservoirs peu profonds dont la température varie entre 30 °C et 100 °C. C'est le cas, en France, de la géothermie du **Bassin parisien**.
- Cinq aquifères sont dénombrés dont un, « le dogger », qui s'étend sur 15 000 km^2 et dont la température peut varier entre 56 °C et 85 °C. Ces aquifères à l'aplomb des agglomérations alimentent aujourd'hui 34 installations géothermales.
- Cette énergie est utilisée pour les **chauffages** collectif et individuel.

- Son exploitation se fait par forage : de l'eau chaude est prélevée ; l'énergie est cédée à un réseau de distribution ; l'eau refroidie est réinjectée dans le sous-sol où elle se réchauffe. C'est un système fermé : on parle de **boucle géothermale.**

2. La géothermie de moyenne énergie

- La géothermie de moyenne énergie utilise la chaleur des gisements d'eau chaude dont la température est comprise entre 100 °C et 180 °C.

- Ces gisements se retrouvent dans les zones géologiquement actives ou dans des bassins sédimentaires profonds :
  - dans les régions **volcaniques**, les réservoirs sont localisés à moins de **1 000 m** ;
  - dans des bassins sédimentaires, les réservoirs sont situés entre 2 500 et 4 000 m de profondeur.

- La géothermie à moyenne énergie utilise la **vapeur sous pression** pour alimenter des turbines et fabriquer de l'**électricité**.

3. La géothermie de haute énergie

- Les régions concernées ont un **gradient géothermique élevé**. Ce sont :
  - les zones de subduction et particulièrement les zones situées sur la plaque chevauchante associées au volcanisme andésitique ;
  - les points chauds ;
  - les zones de fracturation de la croûte continentale.

- Les forages sont très profonds ; de l'eau est injectée sous pression dans la roche pour la faire éclater et récupérer l'énergie qu'elle contient.

- Ce type de géothermie est utilisé pour produire de **l'électricité à usage industriel**.

III L'intérêt de la géothermie

- La géothermie est une ressource inépuisable comparée aux autres formes d'énergie :
  - elle n'émet pas de gaz à effet de serre : elle est peu polluante ;
  - elle est indépendante des variations climatiques : elle peut être exploitable sur le long terme.

- Néanmoins, l'investissement a un coût élevé pour un rendement faible, ce qui crée un handicap pour le développement de ce type d'énergie.

L'Homme et la sélection des plantes cultivées

FICHE 26

Les plantes sont à la base de l'alimentation humaine. Elles constituent des ressources dans différents domaines comme l'énergie, la médecine...

La culture des plantes est un enjeu majeur pour l'humanité.

I De la plante sauvage à la plante cultivée

1. Un exemple de plante sauvage domestiquée : la téosinte

• La **téosinte** est désignée par des études chromosomiques comme l'ancêtre du maïs. C'est une graminée annuelle à fleurs unisexuées qui pousse au Mexique. L'épi de la téosinte ne possède que quelques grains.

• Des gisements archéologiques mexicains datés de 9 000 ans indiquent que la population consommait déjà du maïs avec des épis de 3 à 4 cm de long.

• En 1 000 ans, les peuples précolombiens domestiquent le maïs dont la taille de l'épi et le nombre de grains augmentent progressivement. Ils vont récolter et cultiver les plantes qui possèdent les plus beaux épis. C'est un début de **sélection génétique** mais elle est **empirique**.

Méthode empirique : méthode s'appuyant exclusivement sur l'expérience et l'observation sans utiliser les principes scientifiques.

• La population végétale ainsi sélectionnée conserve une importante diversité génétique. Elle possède des caractères hétérogènes et variables d'une génération à l'autre.

2. La plante domestiquée actuelle : le maïs

• Le maïs actuel est le résultat d'une sélection progressive réalisée par l'Homme.

• Deux caractères* ont été sélectionnés par les agriculteurs :
– le nombre et la taille des grains par épis pour l'alimentation ;
– l'importance de la partie feuillée pour l'ensilage.

• Progressivement isolées des populations naturelles, les plantes cultivées ont lentement divergé d'un point de vue génétique.

- Il reste cependant une **forte proximité génétique** entre elles, ce qui permet leur croisement.
- Selon les régions du globe, les caractéristiques climatiques et la nature du sol, elles ont évolué indépendamment les unes des autres donnant des **variétés** différentes.

3. Caractéristiques de la domestication

- La domestication des plantes réalisée par l'Homme est une **sélection artificielle** de caractères phénotypiques. Elle est à l'origine des premières plantes cultivées.
- Les caractères intéressants pour l'Homme ne sont pas obligatoirement ceux qui sont favorables aux plantes sauvages initiales. Par perte de certains caractères, les plantes cultivées comme le maïs sont incapables de survivre et de se disséminer en milieu naturel.

II Biodiversité des plantes cultivées

- Une même espèce cultivée comporte souvent **plusieurs variétés** sélectionnées selon des critères différents.
- En utilisant la **sélection naturelle***, l'Homme a ainsi créé une forme de **biodiversité** des espèces cultivées :
  - les agriculteurs ont sélectionné des caractères favorables à la culture de l'espèce considérée et à sa récolte ;
  - la sélection des caractères **appauvrit** le pool d'allèles que possèdent les espèces cultivées ;
  - en conséquence, les espèces bien adaptées à un milieu ne pourront pas obligatoirement se développer si le milieu se modifie.
- Par ces pratiques, un risque de perte de biodiversité demeure.
- Les espèces sauvages doivent être isolées des espèces cultivées afin de préserver l'ensemble des gènes de l'espèce initiale. Pour le maintien de la **sécurité alimentaire**, il faut sauvegarder la biodiversité au sein des espèces.

Les techniques de sélection chez les plantes

FICHE 27

L'Homme agit sur le génome des plantes cultivées. Il intervient sur la biodiversité végétale.

De nouvelles espèces sont créées par génie génétique.

I Techniques de croisement par sélection

1. Sélection de lignées pures

Étape essentielle dans cette technique, la sélection de lignées pures consiste, dans un premier temps, à repérer les caractères intéressants d'une plante afin de les isoler. Ce sont les connaissances acquises en génétique et en biologie moléculaire qui le permettent.

- Les plantes sélectionnées subissent des autofécondations successives.
- À chaque croisement, on sélectionne les plants obtenus possédant les caractères voulus.

Autofécondation : fécondation d'un ovule par du pollen issu de la même plante.

- Au bout de plusieurs croisements, on obtient des lignées pures génétiquement homogènes et stables : on parle de lignées pures fixées.
- Ces lignées pures peuvent être commercialisées.

2. Obtention d'hybrides aux caractères différents

- Le croisement entre individus de lignées pures aux caractères différents donne naissance à des hybrides de première génération.
- Ces hybrides ont tous le même génotype et possèdent les caractères intéressants de chaque parent. Ils présentent une vigueur plus importante que les individus de la lignée pure parentale.
- De nouvelles plantes peuvent être créées avec de nouveaux génotypes.
- Il y a des inconvénients à cette technique. L'un des plus importants, pour le maïs hybride, est de ne pouvoir utiliser ses graines comme semence.

II Techniques du génie génétique

• Ce sont des techniques qui agissent directement sur le **génome*** des plantes cultivées. L'ensemble de ces techniques aboutit à la formation d'organismes génétiquement modifiés ou **OGM**.

• La **transgenèse*** permet de transférer un ou plusieurs gènes étrangers dans le génome d'un organisme végétal afin d'obtenir un organisme génétiquement modifié. Le gène étranger se nomme encore le **transgène**. Le résultat est la création d'une **nouvelle variété** de plante sans faire intervenir la reproduction sexuée.

• La transgenèse se déroule en plusieurs étapes :
- la pénétration du transgène dans la cellule végétale ;
- son intégration dans le génome ;
- son aptitude à s'exprimer dans les cellules.

• La transgenèse est réussie lorsqu'un individu entier est régénéré à partir de cellules génétiquement modifiées.

• La pénétration du transgène nécessite une étape préalable qui est l'identification d'un caractère et du gène dont il dépend, appelé ici le **gène d'intérêt***. Celui-ci est intégré dans une **construction génétique**, souvent un plasmide, associé à un **gène marqueur*** ou gène de **sélection.**

• La construction est ensuite clonée afin d'obtenir une quantité suffisante d'ADN.

• Le transfert du gène multiplié dans les cellules végétales peut se faire par transfert direct en utilisant un agent chimique par exemple.

• La pénétration du transgène peut se faire aussi par transformation biologique en faisant intervenir une bactérie et son plasmide.

• Les cellules transgéniques sont mises en culture afin que puisse se former la plante entière. La transgenèse se réalise au niveau cellulaire et se traduit au niveau de l'organisme entier.

• L'ADN intégré permet la synthèse d'une nouvelle protéine dans toutes les cellules de la plante, ce qui lui confère de **nouvelles propriétés**.

• Les biotechnologies et le génie génétique* ont permis d'augmenter la diversification du vivant tout en respectant la santé et l'environnement.

Enjeux majeurs de l'humanité

TEST-BILAN

→ *Réponses au verso.*

1 Le gradient géothermique est élevé au niveau :

a. ☐ des dorsales. b. ☐ des zones de subduction.

2 Le flux géothermique est moins élevé :

a. ☐ en domaine océanique. b. ☐ en domaine continental.

3 La chaleur interne a pour origine :

a. ☐ la désintégration des minéraux radioactifs.

b. ☐ des réactions chimiques.

4 La conduction intervient dans le transfert de chaleur au niveau :

a. ☐ de la croûte. b. ☐ du manteau. c. ☐ de la lithosphère.

5 La subduction est le moteur de la tectonique des plaques.

a. ☐ Vrai. b. ☐ Faux.

6 Les plantes domestiquées ont :

a. ☐ une grande variété d'allèles.

b. ☐ une forte proximité génétique avec les plantes sauvages dont elles sont issues.

7 Les hybrides de première génération :

a. ☐ ont tous le même génotype.

b. ☐ ont des phénotypes différents.

c. ☐ sont plus vulnérables que les parents de lignées pures dont ils sont issus.

SCHÉMA-BILAN

Les étapes de la création d'une plante transgénique

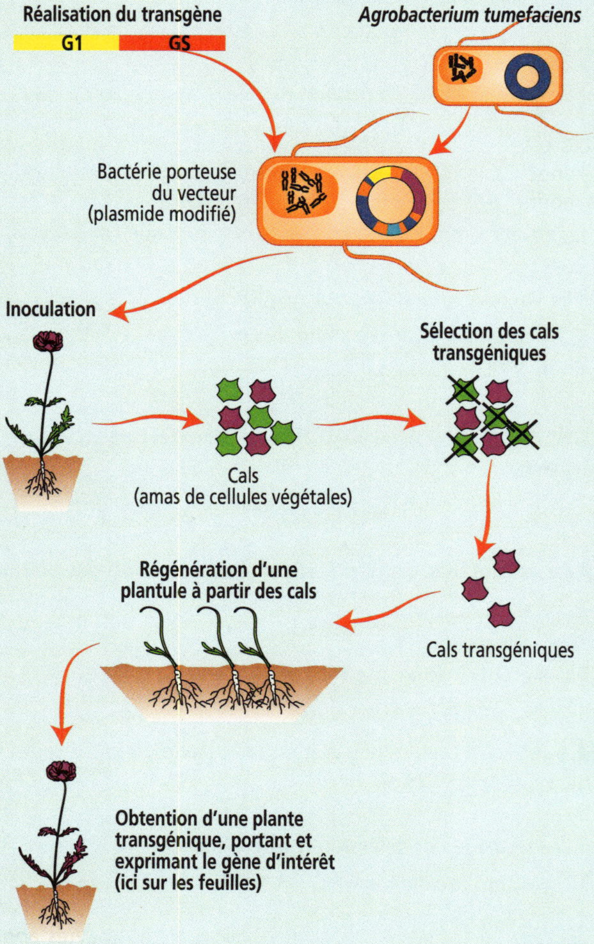

Réponses :

1 a – 2 b – 3 a – 4 c – 5 a – 6 a ; b – 7 a.

La réaction inflammatoire

FICHE 29

C'est une réaction immunitaire innée. C'est la première à intervenir lors d'une infection.

I Les acteurs de l'immunité innée*

1. Les cellules de l'immunité innée

- Les cellules de l'immunité innée appartiennent à la lignée myélomonocytaire et comprennent essentiellement les granulocytes et les monocytes.

- Les **granulocytes***, ou polynucléaires, représentent 60 à 65 % des leucocytes. Ils se différencient en **mastocytes*** qui se retrouvent au niveau des tissus lésés.

- Les **monocytes*** constituent 3 à 5 % des leucocytes. Ils migrent dans les tissus lésés. Les monocytes circulants sont à l'origine des **macrophages*** et des **cellules dendritiques**.

2. Les molécules de l'immunité innée

- Les molécules de l'immunité innée sont **des médiateurs chimiques** :
  - l'**histamine** est synthétisée par les granulocytes et les mastocytes ;
  - les **prostaglandines** fabriquées dans les tissus agissent localement ;
  - les **chimiokines** jouent un rôle déterminant dans l'accumulation des leucocytes au niveau du site inflammatoire.

- Les **cytokines**, **TNF** et **interleukines 1** sont fabriquées par les lymphocytes T.

Médiateur chimique : substance chimique fabriquée par une cellule et qui agit sur une autre cellule qui la reconnaît grâce à des récepteurs de surface spécifique.

II Les différentes phases de la réaction inflammatoire

1. L'initiation de la réaction inflammatoire

- La réaction inflammatoire est un mécanisme local, déclenché par l'introduction d'un élément pathogène. Elle est initiée par les cellules dendritiques, les macrophages et les mastocytes appelés **cellules sentinelles**.

• La reconnaissance des signaux de danger par les cellules sentinelles s'effectue grâce à des récepteurs membranaires.

2. Le déroulement de la réaction inflammatoire aiguë

• La réaction inflammatoire aiguë se manifeste par **quatre symptômes** stéréotypés et fait intervenir des médiateurs chimiques :
- un afflux de sang est responsable de la **rougeur** et de la **chaleur** ;
- une sortie de plasma du sang vers les tissus est à l'origine du **gonflement** ;
- la **douleur** est due à la stimulation de récepteurs sensoriels spécifiques que l'on appelle des nocicepteurs ;
- les prostaglandines sont responsables de la fièvre.

• Le médiateur TNF va permettre à certains granulocytes de quitter les vaisseaux sanguins par diapédèse vers le site d'inflammation.

• Les monocytes se transforment en macrophages.

• La réaction inflammatoire aiguë dure environ 48 h.

3. L'élimination de l'agent infectieux

• Les **macrophages** et les **granulocytes** sont les cellules impliquées dans l'élimination de l'agent infectieux, qui se réalise par **phagocytose***.

• La phagocytose correspond à l'ingestion de particules étrangères par les phagocytes. Elle se déroule en trois étapes :
- l'**adhésion**, favorisée par la présence d'immunoglobulines à la surface de la particule à ingérer ;
- l'**ingestion** par endocytose ;
- la **digestion** après fusion des vésicules d'endocytose avec des lysosomes qui libèrent des enzymes*.

• La dégradation enzymatique de l'antigène est complète chez les granulocytes dont les produits sont libérés à l'extérieur. Elle est partielle chez les macrophages.

• La phagocytose est indépendante de la nature de l'antigène.

Les médicaments et la réaction inflammatoire

FICHE 30

On distingue deux types de médicaments intervenant dans les réactions inflammatoires : les **antalgiques** et les **anti-inflammatoires**.

Ils aident l'organisme à contrôler l'inflammation.

I Les caractéristiques de la réaction inflammatoire

- La réaction inflammatoire fait intervenir l'**immunité innée**. Celle-ci est génétiquement héritée. Présente dès la naissance, elle ne nécessite **pas d'apprentissage préalable**.
- Les mécanismes de l'immunité innée ont été conservés au cours de l'évolution. Ils sont apparus il y a environ 800 millions d'années et persistent chez la plupart des espèces animales pluricellulaires.
- Des médiateurs chimiques sont fondamentaux dans la réaction inflammatoire. Ce sont les cytokines qui la déclenchent : elles provoquent la dilatation des vaisseaux sanguins et augmentent la perméabilité vasculaire. Les cytokines favorisent la diapédèse.
- La réaction inflammatoire prépare la réaction adaptative.
- Ce sont les cellules dendritiques qui présentent l'antigène phagocyté aux lymphocytes T. Les cellules dendritiques sont appelées les cellules présentatrices d'antigène ou CPA.
- L'inflammation peut atteindre différents organes.
- Des médicaments, des antalgiques et des anti-inflammatoires, aident l'organisme à lutter contre l'inflammation.

II Les antalgiques

- Les antalgiques freinent la libération des médiateurs de la douleur, ce qui permet ainsi de la diminuer.

Antalgique : médicament qui réduit la douleur.

- Le **paracétamol** est l'un des antalgiques les plus utilisés. Il freine la synthèse des prostaglandines, médiateurs qui engendrent la douleur.
- L'**aspirine** et l'**ibuprofène** ont aussi un effet antalgique. L'aspirine réduit les symptômes de l'inflammation, mais n'agit pas sur le déroulement de la phagocytose.

III Les anti-inflammatoires

- Les anti-inflammatoires sont utilisés pour aider l'organisme à contrôler l'inflammation.
- Ils freinent ou bloquent des médiateurs chimiques impliqués dans la réaction inflammatoire.
- Ils agissent sur les macrophages sécréteurs de cytokines.
- Ils sont de deux types : les anti-inflammatoires **non stéroïdiens** et les anti-inflammatoires **stéroïdiens**.

1. Les anti-inflammatoires non stéroïdiens

- L'**aspirine** ou acide salicylique et l'**ibuprofène** sont des anti-inflammatoires non stéroïdiens.
- L'aspirine bloque l'activité des enzymes qui participent à la synthèse des prostaglandines et des cytokines.
- En l'absence de ces médiateurs, la vasodilatation, la fièvre et les douleurs sont réduites.

2. Les anti-inflammatoires stéroïdiens

- Les anti-inflammatoires stéroïdiens sont des **stéroïdiens de synthèse ou corticoïdes** comme la **cortisone**.
- La cortisone est une hormone naturelle produite par les glandes surrénales.
- Elle limite la synthèse de prostaglandines et de cytokine pro-inflammatoire dont le rôle est d'activer l'inflammation.
- Elle réduit la vasodilatation et facilite la phagocytose.
- Elle active les gènes de la synthèse de cytokines anti-inflammatoires.

L'immunité adaptative et ses acteurs

FICHE 31

L'immunité adaptative fait suite à l'immunité innée. C'est une immunité **acquise**. Propre aux invertébrés, elle est **spécifique** d'un antigène donné.

Antigène : un antigène est un élément capable de déclencher une réaction immunitaire.

I Les acteurs de l'immunité adaptative*

1. Les organes lymphoïdes

On distingue les organes lymphoïdes **centraux*** et les organes lymphoïdes **périphériques**.

- La **moelle osseuse** et le **thymus** constituent les organes lymphoïdes centraux. La moelle osseuse produit toutes les **cellules souches** intervenant dans l'immunité innée et dans l'immunité adaptative. Les cellules souches sont **pluripotentes** et se renouvellent rapidement toute la vie. C'est dans la moelle osseuse que les lymphocytes pré-B subissent une maturation et deviennent des lymphocytes B immunocompétents ; c'est dans le thymus que les lymphocytes pré-T formés dans la moelle osseuse deviennent des lymphocytes T immunocompétents.

- Les organes lymphoïdes **périphériques*** sont disséminés dans l'organisme. Ce sont les ganglions lymphatiques*, la rate, des îlots lymphoïdes répartis sur le trajet de l'intestin et les amygdales. La rencontre entre les cellules de l'immunité adaptative et les antigènes a lieu dans ces organes lymphoïdes périphériques.

2. Les cellules de l'immunité adaptative

- Ce sont les cellules de la **lignée lymphoïde**, produites uniquement chez les vertébrés. Elles sont représentées par les **lymphocytes B*** (B pour « bone ») et par les **lymphocytes T*** (T pour thymus).

- Les lymphocytes T se ressemblent ; on les différencie par des **marqueurs de surface**, CD4 et CD8. On les appelle LT4 et LT8.

- Les lymphocytes B possèdent en surface des anticorps membranaires. Au cours des réactions immunitaires, ils peuvent se différencier en **plasmocytes***, qui possèdent un réticulum endoplasmique rugueux très développé, lieu de synthèse des anticorps circulants.

- Les lymphocytes T4 peuvent se différencier en lymphocytes T auxiliaires sécréteurs de substance chimique, les **interleukines 2***.

- Les lymphocytes T8, au cours de réactions immunitaires, se transforment en **lymphocytes T cytotoxiques**.

II Les molécules de l'immunité adaptative

1. Les anticorps*

- Soit les anticorps sont soit ancrés sur la membrane des lymphocytes B, soit ils circulent dans l'organisme.

- Les anticorps sont des **immunoglobulines** constituées de quatre chaînes polypeptidiques associées par des ponts disulfures. On distingue deux chaînes lourdes et deux chaînes légères.

- La molécule d'anticorps possède une configuration tridimensionnelle en Y, avec une **partie constante**, identique d'une molécule à une autre, et une **partie variable**, spécifique d'un antigène.

- La séquence d'acides aminés qui est à l'origine de la partie variable change d'un anticorps à un autre. La partie variable correspond au domaine de liaison avec l'antigène ; elle détermine la **spécificité** de l'anticorps.

- Chaque anticorps possède **deux sites antigéniques** spécifiques identiques. Un anticorps donné ne peut reconnaître qu'un type d'antigène et ses deux sites reconnaissent le même antigène.

2. Les récepteurs TCR

- Ils sont situés sur la membrane des lymphocytes T et sont constitués de deux chaînes polypeptidiques différentes.

- Chacune d'elles comprend une partie constante et une partie variable.

- Seule la partie **variable** reconnaît l'antigène présenté par une cellule présentatrice d'antigène appelée **CPA**.

La différenciation des cellules effectrices

FICHE 32

Les cellules effectrices permettent la réalisation des réactions immunitaires et sont spécifiques d'un type d'antigène.

Elles se différencient quand les antigènes sont reconnus comme non soi.

I Les cellules effectrices

1. Les lymphocytes B

- Les lymphocytes B se différencient en **plasmocytes** après contact avec l'antigène.
- Les plasmocytes sécrètent un **seul type** d'anticorps. Ils sont spécifiques d'un seul déterminant antigénique.

Déterminant antigénique : partie de l'antigène reconnue par un anticorps ou par un récepteur lymphocytaire.

- La présence d'anticorps dirigés contre un antigène dans le sang indique que l'individu a été au contact de cet antigène. Il est **séropositif** pour cet antigène.
- Dans le cas du SIDA, l'individu est séropositif au VIH.
- Dans le cas de la grippe, l'individu est séropositif au virus de la grippe.

2. Les lymphocytes T CD8

- Les lymphocytes T CD8 reconnaissent par leurs récepteurs membranaires l'antigène associé à une cellule de l'organisme appelée une **CPA**.

CPA : cellule présentatrice d'antigène. Il s'agit le plus souvent d'une cellule dendritique.

- Ils se différencient en **lymphocytes T cytotoxiques**.
- Ils ont une durée de vie courte.
- Ils sont capables de détruire les cellules infectées par les antigènes.

3. Les lymphocytes T CD4

- Les lymphocytes T CD4 reconnaissent spécifiquement par leurs récepteurs membranaires les antigènes associés aux CPA.
- Ils se transforment en **lymphocytes T auxiliaires**.
- Ils sécrètent un messager chimique, l'**interleukine 2** qui va stimuler les lymphocytes B et les lymphocytes T8.

II La mise en place des cellules effectrices de l'immunité adaptative

1. La sélection clonale

- Elle correspond à la sélection des **clones* de lymphocytes B et de lymphocytes T CD8** capables de reconnaître spécifiquement un antigène.
- L'antigène libre se fixe sur les anticorps membranaires à la surface des lymphocytes B. Les lymphocytes B sont activés.
- Il y a autant de lymphocytes B différents que d'antigènes. Chaque lymphocyte B ne possède qu'un seul type d'anticorps membranaires capable de reconnaître un seul type d'antigène.
- L'antigène présenté par une CPA est reconnu par des lymphocytes T CD8 grâce à leurs récepteurs de surface T.
- La reconnaissance de l'antigène associé à une CPA active les lymphocytes T CD8.

2. Amplification et différenciation clonale

- Les lymphocytes T CD4 spécifiques d'un antigène le **reconnaissent** lorsqu'il est présenté par les CPA.
- La reconnaissance les stimule : ils se **multiplient** et se **différencient** soit en lymphocytes T4 auxiliaires sécréteurs d'interleukine 2, soit en lymphocytes T4 mémoires à longue durée de vie.
- Les interleukines 2 agissent sur la multiplication et la différenciation des lymphocytes B et des lymphocytes T CD8 déjà sélectionnés.
- Les lymphocytes B sélectionnés se multiplient et se différencient en **plasmocytes**. Les plasmocytes sont sécréteurs d'**anticorps circulants** identiques aux anticorps membranaires des lymphocytes B sélectionnés. Les anticorps circulants sont tous spécifiques de l'antigène introduit.
- Les lymphocytes T CD8 sélectionnés se multiplient et se différencient en **lymphocytes T cytotoxiques**.
- Ce sont donc les lymphocytes T4 activés qui sont le pivot des réactions de l'immunité adaptative.

La phase effectrice de l'immunité adaptative

FICHE 33

Elle se met en place quand les cellules effectrices sont différenciées.

Deux types de réaction peuvent intervenir. Elles permettent de détruire soit directement l'agent infectieux, soit la cellule infectée.

I La réaction à médiation humorale

- Elle fait intervenir les plasmocytes sécréteurs d'**anticorps circulants**. Les anticorps se fixent sur l'antigène dont ils sont spécifiques, c'est la **réaction antigène-anticorps**. Il se forme un **complexe immun*** insoluble qui neutralise l'antigène sans le détruire.
- Les cellules phagocytaires éliminent par **phagocytose** le complexe immun.
- Les anticorps sont des **effecteurs** de l'immunité adaptative à médiation humorale. Ils assurent la surveillance du milieu extracellulaire.

II La réaction à médiation cellulaire

- Elle fait intervenir les **lymphocytes T cytotoxiques**, qui reconnaissent l'antigène présent à la surface de n'importe quelles cellules infectées.
- Ils peuvent se fixer à la cellule infectée grâce à leurs récepteurs membranaires spécifiques.
- Cette fixation entraîne la libération de protéines, appelées **perforines***, par le lymphocyte T cytotoxique. Les perforines s'insèrent dans la membrane de la cellule infectée, formant ainsi un canal où pénètrent de l'eau et des sels minéraux.
- La pression osmotique intracellulaire augmente, la cellule éclate. On parle de **cytolyse***.
- Les débris cellulaires sont évacués par phagocytose par les cellules de l'immunité innée.
- Les lymphocytes T cytotoxiques assurent la surveillance des populations cellulaires.
- Il y a **coopération** entre immunité innée et immunité adaptative.

Cytolyse d'une cellule infectée C

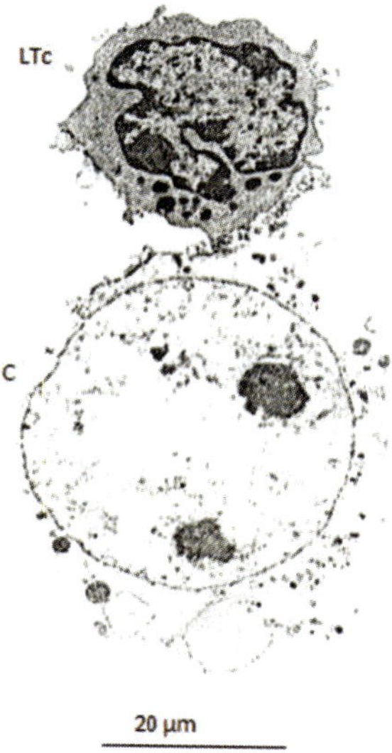

III Infection virale et immunité adaptative

• L'immunité adaptative intervient dans le cas du SIDA* et de la grippe. Ces deux virus sont des rétrovirus dont l'information génétique est portée par l'ARN et non par l'ADN.

• Le VIH infecte spécifiquement les lymphocytes T CD4, mais aussi des monocytes et des macrophages.

• Toute personne infectée par le VIH produit des anticorps dirigés contre les protéines du virus, ce qui détermine la **séropositivité** de l'individu.

• En parallèle, l'augmentation de la charge virale s'accompagne de la production des lymphocytes T cytotoxiques. Si les virus continuent de se multiplier, la population de lymphocytes T CD4 diminue progressivement. Le SIDA se déclare lorsque le nombre de lymphocytes T CD4 est inférieur à un seuil critique.

• Les lymphocytes T CD4 sont indispensables à la production des cellules effectrices de l'immunité adaptative.

Le phénotype immunitaire au cours de la vie

FICHE 34

L'évolution du phénotype immunitaire permet aux individus de s'adapter à leur environnement. Il fait intervenir la mémoire immunitaire.

La vaccination est une variation artificielle du phénotype immunitaire.

I Le phénotype immunitaire

Clone cellulaire : ensemble de cellules identiques génétiquement issues d'une même cellule mère.

- Chaque individu possède plusieurs milliards de lymphocytes de spécificité antigénique différente.
- Les lymphocytes de même type de récepteurs membranaires constituent un **clone cellulaire**.
- L'ensemble des récepteurs des lymphocytes B et des lymphocytes T constituent le **répertoire immunitaire**.
- Les lymphocytes qui n'ont jamais reconnu un antigène sont appelés des **lymphocytes naïfs***. Ils sont produits en continu tout au long de la vie.
- Les différents récepteurs membranaires sont produits avant tout contact avec l'antigène par des mécanismes **génétiques** complexes.
- Il existe des cellules **autoréactives** qui ne reconnaissent pas les cellules de l'organisme et tentent de les détruire. Elles sont naturellement éliminées ou réprimées.
- En cas de dysfonctionnement, il y a apparition de maladies **auto-immunes**. C'est le cas de la sclérose en plaques ou du diabète gras.

II Les modifications du phénotype immunitaire

1. Les changements naturels du phénotype immunitaire

- Les antigènes auxquels les organismes sont confrontés font varier le phénotype immunitaire.
- Des clones de lymphocytes spécifiques sont sélectionnés. Le nombre de ces lymphocytes spécifiques augmente et les **cellules mémoires** spécifiques se mettent en place.

- Le phénotype immunitaire change sans cesse et **s'adapte** à l'environnement antigénique.
- Le phénotype immunitaire est le résultat d'interactions complexes entre le génotype et l'environnement.

2. Les changements dus à la vaccination

- L'administration d'un vaccin* correspond à une première exposition à un antigène. Le vaccin est un dérivé **non pathogène** de l'agent infectieux en cause.
- Le principe de la vaccination se fonde sur l'existence d'une **mémoire immunitaire***. L'injection d'un antigène atténué entraîne une production lente et assez peu abondante d'anticorps spécifiques de l'antigène. C'est ce que l'on nomme la **réponse primaire**. Lors d'un deuxième contact avec l'antigène, la production d'anticorps spécifiques est plus rapide, plus intense et persiste plus longtemps dans l'organisme. C'est ce que l'on nomme la **réponse secondaire**.
- L'efficacité de la réponse s'explique par la formation des cellules mémoires au cours de la réponse primaire. Ces cellules mémoires sont sollicitées lors du deuxième contact avec l'antigène. Elles interviennent alors immédiatement et rapidement.
- L'administration d'un vaccin reproduit donc une situation naturelle. Il fait évoluer **artificiellement** le phénotype immunitaire.
- Les **rappels** de vaccination permettent la **réactivation** de la mémoire immunitaire.
- L'**adjuvant*** que l'on introduit dans le vaccin déclenche la mise en place d'une réaction innée de type inflammatoire indispensable à l'installation de la réaction adaptative.
- La recherche actuelle utilise les techniques du génie génétique dans l'espoir de développer de nouveaux types de vaccins. Dans le cas du SIDA, la conception d'un vaccin est rendue difficile par la grande capacité de mutation du virus.

Le maintien de l'intégrité de l'organisme

TEST-BILAN

→ *Réponses au verso.*

1 La phagocytose fait intervenir des cellules de l'immunité adaptative.

a. ☐ Vrai. b. ☐ Faux.

2 Les anti-inflammatoires stéroïdiens :

a. ☐ sont des corticoïdes.

b. ☐ limitent la synthèse de prostaglandines.

c. ☐ augmentent la vasodilatation.

3 Les immunoglobulines sont :

a. ☐ des anticorps.

b. ☐ situées sur la membrane des lymphocytes T.

c. ☐ spécifiques d'un antigène donné.

4 Le complexe immun :

a. ☐ correspond à la fixation de l'antigène sur l'anticorps.

b. ☐ est insoluble.

c. ☐ est éliminé par phagocytose.

5 La perforine :

a. ☐ est une protéine fabriquée par le lymphocyte T cytotoxique.

b. ☐ est une protéine fabriquée par le lymphocyte TCD4.

c. ☐ provoque la lyse de la cellule infectée.

6 Le répertoire immunologique est l'ensemble des récepteurs lymphocytes B et des lymphocytes T.

a. ☐ Vrai b. ☐ Faux.

SCHÉMA-BILAN

Les étapes de l'immunité adaptative

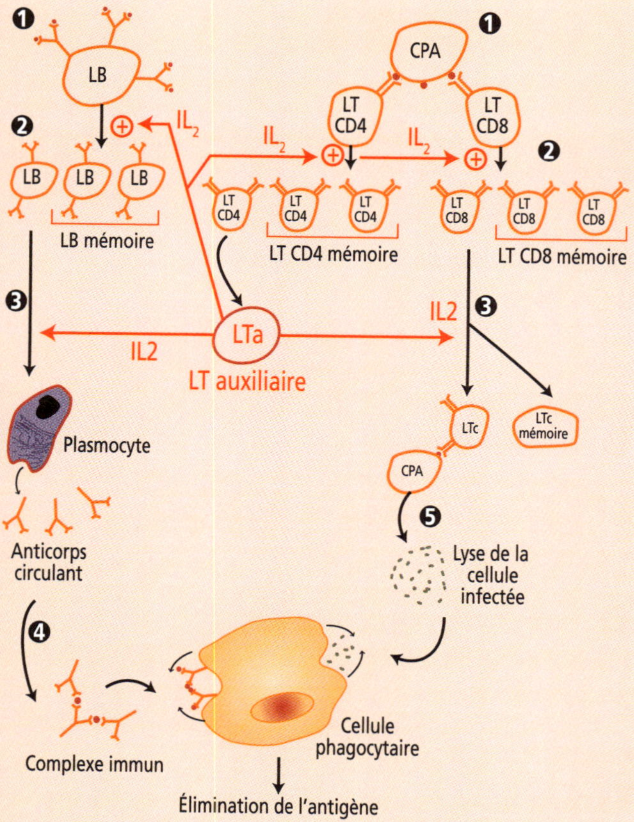

1. Reconnaissance de l'antigène
2. Sélection clonale et amplification
3. Différenciation clonale
4. Phase effectrice à médiation humorale
5. Phase effectrice à médiation cellulaire

Réponses :

1 b – 2 a ; b – 3 a ; c – 4 a ; b ; c – 5 a ; c – 6 a.

Les caractéristiques du réflexe myotatique

FICHE 36

Le réflexe myotatique est un réflexe qui entraîne la contraction d'un muscle en réponse à son propre étirement.

Le réflexe myotatique sert d'outil diagnostique pour apprécier l'intégrité du système neuromusculaire.

Les réflexes achilléen et rotulien sont des exemples de réflexe myotatique.

Réflexe : réponse motrice involontaire, stéréotypée et prévisible à une stimulation.

I Les éléments de l'arc réflexe myotatique

1. Les récepteurs de la stimulation

- Les muscles possèdent des cellules modifiées : les **fuseaux neuromusculaires**.
- Chaque fuseau neuromusculaire est entouré d'une fibre nerveuse. Au cours d'une percussion au niveau du tendon d'Achille ou du tendon rotulien, les fuseaux musculaires sont **étirés**. Un message nerveux naît dans les fibres nerveuses.
- Les fuseaux neuromusculaires sont des **récepteurs sensoriels**.

2. Les voies nerveuses afférentes de l'arc réflexe

- Des messages nerveux sensoriels afférents sont issus des fuseaux neuromusculaires. Ils se propagent le long des fibres nerveuses et arrivent à la moelle épinière par la racine dorsale du nerf rachidien.
- Les corps cellulaires des neurones afférents sont situés dans le **ganglion spinal** de la racine dorsale du nerf rachidien.
- Ce sont des fibres nerveuses sensorielles **afférentes**.

3. Le centre nerveux de l'arc réflexe

- Les messages nerveux afférents stimulent les neurones situés dans la **moelle épinière**, qui est le centre nerveux.
- Ce centre nerveux traite les messages reçus et élabore les messages nerveux **efférents moteurs.**
- Il existe des connexions entre les neurones sensitifs et les neurones moteurs, ce sont **les synapses neuro-neuroniques.** À un neurone sensitif correspond un neurone moteur : le réflexe myotatique est **monosynaptique**.

4. Les voies nerveuses efférentes de l'arc réflexe

• En réponse aux messages nerveux sensoriels, le centre nerveux répond par un message nerveux **moteur**.

• Le message moteur est véhiculé par des fibres motrices situées aussi dans le nerf rachidien. Ce sont les fibres **efférentes** de l'arc réflexe.
- Les corps cellulaires sont situés dans la corne ventrale de la moelle épinière.
- Les fibres efférentes quittent la moelle épinière par la racine ventrale du nerf rachidien.

5. Les organes effecteurs de l'arc réflexe

• Les messages nerveux moteurs se propagent en direction des muscles.
- Il existe des connexions entre la fibre motrice et le muscle, c'est la **jonction-neuromusculaire.**
- En réponse à l'étirement des fuseaux neuromusculaires, les fibres musculaires se contractent et le muscle se raccourcit.

• Le muscle est l'**organe moteur** du réflexe myotatique.

II Les muscles antagonistes mis en jeu dans l'arc réflexe

1. Le tonus musculaire

Tonus musculaire : état permanent de légère contraction des muscles qui permet le maintien de la posture.

• Le réflexe myotatique participe au maintien de la posture.

• L'aspect **tonique** de la posture est dû au tonus musculaire.

• L'aspect **phasique** de la posture est dû à des réflexes de courte durée comme les réflexes myotatiques.

2. Les muscles antagonistes

• Au cours du réflexe myotatique, des muscles se relâchent, d'autres se contractent, ce sont des muscles **antagonistes**.

• Des fibres motrices efférentes vont agir différemment sur les muscles antagonistes, on parle d'**innervation réciproque**.

Le message nerveux

Le message nerveux est de nature électrique.

Il s'enregistre à l'aide d'une microélectrode placée sur ou dans une fibre nerveuse ou un nerf.

I Les caractéristiques d'un neurone*

- Le neurone est l'unité fonctionnelle de base du système nerveux.
- Il est constitué d'un **corps cellulaire** comportant le noyau et de deux prolongements : l'**axone** et les **dendrites**.
- Les dendrites très nombreuses et courtes conduisent les messages nerveux créés à leur extrémité jusqu'au corps cellulaire.
- Il y a un axone (ou une fibre nerveuse) par neurone.
- Les messages nerveux se créent sur l'axone et se propagent tout au long de celui-ci.
- L'axone se termine par un **bouton synaptique**, qui permet le transfert de l'information d'une cellule à l'autre.

II Nature du message nerveux

1. Le potentiel de repos

- En l'absence de toute stimulation, il existe une différence de potentiel entre les deux faces de la membrane plasmique du neurone. On l'appelle **potentiel de repos ou différence de potentiel transmembranaire**.
- La valeur du potentiel de repos varie d'une cellule à l'autre ; elle est de l'ordre de **–70 mV**. Cette valeur indique que la membrane plasmique du neurone est **polarisée**.
- La face interne de la membrane est électronégative par rapport à la face externe qui est électropositive.

2. Le potentiel d'action

- Une stimulation de la fibre nerveuse entraîne une modification du potentiel de repos. Un message nerveux élémentaire se crée, c'est le potentiel d'action*.

- Le potentiel d'action se décompose en plusieurs phases :
  - une **dépolarisation** qui traduit une brève **inversion de polarisation** en un point de la membrane ;
  - la polarité de –70 mV passe alors à +30 mV ;
  - la dépolarisation est suivie d'une **repolarisation** ;
  - le retour à l'état initial est précédé d'une **hyperpolarisation** ; la face interne de la membrane est plus électronégative qu'au repos.

III Nature et propagation du message nerveux

1. Au niveau d'une fibre nerveuse

- Sur une fibre nerveuse, le message nerveux est un **ensemble de potentiels d'action** d'amplitude constante de +100 mV. Il est codé en **fréquence** de potentiels d'action.

- La stimulation de la fibre doit être supérieure ou égale **au seuil de stimulation**.

- À partir de ce seuil, même si l'intensité de la stimulation augmente, le potentiel d'action aura toujours la même amplitude : c'est la **loi du « tout ou rien »**. La réponse est d'emblée maximale.

- Le potentiel d'action est un **messager**, il se propage de proche en proche en gardant la même amplitude et la même durée.

- Lors du réflexe myotatique, le neurone sensitif conduit un message nerveux **codé en fréquence** de potentiels d'action selon l'intensité de l'étirement. Le neurone moteur conduit un message nerveux codé aussi en fréquence de potentiels d'actions vers le muscle. Plus la fréquence de potentiels d'action sera grande et plus la contraction musculaire sera importante.

2. Au niveau du nerf

- Un nerf est un ensemble de fibres nerveuses. La différence de potentiel enregistrée sur un nerf suite à une stimulation est un **potentiel global**.

- L'**amplitude du potentiel global** augmente en fonction de l'intensité de la stimulation. Les variations du potentiel global sont fonction du nombre de fibres nerveuses sollicitées. Quand toutes les fibres sont sollicitées, l'amplitude du potentiel global est à son maximum.

La transmission synaptique

FICHE 38

La transmission synaptique met en jeu deux types de synapse : la synapse neuro-neuronique et la synapse neuromusculaire.

Elle fait intervenir des substances chimiques, les neurotransmetteurs.

Elle a un fonctionnement **unidirectionnel**.

I Les caractéristiques structurales d'une synapse*

- La synapse est la structure qui permet le passage du message nerveux entre deux cellules excitables.
- La cellule pré-synaptique est toujours un neurone.
- La cellule post-synaptique est soit un autre neurone soit une cellule musculaire.

1. La synapse neuro-neuronique

- C'est la synapse que l'on retrouve dans la moelle épinière.
- Le cytoplasme de la terminaison axonique du neurone pré-synaptique contient de nombreuses **vésicules** remplies d'une substance chimique. Les substances chimiques sont des **neuromédiateurs** ou neurotransmetteurs comme l'acétylcholine.

> **Neuromédiateur** : substance chimique permettant le transfert du message nerveux d'un neurone à l'autre au niveau d'une synapse.

- Entre le bouton pré-synaptique et le neurone post-synaptique, il existe un espace appelé **fente synaptique**.
- La membrane du neurone post-synaptique ou motoneurone efférent possède de nombreux **récepteurs** spécifiques des neuromédiateurs.

2. La synapse ou jonction neuromusculaire

- La terminaison pré-synaptique est identique à celle de la synapse neuro-neuronique.
- La cellule post-synaptique est une cellule musculaire.
- La membrane de la cellule post-synaptique possède de nombreux récepteurs spécifiques aux neuromédiateurs.

II Le fonctionnement des synapses

- Le sens de transmission est lié à l'organisation structurale asymétrique de la synapse chimique.

- La propagation est retardée au niveau de la synapse : on parle de **délai synaptique**.

1. Les caractéristiques fonctionnelles des synapses

- Le fonctionnement est le même pour les deux types de synapse :
  - au niveau de l'arborisation terminale du neurone pré-synaptique arrive un message nerveux de fréquence donnée ;
  - ce message provoque la **fusion** des vésicules synaptiques avec la membrane pré-synaptique ;
  - les substances chimiques contenues dans les vésicules synaptiques sont libérées dans la fente synaptique par **exocytose***.

- Les neuromédiateurs sont spécifiques de certaines synapses. Dans le cas de la synapse neuromusculaire, il s'agit de l'**acétylcholine**. Le neuromédiateur se fixe sur les récepteurs post-synaptiques. Si la concentration en neuromédiateurs est suffisante, il y a création de potentiels d'action post-synaptiques.

- La concentration en neuromédiateurs libérés dans la fente constitue le **codage** du message.

- Le neuromédiateur est dégradé par des enzymes dans la fente synaptique, ou capturé par la terminaison pré-synaptique. La durée de son action est réduite, les récepteurs sont libérés et sont prêts à recevoir de nouvelles molécules.

2. Action de certaines substances pharmacologiques

- Certaines substances chimiques, naturelles ou de synthèse, sont susceptibles de perturber le fonctionnement des synapses.

- Le **curare** se fixe sur les récepteurs post-synaptiques de l'acétylcholine mais n'engendre pas de message nerveux dans la cellule musculaire. Il provoque un relâchement musculaire. C'est un **antagoniste** de l'acétylcholine.

- D'autres substances peuvent augmenter l'action de l'acétylcholine en empêchant sa dégradation dans la fente.

Les aires cérébrales du mouvement volontaire

FICHE 39

Le cortex cérébral possède les centres nerveux à l'origine des mouvements volontaires. Trois zones cérébrales sont concernées. Elles sont connectées entre elles et ont un rôle bien précis.

I L'organisation du système nerveux chez l'Homme

- Le système nerveux central est constitué de l'**encéphale** et de la **moelle épinière**. Les nerfs rachidiens mettent en relation le système nerveux central avec les muscles et les organes. Ils véhiculent des messages nerveux sensoriels et des messages nerveux moteurs.
- L'encéphale est formé par deux **hémisphères cérébraux**, le bulbe rachidien et le cervelet.
- La partie superficielle des hémisphères cérébraux est constituée de substance grise de quelques millimètres d'épaisseur, le **cortex cérébral***.
- Les **corps cellulaires** des neurones sont localisés dans la substance grise du cortex cérébral.

II Les aires motrices du cortex cérébral

1. Les techniques d'exploration

IRM : imagerie par résonnance magnétique.

- L'**IRM** d'un malade ne pouvant réaliser des mouvements volontaires montre qu'une aire particulière du cortex a été lésée, c'est l'**aire motrice primaire** dite **M1**.
- L'**IRMf** ou IRM fonctionnelle permet de déterminer les variations d'activités de certaines parties du cortex quand le sujet effectue une tâche volontaire donnée.
- La méthode de **stimulation magnétique transcrânienne**, dite SMT, indique que les différentes parties de l'aire motrice primaire sont en relation avec des muscles du corps bien déterminés.
- Une cartographie de l'aire motrice primaire a été réalisée.

2. L'aire motrice primaire corticale

- Les études expérimentales montrent qu'il y a une commande cérébrale des mouvements volontaires.

- Chaque partie du corps est associée à une zone spécifique du cortex cérébral qui assure sa commande motrice :
  - l'aire M1 de l'hémisphère droit contrôle les muscles de la partie gauche du corps ;
  - l'aire M1 de l'hémisphère gauche contrôle les muscles de la partie droite du corps.
- On peut représenter une projection des différentes parties du corps humain à la surface du cortex moteur. Plus la partie du corps est complexe du point de vue de sa motricité et plus la région corticale a une grande surface. Ainsi la surface du cortex correspondant à la main est très développée et particulièrement pour la zone du pouce.
- La représentation du corps humain sur le cortex est déformée. On l'appelle l'**homonculus moteur**.

3. Le rôle des différentes aires corticales

- La réalisation d'un mouvement volontaire met en jeu **trois types d'aires corticales connectées entre elles** :
  - les aires situées dans le cortex pariétal sont impliquées dans **l'intention de faire** un mouvement ;
  - l'aire prémotrice (ou APM) activée par des stimuli externes, et l'aire prémotrice supplémentaire (ou AMS) activée par des stimuli internes, sont impliquées dans la **préparation** du mouvement ;
  - les aires motrices primaires permettent l'**exécution** du mouvement.
- Il y a une **collaboration** entre les aires corticales pour la commande du mouvement :
  - les messages partent du cortex pariétal, stimulent les aires prémotrices, elles-mêmes sollicitées par des stimuli internes et externes ;
  - la somme des informations issues de l'APS et de l'AMS stimule l'aire motrice primaire ;
  - c'est l'aire motrice primaire qui enverra les messages pour l'exécution du mouvement.

Le rôle des motoneurones médullaires

FICHE 40

La voie pyramidale fait le lien entre le cortex cérébral et les motoneurones médullaires.

Selon la nature du neuromédiateur, on distingue des synapses excitatrices ou inhibitrices.

Un motoneurone fait la sommation des messages nerveux qu'il reçoit et élabore un message moteur unique.

I Les voies nerveuses motrices

- La **voie pyramidale** est constituée par un faisceau de fibres nerveuses qui vont des aires motrice et prémotrice aux cellules de la corne ventrale de la moelle épinière. La voie pyramidale constitue la voie efférente de la motricité volontaire.
- Les corps cellulaires localisés dans le cortex moteur envoient leurs axones en direction du **bulbe rachidien**. Au niveau du bulbe rachidien, les axones issus des hémisphères cérébraux droit et gauche se croisent. La commande des mouvements volontaires est **controlatérale**. Les axones descendent au niveau de la **moelle épinière**.
- À différents niveaux de la moelle épinière, les axones descendants sont en connexions synaptiques avec les motoneurones responsables des contractions musculaires.

Controlatérale : se dit d'une réaction qui se manifeste du côté opposé au côté atteint. L'aire motrice de l'aire cérébrale droite commande la partie gauche du corps et inversement.

II Les différents types de synapses

Les synapses ne libèrent pas toutes le même neuromédiateur, ni la même quantité :
- une **faible fréquence** de potentiel d'action dans le neurone pré-synaptique libère peu de neuromédiateurs ; **aucun message nerveux** n'est généré dans le neurone post-synaptique ;
- une **fréquence suffisante** de potentiels d'action au niveau du neurone pré-synaptique libère une quantité de neuromédiateur suffisante ; **un message nerveux est généré** dans le neurone post-synaptique.

1. Synapses excitatrices*

- La fréquence des potentiels d'action pré-synaptiques est suffisante : il y a libération d'un neuromédiateur dans la fente synaptique. Ce neuromédiateur peut être de l'**acétylcholine**.
- Les molécules se fixent sur les récepteurs de la membrane post-synaptique.
- Un message nerveux naît dans le neurone post-synaptique.
- La synapse permettant une **transmission du message** est appelée une synapse excitatrice.

2. Synapses inhibitrices*

- La fréquence des potentiels d'action pré-synaptiques est suffisante : un neuromédiateur comme le **GABA** est libéré.
- Il n'y a pas création de potentiels d'action post-synaptiques.
- Le GABA **ne permet pas la transmission du message**. C'est une synapse inhibitrice.

III Le rôle intégrateur de la moelle épinière

- Dans la substance grise de la moelle épinière, chaque motoneurone peut être en connexion avec de très nombreux autres neurones par l'intermédiaire de très nombreuses synapses.
- Les motoneurones reçoivent un grand nombre d'informations dont ils font la « **somme algébrique** », et élaborent un message nerveux moteur unique.
- On parle d'**intégration** des messages nerveux par les motoneurones médullaires.

1. La sommation spatiale des messages nerveux

Un neurone moteur reçoit **en même temps** des messages nerveux provenant d'un grand nombre de neurones ; il élabore une réponse. C'est une sommation spatiale des messages.

2. La sommation temporelle des messages

Un neurone moteur reçoit **successivement** des messages nerveux d'une fréquence suffisante dans un court laps de temps ; il élabore une réponse. C'est une sommation temporelle des messages.

Plasticité cérébrale et motricité

FICHE 41

La représentation corticale motrice du corps varie d'un individu à l'autre et tout au long de sa vie.

Le système nerveux central peut se réorganiser sous l'effet des pressions de l'environnement. En effet, le cortex cérébral présente des capacités de récupération après un accident.

La plasticité cérébrale : propriété complexe du cortex cérébral capable de se modifier sous l'effet d'apprentissages.

I La plasticité cérébrale

- Le cortex cérébral peut se modifier durant le développement embryonnaire, l'enfance, la vie d'adulte.
- Pour tous les individus, l'organisation du cortex cérébral est la même. C'est une caractéristique propre à l'espèce.
- Cependant, l'étude des cartes motrices de différents individus montre des différences très importantes. On parle de différences **interindividuelles**. Ces différences ne sont pas innées mais **acquises** tout au cours de la vie.
- L'**entraînement** développe la taille et l'activité de l'aire motrice primaire. C'est un phénomène transitoire et réversible. L'entraînement répété sur une longue durée stabilise le développement de l'aire motrice primaire.
- La plasticité cérébrale est la base des apprentissages moteurs.

II Plasticité cérébrale et récupération

- Des conditions pathologiques peuvent transformer l'agencement et les connexions du cortex cérébral.
- Les neurones du cortex cérébral sont capables d'établir de nouvelles connexions dans des **zones voisines** aux lésions. On parle alors de récupération.

1. Des capacités de récupération

- Un accident vasculaire cérébral ou **AVC*** correspond à une obstruction de petits vaisseaux dans le cerveau. Si le cortex moteur est atteint, une absence de vascularisation détruit les neurones. La région musculaire correspondante n'est plus sollicitée, il peut y avoir **perte de motricité**.

- On constate chez un patient atteint d'un AVC une **récupération spontanée** des fonctions endommagées en quelques semaines, voire quelques mois. Une période de récupération plus lente peut se poursuivre durant plusieurs années.

- Une **rééducation fonctionnelle** peut permettre une récupération plus rapide du déficit moteur. Elle consiste à solliciter différentes zones du cortex situées tout autour de la zone lésée. La lésion peut n'affecter qu'un seul hémisphère mais la rééducation peut solliciter les deux hémisphères. La récupération ne correspond pas à une remise en service de la zone lésée mais à la mise en place de connexions dans des zones intactes.

2. Préserver la plasticité cérébrale

- Les possibilités de remaniement diminuent au cours de la vie. Pour des individus sédentaires, à partir de 72 ans, les performances intellectuelles diminuent. Le vieillissement semble plus tardif pour les individus qui pratiquent une **activité physique régulière**. Des individus ayant une **activité intellectuelle régulière** et importante réalisent de meilleures performances intellectuelles.

- Chez les hommes comme chez les femmes, le nombre de cellules nerveuses diminue au cours de la vie d'environ 10 %. Le vieillissement cérébral peut cependant être réduit par le comportement des individus.

- L'état du cerveau est un capital à préserver et à entretenir par des activités physiques et intellectuelles.

La communication nerveuse

TEST-BILAN

→ *Réponses au verso.*

1 Un potentiel d'action :

a. ☐ est un message nerveux élémentaire.
b. ☐ est une inversion ponctuelle du potentiel transmembranaire.
c. ☐ obéit à la loi du « tout ou rien ».

2 Un délai synaptique s'explique :

a. ☐ par la présence de la fente synaptique.
b. ☐ par la quantité de neuromédiateurs libérés.
c. ☐ par la présence de récepteurs post-synaptiques.

3 L'aire motrice primaire :

a. ☐ intervient dans l'intention de faire un mouvement.
b. ☐ permet l'exécution du mouvement.
c. ☐ est impliquée dans la préparation d'un mouvement.

4 Le GABA est :

a. ☐ un neuromédiateur excitateur.
b. ☐ un neuromédiateur inhibiteur.
c. ☐ détruit par des enzymes dans la fente synaptique.

5 La plasticité cérébrale :

a. ☐ permet au cortex cérébral de se modifier.
b. ☐ augmente avec l'âge.
c. ☐ est identique pour toutes les espèces.

SCHÉMA-BILAN

Le réflexe achilléen

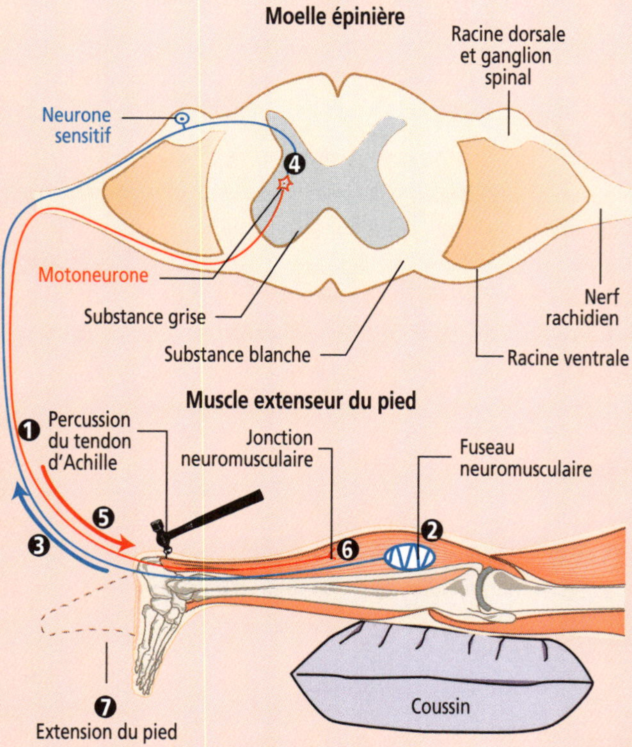

❶ Stimulus = percussion du tendon
❷ Étirement du fuseau neuromusculaire
❸ Message nerveux sensitif afférent
❹ Synapse neuro-neuronique
❺ Message nerveux moteur efférent
❻ Création d'un PA musculaire au niveau de la jonction neuromusculaire
❼ Réponse = contraction du muscle, extension du pied

Réponses :

❶ a ; b ; c – ❷ a – ❸ b – ❹ b ; c – ❺ a.

La photosynthèse des plantes chlorophylliennes

FICHE 43

Les producteurs primaires utilisent le carbone du CO_2 atmosphérique pour élaborer les chaînes carbonées du vivant.

I Approvisionnement des végétaux supérieurs en CO_2

1. Localisation de la photosynthèse*

- Elle se réalise dans les **chloroplastes*** des cellules des feuilles des végétaux chlorophylliens.
- Le chloroplaste limité par une double membrane contient le **stroma**.
- Riche en enzymes, le stroma possède des **thylakoïdes** formés de sacs aplatis dont la superposition constitue un **granum**.
- La membrane des thylakoïdes contient les pigments photosynthétiques dont la **chlorophylle** et des **transporteurs d'électrons**.

2. Approvisionnement des cellules chlorophylliennes en éléments minéraux

- Chez les végétaux supérieurs, le **CO_2 atmosphérique** pénètre dans les feuilles par l'ostiole des stomates. Le CO_2 se concentre dans la chambre sous-stomatique puis diffuse à travers le parenchyme jusqu'aux chloroplastes des cellules chlorophylliennes.
- La sève brute formée au niveau des racines apporte l'**eau** et les **éléments minéraux** aux cellules chlorophylliennes.

II Phase photochimique de la photosynthèse

- Elle se réalise au niveau des thylakoïdes. L'énergie des radiations lumineuses est captée par les pigments chlorophylliens.
- Elle est en partie convertie en énergie chimique sous forme d'**ATP*** et de **transporteurs réduits RH_2**.

ATP : l'adénosine triphosphate est un nucléotide à adénine sur lequel sont fixés trois groupements phosphates dont les liaisons sont riches en énergie.

1. Chaîne photosynthétique

- C'est un ensemble de molécules localisées dans la membrane des thylakoïdes, qui sont responsables d'une succession de réactions d'oxydoréduction.

- Les molécules de chlorophylle absorbent l'énergie des photons de la lumière. Elles s'oxydent en cédant des électrons au premier transporteur de la chaîne d'oxydoréduction.
- L'oxydation de la chlorophylle entraîne l'oxydation de la molécule d'eau qui libère de l'O_2 et des électrons utilisés par la chlorophylle pour retrouver son état initial.

2. Formation des transporteurs réduits (RH_2)

Les électrons de la chaîne photosynthétique et les protons issus de l'oxydation de l'eau réduisent les molécules d'un transporteur final R qui devient réduit RH_2.

3. Synthèse d'adénosine triphosphate (ATP)

Les réactions d'oxydoréduction libèrent de l'énergie. Elles permettent la synthèse d'ATP, grâce à une enzyme, l'ATP synthétase, qui catalyse la réaction.

III Phase chimique de la photosynthèse

- Elle constitue le cycle de Calvin-Benson, qui se déroule dans le stroma.
- Elle est indépendante de la lumière, on l'appelle la phase non photochimique. Elle correspond à l'incorporation et à la réduction du CO_2 dans des molécules glucidiques.
- Elle démarre par l'acceptation d'une molécule de CO_2 par le ribulose 1-5 biphosphate ou RubiP. Ce couplage donne un composé éphémère à six atomes de carbone qui se scinde en deux molécules de phosphoglycérate (APG). Les deux molécules d'APG sont à l'origine de la synthèse de deux molécules à trois carbones de trioses phosphates.
- Cette réaction nécessite de l'ATP et les RH_2 sont oxydés.
- La phase non photochimique est donc nécessairement couplée à la phase photochimique. Une partie des trioses phosphate sert à synthétiser des hexoses. L'autre partie sert à la régénération de RubiP.
- La photosynthèse se traduit par l'équation :

$$6CO_2 + 12H_2O^* \longrightarrow C_6H_{12}O_6 + 6O^*_2 + 6H_2O$$

*indique l'origine de l'O_2 formé

Synthèse d'ATP et respiration

FICHE 44

Les autotrophes et les hétérotrophes utilisent de la matière organique et du dioxygène pour fabriquer de l'énergie sous forme d'ATP.

C'est le mécanisme de la respiration, qui est un processus cellulaire s'effectuant par étapes.

I Caractéristiques de la synthèse d'ATP

- L'adénosine triphosphate est un **nucléotide*** indispensable au métabolisme cellulaire. L'absence de réserve cellulaire d'ATP et sa consommation permanente demandent un renouvellement continu.
- La régénération de l'ATP s'effectue par **phosphorylation** de l'ADP, catalysée par une enzyme, l'**ATP synthétase**.
- Elle nécessite de l'énergie issue de l'**oxydation** de substrats organiques, le glucose.

Nucléotide : un nucléotide est une unité constitutive des acides nucléiques formée par l'association d'un sucre d'une base azotée et d'un acide phosphorique.

II Glycolyse

- Elle correspond à l'oxydation partielle du glucose et se réalise dans le cytosol.
- Par oxydation, le glucose se scinde en deux molécules de **pyruvate** (corps en C3) ce qui permet :
  – la réduction de deux composés intermédiaires R′ en $R'H_2$;
  – la synthèse nette de deux molécules d'ATP.
- La réaction globale de la glycolyse peut s'écrire de la façon suivante :

$$C_6H_{12}O_6 + 2\,R' \longrightarrow 2\,CH_3COCOOH + 2\,R'H_2$$
$$2\,ADP + 2\,Pi \longrightarrow 2\,ATP.$$

III Conversion d'énergie dans les mitochondries*

1. Les mitochondries, des organites spécialisés

- Les mitochondries sont des organites cellulaires à **double membrane**. La membrane interne émet des diverticules appelés **crêtes**, qui sont entourées d'une **matrice** plus ou moins granuleuse.

- L'analyse chimique de ces organites révèle l'existence :
  - d'un équipement enzymatique abondant ;
  - de transporteurs d'électrons et de protons et de molécules d'ATP.

2. Oxydation du pyruvate

- En condition aérobie, le pyruvate issu de la glycolyse est transporté dans la matrice mitochondriale et il subit une série de **décarboxylations oxydatives** et de **déshydrogénations**.
- Le résultat est un état oxydé maximum en CO_2 et H_2O et la formation des composés réduits $R'H_2$.
- Ces réactions entraînent la libération d'énergie permettant la synthèse de 2 ATP.
- L'oxydation de deux pyruvates issus de la glycolyse peut s'écrire :

$$2\ CH_3COCOOH + 10\ R' + 6\ H_2O \longrightarrow 6\ CO_2 + 10\ R'H_2$$
$$2\ ADP + 2\ Pi \longrightarrow 2\ ATP$$

3. La chaîne respiratoire

- Les composés réduits obtenus sont oxydés par le dioxygène au niveau des crêtes mitochondriales avec formation d'eau.
- Elle fait intervenir des systèmes rédox de la chaîne respiratoire de la membrane mitochondriale interne.
- L'énergie libérée permet la régénération d'ATP.
- L'équation suivante rend compte de cette étape

$$12\ R'H_2 + 6\ O_2 \longrightarrow 12\ R' + 12\ H_2O$$
$$32\ ADP + 32\ Pi \longrightarrow 32\ ATP$$

IV Bilan de la respiration

La respiration correspond à l'oxydation totale du glucose selon l'équation globale :

$$C_6H_{12}O_6 + 6\ H_2O + 6\ O_2 \longrightarrow 6\ CO_2 + 12\ H_2O$$

Elle aboutit à la production de **36 ATP** par molécule de glucose.

Synthèse d'ATP et fermentation

FICHE 45

La **fermentation*** s'effectue majoritairement en milieu anaérobie.

I Les caractéristiques de la fermentation alcoolique expérimentale

- Elle se réalise expérimentalement dans une enceinte close, en présence de levure de bière (Saccharomyces cerevisiae) diluée dans de l'eau distillée et d'une solution de **glucose**. Un gaz se dégage, il s'agit du **dioxyde de carbone**. Dans le liquide du flacon se forme de l'**alcool éthylique**.
- On peut schématiser cette décomposition par la réaction suivante :

$$\underset{\text{glucose}}{C_6H_{12}O} \longrightarrow \underset{\text{alcool éthylique}}{2\ CH_3CH_2OH} + \underset{\text{dioxyde de carbone}}{2\ CO_2}$$

- La fermentation correspond à une **dégradation incomplète du glucose**. L'alcool éthylique formé est considéré comme un déchet organique, de l'énergie est libérée.
- La fermentation alcoolique est d'une façon générale assurée par toutes les cellules riches en réserves glucidiques et placées en anaérobiose.

II Le mécanisme de la fermentation alcoolique

Les réactions menant à la fermentation alcoolique se réalisent entièrement dans le cytosol et ne portent que sur la dégradation incomplète des glucides. Elles se réalisent en plusieurs étapes.

1. La glycolyse

Elle est identique à la première étape de la respiration cellulaire. Deux molécules de pyruvates se forment ainsi que les composés réduits $R'H_2$ et l'ATP.

2. Les étapes terminales

- En l'absence de dioxygène et selon l'équipement enzymatique de la cellule, les transformations se poursuivent dans le cytosol.
- Le pyruvate se décarboxyle en **acétaldéhyde** et libère du CO_2.

- L'acétaldéhyde est ensuite réduit en alcool éthylique grâce aux transporteurs réduits qui sont réoxydés.
- Le bilan de la fermentation alcoolique se résume par l'équation suivante :

$$C_6H_{12}O_6 + 2\ ADP + 2\ Pi \longrightarrow \underset{\text{alcool éthylique}}{2\ CH_3CH_2OH} + 2\ CO_2 + 2\ ATP$$

III Les autres fermentations

- Elles diffèrent selon le substrat utilisé et le déchet organique formé. Elles varient selon les conditions du milieu.
- La fermentation lactique se réalise en milieu anaérobie et dégrade de façon incomplète le glucose, formant de l'acide pyruvique qui, en présence des composés réduits $R'H_2$ va former une molécule d'acide lactique et régénérer le composé oxydé R'.
- Elle se déroule dans le muscle au cours d'un effort intense.
- La réaction globale de la fermentation lactique s'exprime par l'équation suivante :

$$C_6H_{12}O + 2\ ADP + 2\ Pi \longrightarrow \underset{\text{acide lactique}}{2\ CH_3CH_2COOH} + 2\ ATP$$

IV Le rendement de la fermentation

- L'oxydation du glucose par fermentation permet la régénération de deux molécules d'ATP, produites lors de la glycolyse.
- L'éthanol ou l'acide lactique produits renferment encore de l'énergie chimique potentielle.
- Le rendement de la fermentation alcoolique est de 2 %, tandis que celui de la respiration est de 40 %.
- Les organismes qui prennent de l'énergie à partir de la fermentation doivent dégrader une quantité de substrat considérable.

L'ATP dans la vie cellulaire

FICHE 46

L'ATP est l'échangeur universel d'énergie dans les cellules. Il se synthétise ou se dégrade selon les transformations chimiques du métabolisme.

I L'ATP, une molécule énergétique

- L'ATP est un nucléotide qui stocke de l'énergie dans des liaisons de haute énergie entre les deux derniers groupes phosphate. Les liaisons sont facilement hydrolysables.
- L'énergie libérée lors de l'hydrolyse est directement utilisable par la cellule. Elle a lieu en présence d'une enzyme, l'**ATP hydrolase**, et chaque rupture d'une liaison permet la libération de **30 kJ**.
- L'équation d'hydrolyse est la suivante :

$$ATP + H_2O \longrightarrow ADP + Pi + \text{Énergie}$$

- Cette réaction est couplée à toute réaction **endergonique**.

Réaction endergonique : réaction chimique qui a besoin d'énergie pour se réaliser.

II Le rôle de l'ATP dans la contraction musculaire

1. Les caractéristiques de la cellule musculaire

- La cellule musculaire ou **fibre musculaire** est longue de la longueur du muscle. Elle contient plusieurs noyaux. Le cytoplasme possède de nombreuses mitochondries et des myofibrilles.
- Les myofibrilles sont constituées de filaments fins d'actine et de filaments épais de myosine organisés en sarcomère. Les têtes de myosine peuvent coulisser sur les filaments d'actine.
- Au cours de la contraction musculaire, les sarcomères se raccourcissent.

2. Le rôle de l'ATP dans la contraction musculaire

- L'hydrolyse de l'ATP fournit l'énergie nécessaire aux coulissages des filaments épais de myosine sur les filaments fins d'actine.
- La contraction musculaire est un exemple de couplage énergétique. L'énergie chimique de l'ATP est transformée en énergie mécanique.

- Les voies de régénération de l'ATP sont nombreuses :
- pour un exercice intense et bref, c'est par fermentation lactique que la fibre musculaire produit l'ATP ;
- pour un exercice de longue durée, le système sanguin apporte le dioxygène et la respiration fournit l'ATP.

- Le glucose consommé provient du glycogène musculaire et de la circulation sanguine.

III Bilan structural et fonctionnel d'une cellule vivante

- Toute cellule eucaryote, autotrophe* ou hétérotrophe*, échange des molécules avec le milieu extra cellulaire et réalise diverses activités qui nécessitent de l'ATP.

- L'ATP n'est pas stocké mais **régénéré** aussi vite qu'il est détruit. Il y a intervention d'un **processus d'oxydation** provenant de la respiration et de la fermentation. Dans les cellules autotrophes, de l'ATP est également produit lors de la phase photochimique de la photosynthèse. L'ATP est utilisé directement dans le chloroplaste pour la production de matière organique dans les cellules autotrophes.

- La cellule eucaryote est donc constamment soumise à des entrées et des sorties de matières associées à des conversions énergétiques.

- Les réactions métaboliques catalysées par des enzymes spécifiques se déroulent dans différents compartiments cellulaires.

- Le **noyau** qui contient l'information génétique gouverne la synthèse des protéines, notamment les enzymes qui dirigent le métabolisme cellulaire.

- Dans les mitochondries se déroule le **processus de la respiration**, aussi bien dans les cellules hétérotrophes qu'autotrophes.

- Le **cytosol** est le siège de la synthèse des protéines, des réactions de la glycolyse et d'autres réactions de synthèse ou de dégradation.

Énergie et cellules vivantes

TEST-BILAN

→ *Réponses au verso*

1 Le dioxygène libéré au cours de la photosynthèse provient de l'oxydation de l'eau.

a. ☐ Vrai **b.** ☐ Faux

2 La glycolyse correspond à l'oxydation totale du glucose.

a. ☐ Vrai. **b.** ☐ Faux.

3 Le glucose est de l'énergie chimique potentielle pour les cellules.

a. ☐ Vrai. **b.** ☐ Faux.

4 La chaîne respiratoire :

a. ☐ se situe au niveau des crêtes mitochondriales.

b. ☐ permet d'oxyder les composés réduits.

c. ☐ permet la synthèse d'ADP.

5 La fermentation alcoolique :

a. ☐ est une dégradation incomplète du glucose.

b. ☐ se déroule entièrement dans le cytosol.

c. ☐ se réalise en anaérobiose.

6 Dans la contraction musculaire, l'hydrolyse de l'ATP permet :

a. ☐ le coulissage des filaments de myosine sur l'actine.

b. ☐ le raccourcissement des sarcomères.

c. ☐ le relâchement des sarcomères.

SCHÉMA-BILAN

Le couplage énergétique dans la cellule chlorophyllienne

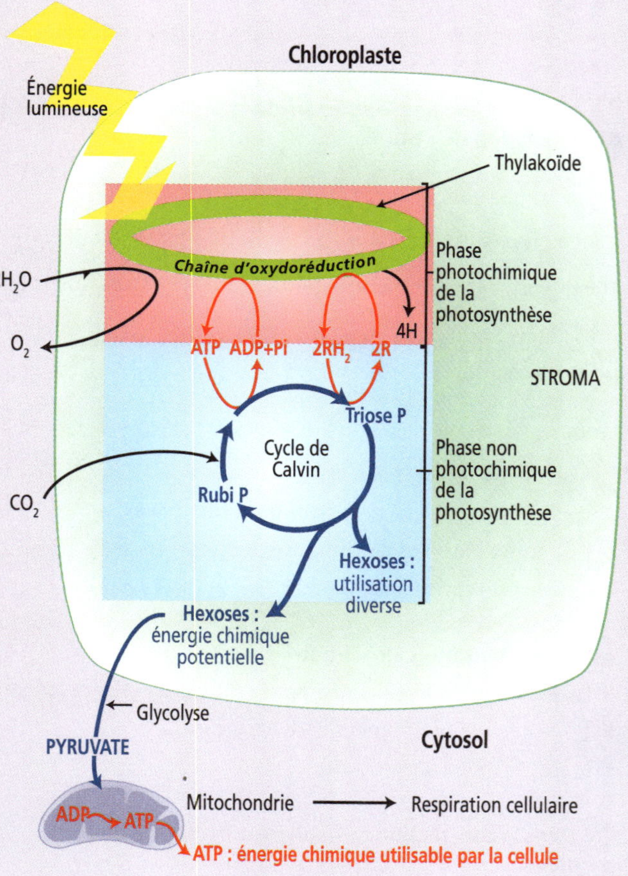

Réponses :

❶ a – ❷ b – ❸ a – ❹ a ; b – ❺ a ; b ; c – ❻ a ; b.

De l'atmosphère primitive à l'atmosphère actuelle

FICHE 48

Atmosphère, hydrosphère, biosphère et géosphère sont en interaction permanente.

Atmosphère et hydrosphère constituent les enveloppes fluides de la Terre. Elles sont le siège d'une dynamique liée à l'énergie solaire qu'elles reçoivent.

I Atmosphère primitive de la Terre

1. Formation de l'atmosphère primitive

- La Terre s'est formée par accrétion il y a 4,6 Ga. L'analyse des gaz rares indique que l'atmosphère primitive se serait formée durant les 100 premiers millions d'années qui ont suivi la formation de la Terre.
- L'atmosphère primitive s'est formée par dégazage du manteau lié à un volcanisme intense et aux gaz du nuage stellaire.

2. Composition de l'atmosphère primitive

L'atmosphère primitive était réductrice (sans dioxygène). Elle était riche en dioxyde de carbone, en diazote, en dioxyde de soufre et en vapeur d'eau.

3. Évolution de l'atmosphère primitive

- La température de l'atmosphère primitive a très vite diminué, la vapeur d'eau s'est alors condensée et a donné les océans.
- Il y a 4 Ga, sans vapeur d'eau, l'atmosphère contenait essentiellement du dioxyde de carbone et du diazote.
- Le dioxyde de carbone se dissout dans les océans et va être piégé dans les calcaires.

II Passage de l'atmosphère réductrice à l'atmosphère oxydante

1. Apparition du dioxygène dans l'eau

Des stromatolithes datés 3,5 Ma ont été retrouvés.

- Ils sont comparables à ceux que l'on retrouve aujourd'hui dans la baie des Requins en Australie. Ce sont des constructions calcaires édifiées par des cyanobactéries dont l'activité photosynthétique provoque la précipitation des carbonates.

Cyanobactéries : micro-organismes procaryotes photosynthétiques.

• En appliquant le principe de l'actualisme, il y a –3,5 Ma, des cyanobactéries ont réalisé la photosynthèse libérant du **dioxygène dans l'eau**.

2. Indices pétrographiques du devenir du dioxygène

• Le dioxygène reste d'abord dans l'eau, piégé par les sédiments. C'est le cas des **fers rubanés**, formations marines non détritiques datées de 3,8 à –1,8 Ga. C'est aussi le cas de la formation des dépôts fluviatiles d'**uraninite*** datés de –4 à –2,1 Ga.

• La quantité d'oxygène dans l'atmosphère devait être faible avant –2,1 Ga. L'O_2 apparaît dans l'atmosphère vers **2,2 Ga**. Ce sont les **couches rouges**, formations détritiques continentales, qui l'attestent. Il y a 2 Ga, 1 % de la concentration des gaz de l'atmosphère était du dioxygène.

III Formation de l'atmosphère actuelle

• À partir de –2 Ga, il y a eu une **augmentation régulière d'O_2** dans l'atmosphère pour atteindre sa valeur actuelle il y a –500 Ma.

• La quantité de O_2 est alors suffisante pour que se forme de **l'ozone** (O_3). L'ozone sert de filtre contre les rayons ultraviolets et permettra à la vie de s'installer hors de l'eau.

• La teneur en dioxyde de carbone était très importante dans l'atmosphère primitive. Il y a eu une **diminution régulière du CO_2** jusqu'il y a –500 Ma :
- le CO_2 diffuse dans l'eau, il est piégé dans les calcaires ;
- la fossilisation de la matière organique est un autre processus qui explique la baisse du CO_2 dans l'atmosphère.

• Vers –500 Ma, l'atmosphère avait sa composition actuelle, c'est-à-dire 78 % N_2, 21 % O_2, 0,03 % de CO_2, de l'ozone, du méthane, de l'argon et 3 % de vapeur d'eau.

Les évolutions climatiques dans les 800 000 dernières années

FICHE 49

Les roches sédimentaires et les glaces polaires ont permis de montrer les évolutions du climat.

I Les caractéristiques climatiques du Quaternaire

- Des **périodes glaciaires et interglaciaires** caractérisent le climat des 800 000 dernières années. Ces périodes ont conditionné l'action des agents d'érosion et l'évolution biologique.
- Les périodes de glaciation ont été beaucoup plus longues que les périodes de réchauffement.
- On note une période d'environ 100 000 ans entre deux périodes glaciaires importantes.
- Quatre grandes périodes glaciaires ont été recensées : **le Günz**, **le Mindel**, **le Riss** et **le Würm**. Durant ces périodes, la végétation est réduite à une steppe aride peuplée d'une faune adaptée au froid. Ce sont les bœufs musqués, les renards polaires, les mammouths qui prédominent. La dernière glaciation ou Würm comprend plusieurs phases et atteint son paroxysme il y a 18 000 ans.
- La **déglaciation** se fait rapidement, elle est presque achevée vers –10 000 ans. Deux périodes de réchauffement ont été détectées : une entre –6 000 et –5 000 ans, et l'autre entre –800 et –1 200 ans de notre ère. Les températures moyennes étaient supérieures de 1 à 2 °C aux températures actuelles.
- Le **dernier sursaut glaciaire**, de faible amplitude, a eu lieu vers –1 800 ans.
- Actuellement, la Terre se situe dans une période interglaciaire.

II Les indices caractérisant les modifications du climat

1. Des indices dans les glaces polaires

- Le prélèvement de carottes de glaces polaires permet de dater les différentes couches de neige accumulées au cours du temps et d'analyser leur contenu.

• Le delta ^{18}O des glaces est un indice de la température atmosphérique qui régnait au moment de la chute de neige.

• Les bulles d'air piégées dans la glace renseignent sur la composition en gaz atmosphérique au moment de la chute de neige.

• Les proportions des deux isotopes de l'oxygène de l'eau sont directement liées aux phénomènes d'évaporation et de condensation.

• La valeur du delta ^{18}O est définie comme le rapport isotopique $^{16}O/^{18}O$ de la glace en référence à celui de l'eau de mer. Ce rapport diminue lorsque la température diminue.

2. Des indices laissés par les glaciers

Les glaciers sont des agents d'érosion à l'origine de dépôts glaciaires appelés les moraines. L'étude d'anciens dépôts montre l'existence de périodes plus froides où les glaciers avaient une plus grande extension qu'aujourd'hui.

3. Des indices paléontologiques

• Le contenu fossilifère des sédiments lacustres et des tourbières donne des indications sur le peuplement biologique de l'époque. L'observation des grains de pollen permet d'identifier les espèces végétales auxquelles il appartient. On utilise le principe de l'actualisme selon lequel les exigences écologiques des espèces actuelles sont transposables dans le passé.

• Les associations végétales recensées témoignent de variations climatiques continentales.

• L'analyse du delta ^{18}O des tests carbonatés de foraminifères des sédiments marins renseigne sur le delta ^{18}O de l'eau de mer. Le volume d'eau à la surface de la planète étant constant, les variations du delta ^{18}O de l'eau de mer traduisent des modifications du volume des glaciers en relation avec la température.

Les climats aux plus grandes échelles de temps

FICHE 50

Les roches et les fossiles sont les seuls témoins qui peuvent nous renseigner sur les climats passés de la planète. L'étude des variations du CO_2 atmosphérique est aussi un bon indicateur des climats passés.

I Les indices marquant les climats passés

Principe de l'actualisme : l'actualisme est un principe qui postule que les causes des phénomènes actuels sont les mêmes que celles qui ont agi dans le passé.

L'utilisation de ces indices repose sur le principe de l'actualisme*.

1. Des indices paléontologiques

Certains fossiles sont de bons indicateurs des climats passés par référence aux espèces vivant sous les climats actuels. C'est le cas des fougères arborescentes qui témoignent d'un climat tropical chaud et humide.

2. Des indices géologiques

Des formations géologiques sont spécifiques d'un climat donné :
- les tillites sont des moraines fossiles qui témoignent d'un climat froid ;
- les formations de kaolinite, d'argile rouge et les gisements de charbon sont caractéristiques d'un climat tropical ;
- les évaporites sont des indicateurs de climat sec.

3. Des indices géochimiques

Les variations du rapport isotopique $^{18}O/^{16}O$ dans les carbonates permettent de reconstituer des variations de température. Une augmentation du delta ^{18}O traduit un refroidissement, sa diminution indique un réchauffement.

II Les grands changements climatiques durant l'histoire de la Terre

- Les grandes variations climatiques au cours de l'histoire de la Terre sont en liaison avec des variations du CO_2 atmosphérique.

- Le climat planétaire est marqué par des refroidissements. C'est le cas au Carbonifère-Permien et de la limite Éocène-Oligocène. Les glaciations du plio-quaternaire ont profondément affecté le climat mondial.

- Des réchauffements comme celui du Crétacé alternent avec les refroidissements.
- Le Crétacé se caractérise par un réchauffement.

III Diminution du CO_2 atmosphérique et refroidissement

Les périodes de refroidissement sont liées à une diminution du CO_2 atmosphérique.

1. La formation de roches carbonées

- Les roches carbonées comme le charbon se forment par accumulation et enfouissement rapide de végétaux. C'est le cas au Carbonifère avec le développement des forêts houillères.
- Les espèces végétales utilisaient le CO_2 atmosphérique pour synthétiser de la matière organique. À leur mort, les végétaux sont enfouis, le carbone organique échappe au recyclage.
- Le piégeage de la matière organique dans les roches carbonées conduit au stockage du CO_2 atmosphérique.

2. L'altération des roches

- L'altération des roches silicatées consomme du CO_2. Les ions libérés participent à la précipitation du calcaire dans les océans.
- Les phénomènes d'altération sont importants dans les régions à fort relief. Au Carbonifère, l'érosion de la chaîne hercynienne contribue à la baisse du taux de CO_2 atmosphérique.

IV Augmentation du CO_2 atmosphérique et réchauffement

- Une activité interne de la planète est à l'origine d'une production importante de CO_2 dans l'atmosphère. C'est le cas du volcanisme.
- L'activité volcanique correspond à la formation des trapps du Deccan en Inde et à la libération de CO_2.
- L'accumulation du CO_2 dans l'atmosphère conduit à une élévation de température par effet de serre.

FICHE 51

Envisager les climats futurs

La température moyenne de la planète est due à un effet de serre naturel. Les modifications climatiques actuelles ont des causes multiples.

L'homme participe directement ou indirectement aux changements climatiques.

I L'effet de serre

1. L'effet de serre naturel

- Le rayonnement solaire atteint l'atmosphère terrestre.
– 51 % des rayonnements sont absorbés par la surface terrestre.
– 20,7 % des rayonnements sont absorbés par l'atmosphère.
– 28,3 % des rayonnements sont réfléchis par l'atmosphère.

- La surface terrestre restitue une partie de l'énergie reçue sous forme de **rayons infrarouges**. Ceux-ci sont absorbés par des gaz comme le méthane, le $C0_2$ et la vapeur d'eau. Ces gaz **réémettent** vers la Terre une partie de l'énergie reçue. C'est ce que l'on appelle l'effet de serre naturel. Le méthane, le CO_2 et la vapeur d'eau sont des gaz à effet de serre.

2. Les variations de la teneur des gaz à effet de serre

- Les variations peuvent être naturelles ou artificielles.

- Dans les 700 000 dernières années, il y a eu une **variation naturelle du CO_2**. L'augmentation de CO_2 a conduit à des périodes de réchauffement. L'utilisation des énergies fossiles et la déforestation contribuent largement à une augmentation du taux de CO_2 dans l'atmosphère.

- Une augmentation de **méthane** dans l'atmosphère est aussi liée à l'activité humaine.

- CO_2 et méthane sont des gaz à effet de serre, leur présence augmente l'effet de serre naturel et conduit à un réchauffement climatique.

II Des facteurs astronomiques à l'origine de l'évolution des climats

- Les paramètres orbitaux de la Terre peuvent varier et entraîner une modification du climat.

- Trois facteurs caractérisent les **paramètres orbitaux** de la Terre :
– **l'excentricité**, c'est-à-dire la forme plus ou moins elliptique de l'orbite terrestre ;
– **la précession des équinoxes**, c'est-à-dire la position des équinoxes le long de l'orbite terrestre ;
– **l'obliquité**, c'est-à-dire l'angle fait par l'inclinaison de l'axe de rotation de la Terre par rapport au plan de l'écliptique.

III Envisager les climats futurs

- Il est très difficile d'envisager de façon certaine l'évolution des climats dans le futur. Une discussion s'est engagée sur l'intervention des activités humaines dans les modifications de l'**effet de serre**. Des conditions initiales très proches peuvent engendrer des effets différents et considérables sur du long terme.

- On constate cependant qu'actuellement les températures moyennes sur terre comme sur mer continuent d'augmenter. On estime à près de 0,9 °C l'augmentation des températures en un siècle.

- L'augmentation des gaz à effet de serre au rythme actuel provoquerait dans le futur une hausse considérable des températures allant jusqu'à +5 °C.

Le GIEC : groupe d'experts intergouvernemental sur l'évolution des climats.

- Le **réchauffement climatique** ne peut être nié. Le **GIEC** précise que les autres marqueurs indiquant le réchauffement climatique sont toujours visibles. On peut citer la hausse du niveau des mers, la fonte des glaces de l'Antarctique et les vagues de chaleur.

- L'activité solaire présente des variations qui pourraient influencer les périodes de refroidissement et de réchauffement.

- Les climats du futur sont donc aussi sous la dépendance de facteurs naturels que l'Homme est impuissant à contrôler.

BILAN

Les variations climatiques

FICHE 52

TEST-BILAN

→ *Réponses au verso.*

1 Les couches rouges :

a. ☐ sont des formations marines.

b. ☐ indiquent la présence du dioxygène dans l'atmosphère.

c. ☐ sont des formations continentales détritiques.

2 Les climats du quaternaire montrent :

a. ☐ une prépondérance du réchauffement.

b. ☐ une prépondérance de refroidissement.

c. ☐ une alternance de périodes de réchauffement et de refroidissement.

3 La diminution du $C0_2$ dans l'atmosphère :

a. ☐ n'agit pas sur la température de l'atmosphère.

b. ☐ augmente la température.

c. ☐ diminue la température.

4 Les marqueurs du réchauffement climatique sont :

a. ☐ la baisse du niveau de la mer.

b. ☐ la fonte des glaces de l'Antarctique.

c. ☐ les vagues de chaleur.

5 Les paramètres orbitaux de la Terre peuvent intervenir dans l'évolution des climats.

a. ☐ Vrai. b. ☐ Faux.

6 L'effet de serre naturel est obligatoire pour maintenir la température sur la planète Terre.

a. ☐ Vrai. b. ☐ Faux.

SCHÉMA-BILAN

Les rayons et les gaz impliqués dans l'effet de serre

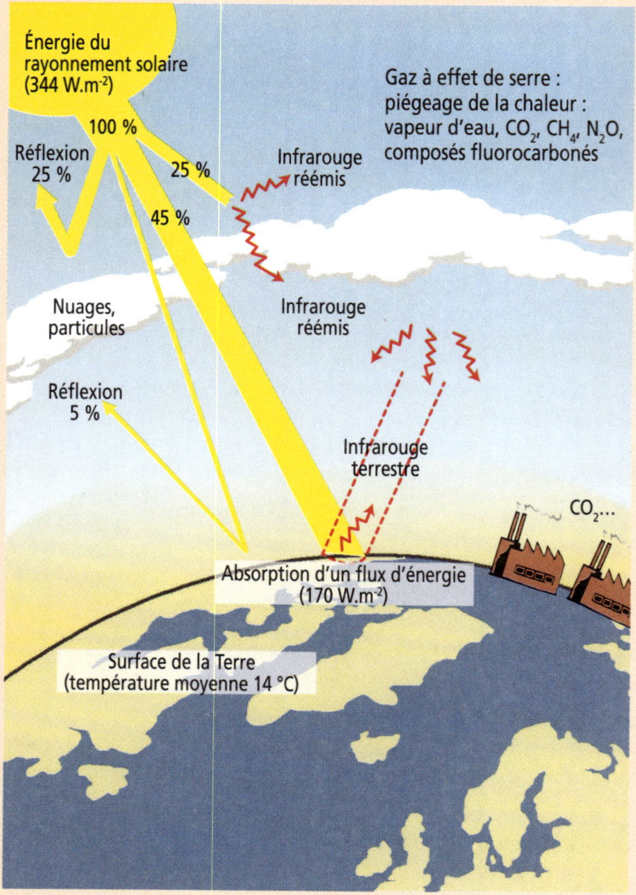

Réponses :

❶ b ; c – ❷ c – ❸ c – ❹ b ; c – ❺ a – ❻ a.

Les transformations des glucides alimentaires

FICHE 53

Les glucides sont des molécules organiques composées de carbone, d'hydrogène et d'oxygène.

Les enzymes sont des catalyseurs biochimiques qui permettent la transformation des glucides alimentaires.

I Les glucides alimentaires

• Les glucides alimentaires sont constitués par des glucides simples et par des glucides complexes.

• Les glucides simples ou **oses** sont le glucose et le fructose. Le glucose répond à la formule $C_6H_{12}O_6$.

• Les glucides complexes sont classés selon le nombre de molécules d'oses qu'ils contiennent :
- les **diholosides** sont formés par deux molécules d'oses (ce sont par exemple le saccharose, le lactose, le maltose) ;
- les **polyholosides** sont constitués par un grand nombre de molécules de glucose (ce sont par exemple l'amidon et le glycogène).

II Les enzymes dans la digestion

Les enzymes* sont des protéines dont la fonction catalytique contribue à la réalisation du phénotype.

1. Les enzymes, des catalyseurs biochimiques

• De nombreuses réactions cellulaires et extracellulaires sont rendues possibles grâce aux enzymes.

• Une enzyme est une substance qui accélère une réaction chimique sans en modifier l'équilibre. Elle se retrouve intacte en fin de réaction et peut resservir de nombreuses fois.

• Les enzymes agissent à faible concentration.

• Les biocatalyseurs agissent à grande vitesse et à faible température.

Biocatalyseur : on appelle biocatalyseur toute substance exerçant à faible dose une fonction physiologique dans l'organisme.

2. Propriétés fonctionnelles des enzymes et configuration spatiale

- Une enzyme présente une double spécificité : une spécificité de substrat et une spécificité d'action.

- La réaction enzymatique repose sur la fixation temporaire de l'enzyme sur son substrat. Il y a formation d'un complexe enzyme-substrat qui se réalise au niveau du site actif de l'enzyme. Une zone du site actif est constituée d'acides aminés catalytiques permettant la transformation d'un substrat spécifique. La configuration spatiale du site actif est à l'origine de la double spécificité de l'enzyme.

- À la fin de la réaction, l'enzyme est libérée.

3. Activité enzymatique et facteurs du milieu

- Chaque enzyme présente une température optimale d'activité comprise entre 37 °C et 40 °C.

- L'activité des enzymes varie selon les conditions de pH du milieu :
– l'amylase salivaire est active à pH neutre ;
– la pepsine gastrique est active en milieu fortement acide (2) ;
– la trypsine pancréatique est active en milieu légèrement basique (8).

III La transformation des glucides et leur devenir

- Les glucides simples ne subissent pas de transformation. Les glucides complexes subissent une hydrolyse*.

- Les enzymes sont des hydrolases. Elles interviennent à différents niveaux de l'appareil digestif.

- Selon la nature du substrat glucidique considéré, l'enzyme porte le nom du substrat accompagné du suffixe « ase ». C'est une amylase salivaire qui hydrolyse partiellement l'amidon dans la cavité buccale. La saccharase sécrétée au niveau de l'intestin transforme le saccharose en glucose et fructose.

- Les molécules simples obtenues après digestion passent directement dans le sang au niveau des villosités intestinales et sont véhiculées par le sang jusqu'aux cellules qui les utilisent comme molécules énergétiques.

- Le glucose peut être stocké par certaines cellules de l'organisme.

Le maintien de la glycémie dans l'organisme

FICHE 54

La glycémie correspond au taux de glucose dans le plasma sanguin.

Sa valeur oscille entre 0,8 et 1,3 $g.L^{-1}$ chez un individu à jeun. Cette constance repose sur l'existence d'un système de régulation nécessitant une gestion des réserves.

I Les organes effecteurs de la régulation de la glycémie*

- Des mécanismes doivent permettre de s'opposer à une **hausse** de la glycémie après un repas. D'autres mécanismes doivent permettre de s'opposer à une **baisse** de la glycémie après un jeûne.
- Cela implique une gestion des réserves en glucose par des effecteurs.

1. Le stockage du glucose dans l'organisme

- Il tend à s'opposer à une hausse excessive de la glycémie suite à un repas par exemple :
  - les **cellules hépatiques** stockent du glucose apporté par le sang sous forme de glycogène et de triglycérides ;
  - les **muscles** stockent le glucose sanguin sous forme de glycogène ;
  - le **tissu adipeux** est capable de transformer le glucose en lipides et de l'immobiliser sous forme de graisse tels les triglycérides.
- Toutes les réactions nécessitent l'intervention d'enzymes. Ainsi, la glycogène-synthétase catalyse la transformation du glucose en glycogène au cours de la **glycogénogenèse**.

2. La libération du glucose dans le sang

- Le **foie** est le seul organe capable de libérer du glucose dans le sang. Il tend à s'opposer à une baisse de la glycémie après un jeûne.
- Au cours de la **glycogénolyse**, les cellules hépatiques sont capables d'hydrolyser le glycogène et de libérer du glucose dans le sang.
- Un équipement enzymatique intervient avec successivement le glycogène-phosphorylase et le glucose 6-phosphatase.
- Le foie peut synthétiser du glucose à partir de métabolites non glucidiques, c'est la **néoglucogenèse**.

- Les cellules musculaires ne possèdent pas l'équipement enzymatique nécessaire à l'hydrolyse du glycogène. Grâce au **glycogène-phosphorylase**, elles peuvent former du glucose phosphate et l'utiliser pour leur fonctionnement. En l'absence de glucose-6-phosphate, elles ne peuvent pas libérer du glucose dans le sang.

II Le capteur des variations de la glycémie

- Le pancréas est le seul capteur de la variation glycémique. C'est une glande de l'appareil digestif située dans l'abdomen.

Cellule endocrine :
les cellules endocrines sécrètent des substances chimiques ou hormones directement dans le sang.

- Il possède deux grands ensembles cellulaires : des cellules sécrétrices de sucs digestifs et des cellules **endocrines** qui interviennent dans la régulation de la glycémie.

- Les cellules endocrines représentent 1 % du pancréas. Elles constituent de petits amas cellulaires, les **îlots de Langerhans**. Les **cellules β**, au centre de l'îlot, sécrètent de l'insuline. Les **cellules α**, en périphérie, sécrètent du glucagon*. Insuline et glucagon sont deux **hormones** antagonistes.

- Les cellules β et les cellules α sont des capteurs des variations de la glycémie. **La hausse de glycémie** dans le sang stimule les **cellules β** qui sécrètent de l'**insuline*** ; parallèlement, la sécrétion de glucagon baisse. L'insuline est une hormone **hypoglycémiante**. **La baisse de glycémie** dans le sang stimule les **cellules α** qui sécrètent du **glucagon** ; parallèlement, la sécrétion d'insuline baisse. Le glucagon est une hormone à effet **hyperglycémiant**.

- Le fonctionnement du pancréas tend à s'opposer à toute variation de la constante glycémique.

Le pancréas dans la glycémie

FICHE 55

Le pancréas intervient par l'intermédiaire de deux hormones, insuline et glucagon. Elles agissent sur les effecteurs de la glycémie et tendent à tout instant à maintenir constant le taux de glucose dans le sang.

I Mécanismes d'action de l'insuline

• L'**insuline** agit sur les cellules de l'organisme qui stockent le glucose et n'agit pas sur les cellules glucodépendantes comme les cellules nerveuses :
- elle favorise la **pénétration** du glucose dans les cellules cibles ;
- elle agit sur les enzymes permettant la **synthèse** du glycogène dans le foie et les muscles ;
- elle **stimule** les lipases intervenant dans la synthèse des triglycérides dans les cellules adipeuses ;
- elle augmente la **consommation** du glucose par toutes les cellules **insulinodépendantes** ;
- elle **freine** l'action des enzymes de la glycogénolyse et de la néoglucogenèse.

• L'insuline fait baisser le taux de glucose sanguin. C'est une hormone **hypoglycémiante**.

II Mécanismes d'action du glucagon

• Le **glucagon** agit essentiellement sur les cellules hépatiques :
- il **stimule** les enzymes de l'hydrolyse du glycogène et de la néoglucogenèse. Il permet la **libération** du glucose dans le sang ;
- il freine la synthèse des enzymes permettant la formation du glycogène.

• C'est une hormone à effet **hyperglycémiant**.

III Système de régulation et message hormonal

• Le contrôle de la glycémie repose sur un équilibre entre les deux hormones pancréatiques. Les variations du rapport concentration plasmatique en insuline/concentration plasmatique en glucagon déterminent la réaction des effecteurs.

- Toute variation de la glycémie entraîne la mise en jeu d'un système de régulation, qui permet de ramener le taux de glucose sanguin à une **valeur de référence ou valeur de consigne**.

- Les écarts de la glycémie par rapport à la valeur consigne sont détectés par des **capteurs**, qui sont les cellules α et β des îlots de Langerhans.

- Ces cellules sécrètent des hormones en réponse à la stimulation et adaptent leur sécrétion à la situation :
  - après une hausse de la glycémie, la sécrétion d'insuline est augmentée, celle de glucagon est freinée ;
  - après une diminution de la glycémie, la sécrétion d'insuline est freinée, celle de glucagon est stimulée.

- Les hormones produites par les cellules pancréatiques constituent des **messages hormonaux** codés par la **concentration plasmatique** de l'hormone.

- Les **organes effecteurs** ont des récepteurs spécifiques aux hormones qui réagissent aux messages hormonaux en libérant ou stockant du glucose selon le cas.

- La sécrétion de ces hormones est adaptée en permanence à la valeur de la glycémie. Les hormones assurent donc le maintien de ce paramètre au voisinage de la valeur de consigne. On parle d'**homéostat glycémique**.

Homéostat glycémique : autorégulation involontaire de la constante glycémique.

- La valeur de la glycémie constitue **un système réglé**, les cellules pancréatiques, les hormones produites et les cellules cibles de ces hormones constituent le **système réglant**.

Les deux types de diabète

FICHE 56

- Sur le plan clinique, il existe deux types de phénotype diabétique :
– le diabète de **type 1** lié à une perturbation de la **production** d'insuline ;
– le diabète de **type 2** lié à une perturbation de l'**action** de l'insuline,

- Des facteurs variés, génétiques et environnementaux sont à l'origine des deux types de diabète.

Phénotype diabétique : le phénotype diabétique correspond à une hyperglycémie chronique, soit une glycémie à jeun supérieure à 1,26 $g.L^{-1}$.

I Les deux types de diabètes

1. Le diabète de type 1

- Ce diabète survient à l'adolescence. Il se caractérise par une émission d'urine excessive, une soif intense et un amaigrissement malgré une alimentation abondante.

- Il est dû à une **destruction totale des cellules β** des îlots de Langerhans par certains anticorps. C'est une **maladie auto-immune**.

- Il en résulte une absence de production d'insuline. Le glucagon est toujours sécrété. Le foie libère du glucose en permanence, alors que les organes effecteurs ne l'utilisent pas ou peu. Les récepteurs membranaires à l'insuline existent toujours.

- Ce diabète est traité par des injections d'insuline et un régime alimentaire approprié. On appelle cette forme de diabète le **diabète insulino-dépendant**, diabète maigre ou diabète juvénile.

2. Le diabète de type 2

- Le diabète de type 2 survient généralement chez l'adulte, après l'âge de 40 ans. Les symptômes sont peu identifiables, seul un examen biochimique permet de le déceler.

- Il est dû à une **diminution** de la **sensibilité** des cellules effectrices à l'insuline. Il peut y avoir un déficit de sécrétion d'insuline mais ce n'est pas systématique. La sécrétion d'insuline peut être normale, mais les cellules effectrices ne reconnaissent plus l'insuline, elles n'assurent pas leur fonction.

• Ce diabète nécessite un régime alimentaire approprié. On parle de diabète non insulino-dépendant ou encore diabète gras.

II La part du génotype et la part de l'environnement dans le phénotype diabétique

• Les phénotypes diabétiques résultent de l'interaction entre les gènes de prédisposition et les acteurs de l'environnement.

• La prévention contre le diabète doit tenir compte des facteurs de risques environnementaux, physiologiques ou génétiques.

1. Intervention du génotype

• De nombreux gènes sont impliqués dans la réalisation des phénotypes diabétiques.

• Des gènes de prédisposition et leurs allèles pourraient favoriser l'apparition du diabète.

• Les gènes de prédisposition du diabète de type 1 sont différents de ceux du diabète de type 2.

• Ces gènes peuvent être responsables de différents dysfonctionnements des cellules cibles.

• Les gènes de prédisposition n'entraînent de diabète qu'en présence de certains facteurs de l'environnement.

2. Les facteurs de l'environnement

• Dans le cas de diabète de type 1, ce sont des facteurs externes qui peuvent intervenir : certains virus, aliments, médicaments, stress physique ou psychique semblent responsables du déclenchement de la maladie.

• Dans le cas de diabète de type 2, l'état nutritionnel conduisant à l'obésité et le comportement sédentaire sont fortement en cause dans l'apparition de la maladie. La prévention dans ce cas peut consister à suivre une meilleure hygiène de vie.

• Le dépistage précoce de ces maladies peut permettre d'éviter certaines complications. Néanmoins il reste difficile de déterminer la population à risque chez qui ce dépistage doit être réalisé.

Un problème de santé publique

TEST-BILAN

→ *Réponses au verso.*

1 Une enzyme accélère une réaction chimique en modifiant l'équilibre.

a. ☐ Vrai. b. ☐ Faux.

2 Le glucose est stocké dans l'organisme :

a. ☐ dans les cellules musculaires.

b. ☐ dans les cellules nerveuses.

c. ☐ dans les cellules hépatiques.

3 La néoglucogenèse est le mécanisme qui permet la synthèse du glucose à partir :

a. ☐ d'éléments glucidiques.

b. ☐ des acides aminés.

c. ☐ des acides gras.

4 L'insuline est une hormone :

a. ☐ hypoglycémiante.

b. ☐ hyperglycémiante.

5 Le glucagon est une hormone :

a. ☐ hypoglycémiante.

b. ☐ hyperglycémiante.

6 Le diabète de type 1 est :

a. ☐ insulino-dépendant.

b. ☐ un diabète juvénile.

c. ☐ un diabète maigre.

SCHÉMA-BILAN

La boucle de régulation de la glycémie

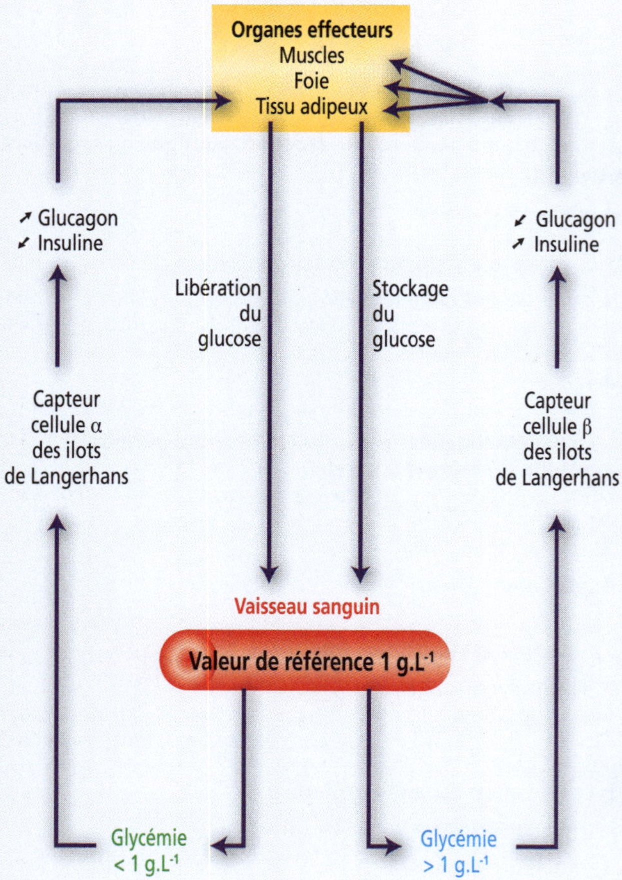

Réponses :

1 b – 2 a ; c – 3 b ; c – 4 a – 5 b – 6 a ; b ; c.

Traiter un sujet du Bac : évaluation des connaissances

FICHE 58

La question de synthèse se rapporte à une partie spécifique du programme et fait appel aux connaissances acquises en travaux pratiques et reprises en cours. Elle doit présenter obligatoirement trois parties avec une introduction, un développement et une conclusion. Le texte doit être concis, grammaticalement juste avec une orthographe correcte. Le style télégraphique et les abréviations ne sont pas admis.

Exemple de sujet :
Le domaine continental et sa dynamique
(France métropolitaine, juin 2013)
Les zones de subduction, domaines de convergence de la lithosphère, sont le siège d'une importante activité magmatique. Celle-ci aboutit à la formation de croûte continentale.
Question :
Décrire comment, dans un contexte de subduction, se met en place l'activité magmatique et préciser comment celle-ci intervient dans la production de nouveaux matériaux continentaux.
L'exposé doit être structuré avec une introduction et une conclusion, et sera accompagné d'un schéma de synthèse.

I Introduire le sujet

• L'introduction est une partie essentielle de la rédaction qui doit faire comprendre aux correcteurs comment le sujet va être développé.
- À partir de sa lecture, on doit pouvoir déterminer quel sera le fil conducteur du devoir et ce que le candidat veut démontrer.
- Il faut replacer le sujet dans un contexte plus général avant de poser le problème scientifique qui se dégage de la question posée.
- Le plan du développement doit être énoncé.

• **Exemple** : Pour le sujet posé, le problème pourrait être : comment, dans un contexte de subduction, se mettent en place l'activité magmatique et la production de nouveaux matériaux continentaux ? Dans le plan proposé on doit retrouver les deux parties énoncées dans le problème.

II Développer

- Le **plan** du développement doit respecter l'ordre graduel des notions.
  - Les **titres des différentes parties** ne doivent pas être interrogatifs, mais comporter une information scientifique.
  - Afin d'éviter des longueurs de texte, des **schémas explicatifs** bien légendés peuvent illustrer le raisonnement mais il ne faut pas en abuser.

- **Exemple :**
  - La première partie doit traiter de la « Mise en place de l'activité magmatique dans une zone de subduction » avec trois sous-parties, la définition d'une zone de subduction, la localisation de l'activité magmatique et la déshydratation des roches de la plaque lithosphérique plongeante libérant de l'eau.
  - La deuxième partie doit aborder la « production de nouveaux matériaux continentaux ». Trois sous-parties peuvent être envisagées avec en première sous-partie la mise en place du magma en lien avec la libération de l'eau, en deuxième sous-partie le devenir du magma avec la formation des roches volcaniques et en troisième sous-partie la formation des roches plutoniques.

III Conclure

- La **conclusion** doit contenir la **réponse** au problème scientifique posé. Elle peut être illustrée d'un **schéma de synthèse**.

- **Exemple :**

Dans le cas du sujet, il faut insister sur le fait que l'activité magmatique est en lien avec le dynamisme des zones de subduction et que le résultat de ce magmatisme est la production de matériaux continentaux.

Un schéma de synthèse comme celui proposé en fiche 22 est souhaitable.

Lexique

A

Accrétion océanique : production de lithosphère océanique au niveau d'une dorsale.

Acide aminé : molécule organique, élément de base des protides, comportant une fonction acide (COOH), une fonction amine (NH2), un hydrogène et un groupement chimique (radical) liés de façon covalente à un atome de carbone. Il existe 20 acides aminés différents.

Actualisme : théorie postulant que les causes des phénomènes actuels sont les mêmes que celles qui ont agi dans le passé.

Adjuvant vaccinal : substance qui, associée à l'agent non pathogène du vaccin, stimule, active, renforce ou module les réactions immunitaires.

Allèles : séquences de nucléotides d'un gène occupant un locus déterminé sur un chromosome.

Amphibole : minéral (silicate ferromagnésien) présent dans les roches magmatiques et métamorphiques.

Andésite : roche volcanique constituée de plagioclases, biotites et de pyroxènes, caractéristique des zones de subduction.

Anthropomorphes : Primates comprenant les Chimpanzés, les Gorilles, les Orangs-Outangs, les Gibbons et les Homininés.

Anticorps ou immunoglobulines : molécules protéiques produites par les lymphocytes B, possédant un site spécifique à un antigène donné.

Antigène : élément capable de provoquer dans un organisme une réponse immunitaire.

Arbre phylogénétique : représentation des liens de parenté à partir d'un ancêtre commun.

Asthénosphère : partie moyenne du manteau supérieur située sous la lithosphère.

ATP : adénosine triphosphate.

Australopithèques : Homininés fossiles apparus il y a 4 à 5 millions d'années.

Autosomes : chromosomes homologues, identiques deux à deux aussi bien chez le mâle que chez la femelle. Il y a 22 paires d'autosomes dans l'espèce humaine.

AVC : sigle pour Accident Vasculaire Cérébral.

Autotrophe pour le carbone : organisme utilisant directement le carbone minéral sous forme de CO_2 comme source de carbone afin de produire de la matière organique.

B

Basalte : roche magmatique microlitique basique présente dans la croûte océanique et dans les épanchements de certains volcans.

Brassage interchromosomique : séparation aléatoire des chromosomes homologues au cours de la première division de méiose ou association au hasard des chromosomes d'origine paternelle et maternelle au cours de la fécondation.

Brassage intrachromosomique : échange de portions de chromatides entre des chromosomes homologues au cours de la prophase de la première division de méiose.

C

Caractère : élément observable chez un individu.

Caryotype : ensemble des chromosomes caractéristiques d'une espèce.

Cellule eucaryote : cellule possédant un noyau limité par une enveloppe nucléaire et contenant le matériel génétique.

Cellules souches : cellules totipotentes de la moelle osseuse à l'origine de toutes les cellules sanguines, dont les cellules immunitaires.

Chambre sous-stomatique : cavité déterminée par les cellules stomatiques en relation avec le parenchyme lacuneux de la feuille et la feuille.

Charriage : chevauchement de grande ampleur.

Chevauchement : ensemble de terrain qui en recouvre un autre à la suite de mouvement tectonique.

Chiasma : zone de contact entre les chromatides des chromosomes homologues au cours de la prophase de première division de méiose.

Chlorite : minéral caractéristique d'un faciès métamorphique de basse pression.

Chloroplaste : organite des cellules chlorophylliennes où se réalise la photosynthèse.

Chromatide : un des bras du chromosome, constitué d'une molécule d'ADN.

Chromosome : structure observable dans les cellules en division portant les gènes.

Clone : ensemble de cellules génétiquement identiques issues d'une cellule souche.

Coésite : silice qui cristallise à haute température et à haute pression dans les zones de collision.

Coévolution : évolution conjointe de deux espèces en étroite relation.

Cortex cérébral : la couche la plus externe du cerveau constituée de neurones.

Complexe immun : assemblage entre la partie spécifique d'un anticorps et l'antigène correspondant.

Conduction : transfert d'énergie thermique dans un milieu sans déplacement de matière.

Convection : transfert d'énergie thermique dans un milieu avec déplacement de matière.

Crise biologique : disparition massive, sur un laps de temps relativement court, d'un grand nombre d'espèces occupant des niches écologiques différentes.

Croûte terrestre : partie supérieure de la lithosphère qui se subdivise en croûte océanique et croûte continentale.

Crossing-over : échange de segments chromosomiques entre chromatides homologues lors de la prophase I de la première division de méiose.

Cytolyse : destruction d'une cellule.

D

Dérive génétique : répartition aléatoire des allèles au sein d'une population après plusieurs croisements.

Dihybridisme : croisement de deux souches différant par deux caractères.

Diploïde : état d'une cellule ayant un nombre pair de chromosomes, figuré par le symbole 2n.

Duplication : doublement du stock d'ADN par réplication.

Duplication génique : apparition de deux copies d'un même gène.

E

Éclogite : roche métamorphique de haute pression et basse température.

Endocytose : moyen de pénétration de substances à l'intérieur d'une cellule.

Enzyme : protéine qui catalyse des réactions chimiques.

Érosion : processus de dégradation et de transformation du relief.

Espèce : ensemble d'individus formant une population isolée génétiquement des autres populations.

Eucaryote : organisme dont les cellules ont un noyau entouré d'une membrane.

Évolution : modification des populations qui résulte de la sélection naturelle et de la dérive génétique.

Exocrine : qualifie une glande à sécrétion externe.

Exocytose : mécanisme libérant dans le milieu extracellulaire des molécules contenues dans des vésicules par fusion des membranes avec la membrane plasmique.

F

Faciès : catégorie dans laquelle on peut classer un terrain ou une roche en fonction des caractéristiques lithologiques et paléontologiques. Faciès désigne aussi les caractéristiques d'un milieu de sédimentation.

Faille : fracture affectant un terrain avec mouvement relatif des parties séparées résultant de forces compressives ou distensives.

Famille multigénique : ensemble de gènes présentant des homologies de séquences et dérivant d'un gène ancestral commun.

Fécondation : union du gamète mâle avec le gamète femelle.

Feldspath : aluminosilicate présent dans les roches magmatiques.

Fermentation : dégradation incomplète d'un substrat organique.

G

Gabbro : roche magmatique grenue de la croûte océanique.

Gamète : cellule reproductrice qui possède un nombre haploïde de chromosomes. C'est le spermatozoïde chez le mâle et l'ovule chez la femelle.

Ganglion lymphatique : organe lymphatique périphérique.

Gène : séquence de nucléotides d'ADN codant pour une chaîne polypeptidique à l'origine du phénotype.

Génie génétique : ensemble des techniques de manipulation du génome d'un organisme.

Gène du développement : gène qui contrôle la mise en place des cellules embryonnaires et les organes au cours du développement embryonnaire.

Gène d'intérêt : désigne un gène responsable d'un caractère intéressant pour un organisme et que l'on va chercher à transférer à un autre organisme.

Gène marqueur : gène que l'on ajoute à une "construction génétique" afin de mieux suivre le transfert d'un gène d'intérêt.

Génome : ensemble des gènes d'un être vivant.

Génotype : composition allélique des gènes d'un organisme.

Géotherme : courbe représentant les variations de température en fonction de la profondeur.

Géothermie : chaleur libérée par la Terre utilisable par l'Homme.

Glaucophane : variété d'amphibole présente dans certaines roches métamorphiques, caractéristique des conditions de haute pression et de basse température.

Glucagon : hormone pancréatique à effet hyperglycémiant.

Glycémie : concentration plasmatique du glucose sanguin dont la norme est 1 g/L.

Gneiss : roche métamorphique litée avec quartz, feldspath et minéraux ferromagnésiens.

Granite : roche plutonique de texture grenue constitutive de la croûte continentale, elle est constituée principalement de quartz, feldspaths alcalins et plagioclase.

Granitoïdes : ensemble des granites et granodiorites.

Granulocyte : leucocyte à noyau plurilobé et cytoplasme granuleux.

Grenat : minéral présent dans les roches métamorphiques, caractéristique de très haute pression et de basse température.

H

Haploïde : état d'une cellule possédant un seul exemplaire de chaque chromosome.

Hétérotrophe pour le carbone : organisme utilisant la matière organique comme source de carbone.

Homéotique : gène architecte permettant, notamment, l'établissement des axes de symétrie et plan d'organisation.

Hominisation : processus évolutif ayant permis l'acquisition des caractères dérivés des Homininés.

Homologie : ressemblance entre plusieurs espèces de structures anatomiques ou moléculaires ayant été héritées d'un ancêtre commun.

Hormone : substance sécrétée par une glande endocrine et déversée dans le sang. Elle agit sur des cellules cibles qui modifient son activité.

Hydrolyse : réaction chimique au cours de laquelle une molécule d'eau est utilisée pour permettre la rupture d'une liaison covalente.

I

Immunité adaptative : réponse immunitaire spécifique d'un antigène donné.

Immunité innée : réponse immunitaire dont les effecteurs ne sont pas spécifiques de l'antigène.

Immunocompétence : capacité de certaines cellules à permettre les réactions immunitaires en développant des récepteurs antigéniques spécifiques.

Insuline : hormone pancréatique à effet hypoglycémiant.

Interleukine : protéine produite par des cellules immunitaires. Les LT4 produisent l'interleukine-2.

Isostasie : état d'équilibre de la lithosphère par rapport au manteau sous-jacent

L

Leucocytes : cellules sanguines possédant toujours un noyau ; ce sont les globules blancs.

Lithosphère : couche rigide du globe terrestre constituée par la croûte et la partie superficielle du manteau supérieur.

Locus : localisation du gène sur le chromosome.

Lymphocytes : leucocytes de petite taille, à noyau sphérique, responsables des mécanismes de l'immunité acquise. On distingue les lymphocytes B et T.

Lymphocytes naïfs : lymphocytes qui n'ont pas encore été au contact avec un antigène.

M

Macrophage : cellule différenciée à partir des monocytes et capable de phagocytose.

Manteau : enveloppe solide du globe située sous la croûte terrestre dont elle se différencie par la composition chimique de type péridotite.

Mastocyte : cellules de l'immunité innée présente dans les tissus.

Méiose : succession de deux divisions qui permet la formation de quatre cellules haploïdes à partir d'une cellule diploïde.

Mémoire immunitaire : particularité de certaines cellules du système immunitaire. Elles sont capables de réagir plus rapidement à un second contact avec un antigène.

Métabolisme : ensemble de réactions chimiques réalisées dans les cellules des êtres vivants.

Métagabbro : gabbro métamorphisé possédant les mêmes minéraux que le métabasalte selon les conditions de pression et de température.

Métamorphisme : transformation à l'état solide d'une roche préexistante par changements des conditions de pression et/ou de température.

Mitochondrie : organite cellulaire siège de la respiration.

Molécules homologues : molécules issues d'une même molécule ancestrale ayant subi des séries de mutations.

Monocyte : leucocyte de grande taille doué de phagocytose et pouvant se différencier en macrophage.

Mutation : modification de la séquence nucléotidique d'une molécule d'ADN.

Mutagenèse : mutations volontaires sur une séquence d'ADN par l'intermédiaire d'agents chimiques.

N

Neurone : cellule nerveuse spécialisée dans la propagation des messages nerveux.

Nucléotide : unité constitutive des acides nucléiques formée de l'association entre un sucre, une base azotée et un acide phosphorique.

O

Ophiolites : série de roches magmatiques des chaînes de montagne considérées comme des restes de la lithosphère océanique.

Organes lymphoïdes centraux : organes où sont produites les cellules immunitaires (moelle osseuse et thymus).

Organes lymphoïdes périphériques : organes où se réalisent les réactions immunitaires (rate, ganglions lymphatiques, amygdales...).

P

Perforine : protéine fabriquée par les lymphocytes cytotoxiques et provoquant la lyse cellulaire.

Péridotite : famille de roches grenues, à olivine dominante, constitutive du manteau.

Phagocytose : capacité de certaines cellules à ingérer un élément étranger à l'organisme.

Phénotype : ensemble des caractères observables d'un individu résultant de l'expression du génotype.

Photosynthèse : processus biologique qui permet la synthèse de molécules organiques à partir de CO_2 et d'H_2O grâce à l'énergie lumineuse.

Phloème : tissu conducteur de la sève élaborée chez les angiospermes.

Phylum : ensemble des organismes ayant un ancêtre commun et présentant le même plan d'organisation.

Plasmocyte : cellule sécrétrice d'anticorps spécifiques issue de la différenciation d'un lymphocyte B.

Plasticité cérébrale : capacité du cerveau à modifier les connexions des neurones en fonction des expériences d'un individu.

Pli : déformation des terrains sous l'effet de contraintes compressives.

Poil absorbant : cellules allongées à paroi fine situées à l'extrémité des racines, elles permettent l'absorption de l'eau et des ions minéraux.

Pollinisation : rencontre entre pollen et ovules de fleurs de la même espèce.

Polymorphisme : existence de plusieurs allèles pour un même gène.

Polyploïde : espèce qui possède un stock multiple de chromosomes homologues.

Potentiel d'action : message nerveux élémentaire, dépolarisation ponctuelle de la membrane plasmique.

Pyroxène : silicates ferromagnésiens présents dans les roches magmatiques et métamorphiques.

Q

Quartz : minéral des roches magmatiques constitué de silice.

R

Radiochronologie : méthode de datation de roches ou de fossiles fondée sur la désintégration d'éléments radioactifs.

Réflexe myotatique : contraction réflexe d'un muscle en réponse à son propre étirement.

Répertoire immunitaire : ensemble des récepteurs présents à la surface des lymphocytes B et des lymphocytes T.

Respiration : processus biologique de dégradation totale d'un substrat organique aboutissant à la production d'énergie.

Rétrovirus : virus dont le matériel génétique est constitué d'ARN.

Rhyolite : roche volcanique riche en silice contenant des feldspaths, des amphiboles et de la biotite.

S

Schiste bleu : roche métamorphique contenant du glaucophane, issue de la transformation des roches de la croûte océanique dans un contexte de subduction dans des conditions de basse température, moyenne pression.

Schiste vert : roche métamorphique de basse pression, basse température résultant de la transformation des basaltes et gabbros lorsque la lithosphère s'éloigne de la dorsale.

Sélection naturelle : survie des individus les mieux adaptés à un environnement.

Série ophiolitique : vestige d'une croûte océanique formée de la surface vers la profondeur de sédiments, basalte, gabbros et péridotites altérées.

Stomate : structure de la feuille permettant les échanges gazeux du végétal.

SIDA : sigle de Syndrome d'Immuno-Déficience Acquise.

Simiens : sous-ordre des Primates, ils sont divisés en Platyrhiniens (singes du Nouveau Monde) et Catarrhiniens (singes de l'Ancien Monde).

Subduction : enfoncement d'une plaque lithosphérique océanique sous une autre plaque.

Symbiose : association entre deux individus bénéfique pour les deux.

Synapse : connexion entre deux neurones (synapse neuro-neuronique) ou entre un neurone et une fibre musculaire (synapse neuro-musculaire)

Synapse excitatrice : synapse qui permet le passage du message nerveux d'une cellule à l'autre.

Synapse inhibitrice : synapse qui diminue ou arrête le message nerveux au niveau du neurone pré-synaptique.

T

Transgenèse : introduction d'un gène étranger dans le génome d'une cellule.

Translocation : soudure d'un fragment chromosomique sur un autre chromosome.

Trisomie : présence de trois chromosomes homologues dans la même cellule.

U

Uraninite : c'est un dioxyde d'uranium.

V

Vaccin : préparation d'antigènes atténués qui déclenche une réaction immunitaire et qui permet la formation de cellules mémoires spécifiques de l'antigène.

Virus : parasite intracellulaire obligatoire qui possède du matériel génétique et une enveloppe protéique.

X

Xylème : tissu conducteur de sève brute chez les angiospermes.

Z

Zygote : cellule-œuf diploïde issue de la caryogamie.

PHILO

Sommaire

Description de l'épreuve

L'épreuve écrite

Durée : 4 heures.

Coefficient : 3.

- **Trois sujets** (deux dissertations et un texte) sont proposés **au choix** du candidat, pouvant porter sur toutes les parties du programme de chacune des séries.
- La **dissertation** invite le candidat à développer une réflexion personnelle et argumentée à partir d'une question donnée et du problème auquel elle fait référence.
- L'**étude de texte** vise à rendre compte d'un problème philosophique à partir de la « compréhension précise » d'un texte donné. Le texte doit permettre de poser un problème philosophique qu'il s'agit de saisir en lui-même. Le candidat n'est pas tenu de se référer à la doctrine de l'auteur, ni à l'histoire de la philosophie.

L'épreuve orale

Durée : 40 min (préparation : 20 min ; exposé : 20 min).

- Le candidat doit présenter à l'examinateur la **liste** comportant une ou plusieurs **œuvres philosophiques** dont l'étude est obligatoire (cela vaut également pour les candidats libres).
- Il se voit désigner un extrait d'une œuvre qu'il aura étudiée durant l'année (une œuvre au moins en série S).
- L'examinateur indique le texte à expliquer et peut donner une question pour orienter la réflexion ou guider la lecture.
- Le candidat prépare son **exposé** et montre ensuite ses capacités de **compréhension** et d'**analyse** du texte.

Conseils pour réussir

Quelques principes de base

- Nous vous conseillons de maîtriser des **définitions** ou des **thèses**, mais surtout d'apprendre à repérer des **problèmes** et à enchaîner des **arguments**. C'est dans cet esprit qu'il faut aborder l'épreuve du baccalauréat : ne pas plaquer des thèses toutes faites apprises par cœur sur une question ou un texte, mais accepter les difficultés qu'ils contiennent dans le but d'y voir plus clair et de réfléchir au mieux.
- Les **repères** au programme donnent lieu à une explication rapide des termes essentiels, des définitions et des questions majeures. Cela vous permet d'engager une réflexion sur les notions. Apprenez à les exploiter dans des contextes différents. Vous les intégrerez ainsi à votre vocabulaire et donnerez une valeur philosophique à vos arguments.
- Nous savons qu'il vous faudra de la patience et du temps pour apprendre à être attentif aux **nuances** des questions et des textes. Cela vous conduira à cultiver deux qualités de l'esprit que Descartes juge primordiales : la **perspicacité** et la **sagacité**.

À l'écrit

- Les questions des sujets de **dissertation** invitent l'élève à faire la preuve de sa capacité de **compréhension** et de sa **culture philosophique**. Il faut y répondre avec précision, en tenant compte de la formulation du sujet.
- Les textes demandent, eux aussi, à être **analysés** de manière rigoureuse et précise. Il ne s'agit pas d'en faire des « prétextes », mais d'expliquer leurs **articulations essentielles** et leurs **concepts**. Ainsi, on peut vraiment exposer sa propre compréhension.

À l'oral

L'**exposé** du texte est l'occasion de vous faire entendre. Il s'agit donc de vous exprimer clairement et précisément. L'examinateur est attentif à votre parole et ouvert au dialogue. Ses questions n'ont pas pour but de vous piéger, mais de vous amener à **préciser une idée** ou bien de vous offrir la possibilité d'un **développement**. Le but est alors de vous amener à dépasser une première position ou idée.

Le sujet

TEST-MÉMO

→ *Réponses au verso.*

1. En quoi la culture est-elle déterminante pour l'homme ?
2. Pourquoi l'identité individuelle est-elle difficile à cerner ?
3. D'après Freud, de quoi un rêve est-il l'expression ?
4. Autrui est-il seulement l'autre ?
5. Qu'est-ce qui détermine la faculté de désirer ?
6. Que veut dire imaginer ?
7. Quelles sont les principales caractéristiques de la conscience du temps ?
8. L'espace n'est-il qu'un cadre ?
9. Percevoir, est-ce connaître ?
10. La mort est-elle seulement négation de la vie ?

SCHÉMA-MÉMO

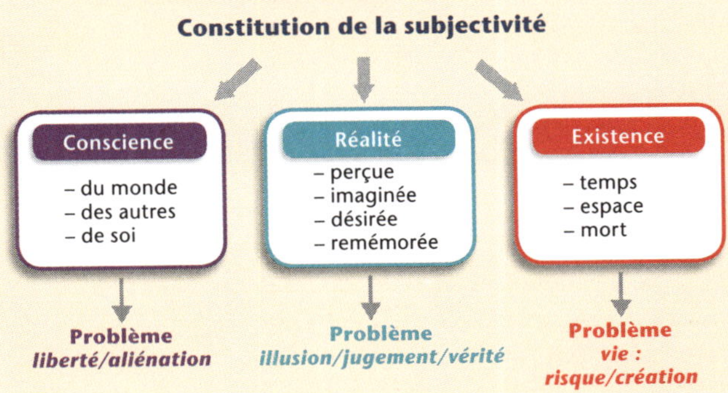

Réponses :

1 Elle détermine sa sortie d'une nature première, celle de « l'enfant sauvage » ; modèle sa conscience réfléchie par des significations (langue), des actions (conduites) et des valeurs (idéaux) qui vont lui permettre de donner un sens à son histoire individuelle et collective, et régler ses rapports au monde, aux autres et à lui-même.

2 L'existence n'est jamais seulement individuelle : elle est d'emblée sociale, historique et culturelle. Le sujet est en devenir au cours du temps : prétendre le cerner reviendrait à en figer l'identité à un de ses moments. Elle se redéfinit, se modèle, s'enrichit, et la conscience que nous en avons ne peut qu'être lacunaire, incomplète ou en retard sur ce vers quoi elle tend.

3 D'un ou de plusieurs désirs refoulés, qu'il symbolise de manière déguisée, sous l'effet d'une censure qui protège le moi contre eux.

4 Non : autrui, c'est l'autre que moi. Il est lui-même un sujet ayant une conscience, une histoire et une fin en soi. Son altérité est réelle sans être absolument séparatrice pour nos existences. Altérité sur fond de ressemblance, ressemblance sur fond d'altérité.

5 La faculté de désirer est nourrie et orientée par la culture, l'éducation et l'histoire de façon déterminante. Les objets du désir changent selon ces déterminations.

6 Imaginer, c'est soit former la représentation d'une chose perçue (reproduire), soit créer la représentation d'une réalité autre que celle que nous percevons habituellement (produire). En cela, l'imagination est « déréalisante » (Bachelard).

7 Succession, continuité, irréversibilité, nouveauté et imprévisibilité (voir la *durée* chez Bergson).

8 Non : il faut distinguer l'espace quantitatif et l'espace qualitatif. Le premier correspond à celui mesuré par la science (espace objectif : géométrie, physique). Le second est relatif à la conscience humaine qui l'aménage et le construit (espace vécu, social et subjectif).

9 La perception est au service de la vie et de l'adaptation : elle est une connaissance subjective du milieu naturel ou social. Mais percevoir n'est pas concevoir, qui ouvre sur une connaissance objective et rationnelle.

10 Non, la mort est aussi ce qui donne sens, c'est-à-dire orientation et signification, à la vie ; comme fin connue, mais ne pouvant être éprouvée directement, elle nous invite à ressaisir le mouvement de notre existence comme temporalité. « La vie est mortelle [...] cela appartient à sa nature et n'en peut jamais être séparé, fût-ce en pensée. » (Hans Jonas)

La culture

TEST-MÉMO

→ *Réponses au verso.*

1 **À quoi tient l'ambiguïté de la mémoire ?**

2 **Pourquoi les deux sens du mot « histoire » sont-ils indissociables ?**

3 **Quel rôle joue le langage dans la culture ?**

4 **L'expression objective est-elle l'horizon de l'expression subjective ?**

5 **Qu'est-ce qu'un dialogue ?**

6 **Sur quoi se fonde la nécessité de travailler pour l'homme ?**

7 **Le progrès technique est-il bénéfique ?**

8 **Comment distinguer l'invention de l'artisan et la création de l'artiste ?**

9 **À quoi la beauté d'une œuvre d'art est-elle relative ?**

SCHÉMA-MÉMO

Nature, culture, histoire

Histoire
- processus/récit
- vécu/science

Problèmes
– subir l'histoire/ faire l'histoire
– leçons/oubli

Réalité
- cultures/langues
- parole subjective
- discours objectif

Problèmes
– persuader/convaincre
– mots : force/faiblesse

Art/technique
- utile/beau
- langage/image
- art/religion

Problèmes
– fonction/sens
– unité/diversité
– imitation/création

Réponses :

1 Seule la mémoire nous met en rapport avec notre passé, et spontanément nous pourrions adhérer à ses témoignages ; mais l'expérience montre qu'ils sont fragiles, voire trompeurs, exigeant un travail critique d'interprétation, une objectivation.

2 Le mot « histoire » signifie *devenir* (processus vécu, « Histoire ») et *récit de ce devenir* (science, « histoire »). Nous n'avons d'Histoire que dans la mesure où nous en constituons une « histoire », et réciproquement, celle-ci se nourrit du devenir dont elle interprète les traces.

3 Il fait partie de la culture et il la véhicule ; il est à la fois un élément et celui qui transmet tous les autres (Lévi-Strauss). Le langage se constitue comme *langue* qui symbolise une culture ; il rend possible l'expérience primordiale de la parole dans le dialogue, en tant qu'objet culturel qui joue « un rôle essentiel dans la perception d'autrui » (Merleau-Ponty).

4 L'horizon est une limite idéale visée et inaccessible, repoussée à l'infini. L'expression objective du vécu subjectif n'est jamais atteinte, car toujours incomplète, parcellaire, du fait de la *singularité* du vécu et de la *généralité* des mots. Le mot commun « joie » ne dira jamais le tout de « ma joie ».

5 Dans le dialogue (*dia* = ce qui passe dans le *logos*), « se constitue entre autrui et moi un terrain commun, ma pensée et la sienne ne font qu'un seul tissu » : c'est un « être à deux » (Merleau-Ponty).

6 La nécessité de travailler pour l'homme se fonde sur l'assouvissement des besoins, dont sa survie dépend, et un désir de reconnaissance ; de plus, la réalisation de son humanité par des œuvres est importante : le travail est un élément essentiel de son « devenir homme ».

7 Le progrès technique est bénéfique si l'usage qui est fait du pouvoir qu'il donne est mis au service de l'homme. Le risque est de voir l'homme aliéné par ce pouvoir qui peut l'asservir. Le progrès peut « dénaturer » l'homme (Rousseau). D'où la nécessité de le penser, pour le maîtriser et le relativiser.

8 Produire un objet, c'est matérialiser une forme (idée). Pour l'artisan « l'idée précède et règle l'exécution », alors que pour l'artiste « l'idée lui vient ensuite, comme au spectateur », et il « est spectateur aussi de son œuvre en train de naître » (Alain). Mais l'artisan peut aussi être créatif en cours d'élaboration, et il y a chez l'artiste une maîtrise inventive de la technique.

9 La beauté d'une œuvre d'art est relative à une culture et une histoire ; à l'artiste ; au spectateur. La profondeur du « sentiment esthétique » tient à « l'émotion fondamentale » face au monde que l'artiste a mise dans son œuvre ; son intensité correspond aux « changements d'état survenus en nous », spectateurs (Bergson).

MÉMO

La raison et le réel

FICHE 3

TEST-MÉMO

→ *Réponses au verso.*

1 Qu'est-ce qu'un savoir empirique ?

2 Qu'est-ce qui distingue une expérience sensible et une expérience scientifique ?

3 Quel lien peut-on établir entre certitude et vérité ?

4 La logique nous soumet-elle à ses règles ?

5 Qu'est-ce que le déterminisme naturel ?

6 Quelles sont les caractéristiques essentielles d'un organisme vivant ?

7 N'y a-t-il de vérité que scientifique ?

8 En quoi l'interprétation est-elle une activité majeure de l'esprit ?

SCHÉMA-MÉMO

Savoir empirique / Connaissance scientifique

Expérience
- subjective/objective
- sensible/rationnelle
- vécue/scientifique

Problèmes
- ***relativité/certitude***
- ***passivité/activité***

Réalité
- logicomathématique
- expérimentale
- testimoniale

Problèmes
- ***démonstration/fondement***
- ***réel/rationnel***

Vérité
- relative/absolue /
- vérité démontrée/ sens interprété

Problèmes
- ***contingence/nécessité***
- ***objectivité/subjectivité***

Réponses :

1 Un savoir empirique (du grec *empeiria* = « expérience ») se constitue au fil des expériences où interviennent la perception, l'imagination, la mémoire et l'habitude. La répétition de situations identiques conduit à rapprocher, comparer, noter des ressemblances, des différences, à partir desquelles se dégagent par induction et déduction, des idées générales, des vérités *de fait*.

2 L'expérience sensible est relative à la façon dont un sujet perçoit les choses et développe un savoir-faire pratique, subjectif et contingent. L'expérience scientifique est construite par la raison et reproductible méthodiquement, et entre dans la constitution d'une connaissance théorique, objective, visant à énoncer des lois nécessaires et universelles.

3 Pour Descartes, l'*évidence rationnelle* a un aspect subjectif, la certitude, et un aspect objectif, la vérité. Cela signifie que si le sujet a atteint, par son entendement, la vérité de l'objet qu'il étudie, il éprouve une certitude attestant que l'idée est indubitable, claire et distincte. Il peut lui donner son assentiment et porter un *jugement vrai* sur l'objet.

4 Oui, car toute pensée doit obéir aux principes logiques d'identité, de non-contradiction et du tiers exclu, sinon elle s'expose au contre-sens ou au non-sens. Ainsi peut être évité le discours délirant. Les règles de la logique peuvent alors être mises au service d'une pensée qui se développe librement.

5 Les phénomènes naturels s'enchaînent selon des séries causales déterminées. Une cause détermine un effet, et l'ordre naturel représente l'ensemble des chaînes causales qui lient les phénomènes par des « relations constantes et permanentes » (Lagneau), des lois de la nature, nécessaires et universelles.

6 Un organisme vivant est un individu, un tout constitué de parties (organes) solidaires les unes des autres, de telle façon que chacune existe *par* et *pour* les autres et *pour* le tout (Kant). On distingue trois éléments essentiels et indissociables : sa structure organique, ses fonctions et son milieu. Enfin, tout organisme est lié à une espèce et à son évolution.

7 L'idée de vérité indique un rapport adéquat entre une chose et une pensée de la chose. Elle caractérise tout discours qui vise à rendre compte de l'objet qu'il expose et explore. La science énonce des vérités rationnelles de droit, mais d'autres voies ouvrent sur ce rapport d'adéquation entre discours et réalité : vérité empirique de fait, vérité esthétique, vérité morale, vérité métaphysique.

8 L'interprétation est au cœur du rapport entre fait et sens. Si les faits sont donnés, le sens se cherche et se construit. Interpréter, c'est choisir et élaborer la direction et la signification des faits.

La politique

TEST-MÉMO

→ *Réponses au verso.*

1 En quoi les échanges sont-ils nécessaires aux hommes ?

2 Qu'est-ce qui distingue la liberté naturelle et la liberté politique ?

3 Dans la raison d'État, de quelle raison s'agit-il ?

4 La violence nie-t-elle la sagesse ?

5 Quelles formes prend le pouvoir politique ?

6 Qu'est-ce qui distingue une loi naturelle et une loi humaine ?

7 Qu'est-ce que la jurisprudence ?

8 Qu'est-ce qu'une vertu ?

9 Qu'est-ce que l'équité ?

SCHÉMA-MÉMO

État : pouvoir, droit, justice

Liberté
- naturelle/politique
- légalité/légitimité
- absolue/relative

Problèmes
- ***forme/sens***
- ***obligation/contrainte***
- ***déterminisme/ libération***

Pouvoir
- naturel/légal
- violence/force
- législatif/ judiciaire/exécutif

Problèmes
- ***fondement/principes***
- ***abus/raison d'État***
- ***unité/diversité du pouvoir***

Justice
- individu/cité
- lettre/esprit de la loi
- égalité/équité

Problèmes
- ***liberté/juste/justice***
- ***légalité/moralité***

Réponses :

1 Ils sont nécessaires pour assouvir les besoins vitaux, à l'échelle individuelle (intérêts particuliers) et sociale (économie, valeurs d'échange et d'usage) ; pour l'humanité (impliquant des valeurs affectives et morales) ; pour toute culture (circulation des symboles qui structurent les rapports humains).

2 Liberté naturelle : indépendance à l'égard du cours déterminé des phénomènes, un individu pouvant vouloir l'orienter au profit d'une fin qu'il se donne (existence). Liberté politique : définie par les bornes du juste et de l'injuste (droit) ; le citoyen a le devoir de s'y soumettre.

3 La raison d'État tient à la nécessité de fait dans une situation qui menace la stabilité politique ; mais elle peut être la raison de l'État, selon une logique de maintien du pouvoir ; les abus possibles obligent à la fonder dans un impératif issu de la raison morale.

4 La violence, brisant l'harmonie que la sagesse vise, la nie ; mais la sagesse fait de la violence une source d'interrogation, afin d'en analyser la forme, d'en régler les effets, d'en comprendre les causes pour mieux lutter contre elle. La sagesse, niée en fait, doit s'affirmer en droit contre la violence.

5 Le pouvoir politique est triple : législatif, judiciaire et exécutif. Indissociables, ces trois pouvoirs doivent être indépendants, mais liés de façon harmonieuse, juste (Montesquieu). Le pouvoir politique montre aussi un double aspect : le pouvoir des lois (droit) et des armes (force publique). Il doit être légal et légitime.

6 Une loi naturelle relève du déterminisme universel (limites du nécessaire, de l'impossible et du possible) ; le savant l'énonce mais ne la crée pas. Une loi humaine est instituée par l'homme (limites de l'obligatoire, de l'interdit et du permis) ; son énonciation précède et pose son existence.

7 Sens ancien : la jurisprudence est la science du droit (*jus*). Le prudent est celui qui sait quelle règle appliquer dans tel cas. Sens actuel : la jurisprudence désigne la décision prise par le juge pour résoudre un problème de droit. Sa décision fait jurisprudence car elle marque les décisions à venir.

8 La vertu (du latin *vir*, « valeur virile ») d'une chose tient à sa nature (vertu de l'eau). Pour l'homme, « la vertu est l'application parfaite de la droite raison à la vie » (Cicéron). La vertu peut être intellectuelle (théorique, la *sophia* ; pratique, la prudence) ou morale (éthique). La vertu est une disposition acquise (Aristote), jusqu'à être une seconde nature.

9 L'équité est la justice, et plus que la justice (Aristote), car elle évite les injustices qu'une loi peut créer dans telle situation particulière, du fait de sa généralité.

La morale

TEST-MÉMO

→ *Réponses au verso.*

1. **Qu'est-ce qui distingue devoir civique et devoir moral ?**
2. **Que signifie la dignité de la personne ?**
3. **Comment différencier désir et volonté ?**
4. **Que veut dire « autonomie de la volonté » ?**
5. **Quels sont les différents aspects de la liberté ?**
6. **Qu'est-ce que la prudence ?**
7. **Qu'est-ce qui distingue plaisir et bonheur ?**
8. **Le bonheur est-il l'unique bien recherché par l'homme ?**

SCHÉMA-MÉMO

Liberté, conscience morale, bonheur

Liberté
- droit/devoir
- obligation/contrainte

Problèmes
- ***morale/société***
- ***existence/moralité***

Conscience morale
- individu/citoyen/personne
- action : mobile/motif

Problèmes
- ***bien/juste***
- ***nature/norme***

Bonheur
- volonté/liberté
- déterminisme/détermination

Problèmes
- ***bonheur/vertu et dignité***
- ***conscience/liberté morale***

Réponses :

❶ Ce sont des obligations. Le devoir civique contient les limites posées par le droit, et règle la liberté extérieure des citoyens, selon les critères du juste et de l'injuste ; alors que le devoir moral s'énonce sous forme d'impératifs limitant la liberté intérieure des hommes selon les critères du bien et du mal.

❷ La dignité signifie la valeur absolue accordée sur le plan moral, à tout homme en tant que personne, c'est-à-dire sujet libre et autonome, qui n'est pas simplement moyen pour les fins d'autrui, mais aussi et surtout fin en soi (Kant), et doit, en cela, être respecté.

❸ Le désir nous envahit, alors que nous imposons notre volonté. Le désir correspond à la puissance qui nous fait réaliser ce que nous nous représentons comme objet de plaisir, en cela il est tourné vers le futur. Alors que la volonté est la faculté de se déterminer soi-même à agir ici et maintenant.

❹ L'autonomie de la volonté, critère éminent de moralité selon Kant, montre la capacité de se déterminer à agir selon les principes purs de la raison, seule capable d'énoncer nos devoirs. En cela elle atteste la puissance de l'homme de s'opposer à ses inclinations sensibles susceptibles d'engendrer des désirs indignes.

❺ On distingue quatre aspects de la liberté : la *liberté métaphys*ique, c'est-à-dire la faculté originelle d'être libre de ses pensées et de ses actes, qui correspond au libre arbitre ; la *liberté naturelle et existentielle*, qui est l'indépendance de choix à l'égard du cours déterminé des phénomènes (naturels, sociaux, etc.) ; la *liberté politique* dont les limites sont posées par le droit ; la *liberté morale* dont les limites sont définies par le bien et le mal.

❻ La prudence est une vertu cardinale (Platon), encore appelée sagesse pratique, à la différence de la sagesse théorique (*sophia*). L'homme prudent « se caractérise par la capacité à bien délibérer » (Aristote, *Éthique à Nicomaque*, VI) sur ce qui est bon, non seulement pour lui, mais pour l'homme en général : il « s'efforce d'atteindre le meilleur des biens réalisables pour l'homme, et [il] le fait par raisonnement » (*id.*).

❼ Le plaisir est un sentiment de satisfaction, élément majeur de l'affectivité, opposé à la douleur ; il peut être sensible ou intellectuel et moral. Le bonheur est la satisfaction complète des aspirations et des tendances ; tout homme vise le bonheur, c'est-à-dire une « vie bonne » (Aristote).

❽ Selon Kant, le bonheur est un élément essentiel du *souverain bien*. L'autre partie est la vertu comme bien *suprême* : la vertu seule rend *digne* d'être heureux. C'est donc sur le double plan du bonheur et de la vertu que l'homme doit rechercher ce qui est bien pour lui.

La dissertation philosophique : sujet et problème

FICHE 6

I Choisir le sujet

Une dissertation est l'organisation et l'exposition de la pensée à propos d'un sujet dont il faut analyser la forme logique et le contenu notionnel.

1. Contenu du sujet

Le contenu se réfère à des **notions du programme** que l'analyse dégage. Les termes doivent donner lieu à une **recherche** systématique (dictionnaires, cours, recueils). Méfiez-vous des sujets apparemment faciles, qui peuvent amener à réciter un cours ; ne rejetez pas ceux qui vous semblent difficiles, car ils obligent souvent à une réflexion d'emblée plus personnelle.

2. Formes du sujet

La forme oriente l'exploration du contenu. Elle aide à chercher et formuler un problème.

- **Définition :** *Qu'est-ce que X ?* La dissertation suit les étapes de la recherche.

- **Rapport entre notions :** *Quel est le rapport entre A et B ?* Par exemple, entre droit et force, illusion et réalité, passion et raison, etc. Le sujet porte sur le rapport, non sur l'une puis l'autre des notions. Son intérêt tient au caractère problématique du rapport. Celui-ci peut être implicite ou mis en situation.

- *Peut-on... ? Faut-il... ? Doit-on... ?* Posez-vous les questions suivantes : au nom de quoi, de quelle valeur, à quel titre (autorité), en fonction de quel critère ou principe peut-on, doit-on ou faut-il penser, dire ou faire ceci ou cela ? En quoi est-ce légitime ?

- *Suffit-il de... pour que... ?* Il s'agit d'une évaluation. Pensez aux expressions : « nécessaire et suffisant » et « nécessaire mais non suffisant ».

- *En quel sens... ?* Cette forme mène à des voies divergentes, voire contradictoires ; ou à des étapes d'approfondissement progressif.

- *Que pensez-vous de... ?* Il ne s'agit pas de donner une « opinion » abrupte, mais de développer une réflexion progressive, votre « pensée » du début à la fin. Penser, c'est peser : il faut donner les étapes de la « pesée » des arguments menant à une position.

• **Le sujet citation :** la citation exprime une thèse d'auteur et invite à la réflexion et au débat. Une analyse très précise permet de révéler le problème qu'elle contient.

II Poser un problème

1. Dégager le problème

Le sujet (question) n'appelle pas de réponse unique : où est le **problème** (*problema* = « obstacle ») ? Ne pouvant répondre simplement à la question, il faut résoudre un problème contenu dans le sujet qui suscite étonnement et embarras. Des **arguments opposés d'égale pertinence** exigent un **débat critique** contradictoire.

2. Comment procéder ?

• **Analyser le sujet** (forme et contenu).

• **Initier la réflexion :** recueillez, ordonnez les matériaux nécessaires à l'argumentation. Mettez en rapport les matériaux et le sujet.

• **Préparer le débat :** révélez ambiguïtés, ambivalences, thèses opposées ou divergentes. Prenez le contre-pied d'une thèse, argumentez, approfondissez, radicalisez les objections.

• **Problématiser :** il faut dégager un problème à partir duquel on ordonnera une démarche personnelle.

3. Formuler le problème

• Le problème peut prendre des formes différentes, selon la question et votre façon de l'explorer. Le schéma « oui/non » est artificiel, réducteur, souvent inadapté. Dégagez la racine du problème par une formule **adaptée au sujet et à votre parcours d'exploration**, et non par « cela dépend... », « parfois oui, parfois non », « certains pensent que..., d'autres non... ». Elle est à situer dans l'introduction, après avoir amené le sujet.

• Quelques formes logiques : nécessaire et impossible, inclusion et exclusion, supériorité et infériorité, dépendance et indépendance, ou indifférence, cause et effet, oui et non. Le plus important est le « et » qui rend le rapport problématique. Quelle que soit votre formulation, cherchez des **arguments** opposés et également fondés pour chacune des deux thèses. Si vous démontrez que telle thèse est nécessaire et impossible à tenir, il y a un problème. Alors vous pouvez organiser votre réflexion en fonction de ce **problème** et des **matériaux** réunis.

Élaborer le plan de la dissertation

FICHE 7

Faites un **plan détaillé** avant d'écrire la dissertation : l'ordre et le contenu de vos étapes dépendent du sujet et de votre **problématique**. Il n'y a pas de plan type.

I L'introduction : quatre fonctions

- **Amener le sujet :** partant d'un exemple, d'une définition, d'une expression, vous pouvez légitimer la question, lui donner du **sens**.
- **Présenter votre problématique :** par une courte argumentation, mettez en évidence l'obstacle contenu dans le sujet.
- **Poser un problème précis** (et non proposer un vague programme)
Exemple de sujet : La liberté est-elle le refus de toute contrainte ?
Problème : « Comment comprendre que l'on puisse affirmer que la liberté est le refus de toute contrainte alors que sans la contrainte du droit, il n'y aurait pas de véritable liberté ? » *Ou deux questions :* « La liberté n'est-elle pas la capacité de refuser toute contrainte ? », « Mais la contrainte du droit n'est-elle pas nécessaire pour garantir les libertés ? »
Le problème pose les thèses de vos deux premières parties. Ne donnez pas celle de la troisième : l'introduction amène au problème, pas à la conclusion.
- **Montrer les enjeux philosophiques du sujet :** sa valeur dans divers domaines (connaissance, politique, morale, art, etc.).

II Le développement

Il contient trois parties. Si vous n'avez que deux parties, votre conclusion devra être riche, comme une courte troisième partie.

1. Première partie

Enchaînez logiquement des **arguments** illustrés pour explorer le mieux possible la thèse de cette étape.

- **Le point de départ :** exploitez le sens commun, une expression courante, un élément simple, évident. Analysez, approfondissez pour accéder rapidement au niveau philosophique.
- **L'argumentation :** suivez l'ordre logique de vos idées. Il faut expliquer, démontrer, prouver, illustrer et convaincre. Allez du plus simple

au plus complexe, des effets aux causes, de l'apparent à l'essentiel, pour atteindre les **principes et fondements**. Veillez à l'ordre progressif de vos paragraphes, chacun contenant une **idée** donnant lieu à un **argument**. Ne faites pas un catalogue d'idées non justifiées.

- **Un schéma logique utile :** pour toute idée explorée, il faut définir, puis chercher les présupposés (causes, origines, fondements, conditions de possibilité) et les conséquences (effets, implications). Ainsi peut apparaître une autre idée à développer, etc. Soyez rigoureux dans le respect de cette **logique des raisons** de votre argumentation.

- **Les exemples :** ils ne doivent pas se substituer aux idées, mais les **illustrer**. N'en faites pas un catalogue. Bien exploités, ils nourrissent votre argumentation. Les **exemples philosophiques** (citations, arguments d'auteurs) doivent être adaptés au sujet et intégrés à vos arguments. Les **exemples non philosophiques** (histoire, sciences, littérature, etc.) doivent être rapportés à l'idée qu'ils illustrent.

2. Transition critique

Faites le **bilan** de la première partie (en une phrase), puis produisez une **objection**, une réfutation qui oblige à passer à un autre point de vue qui est la thèse de la deuxième partie.

3. Deuxième partie

Elle repose sur les mêmes principes que la première partie.

4. Nouvelle transition critique

Après un rapide **bilan** des deux parties précédentes, montrez que les deux points de vue mènent à une ultime étape qui réalise une **synthèse englobante**.

5. Troisième partie

Suivant les mêmes principes et règles, développez la thèse qui achève votre parcours réflexif.

III La conclusion

Après une rapide **reprise logique** de l'essentiel, vous montrez **votre engagement** face au problème. *Prendre position* ne veut pas dire *affirmer* dogmatiquement une thèse. La thèse est le fruit de toute votre argumentation, donc l'aboutissement d'une véritable pensée personnelle, nourrie de celle des grands **philosophes** et de votre **culture générale**.

L'explication de texte : choisir et explorer un texte

FICHE 8

I Choisir le texte

1. La signification de l'intitulé

• **Libellé officiel :** « Expliquer le texte suivant [Texte, auteur et titre]. La connaissance de la doctrine de l'auteur n'est pas requise. Il faut et il suffit que l'explication rende compte, par la compréhension précise du texte, du problème dont il est question. » Il faut, à partir de la compréhension explicative du texte, développer son problème.

• **Expliquer le texte :** analysez ce qu'il dit pour le comprendre et exposez le cheminement de cette compréhension.

• **Poser le problème du texte :** montrez à quelle difficulté il répond, et précisez le problème, qui n'apparaît pas de manière directe.

• **Dégager le plan du texte :** l'ordre expliqué du texte permet l'éclairage du problème qu'il résout. Il faut unifier les étapes du texte pour le problématiser, c'est-à-dire dégager sa **cohérence dynamique interne**.

2. Le choix du texte

• **Accueil du texte :** sans précipitation, exercez votre **jugement** sur le texte (l'auteur ne pense pas à votre place). Ne commencez pas par refuser sa thèse, ses idées. Accueillez le texte tel qu'il est, faites vôtre sa pensée. Votre compréhension prime sur votre désaccord (ou accord).

• **Lecture critique :** accepter ses thèses n'est pas renoncer à toute critique. Évitez l'erreur fréquente du résumé descriptif du texte, plus ou moins fidèle.

• **Analyser le texte :** décomposez-le en moments, en vue d'un questionnement personnel.

• **Attitude interrogative** permanente face au texte dans le but d'éclairer ses raisons.

3. La forme du texte

Il y a trois types généraux de textes, selon leur forme.

• **Texte démonstratif :** raisonnement aux moments liés par des articulations logiques (*tout d'abord, puis, enfin, or, ainsi, et, mais,* *toutefois, cependant, donc, en conclusion*, etc.). Son étude doit suivre et justifier l'ordre de ses raisons.

• **Texte-thèse ou texte-définition :** une idée, un concept est le principe organisateur du texte. Soit vous proposez l'exploration progressive des éléments définitionnels, soit vous argumentez pour défendre et éclairer sa thèse dans différents contextes (politique, scientifique, etc.). Il faut indiquer l'élément moteur (thèse, concept) et suivre l'ordre du texte.

• **Texte alternatif ou binaire :** il alterne ou mêle des points de vue différents, voire opposés. L'étude peut suivre l'ordre du texte ou réunir les éléments de l'un et de l'autre aspect pour ensuite comprendre leur rapport.
Un **texte peut mêler les trois aspects** : un moment démonstratif aboutit à une définition, qui permet de distinguer le concept de son contraire. Sachez repérer les aspects majeurs dégageant la forme principale du texte.
Un texte peut être **polémique**, **argumentatif**, **démonstratif**, **illustratif**.

II Lire un texte

1. La lecture du texte

• **Lecture superficielle :** elle sert souvent à utiliser le texte pour réciter des éléments de cours. Les connaissances sont nécessaires, mais pour expliquer et réfléchir. Le problème du texte procède de l'**explication**. L'intérêt est d'abord à chercher dans le texte pour exploiter ensuite son savoir.

• **Lecture totale :** n'omettez rien du texte, faites une analyse par mots ou groupes de mots. La **forme** et le **contenu** du texte doivent vous guider.

2. Le brouillon

• **Relever les éléments importants :** les concepts et notions à repérer, regrouper, définir ; les thèses et idées, à relier aux notions ; les rapports entre les idées. Cela permet de repérer la **thèse directrice** et l'**argumentation** du texte : d'où le texte part-il, où arrive-t-il ?

• **Thème et problème :** le thème général aide à dégager un problème. Cherchez des thèses opposées à celle du texte. Cela révèle son **intérêt philosophique,** et ouvre la **discussion critique** pour laquelle vos connaissances sont utiles.

Construire l'explication de texte

FICHE 9

I Le plan du devoir

Votre plan doit *suivre* l'ordre du texte. À chaque moment du texte, il faut *expliquer* les arguments, montrer que l'auteur *chemine* vers *sa* réponse à un problème. Trois points vous guident : la thèse de l'auteur (à restituer et explorer), ses conséquences et l'intérêt philosophique essentiel selon *vous* (aspect critique de votre travail).

II L'introduction

- L'introduction doit faire apparaître le sens et la valeur du texte (son thème précis, son plan, la thèse défendue par l'auteur, le problème auquel il répond). Ne vous lancez pas dans des généralités inutiles (éléments biographiques ou bibliographiques, ou formules vagues sur telle ou telle notion).
- Le plan peut être donné par des mots cités. Exemple : « La seconde partie montre que… (de "…" à "…") ». Chaque partie est à condenser en une idée, une thèse.
- La formulation du problème peut être directe. Exemple : « Le texte pose le problème suivant : "…" ». Mais vous pouvez n'en donner qu'un avant-goût en posant une question.
- Les enjeux philosophiques expriment ce qui fait la valeur du texte, son importance, sa force (*valor*) dans des champs philosophiques divers (politique, esthétique, sciences, histoire, etc.) à formuler avec précision.

III L'explication

- Expliquer, c'est analyser les raisons de l'argumentation du texte. Mettez en évidence la manière dont l'auteur passe d'une idée à une autre, progressant vers sa thèse. Justifiez les étapes de son argumentation. Ne faites pas l'erreur de répéter ou de décrire le texte : vous devez l'expliquer en déployant son sens et sa structure logiques.
- Posez des questions : c'est stimulant et utile pour progresser dans l'exploration du texte ; cela peut vous aider à clarifier le propos de l'auteur et… le vôtre.

- Les moments de l'étude correspondent à ceux du texte. Mais il faut ménager des **transitions** qui justifient le passage d'un moment à un autre. Elles précisent la **cohérence interne** du texte et relancent l'intérêt de sa lecture, montrant que vous n'avez rien oublié dans l'étude d'une partie et que vous êtes soucieux de la solidité et du mouvement du texte. Un court bilan de la partie expliquée peut être suivi d'une interrogation : « l'auteur est donc parvenu à ceci et à cela ; se pose maintenant la question de savoir si..., *ou* comment..., *ou* pourquoi... ».

- Les formes principales d'une **transition critique** sont le **paradoxe** et le **contre-exemple**. Dans tous les cas, la forme interrogative est nécessaire (critique) : le paradoxe ou le contre-exemple doivent conduire à une question qui appelle et introduit le moment suivant. L'**attitude interrogative** doit être constante lors de l'étude d'un texte.

- Le travail préparatoire doit permettre de ne laisser de côté aucune part importante du texte. Trop d'élèves, le jour de l'examen, sacrifient des pans entiers du texte, des notions majeures ou des nuances essentielles. La difficulté d'une notion ou d'une thèse ne doit jamais vous faire reculer, car vous seriez alors sanctionné pour un oubli, masquant peut-être une ignorance.

- **Affrontez les difficultés du texte**, quitte à reconnaître que vous n'êtes pas en mesure de les surmonter complètement. L'embarras est ici le signe d'une inquiétude philosophique. Formulez votre hésitation par des **hypothèses** (emploi du « peut-être », du « semble-t-il ») et essayez d'**envisager des solutions** éventuelles, afin de choisir la plus judicieuse, la plus pertinente, en fonction du reste du texte, et de votre analyse des thèses proposées par l'auteur.

- Enfin, il faut toujours s'efforcer de savoir pourquoi l'on écrit ceci plutôt que cela. C'est valable pour l'auteur et pour vous. Si la **justification des étapes du texte** est importante, la **justification des étapes de son étude** ordonnée ne l'est pas moins.

Discuter le problème d'un texte

FICHE 10

I Faire une lecture critique

- **Critiquer :** c'est discerner, juger (du grec *krinein*, « art de juger »), non détruire. Cela revient à dévoiler les **limites** du texte expliqué qui n'est qu'un extrait, un passage d'une œuvre.
- **Discuter :** après avoir expliqué le texte, vous avez à le discuter de manière **critique**. Cela ne signifie évidemment pas que le candidat s'acharne soudain sur l'auteur pour montrer qu'il n'a rien compris…
- **Être d'accord ou pas :** ne commencez pas par là… Une lecture est plus riche et plus complexe. Pour savoir ce que vous pensez du texte, il faut d'abord le discuter et donc l'interroger.
- **Argumenter :** il s'agit de réfléchir et **raisonner** pour, éventuellement, signifier son désaccord ou son accord justifié avec la thèse de l'auteur ; mais jamais de manière dogmatique ou mollement sceptique.

II Discuter le texte

- La **thèse** est la **position de l'auteur**, elle répond à un problème. En quoi est-elle discutable ? Formulez des hypothèses, d'autres thèses possibles.
- À ce stade d'analyse, les **connaissances** sont utiles, mais ne doivent pas vous empêcher de penser. Exprimez-vous de manière nuancée en les exploitant.
- Évitez d'opposer un auteur à un autre : faites-les **dialoguer**. C'est votre réflexion qui seule justifie leur présence dans votre devoir.
- En pratique, demandez-vous, à chaque moment du texte, s'il y a un **argument** pouvant ouvrir un **débat** avec la thèse de l'auteur. Cela facilite l'organisation de la discussion en suivant l'ordre du texte, quel que soit votre plan.

III Illustrer par des exemples

1. Exemples philosophiques : citations ou arguments d'auteurs

- Leur exploitation répond aux mêmes principes que dans la dissertation. Des citations sont utiles afin de **clarifier** et préciser votre pensée, renforcer et approfondir un argument. Elles doivent être exactes et précises. Mieux vaut reformuler son idée, qu'en donner une version tronquée ou fausse.

- Une citation est justifiée et féconde si vous l'exploitez au service de votre argumentation. Un auteur ne doit pas se substituer à vous. C'est votre parole du début à la fin. Si vous voulez citer un auteur, produisez toujours une explication pour justifier cet emploi.

2. Exemples non philosophiques

- Ils peuvent être utiles, mais comme il existe toujours un contre-exemple, un exemple n'a jamais la valeur d'un argument raisonné.
- Un exemple doit être adapté, précis et brièvement expliqué pour gagner une fonction d'illustration ou une valeur analytique. C'est votre propos qui doit le justifier.
- Quoi qu'il en soit, il n'est pas nécessaire de « caser » un exemple à tout prix, si l'on n'est pas sûr de sa pertinence ou de son exactitude.
- Évitez les exemples trop personnels, liés de manière intime à votre vie. L'exemple doit avoir une portée et une valeur suffisamment générales pour être compréhensible et pour que le correcteur puisse, éventuellement, s'y référer lui-même.
- Choisir ses exemples relève du discernement et de la pertinence. Ils sont à chercher dans les domaines artistique, historique, littéraire, scientifique, etc. Évitez l'actualité, difficile à analyser et prévisible comme choix illustratif.

IV Conclure

- La conclusion suit les mêmes principes que dans la dissertation philosophique. Elle fait office de rappel du parcours effectué : aussi doit-on y préciser de nouveau à quel problème l'auteur essaye de répondre, quelle thèse il défend et comment sa réponse a pu être nuancée.
- Vous pouvez ajouter une question, bien que cela ne soit pas nécessaire. Si vous le faites, évitez de répéter inutilement le problème que vous avez identifié à partir du texte.
- La fonction de la conclusion est donc de rappeler votre cheminement et éventuellement d'ouvrir sur un nouveau problème, lié, bien entendu, à celui qui est apparu dans le texte.

Gérer le temps de l'épreuve et rédiger

FICHE 11

I L'épreuve

- Elle dure **4 heures**. Gérer ce temps implique que vous ne partiez pas avant la fin de l'épreuve, mais que vous exploitiez ce temps efficacement. Pour cela, il faut savoir s'organiser.
- Le **travail préparatoire** : il faut **1 h 15 à 1 h 30** pour élaborer au brouillon un **plan détaillé**.
- La **rédaction** : comptez **2 h 15 à 2 h 30** pour rédiger sur la copie à rendre.
- Le choix du sujet au début et la relecture à la fin demandent **15 mn**.

II Travail préparatoire (entre 1 h 15 et 1 h 30)

- Il faut **chercher des matériaux et organiser sa pensée**. Le brouillon n'est destiné qu'à analyser le sujet (dissertation ou texte) et mettre en place un plan détaillé. Ne développez pas des paragraphes entiers, des passages récités du cours, des arguments complets. Apprenez à **schématiser** vos analyses, vos arguments, vos références, etc.
- Faites bien ressortir l'ordre des étapes et de leurs composantes par un **plan précis** comportant les **parties** (ordre des arguments, références, schémas de raisonnements conceptuels) et les **transitions critiques** (schéma d'objection et de réfutation).
- Écrivez alors une ébauche d'**introduction** au brouillon, et le **début** de votre première partie, pour « lancer » le travail d'écriture.
- À partir de là, sachant où vous allez, rédigez directement sur la copie votre devoir.

III Rédaction de la copie (entre 2 h 15 et 2 h 30)

1. La forme

- Ayant votre plan détaillé pour guide, vous pouvez être attentif à la rédaction : présentation, graphisme, orthographe. Veillez au choix des termes, au niveau de langue, à la correction grammaticale. Allez à la ligne quand c'est nécessaire, à la fin d'un paragraphe

(10 à 20 lignes en moyenne). Vous aiderez ainsi la lecture et montrerez que votre réflexion est ordonnée.

• Deux erreurs à éviter : aller à la ligne à la fin de chaque phrase ; et ne jamais aller à la ligne du début à la fin d'une partie.

2. L'expression du contenu

• Veillez à **ne pas répéter** la même phrase sous des formes différentes.

• Ne vous embarrassez pas de formules compliquées et de phrases longues si l'idée est simple. Faites des **phrases assez courtes**, vous les maîtriserez plus facilement.

• Évitez le hors-sujet : relisez souvent l'énoncé du sujet ou le passage du texte, pour être sûr de ne pas vous laisser emporter par une explication qui sort de son cadre ou qui ne tient pas compte d'une nuance.

3. La longueur de la copie

• La qualité d'une bonne copie ne tient pas au nombre de pages. Mais, trop courte, elle risque d'être elliptique, incomplète ou réductrice ; trop longue, elle peut perdre de vue le problème du sujet ou du texte dans des propos inutiles. Ayez en tête des proportions moyennes, sachant qu'il y a des différences individuelles (graphisme, style, rapidité) :
- introduction : en moyenne une demi-page ;
- chaque partie : deux pages ;
- transition critique : une demi-page ;
- conclusion : une demi-page (plus longue si vous ne faites que deux parties dans votre dissertation).

• Dans le cas de l'étude de texte, le nombre des parties dépend du découpage du texte lui-même et de la spécificité de l'exercice. Mais la longueur d'une partie est identique à celle de la dissertation.

• Au total, en section L surtout, un devoir fait entre sept et huit pages. Il ne s'agit bien sûr que d'estimations pour vous donner un repère. Il y a de bonnes copies de six ou de dix pages.

IV « Connais-toi toi-même »... dans l'épreuve

Quoi qu'il en soit, vous devez apprendre à vous connaître dans l'épreuve, en vous exerçant à faire une analyse, poser un problème, élaborer un plan, rédiger une introduction, etc., en respectant le temps imparti le jour du baccalauréat. Moyennant quoi, le jour de l'épreuve, vous ne serez pas déconcerté. Vous serez vous-même !

Étudier une œuvre philosophique

FICHE 12

I Intérêt de la lecture d'une œuvre philosophique

1. Programme

- Le nombre d'œuvres varie selon les sections : en terminale S, la liste doit contenir au moins une œuvre.
- Il peut s'agir d'œuvres entières ou de fragments assez importants et significatifs pour être étudiés pour eux-mêmes.

2. Une pensée mise en œuvre à propos d'un thème

- Lire une œuvre permet de suivre la **totalité** d'une pensée : construction, ordre, enchaînement des arguments, **progression** de la réflexion, thèses défendues.
- L'œuvre montre la rigueur, la complexité, la cohérence, la densité de la pensée d'un grand philosophe.

3. L'engagement d'un philosophe

Un ouvrage est inclus dans une œuvre plus vaste. Sa lecture ouvre sur l'univers conceptuel de l'auteur et sur le rôle de l'ouvrage dans la totalité de sa philosophie.

4. Un moment de l'histoire de la philosophie

- L'auteur est d'une **époque** précise. La lecture d'un œuvre ouvre sur l'histoire des idées et de la philosophie concernée.
- Il y a un *avant* et un *après* l'œuvre, et des œuvres contemporaines.
- Un **dialogue** peut être instauré **avec d'autres œuvres et d'autres auteurs**.

5. Une forme de dialogue

- Le lecteur est invité à un **dialogue avec l'auteur**. Il doit faire preuve d'attention, de perspicacité et de sagacité. Lire, c'est s'ouvrir et écouter, recevoir et accueillir la pensée d'un autre. Une « rumination » s'ensuit, comme reprise intérieure de ce qui a été lu, « pour élever la lecture à la hauteur d'un art », dit Nietzsche, qui se réfère à ce « qu'on a précisément le mieux oublié aujourd'hui [...] la faculté de ruminer... » (*La Généalogie de la morale*, préface).

• Il ne s'agit pas de penser comme Platon ou Kant, mais avec eux, et d'aiguiser son esprit critique. Lire apprend à **penser par soi-même** par la médiation de ce dialogue avec un philosophe.

6. Le baccalauréat

• La lecture d'une œuvre est imposée dans l'éventualité d'une épreuve orale, mais elle est importante avant tout pour le **travail des notions** et la préparation de l'écrit (dissertation aussi bien qu'étude de texte).

• Des notions sont travaillées avec l'œuvre ; et celle-ci est en rapport avec des textes proposés à l'écrit. C'est très important. En cours de lecture, posez-vous la question de savoir si tel ou tel passage ne pourrait pas être utile pour comprendre telle notion du programme, traiter tel sujet de baccalauréat, expliquer ou réfuter tel argument travaillé en cours ou lu dans un autre texte, etc.

II Conseils pratiques

1. Faire des fiches sur l'auteur

Cela permet de regrouper divers éléments : biographie et bibliographie succinctes ; situation de l'ouvrage dans l'ensemble de son œuvre ; idées maîtresses de sa philosophie avec des citations.

2. Dégager le plan précis de l'œuvre

• Notez le sommaire ou la table de matières ; numérotez tous les paragraphes et formulez l'idée directrice de chacun ; mettez en évidence le plan de chaque partie ou chapitre et recopiez-le pour bien le visualiser et saisir la progression de la réflexion de l'auteur.

• Cela vous sera très utile pour vos recherches lors d'une dissertation ou d'une étude de texte, ou pour les révisions de fin d'année. Si vous avez à passer un oral, cela vous permettra aussi de bien situer un passage dans l'ensemble de l'argumentation de l'auteur.

3. Constituer un glossaire des principaux concepts

Le glossaire permet de bien apprendre les définitions, de situer les passages de l'œuvre où vous pouvez les retrouver, d'avoir à l'esprit les citations marquantes. Ainsi, la lecture d'une œuvre s'inscrit pleinement dans le travail d'un cours de philosophie tout au long de l'année. C'est une expérience philosophique irremplaçable.

Repères philosophiques

ABSOLU / RELATIF — Religion, vérité, histoire, devoir

Est « absolu » (*ab* = « loin de » ; *solutus* = « délié ») ce qui est « détaché », inconditionné, ne dépend que de soi, ne « laisse rien en dehors de soi » (Hegel). Alors que le relatif est « dépendant » ou « attaché » à autre chose que lui-même. Une liberté « absolue » ne tient à aucune condition antérieure. Une liberté relative, par opposition, dépend de conditions (matérielles, sociales, etc.). L'absolu et le relatif peuvent conduire à « absolutisme » et « relativisme ». L'absolutisme politique désigne un pouvoir total. Le relativisme nie toute valeur absolue.

ABSTRAIT / CONCRET — Sciences, mathématiques, logique, langage

Abstrait signifie « séparé ». *Concret* veut dire « compact, épais, tangible » et désigne l'existence de la réalité donnée (expérience interne et externe). L'abstrait relève de la faculté de nommer et de penser la réalité. L'abstraction permet de distinguer les choses (propriétés et relations entre elles). Plus une idée est abstraite, plus son extension est grande (peuplier/arbre/végétal/vivant). Abstrait et concret sont indissociables. Mais le concret est toujours à nommer et construire comme « objet » de pensée. L'abstraction est toujours à l'œuvre pour séparer, distinguer, comparer, classer, et retourner au concret.

EN ACTE / EN PUISSANCE — Devenir, vivant, technique, pouvoir

Un être pleinement réalisé est *en acte*. Sinon, il est *en puissance* (Aristote). L'acte est à la fois le mouvement menant à la forme de cet être, et la forme achevée, actuelle, par opposition à la matière informe. Le marbre travaillé par le sculpteur devient statue ; un bourgeon devient fleur. Marbre et bourgeon sont donc *en puissance* statue et fleur. La *puissance passive* du marbre est une possibilité indéterminée. La *puissance active* du bourgeon est la tendance naturelle à réaliser une forme dans une matière. Dans un sens moderne, puissance signifie aussi « force, autorité, cause efficace » (puissances politique ou divine).

ANALYSE / SYNTHÈSE

Mathématiques, logique, jugement, connaissance

L'analyse est la résolution d'un tout en ses éléments simples et identifiables ; la synthèse le recompose selon l'ordre des raisons (Descartes). L'analyse défait la complication de départ ; la synthèse raisonnée vise à restituer la complexité du tout, son ordre intrinsèque. Il faut savoir si l'ordre des raisons reflète bien l'ordre des choses. Analyse et synthèse sont réelles ou intellectuelles. Réelles, elles concernent un tout existant (corps chimique) et la synthèse peut produire un corps nouveau (chimie). Intellectuelles, elles concernent les représentations mentales (concepts, images).

CAUSE / FIN

Art, histoire, vivant, liberté

Le pourquoi a deux formes : la cause explique *par quoi* une chose existe ; la fin *en vue de quoi* elle existe. Une cause est une « chose » (*causa*) pouvant produire un effet. La relation est de complémentarité : la cause détermine l'effet, l'effet réalise la cause. Dans une relation mécanique entre deux phénomènes, cause et effet sont homogènes. La science recherche les lois de la causalité (déterminisme). Les fins résultent d'intentions, plus ou moins conscientes et volontaires. Dans une action, on cherche les moyens de réaliser une fin. Mais l'artiste, par exemple, ne sait pas toujours d'abord ce qu'il vise comme fin. Il le saura une fois l'œuvre achevée : son intention première est alors une cause finale.

CONTINGENT / NÉCESSAIRE / POSSIBLE

Connaissance, existence, liberté

Est contingent ce qui peut être ou ne pas être, ou être autre qu'il est. Est nécessaire ce qui ne peut pas ne pas être. Est possible ce qui peut être, mais n'est pas. Le contingent est un possible qui survient par hasard. Le hasard est soit ce dont nous ignorons la cause, soit le croisement imprévisible de séries causales indépendantes dont l'effet est inattendu, fortuit, accidentel (Cournot), selon des lois statistiques et de probabilité. On peut prévoir ce qui est nécessaire, possible et souhaitable, et agir en conséquence. Sans contingence, « il n'y aurait plus ni à délibérer, ni à se donner de la peine » (Aristote). Dans l'ordre humain, tout n'est pas possible : l'interdit pose des bornes au permis.

CROIRE / SAVOIR

Conscience, perception, vérité, religion

Croire est adhérer à une vérité par un assentiment subjectif et singulier. Le savoir est objectif et vise l'universalité. Croire peut être dangereux, et substituer le dogme ou le préjugé au travail de la raison et de la preuve. Le savoir rejette la croyance qui mêle le désir ou l'imagination à la recherche de la vérité. Mais leurs objets diffèrent. Le savoir ne peut rendre raison de tout. La croyance demande une « foi » que le savoir refuse. Le savoir, bien que limité, donne une maîtrise : « savoir afin de prévoir pour pouvoir » (Comte). La croyance est un élan passionné. Mais le savoir n'exclut pas toute croyance : il en appelle à l'examen de la raison. Il croit en elle.

ESSENTIEL / ACCIDENTEL — Connaissance, existence, vérité, nature

L'essence est ce par quoi une chose est ce qu'elle est. Elle détermine l'existence de la chose. Elle est stable, nécessaire, substantielle. La quête philosophique des essences est l'examen de ce qui définit les choses, leur intelligibilité. Des éléments accidentels (variables et contingents) peuvent modifier la chose sans qu'elle perde sa nature. L'homme, par essence bipède qui parle, est musicien par accident. Pour Sartre, « l'existence précède l'essence » chez l'homme : il est ce qu'il fait de lui-même. Sartre refuse l'idée d'une « nature » humaine qui déterminerait l'existence, et parle de « condition » dans laquelle l'homme se choisit librement.

EXPLIQUER / COMPRENDRE — Autrui, sens, vivant, histoire, expérience

Nous expliquons la nature, nous comprenons un homme. Dans les sciences de la nature, le raisonnement complète l'expérience par des hypothèses explicatives. L'explication élabore une argumentation fondée sur des causes objectives. Expliquer, c'est articuler, mettre en rapport les éléments étudiés. Comprendre relève davantage de la subjectivité, qui exprime son degré de « compréhension ». « Être compréhensif », c'est accorder qu'il y a un sens, même s'il nous échappe. Nous interprétons la signification d'une conduite sans pouvoir forcément l'expliquer par des causes objectives. Nous lui supposons des raisons subjectives. L'explication concerne surtout le domaine théorique ; la compréhension, surtout le domaine pratique, mais elle intervient aussi dans les sciences humaines.

EN FAIT / EN DROIT — Expérience, connaissance, vérité, sens, droit

Le fait brut est une donnée empirique. Dire qu'il y a *en fait* ceci ou cela, c'est décrire la réalité existante et énoncer une vérité de fait

(Leibniz). L'esprit cherche à dépasser l'ordre des faits pour savoir ce qu'ils sont *en droit*, selon l'ordre des raisons : la raison des faits. La science cherche à savoir ce qu'il doit y avoir. Elle construit un fait rationnel et élabore des vérités de raison. S'il lui arrive « de légitimer l'opinion, c'est pour d'autres raisons que celles qui fondent l'opinion ; de sorte que l'opinion a, en droit, toujours tort » (Bachelard). Enfin, la force relève du fait : le droit positif doit s'imposer pour la maîtriser. Le fait ne peut fonder le droit. La rationalité du droit pose le sens et la valeur du fait.

FORMEL / MATÉRIEL Démonstration, expérience, art

La forme englobe ; la matière constitue. On pense souvent que le matériel est premier et le formel second, voire secondaire. Ainsi, sur la palette de l'artiste, les couleurs n'ont pas encore les formes qu'elles auront dans le tableau. Mais on peut inverser ce rapport : la forme peut désigner le principe originel, l'idée (*idea* = « forme ») antérieure à la matière qui est alors au service de la forme. On peut dire que la forme pure est immatérielle et que la matière première, brute, est informe. C'est pourquoi *formel* renvoie souvent à l'esprit, ses opérations, les signes abstraits qu'il utilise. La matière, par opposition, est tangible. Elle reçoit une forme. Mais toute matière, même première, a une forme.

GENRE / ESPÈCE / INDIVIDU Logique, connaissance, vivant

En logique, le genre désigne un groupe d'objets ayant des caractères communs. Il se subdivise en espèces. Une hiérarchie d'extension et de compréhension caractérise le rapport genre/espèce : ce qui est dit « genre » par rapport à des espèces qu'il englobe est dit « espèce » par rapport à un genre plus étendu (*vertébré*, espèce d'animal et *genre* pour l'espèce mammifère). Pour la Systématique, en biologie, la famille contient des genres subdivisés en espèces distinctes par la forme des individus qui peuvent se reproduire par croisement. La subdivision s'arrête à l'individu, au sujet singulier qui a des attributs mais ne peut être attribut d'un autre sujet (logique). En biologie, c'est l'organisme vivant singulier.

IDÉAL / RÉEL Désir, vérité, histoire, devoir

L'idéal s'oppose communément au réel. Il serait un « rêve », voire une « illusion », pensée désirante qui ignore la réalité. On lui reproche d'être trop éloigné du réel, ou d'en donner une image fausse. À l'opposé, le réel existe de fait. Pourtant, si l'idéal se propose de dépasser le réel, cela tient au caractère décevant de ce dernier, qui est imparfait et contingent. L'idéal lui oppose perfection et nécessité. Il dit ce qui devrait être, et peut condamner ce qui est. Le rapport est renversé : un idéal normatif permet de juger le réel. Cela est source d'un progrès possible. Mais, afin de ne pas rester un pur idéal, il est nécessaire de l'articuler au réel. Il doit y avoir un réalisme de l'idéal, sinon il est utopique.

IDENTITÉ / ÉGALITÉ / DIFFÉRENCE

Justice, droit, devoir, société, personne

L'identité se dit de choses ayant les mêmes propriétés ; d'une chose dont les propriétés sont permanentes ; de l'unité du sujet qui se pense identique à soi au cours de son existence. L'égalité mathématique est proche de l'identité. Politiquement, l'égalité relève de la justice. Moralement, tout être humain est l'égal de tout autre en dignité, bien qu'il en diffère comme individu. Des objets différents ont des points dissemblables et des points communs. Mais la différence révèle aussi l'originalité d'un être, ses propriétés intrinsèques. On peut exiger un respect de la différence. Mais un droit à la différence ne doit pas mettre en danger l'identité qui fait de chacun l'*alter ego* de tout autre.

INTUITIF / DISCURSIF

Démonstration, langage, connaissance, expérience

Intuitio signifie « vision », « regard » : une personne « intuitive » devine ce qui est caché pour les autres. L'intuition est directe et pénétrante. Par opposition, la discursivité est laborieuse, supposant une chaîne de raisonnements. *Discursus* indique « courir à différents endroits » : argumenter, organiser son discours. En philosophie, l'intuition est en rapport soit avec la sensibilité (représentation sensible immédiate de la réalité, Kant), soit avec la raison (saisie d'une évidence rationnelle, Descartes), soit avec la pensée (« saisie directe » de la réalité, Bergson). La discursivité remet souvent en cause la vérité de l'intuition, son absence d'élaboration. Nos intuitions sont, en ce sens, en attente d'un « discours » qui les éclaire.

LÉGAL / LÉGITIME

État, pouvoir, droit, justice, devoir, personne, liberté

Est légal ce qui est conforme au droit positif. Le légitime se réfère à une norme supérieure qui vise à fonder droit et morale. Le légal peut être dit illégitime s'il est estimé dépourvu de justification.

Le légitime a une puissance de subversion, au nom de valeurs variables : résistance à la tyrannie, droits de l'homme, expression de la volonté populaire. Mais la puissance du légal tient à l'institution effective de règles communes, face au légitime qui peut être relatif, changeant et subjectif. Un pouvoir légitime est distinct d'un pouvoir prétendant à la légitimité. Tout pouvoir cherche sa légitimation dans l'adhésion de ceux qui lui sont soumis.

MÉDIAT / IMMÉDIAT Perception, langage, art, connaissance

L'immédiat est sans « intermédiaire », sans médiation (*medius* = « milieu »). Une présence immédiate se constate. Mais elle peut être médiate ou indirecte, signifiée par un symbole, par exemple. Le médiat est un moyen de parvenir à autre chose. L'immédiat est spontané et actuel. La conscience nous donne une connaissance immédiate de ce qui nous entoure et de notre personne. Nous « savons », par elle, que nous éprouvons une douleur. Mais cette spontanéité se révèle souvent trompeuse ou insuffisante. On ne comprend pas tout immédiatement. L'immédiat suscite une réflexion car il est incomplet. Mais il possède un sens, offre une direction et une signification premières.

OBJECTIF / SUBJECTIF Jugement, sciences, vérité, sens, justice

Objectif est souvent assimilé à « impartial, fondé, rationnel ou universel », alors que *subjectif* est pris pour « partial, issu des désirs, des passions, rapporté à la singularité individuelle ». Toute représentation subjective est, pour la science, un « obstacle épistémologique » (Bachelard). Pourtant, l'objet de la science est pensé par un sujet : l'objectivité résulte d'un travail de l'esprit. Ainsi, le sujet sensible perçoit et le sujet rationnel conçoit : la subjectivité ne se réduit donc pas à la singularité individuelle. Enfin, le sujet a la faculté de maîtriser l'aspect singulier de sa subjectivité en obéissant aux principes objectifs du droit et du devoir.

OBLIGATION / CONTRAINTE Société, devoir, liberté

L'obligation (*obligare* = « lier ensemble ») et la contrainte (*constringere* = « serrer ») sont des forces qui entravent la liberté d'action. Mais agir sous la contrainte, c'est ne pas avoir le choix ; alors que l'obligation laisse le choix. Demander à quelqu'un de « remplir ses obligations » ne signifie pas que l'on exerce sur lui une force contraignante. L'obligation (devoir) sollicite la pensée et la volonté. C'est pourquoi, seule, elle possède une signification morale ou juridique. Elle implique liberté et responsabilité. Le sujet se montre capable de se déterminer. Mais s'il désobéit à l'obligation légale, la justice le contraint (sanction pénale).

ORIGINE / FONDEMENT Sciences, histoire, droit, art, morale

L'origine, temporelle, concerne la naissance et inaugure une histoire. La science se demande *comment* est apparu et se transforme un phénomène. Religion et philosophie se demandent *pourquoi*. L'origine désigne à la fois le début d'une série de phénomènes et la cause métaphysique de la série. Le fondement désigne une assise solide. Fonder, c'est justifier les principes sur lesquels reposent une chose et sa connaissance. La recherche du fondement concerne les sciences, la morale, le droit, l'art. L'origine de fait diffère du fondement de droit. Rousseau distingue « l'origine et le fondement de l'inégalité parmi les hommes ». Kant analyse l'origine sensible et le fondement rationnel de la connaissance.

PERSUADER / CONVAINCRE Vérité, justice, État, devoir

Persuadere (latin) signifie « décider quelqu'un à faire quelque chose ». La persuasion suscite l'adhésion subjective (art oratoire, rhétorique). Un discours persuasif séduit par sa forme. Il vise la sensibilité et les désirs de l'auditoire, plus que sa raison. On peut rendre vraisemblable n'importe quoi face à un ignorant crédule. Alors que convaincre implique la raison et le contenu objectif du discours. La vérité doit être prouvée ou démontrée. On peut convaincre une personne sans avoir à la persuader. Mais pour convaincre, il est utile de maîtriser aussi l'art de persuader.

PRINCIPE / CONSÉQUENCE Histoire, démonstration, logique, État, devoir

Le principe est premier : il commence et commande. Le principe d'une conduite la détermine, et la règle l'explique et la justifie. La conséquence suit un principe, et peut être nécessaire, contingente ou possible. Il y a une relation hiérarchique entre les deux. Le principe ne semble dépendre que de lui-même, il est absolu. En revanche, la conséquence est relative et peut dépendre de plusieurs principes : elle est un résultat ou une fin. Mais une conséquence peut devenir un principe, duquel déduire d'autres conséquences.

RESSEMBLANCE / ANALOGIE

Expérience, connaissance, vérité, sens

La ressemblance lie des choses ayant des éléments comparables. La ressemblance est plus ou moins grande, constante et observable. L'analogie signifie l'égalité de deux rapports et non de deux objets. Ressemblance et analogie n'ont pas force de démonstration mais peuvent guider l'esprit qui, par induction, cherche à classer et ordonner les objets. La ressemblance empirique se distingue de l'analogie conceptuelle.

EN THÉORIE / EN PRATIQUE

Sciences, technique, droit, devoir, justice

En théorie (du grec *theôrein* = « contemplation ») est souvent lié à abstrait, idéaliste, voire irréaliste ; et *en pratique* (du grec *prattein* = « agir ») est lié à concret, réaliste. L'attitude théorique, libérée de la pratique, se détache des circonstances (singulières et contingentes), permet la recherche des critères (universels et nécessaires) d'intelligibilité du réel. Mais la pratique offre à la théorie les conditions effectives de son application. La sagesse est savoir théorique et vertu pratique. La théorie de la pratique vise les principes pouvant régler les actions techniques, politiques ou morales (Kant).

TRANSCENDANT / IMMANENT

Désir, religion, devoir, bonheur

Est transcendant « ce qui dépasse l'expérience ordinaire » (*transcendere* = « surpasser ») et désigne soit ce qui est d'une nature ou d'un ordre supérieurs, soit ce qui est autre que la conscience. Ainsi, Dieu est transcendant par rapport à la conscience. Par opposition, est immanent ce qui est intérieur à un être ou à un objet de pensée. Une cause immanente a un effet intérieur à l'agent qui l'effectue.

UNIVERSEL / GÉNÉRAL / PARTICULIER / SINGULIER

Démonstration, devoir, bonheur

Ces termes permettent de distinguer des types d'énoncés. L'universel « est toujours valable », quelles que soient les conditions singulières. Le général comporte des exceptions ; son extension est moindre. Une règle générale tirée de l'expérience n'a pas la valeur d'une loi universelle. Une règle particulière ne vaut que pour une partie ou pour certains individus ou un groupe. Une règle singulière ne vaut que pour un individu. Elle ne s'applique qu'à un sujet unique. Singulier désigne ce qui se distingue de tout autre chose ou sujet.

HISTOIRE GÉO

Sommaire

Description de l'épreuve

L'épreuve écrite

Durée : 3 heures.
Coefficient : 3.

- L'épreuve comprend deux parties :

– la composition, l'**épreuve majeure**, est notée sur 12 points et porte sur le programme d'histoire ou de géographie ;
– l'étude de document ou la production graphique, l'**épreuve mineure**, est notée sur 8 points et porte sur la discipline qui ne fait pas l'objet de la composition (histoire ou géographie).

- La **composition** porte sur l'un des thèmes du programme. Elle comporte **deux sujets au choix** soit en histoire, soit en géographie. Cette épreuve évalue le candidat sur ses connaissances, sur sa capacité à analyser un sujet et à organiser les idées. Il ne s'agit pas ici d'une récitation mais d'une **démonstration** dans un français correct et avec le vocabulaire adéquat.

- L'épreuve mineure peut être une **étude critique de documents** (en histoire ou en géographie) ou une **production graphique** (croquis ou schéma en géographie). L'étude critique d'un ou de deux documents permet d'évaluer le candidat sur sa capacité à comprendre des documents de différentes natures, à les analyser en utilisant ses connaissances et à en rendre compte de façon méthodique et organisée. La production graphique, quant à elle, se présente sous la forme d'un sujet accompagné d'un **fond de carte**. Le candidat doit montrer qu'il maîtrise les logiques d'organisation d'un espace ainsi que la pratique du croquis et qu'il sait organiser une légende.

L'épreuve orale de contrôle

Durée : 20 minutes. *Temps de préparation :* 20 minutes.
Coefficient : 3.

Le candidat choisit entre une question de géographie et une question d'histoire qu'il a tirées au sort. Il s'agit de répondre, le plus clairement et le plus précisément possible, à la question posée. Comme pour l'épreuve de composition, l'épreuve orale de contrôle a pour but d'évaluer les **connaissances du cours** et la capacité du candidat à **analyser un sujet** et à **organiser ses idées**.

Conseils pour réussir

La composition

La composition comprend une **introduction**, un **développement** et une **conclusion**, organisés selon un **plan cohérent** suivant le **fil conducteur** induit par le sujet. Il est conseillé de consacrer 1 heure 45 à cette épreuve majeure.

- Consacrez les 10 premières minutes à **comprendre** le sujet et bien **définir** les termes de la consigne.
- Ensuite, au brouillon, bâtissez le **plan détaillé** et rédigez l'introduction et la conclusion.
- Puis passez à la **rédaction** au propre, à partir du plan établi.
- N'oubliez pas de consacrer 10 minutes à **relire** attentivement votre devoir à la fin, pour corriger les éventuelles fautes d'orthographe et vous assurer de la clarté et de la lisibilité de votre copie.

L'étude de documents ou la production graphique

• Vous pouvez consacrer 1 heure 15 à cette épreuve. Prenez le temps de bien **lire les énoncés et les documents**. Cette étape est primordiale ; elle vous permettra de bien répondre au sujet posé et évitera tout risque de hors-sujet !

• L'**étude critique de documents** porte sur une thématique en histoire ou en géographie. Vous aurez un ou deux documents de différentes natures à analyser. Il s'agit pour vous de :

- **comprendre les documents** et la raison pour laquelle ils sont réunis sur un sujet précis ;
- les **analyser** méthodiquement en utilisant à la fois vos connaissances et les informations fournies par ces documents ;
- en rendre compte de façon **méthodique et organisée** en un développement clair et construit.

Là encore, consacrez 5 minutes à une **relecture** attentive de votre devoir.

• La **production graphique** consiste à produire un schéma ou un croquis en géographie. Il s'agit pour vous de :

- montrer que vous maîtrisez les **logiques d'organisation d'un espace** ;
- montrer votre **pratique du croquis** ;
- savoir **organiser la légende** en fonction du sujet.

Soyez rigoureux et soigneux : la **clarté** de votre croquis est le reflet de l'**organisation** de votre pensée.

Le rapport des sociétés à leur passé

FICHE 1

La **mémoire** évolue avec le temps, les générations, les commémorations et le travail des historiens. Les mémoires de la Seconde Guerre mondiale et de la guerre d'Algérie sont polémiques, car ce furent aussi des guerres civiles.

I La mémoire de la Seconde Guerre mondiale

- Après l'épuration, le **résistancialisme** tenta de réconcilier la société française en valorisant une France entièrement résistante et en minimisant la collaboration. Gaullistes et communistes rivalisent pour s'approprier cette mémoire résistante, mise en valeur par des commémorations nationales et par le cinéma.

- Des historiens (R. Paxton, *La France de Vichy*, 1973) et des cinéastes (M. Ophüls, *Le Chagrin et la Pitié*, 1971) révèlent la **réalité de la collaboration**. De nombreux français refusent, malgré les preuves, d'accepter cette période douloureuse (« **syndrome de Vichy** »), certains allant jusqu'à nier l'existence de la Shoah (**négationnisme**). Les procès de collaborateurs ayant échappé à l'épuration démontrent cette collaboration : Bousquet (1991), Touvier (1994), Papon (1997).

- La reconnaissance par J. Chirac en 1995 de la **responsabilité de l'État dans la collaboration** et la Shoah ouvre le temps du « **devoir de mémoire** ». Celles d'autres victimes (tziganes, malgré-nous) s'ajoutent désormais à notre mémoire commune de la guerre.

II La mémoire de la guerre d'Algérie

- **Guerre d'indépendance**, la guerre d'Algérie est aussi une **guerre civile** entre partisans de l'Algérie française et partisans de l'indépendance. Après la guerre, le FLN victorieux valorise le combat pour l'indépendance tandis que les harkis sont considérés comme des traîtres. En France, la censure s'abat sur les révélations de l'usage de la torture par l'armée.

- Depuis les années 1990, le travail des historiens et les revendications de différents groupes mémoriels contribuent à la construction d'une mémoire plus historique, bien que le travail des historiens reste compliqué en Algérie. Jusqu'à nos jours, les relations diplomatiques franco-algériennes sont difficiles.

SCHÉMA-BILAN

L'évolution des mémoires

Mémoires de la Seconde Guerre mondiale

La Seconde Guerre mondiale (1939-1945)

Collaboration de l'État français de Vichy (1940-1944)
Épuration (1944-1945)

↓

1946-1970, oubli et résistancialisme

La mémoire de la Résistance sert à préserver l'unité de la nation française

↓

1971-1990, réveil des mémoires de la guerre

- Révélation de la collaboration
- Négationnisme / Réveil de la mémoire de la Shoah

↓

Depuis 1990, temps du « devoir de mémoire »

- Loi Gayssot et reconnaissance du rôle de la France dans la collaboration et la Shoah
- Pluralité des mémoires

Mémoires de la guerre d'Algérie

Colonisation française de l'Algérie (1830-1962)

↓

Guerre d'Algérie (1954-1962)

Guerre de décolonisation, mais aussi guerre civile et idéologique

↓

Années 1960 à 1980, oubli et mythification

- En France, censure, tabous, amnisties
- En Algérie, mythification du combat pour l'indépendance et l'unité du peuple algérien

↓

Depuis les années 1990, résurgence de mémoires diverses et travail de mémoire

- En France, commémorations et travail des historiens plus facile
- En Algérie, contestation de l'histoire officielle

↓

Réouverture du dialogue franco-algérien

Vers un devoir de mémoire envers une histoire dépassionnée ?

Les États-Unis et le monde depuis 1945

FICHE 2

Vainqueurs de la Seconde Guerre mondiale et première puissance économique et nucléaire, l'hégémonie américaine est néanmoins contestée par l'URSS.

I La puissance américaine dans la guerre froide

• Par les **accords de Bretton Woods (1944) et du Gatt (1947)**, le **libéralisme** économique soutenu par les USA s'étend dans le monde (sauf bloc communiste). Créée en 1945 aux **accords de San Francisco** pour maintenir la paix, l'**ONU** siège à New York. Les USA aident financièrement à la reconstruction de l'Europe (**plan Marshall**) et du Japon.

• Les États-Unis s'opposent à l'URSS dans la **guerre froide (1948-1990)**. Ils tentent de stopper l'extension du communisme (***containment***) par des alliances militaires (OTAN, OTASE...), par la force (**guerre de Corée, guerre du Viêt-Nam**) ou par une diplomatie musclée (**blocus de Berlin, blocus de Cuba**). Les deux superpuissances rivalisent économiquement, technologiquement (**course à l'espace**), culturellement (***American way of life***).

• Après 20 ans de « détente », R. Reagan (1981-1988) relance la guerre froide : course à l'armement ; aide aux adversaires des communistes (guerre d'Afghanistan, aide aux Contras au Nicaragua). Épuisé économiquement, le bloc soviétique s'effondre (chute du mur de Berlin, 1989 ; **fin de l'URSS, 1991**).

II L'hyperpuissance dans le nouvel ordre mondial

• Dans les années 1990, les USA interviennent avec le mandat de l'ONU pour stopper des conflits – **guerre du Golfe (1991)**, Bosnie (1995) – et dans le **conflit israélo-palestinien**. Le libéralisme et la culture américaine s'étendent mondialement.

• Les attentats islamistes du **11 septembre 2001** changent la géopolitique des USA. G. W. Bush riposte unilatéralement en attaquant l'Afghanistan des talibans et l'Irak de Saddam Hussein, déstabilisant le Moyen-Orient. Son successeur B. Obama tente d'apaiser les tensions par une géopolitique moins agressive et respectant l'ONU. La **crise financière** (2008) affaiblit l'économie américaine.

SCHÉMA-BILAN

Les États-Unis et le monde depuis 1945

1945-1973 : une superpuissance interventionniste

- **1945** : victoire dans la 2de Guerre mondiale, puissance atomique, 1re puissance économique, influence culturelle grandissante
- **1944-1947** : réorganisation économique (FMI, BM, Gatt) et géopolitique (ONU) du monde

GUERRE FROIDE (1947-1991)

- **Mise en place du *containment* (doctrine Truman)** : formation d'alliances militaires (OTAN, OTASE, ANZUS, etc.) + plan Marshall (1947) + opposition au Blocus de Berlin (1948-1949)
- **Interventions militaires** : Corée (1950-1953), blocus de Cuba (1962), Viêt-Nam (1964-1973)

1973
1er choc pétrolier
D[illegible]e au Viêt-Nam

1973-1991 : une superpuissance dans le doute puis victorieuse

- **Difficultés économiques** : chocs pétroliers (1973/1979) et fin du système Bretton Woods
- **Recul de l'influence géopolitique (1973-1980)**, progression du communisme dans le tiers-monde (Afghanistan, Nicaragua, Grenade, Cambodge, Laos, Éthiopie, Angola, Mozambique...)
- **Action de R. Reagan (1981-1989)** : relance de la course aux armements (« guerre des étoiles », euromissiles) et soutien à tous les adversaires de l'URSS
- **Explosion du bloc soviétique (1989-1991)** et victoire dans la guerre froide

1991
Fin de la guerre froide

Depuis 1991, une hyperpuissance contestée dans le Nouvel ordre mondial

- **1991-2001** : hyperpuissance économique, culturelle et géopolitique incontestable
- Interventions pour le **maintien de la paix** : Irak (1991), accords d'Oslo (1993), Bosnie (1995)
- **2001 à nos jours** : puissance américaine fragilisée par le terrorisme islamiste (11 septembre), par ses interventions en Irak et en Afghanistan et par ses difficultés économiques (2008)

La Chine et le monde depuis 1949

FICHE 3

Après 30 années de guerre civile et contre le Japon, la Chine continentale devient un État communiste dirigé par Mao Zedong. Le pays cherche sa voie pour retrouver son rang de puissance mondiale.

I La puissance chinoise sous Mao Zedong (1949-1976)

- La Chine de Mao est un **État totalitaire** : culte de la personnalité, encadrement de la société par le Parti communiste chinois, système répressif du *laogai* (camps de travail), propagande (« Petit Livre rouge »). Les opposants sont réprimés, notamment durant la **Révolution culturelle (1966-1969)**.

- Au début de la **guerre froide**, la Chine suit la géopolitique de l'URSS, qui l'aide économiquement. Elle reconquiert le Tibet (1950) puis intervient dans la **guerre de Corée (1950-1953)**. La Chine développe également son influence auprès des pays du tiers-monde (**conférence de Bandung, 1955**). Mais, dès 1958, Mao Zedong rompt avec l'URSS et cherche à accélérer le développement agricole et industriel de son pays en fixant à la population des objectifs déraisonnables, causant la mort d'environ 20 millions de Chinois (« **Grand bond en avant** »). Sous Mao Zedong, l'économie chinoise reste celle d'un pays du tiers-monde.

- La rupture avec l'URSS isole la Chine dans les années 1960. Pour rivaliser avec ses voisins, notamment l'URSS et l'Inde que la Chine affronte pour des litiges frontaliers, elle se dote de la puissance nucléaire (1964). **En 1971-1972, elle se rapproche des USA** et reprend sa place au Conseil de sécurité de l'ONU, retrouvant ainsi une grande influence géopolitique.

II La Chine du « socialisme de marché » après 1978

- Après la mort de Mao Zedong, Deng Xiaoping devient l'homme fort de la Chine. En 1978, il lance la politique des **« Quatre Modernisations »** (agricole, industrielle, militaire, scientifique). Il s'agit d'intégrer la Chine dans l'économie de marché et la mondialisation par des réformes libérales favorisant l'entreprise et la propriété privées, en attirant les investissements étrangers (IDE) dans des **zones économiques spéciales** défiscalisées dans les grands ports. Mais l'État conserve le contrôle politique sur l'économie chinoise. C'est le **« socialisme de marché »**. Attirées par les bas coûts salariaux chinois, les entreprises étrangères affluent, provoquant une croissance économique très dynamique et un afflux des Chinois de l'intérieur sur le littoral. **La Chine devient la première puissance industrielle mondiale**, intègre le FMI, la Banque mondiale puis, en 2001, l'OMC. En 2014, sept des dix plus grands ports mondiaux sont chinois.

- Le régime chinois reste autoritaire : répressions contre la manifestation de **Tian'anmen (1989)**, contre les revendications autonomistes du Tibet et du Xinjiang ou contre les intellectuels dénonçant le régime. Le pays reste entièrement contrôlé par le Parti communiste chinois.

- La Chine est à nouveau une puissance géopolitique de premier plan. En Asie, elle se montre offensive : revendications territoriales en mer de Chine contre le Japon (îles Senkaku) ou contre les États du Sud-Est asiatique (îles Spratly et Paracels), rivalités frontalières avec l'Inde et le Viêt-Nam. Depuis 1949, la Chine communiste revendique le rattachement de Taïwan. Enfin, la mémoire des massacres japonais en Chine durant la Seconde Guerre mondiale empoisonne les relations entre les deux puissances. Pourtant celles-ci sont interdépendantes économiquement, notamment au sein de l'**ASEAN + 3** (Association des nations de l'Asie du Sud-Est + Chine, Japon, Corée du Sud).

- À l'échelle mondiale, la Chine accroît son influence géopolitique (alliance avec la Russie dans l'**Organisation de coopération de Shanghai**), culturelle (instituts Confucius et forte diaspora chinoise) et économique (rachat de dettes souveraines en Amérique et en Europe). L'organisation d'événements internationaux tels que les JO 2008 contribue au rayonnement du pays.

Les principaux dirigeants chinois

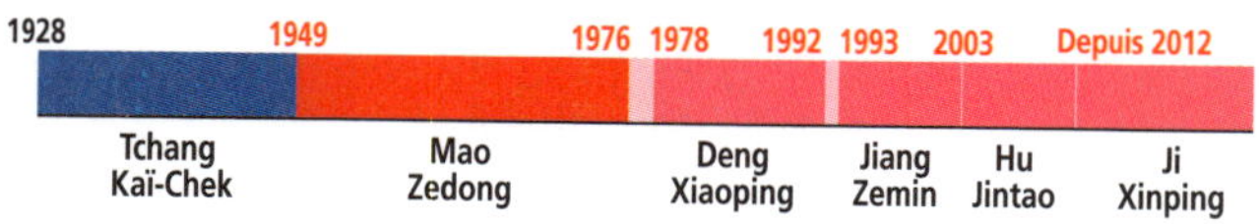

Le Moyen-Orient, un foyer de conflits depuis 1945

FICHE 4

Le Moyen-Orient est une région géopolitiquement instable ; cela s'explique par son histoire autant que par son importance économique et stratégique.

I Le Moyen-Orient, enjeu de conflits

- Carrefour stratégique entre l'Afrique, l'Asie et l'Europe ainsi qu'entre la Méditerranée et l'océan Indien grâce au **canal de Suez**, le Moyen-Orient est surtout important pour ses **gisements d'hydrocarbures**. Leur contrôle a été la source de coups d'État (renversement de Mossadegh en Iran, 1953) et de guerres (**Iran-Irak, 1980-1988 ; guerre du Golfe, 1990-1991**). Il est aussi l'objet de tensions du fait de sa **diversité ethnique** (Arabes, Perses, Turcs, Kurdes, Juifs) **et religieuse** (musulmans sunnites et chiites, minorités chrétiennes, juives, yézidies…). Depuis 1945, la **Ligue Arabe** tente de fédérer les États arabes (**panarabisme**) en vain, hormis l'éphémère République arabe unie initiée par le président égyptien Nasser avec la Syrie (1958-1961). L'échec du panarabisme, notamment face aux ingérences étrangères, explique le succès de l'**islamisme**, cherchant à unir les musulmans sur une vision réactionnaire et offensive de l'Islam.
- Les États du Moyen-Orient obtiennent pour la plupart leur indépendance après la Seconde Guerre mondiale. Ils deviennent un **enjeu de la guerre froide**, certains s'alliant solidement aux États-Unis (Arabie Saoudite, Turquie, Israël), d'autres à l'URSS (Syrie, Égypte sous Nasser) ou changeant de camps au gré des changements de régime (Irak). Le Yémen est même coupé en deux États rivaux. En 1979, l'Iran devient hostile aux deux superpuissances après la **révolution islamiste de Khomeiny**.
- Après la guerre froide, **les États-Unis tentent de régler les conflits** du Moyen-Orient avec le soutien de l'ONU : défense du Koweït contre l'Irak dans la **guerre du Golfe (1991)**, tentative de règlement du conflit israélo-palestinien. Mais cette ingérence, souvent liée à des intérêts économiques, est peu appréciée, particulièrement par les organisations islamistes. Les attentats d'Al-Qaida à New York le 11 septembre 2001 provoquent les invasions américaines de l'Afghanistan (2001) et de l'Irak (2003), qui déstabilisent

durablement la région, renforcent l'antiaméricanisme, réactivent en Irak l'opposition sunnites-chiites. Après l'échec des contestations pro-démocraties du **printemps arabe** (2011), la Syrie, l'Irak, le Yémen et l'Égypte sont englués dans des conflits avec les islamistes.

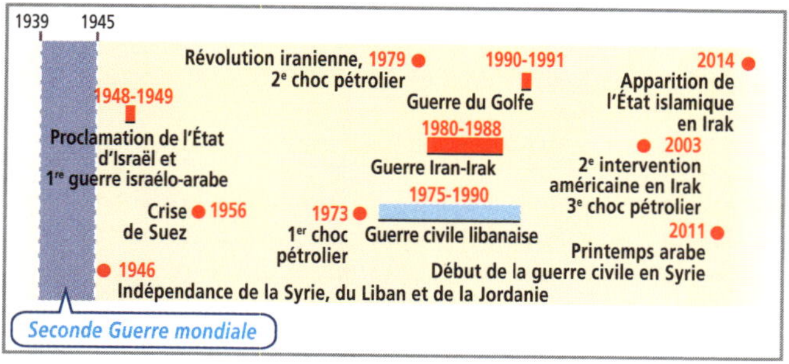

II Le conflit israélo-palestinien

- Fondé en 1948 par D. Ben Gourion après le départ des Britanniques et l'échec du plan de partage de la Palestine proposé par l'ONU, l'État d'Israël est au cœur des tensions au Proche-Orient. Attaqué par les États arabes voisins (Égypte, Syrie, Jordanie), Israël l'emporte en 1949, 1967 et 1973, agrandissant son territoire aux dépens des Palestiniens.

- Depuis 1964, l'**OLP** (Organisation de libération de la Palestine) menée par Y. Arafat, chef du parti **Fatah**, combat Israël par le terrorisme. La première Intifada, en 1987, modifie sa stratégie. L'OLP renonce au terrorisme, reconnaît Israël et négocie la création d'une **Autorité palestinienne** (**accords d'Oslo**) présidée par Arafat. Mais les extrémistes palestiniens du **Hamas** et israéliens du **Likoud** ruinent le processus de paix en poursuivant leur affrontement, tandis que la **colonisation israélienne** réduit le territoire des Palestiniens.

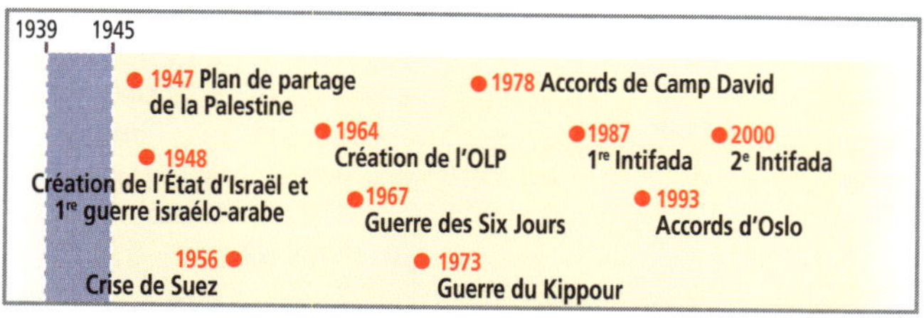

La République française et ses institutions après 1946

FICHE 5

Après la Seconde Guerre mondiale, la République française connaît de profondes évolutions institutionnelles et de gouvernance du pays.

I Les évolutions institutionnelles

- Entre 1946 et 1958, la **IVe République** est un régime parlementaire dominé par l'**Assemblée nationale**, qui possède le pouvoir législatif et contrôle l'exécutif, le gouvernement pouvant être renversé par un vote de l'Assemblée. Le président est lui-même élu par l'Assemblée. Mais dans le contexte des guerres de décolonisation, ce régime est très instable car aucun parti politique ne peut obtenir la majorité absolue. Suite à un coup d'État militaire en Algérie, le général **De Gaulle** est appelé au pouvoir.

- Inaugurée par De Gaulle, la **Ve République** renforce le pouvoir exécutif : le président peut dissoudre l'Assemblée, consulter le peuple (**référendum**). Le **pouvoir législatif** est partagé entre **Sénat et Assemblée nationale**. En 1962, De Gaulle fait approuver par référendum l'élection du président de la République au suffrage universel direct pour 7 ans (5 ans depuis 2000) : il devient le représentant des Français. Malgré trois périodes de **cohabitation** durant lesquelles le président dut nommer un Premier ministre de l'opposition, cette Ve République est plus **stable**.

II Du jacobinisme à la décentralisation

- Durant les **Trente Glorieuses**, l'État administre le pays de manière centralisée (**jacobinisme**) : les entreprises privées indispensables à la reconstruction du pays ont été **nationalisées** ; l'État soutient financièrement les secteurs en difficulté aussi que bien que ceux de l'innovation ; l'État **planifie** le développement et l'aménagement du territoire, en s'appuyant sur les études menées par l'INSEE et la DATAR, et sur la compétence des administrateurs formés à l'**ENA**. Les médias audiovisuels sont contrôlés par l'ORTF. S'y ajoute l'amélioration de l'**État-providence** : Sécurité sociale, SMIC…

- La fin des Trente Glorieuses, après les **chocs pétroliers** des années 1970, oblige l'État à **libéraliser** et **décentraliser** sa gouvernance. La planification est progressivement abandonnée tandis que des secteurs économiques peu rentables ne sont plus soutenus, pour des raisons budgétaires. De nombreuses entreprises publiques sont **privatisées** et l'État cherche à réduire le nombre de fonctionnaires. L'ORTF disparaît en 1974. Surtout, la **loi Defferre** engage en 1982 la **décentralisation** : les collectivités territoriales (départements, régions) obtiennent plus de pouvoirs, notamment pour l'aménagement du territoire. Elle s'accompagne d'une **déconcentration** des activités vers la périphérie du territoire (l'ENA quitte Paris pour Strasbourg).

La Vᵉ République, un régime semi-présidentiel (et décentralisé après 1982)

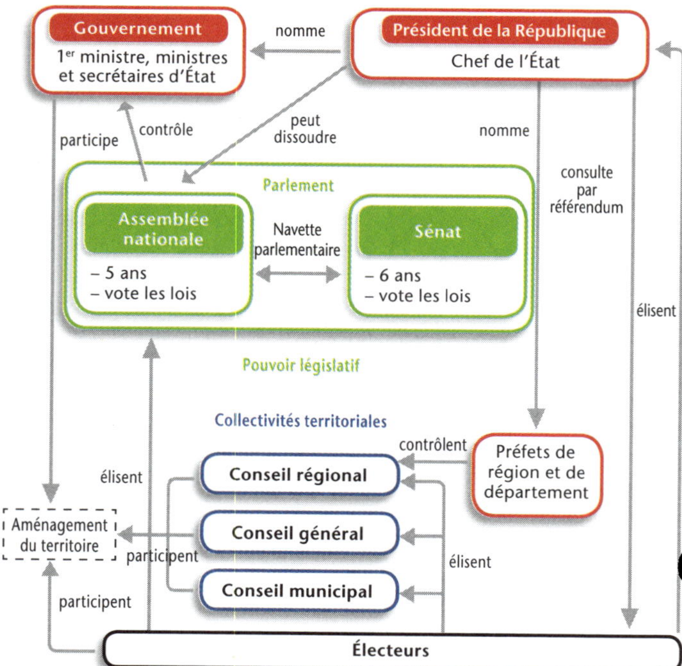

La gouvernance européenne depuis 1992

FICHE 6

Fondée en 1992 avec le **traité de Maastricht**, l'Union européenne fédère aujourd'hui 28 États dans une organisation politique et économique unique au monde.

I La gouvernance politique de l'UE

- Le **traité de Maastricht** fusionne les anciennes communautés européennes à vocation économique (CEE, CECA, Euratom) en **une seule organisation supranationale** ayant également des pouvoirs politiques importants. L'UE n'est pas seulement un **marché commun**, c'est une communauté d'États ayant délégué une part de leur souveraineté à des institutions communes supranationales.
- Le fonctionnement de l'UE est basé sur un compromis entre **fédéralistes**, partisans d'une Europe supranationale, et **souverainistes**, souhaitant que les États préservent leur souveraineté. Ainsi, la **Commission européenne** et le **Parlement** ne dépendent pas des États, tandis que les ministres et chefs d'État conservent une forte influence sur les décisions prises dans l'UE en siégeant au **Conseil européen** et au **Conseil des ministres** de l'UE.

II Une organisation qui s'approfondit et s'élargit

- L'approfondissement de l'UE se poursuit. En 1997, le **traité d'Amsterdam** inaugure **l'espace Schengen** permettant la **libre circulation des citoyens** dans les États membres. En 1999, douze États adoptent une monnaie commune : l'**euro**. En 2001, le **traité de Nice** instaure le vote à la majorité qualifiée au Conseil des ministres, à la place de l'unanimité qui bloquait la prise de décision. Mais la complexité du système européen et ses échecs économiques expliquent la montée de l'**euroscepticisme**, illustré par le rejet de la Constitution européenne en France et aux Pays-Bas (2005). Depuis le **traité de Lisbonne** (2007), un haut représentant de l'U.E. gère ses affaires étrangères.
- L'U.E. est passée de 12 États en 1992 à 28 aujourd'hui. D'autres espèrent leur intégration (Macédoine, Turquie, Serbie...). Ces **élargissements** montrent que l'idéal européen reste vivace, mais posent de lourds problèmes budgétaires et de représentativité dans les institutions européennes.

SCHÉMA-BILAN

Les institutions de l'Union européenne selon le traité de Lisbonne (2007)

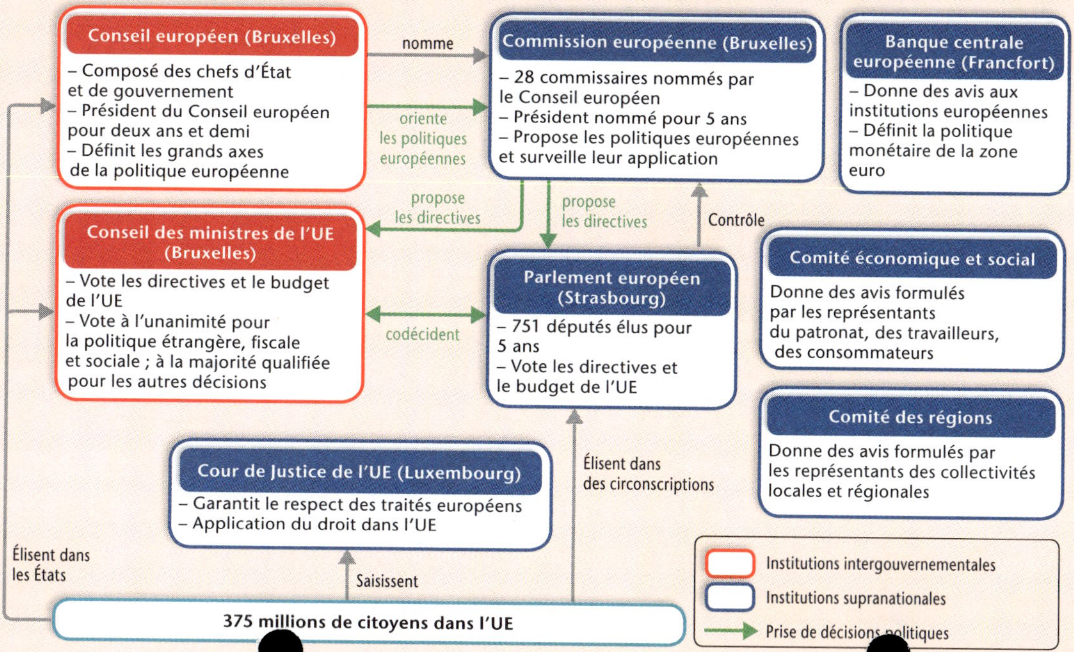

La gouvernance économique mondiale depuis 1976

FICHE 7

En 1976, les **accords de Kingston** (Jamaïque) mettent fin au **système Bretton Woods**, la valeur des monnaies peut désormais fluctuer librement. Cette décision ouvre une nouvelle période, **néolibérale**, dans la gouvernance économique mondiale.

I 1976-1991, à la recherche d'une nouvelle gouvernance

- La fin du système Bretton Woods et les deux **chocs pétroliers** (1973/1979) précipitent la fin des Trente Glorieuses et inaugurent une période de crise économique pour les pays développés mais aussi pour une partie des pays du tiers-monde, tandis que l'Asie de l'Est se développe rapidement (Dragons, Chine). Les économistes (M. Friedman) et politiciens **néolibéraux** (R. Reagan, M. Thatcher) orientent leurs efforts vers une **libéralisation** accrue de l'économie pour dynamiser les échanges et réduire les dettes des États : privatisation d'entreprises publiques, dérégulation des échanges économiques et financiers, poursuite des baisses de taxes douanières entreprises par le **Gatt**, réduction des dépenses sociales. La majorité des États développés suit cette orientation, préconisée également par le **FMI** et la **Banque mondiale** aux États en développement (**plans d'ajustement structurel**).
- En 1975, apparaît le G6, devenu G7 (1976) puis **G8** (1998). Il s'agit de rencontres entre les **pays les plus développés** (États-Unis, Japon, Allemagne, Royaume-Uni, France, Italie, Canada, Russie) afin de **définir une orientation économique globale**. Ce « club de riches » est contesté par l'apparition, dès 1964, d'un **G77** (comptant aujourd'hui 134 pays) mené par des **puissances du Sud** (Chine, Inde, Brésil), qui revendique un rééquilibrage des échanges Nord-Sud.

II Depuis 1991, une gouvernance économique globalisée mais multipolaire

- Avec l'effondrement du bloc communiste et la fin de la guerre froide en 1991, l'économie capitaliste et libérale achève sa globalisation. Fondée en 1995, l'**OMC**, chargée de réglementer libéralement le commerce mondial, réunit la quasi-totalité des États du monde. Mais ce sont les pays du **G20** (G8 + principaux pays émergents) qui pilotent véritablement la gouvernance économique mondiale, en représentant 85 % des échanges et 90 % du PIB mondial.

• Inversement, l'on assiste aussi à une **régionalisation** économique autour de **zones de libre-échange** ou de **marchés communs** à l'échelle continentale (UE, ASEAN, Alena, Mercosur, SADC...), qui sont chacun organisés autour d'une ou plusieurs puissances économiques majeures. Cela reflète la **multipolarisation** de l'économie mondiale.

III Une gouvernance défaillante et contestée

• La mondialisation libérale a permis une accélération du développement de nombreux territoires et une réduction globale de la pauvreté, mais elle a accru les inégalités sociales et territoriales. La gouvernance économique mondiale ne réussit pas à empêcher les crises économiques et financières, comme celle des ***subprimes*** en 2008.

• Par conséquent, les décisions du FMI ou de la Banque mondiale sont davantage remises en cause, tandis qu'une opposition **altermondialiste** s'organise et propose, lors de **Forums sociaux mondiaux**, une mondialisation plus équitable et respectueuse de l'environnement, réussissant même à bloquer le sommet de l'OMC à Seattle en 1999.

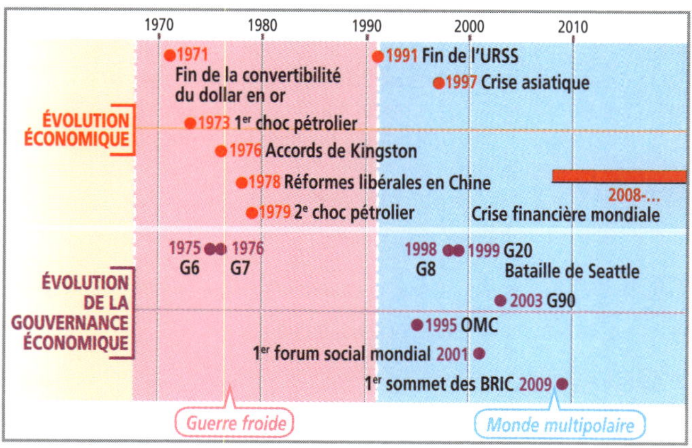

La mondialisation en fonctionnement

FICHE 8

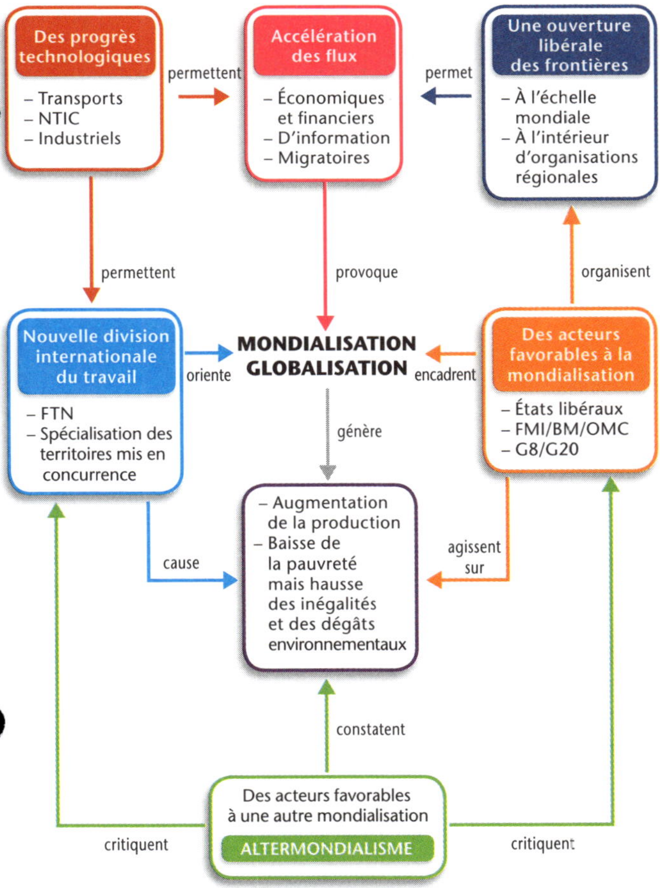

Une mondialisation multipolaire

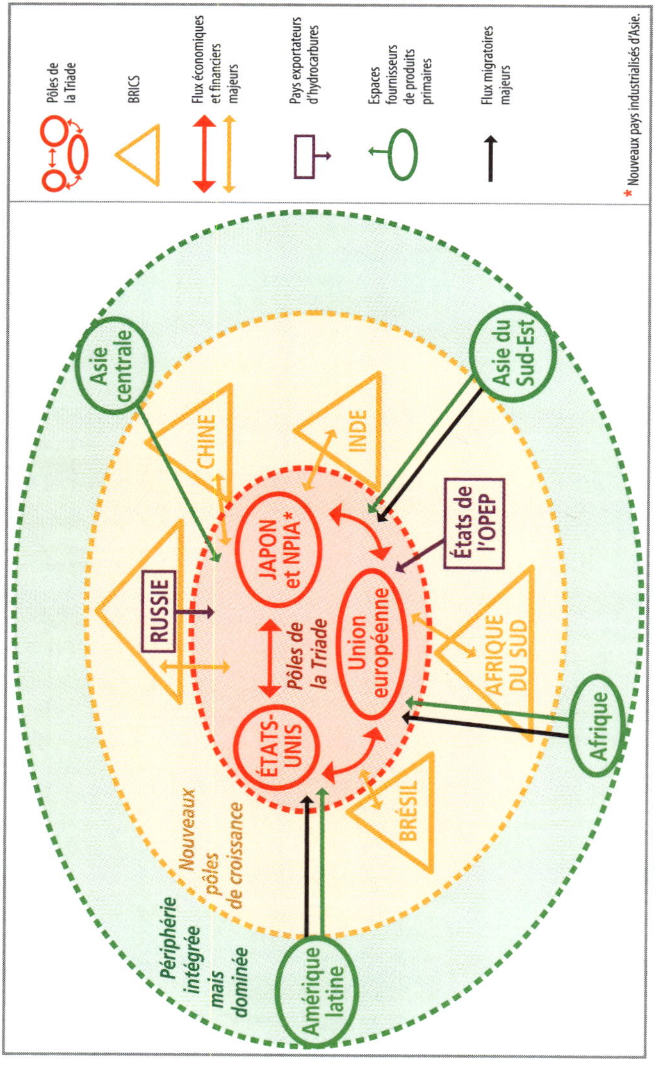

Les territoires de la mondialisation

FICHE 9

La distinction Nord-Sud devenue obsolète, la mondialisation s'organise désormais autour de plusieurs **pôles** moteurs : pays de la **Triade** et **pays émergents**. De nombreux territoires se développent grâce à la mondialisation, mais d'autres se retrouvent marginalisés.

I Les territoires moteurs de la mondialisation

- La mondialisation s'organise autour d'un réseau interconnecté de **villes mondiales** (New York, Londres, Paris, Tokyo, Shanghai…), **métropoles** dont le rayonnement économique, financier, politique, culturel et technologique s'exerce à l'échelle mondiale. Ce réseau forme un **archipel métropolitain mondial** très bien relié par les réseaux de transports et de communication. Reconnaissables à leurs **quartiers d'affaires (CBD)** abritant sièges de FTN et activités financières, ces villes mondiales accueillent les événements politiques, culturels et sportifs internationaux.

- Avec l'intensification des **flux**, les **interfaces littorales et frontalières** ainsi que les **carrefours de communication (hubs)** profitent pleinement de la mondialisation. Les façades littorales portuaires de la Triade (Asie de l'Est, *Northern Range* européenne, *Megalopolis* américaine) et des pays émergents concentrent les activités logistiques et industrielles, et attirent les IDE, les entreprises et les populations. Certains **espaces productifs** sont favorisés pour leurs productions énergétiques (pays du golfe Persique, Sibérie), industrielles (Ruhr, littoral chinois) ou agricoles (vignoble de Champagne, grandes plaines américaines). Enfin, les **paradis fiscaux** attirent 50 % des flux financiers mondiaux.

II Des territoires dominés ou marginalisés

- L'inégale intégration des territoires s'explique par de multiples facteurs : enclavement ou insularité, manque de ressources, manque de main-d'œuvre ou de consommateurs, instabilité politique, guerres… Ces territoires, souvent très pauvres (**PMA**), sont marginalisés et se développent peu, ce qui les maintient dans leurs difficultés.

- De nombreux territoires peuvent être considérés comme dominés dans la mondialisation. Il s'agit de territoires producteurs de matières premières, d'énergies, de produits agricoles ou de produits industriels à faible valeur ajoutée, dont le développement dépend fortement des stratégies des FTN et des prix mondiaux. La Côte d'Ivoire, par exemple, exporte du cacao, du café, des fruits tropicaux, mais sa prospérité dépend des tarifs définis dans les bourses de Londres ou de Chicago.

III Les espaces maritimes dans la mondialisation

- L'ouverture des frontières et la **conteneurisation** ont accru l'importance des espaces maritimes et des façades maritimes, particulièrement le littoral chinois. L'exploitation des ressources maritimes est un enjeu important : pêche, hydrocarbures *offshore*… tout comme le contrôle des routes maritimes face à la **piraterie** (Somalie, détroit de Malacca).
- Pour tenter d'apaiser les tensions concernant la délimitation des espaces maritimes, les **accords de Montego Bay (1982)** définissent des **zones économiques exclusives (ZEE)**. Mais les litiges restent nombreux, notamment en mer de Chine, dans l'Arctique ou les Caraïbes. Posséder une flotte de guerre reste indispensable pour montrer la puissance d'un État, mais 10 États seulement contrôlent 84 % de la flotte militaire mondiale (USA 40 %).

L'inégal développement des territoires dans la mondialisation

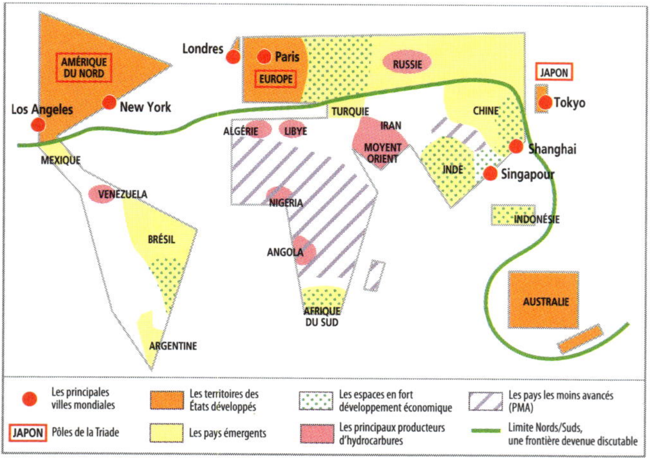

Les dynamiques du continent américain

FICHE 10

Le continent américain est sous l'influence de deux puissances, les États-Unis et le Brésil, dont les organisations territoriales ont des similitudes.

I Organisations territoriales des États-Unis et du Brésil

L'organisation territoriale des États-Unis

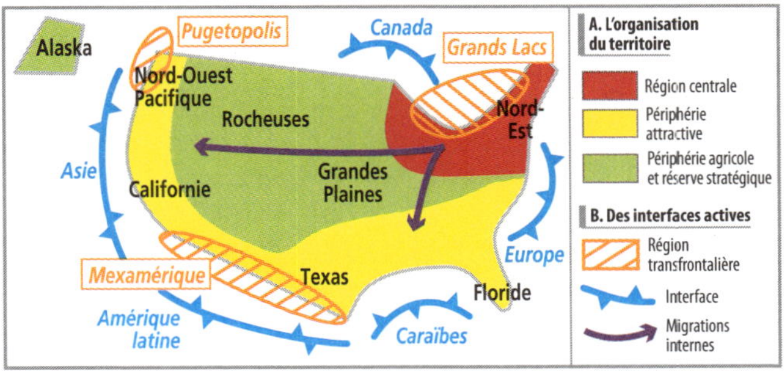

Brésil : les dynamiques du territoire

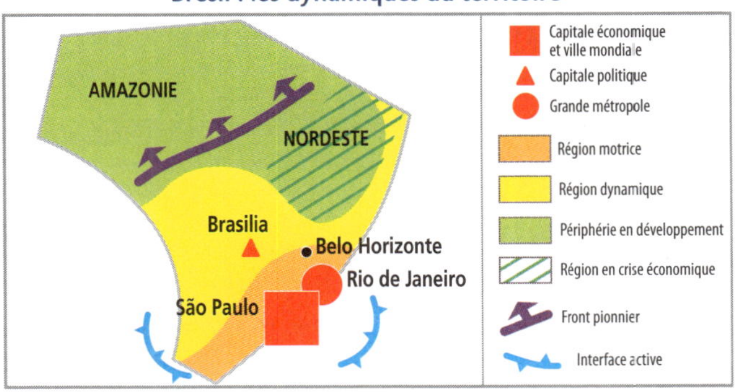

- Le territoire des États-Unis est très urbanisé (84 % d'urbains), métropolisé et maîtrisé par un réseau complet de transports et communication, et fortement mis en valeur. Mais son peuplement est déséquilibré : plus dense à l'est et littoralisé. Le cœur du peuplement et de la puissance reste le Nord-Est autour de la Mégalopolis et des Grands Lacs, mais la *Sun Belt* gagne en dynamisme (Floride, Texas, Californie). L'intérieur (Grandes Plaines et Rocheuses) est moins peuplé, plus rural.

- Le Brésil est aussi très urbanisé, métropolisé autour des **mégapoles** de São Paulo, Rio de Janeiro, Belo Horizonte et Brasilia, et très littoralisé (80 % de la population). Les États du Sud et Sudeste sont le cœur du peuplement et de l'économie brésilienne, tandis que le Nordeste subit une crise agricole durable. L'Amazonie est de plus en plus exploitée (élevage bovin, soja, mines) mais encore peu peuplée.

II Deux puissances différentes

- Superpuissance incontestable, les États-Unis dominent l'économie et la finance mondiales mais sont industriellement dépassés par la Chine. Les FTN du pays diffusent son mode de vie et sa culture. Forts de leur influence géopolitique, les USA peuvent intervenir militairement sur tous les continents. Mais cette puissance est affaiblie par la crise économique depuis 2008 et par l'antiaméricanisme né du rejet de son ingérence au Moyen-Orient, en Amérique latine ou en Europe.

- 6e PIB mondial, le Brésil fait partie des BRICS et domine l'Amérique du Sud (50 % de son PIB). Son économie diversifiée est solide (agriculture, industrie, tourisme) ; certaines FTN sont des leaders mondiaux (Vale, Petrobras). Mais il doit surmonter de lourds handicaps : fortes inégalités sociales, faible influence culturelle et géopolitique.

III Des projets d'intégration régionale rivaux

- Les États-Unis avec l'ALENA (1994) et le Brésil avec le Mercosur (1991) sont chacun à la tête d'une organisation régionale de libre-échange. La ZLEA, projet d'extension à l'ensemble du continent porté par les États-Unis, a échoué face à la méfiance des États sud-américains. Les États-Unis n'ont pu qu'étendre cet espace de libre-échange à des États centraméricains : l'ALEAC (2005). L'espace caraïbe dépend encore largement de l'économie américaine.

- Depuis 2011, l'UNASUR unit le Mercosur et la Communauté andine dans une organisation inspirée de l'U.E. recouvrant la quasi-totalité de l'Amérique du Sud. Ce pôle continental dominé par le Brésil conteste l'influence des États-Unis, même si la plupart des économies sud-américaines en dépendent encore. Rejetant cette influence, plusieurs États menés par Cuba et le Venezuela ont fondé l'**Alliance bolivarienne pour les Amériques (ALBA)**.

L'Afrique, développement et mondialisation

FICHE 11

L'Afrique connaît une croissance soutenue (+ 5 % en moyenne depuis 2001) mais irrégulière et très inégalement répartie sur le continent.

I D'importantes inégalités de développement

- L'Afrique subsaharienne compte 34 des 48 PMA du monde, mais il serait faux de la considérer comme uniformément en mal-développement. Les pays du Maghreb ont connu, avant le Printemps arabe (2011), un développement progressif grâce aux exportations d'hydrocarbures, au tourisme, aux délocalisations d'entreprises européennes. Des États d'Afrique subsaharienne exportent des produits agricoles, des matières premières et des hydrocarbures permettant un relatif développement. L'Afrique du Sud a développé une économie diversifiée : agriculture d'exportation, mines, industries de base, services et tourisme. Le développement sud-africain entraîne celui des pays voisins qui lui vendent leurs productions.
- Mais de nombreux États africains sont très peu développés. Ils sont mal connectés à la mondialisation du fait de leur enclavement (Centrafrique, Niger), de leur instabilité politique (Somalie, Madagascar), de guerres (Soudan du Sud, Mali) ou de l'absence d'investissements due à un manque de ressources ou de consommateurs.

II Mais une intégration progressive dans l'économie mondiale

- Des États africains s'insèrent mieux dans la mondialisation en attirant des investissements européens, américains et chinois intéressés par les ressources ou la main d'œuvre bon marché. Des ports d'exportation se modernisent : Tanger, Durban, Lagos. La population s'urbanise, donnant naissance à quelques mégapoles (Le Caire, Lagos, Le Cap) bien connectées à la mondialisation.
- Pour gagner en influence, en stabilité et en poids économique, tout en dynamisant les échanges, les pays africains se groupent en organisations régionales de libre-échange (CEDEAO, SADC, COMESA…) qui peuvent aussi organiser des opérations de maintien de la paix, comme au Mali où les troupes françaises sont aidées par celles de la CEDEAO.

Les organisations régionales africaines

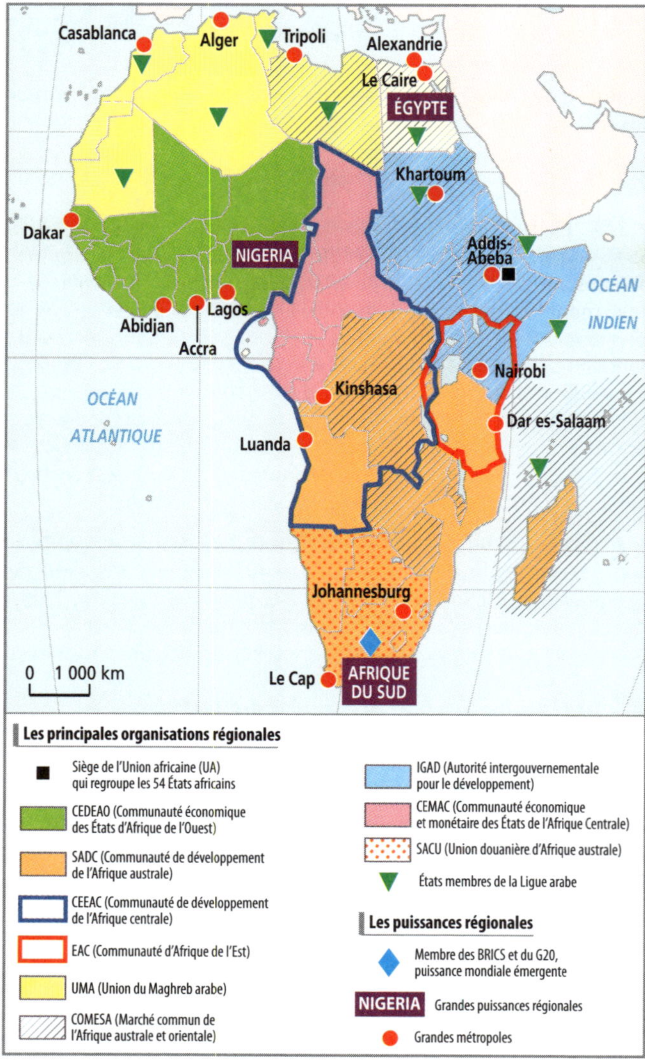

Peuplement et développement en Asie du Sud et de l'Est

FICHE 12

Premier foyer de peuplement, l'Asie du Sud et de l'Est est l'espace ayant le développement le plus dynamique.

I Le premier foyer mondial de peuplement

- L'Asie du Sud et de l'Est, avec 3,8 milliards d'habitants, regroupe 55 % de l'humanité. La Chine et l'Inde en sont les géants démographiques, mais l'Indonésie, le Pakistan, le Bangladesh et le Japon sont également très peuplés. L'évolution démographique diffère avec le développement : la population japonaise décroît tandis que celle du Bangladesh augmente fortement. La Chine et l'Inde usent de politiques de réduction des naissances.

- Cette population est en cours d'urbanisation (50 % d'urbains), donnant naissance à de gigantesques **mégapoles** : Tokyo, Shanghai, Mumbai, Bangkok… La **mégalopole** japonaise compte 105 millions d'habitants. La pauvreté recule, mais une bonne part de la population d'Asie du Sud vit dans les bidonvilles, tandis que les métropoles (notamment chinoises) doivent faire face à de fortes pollutions, conséquences du développement industriel et urbain.

II Un développement interdépendant

- Cette région du monde produit plus d'1/3 du PIB mondial et la majeure part des produits industriels. Cet essor s'appuie sur une **division du travail** répartie entre plusieurs États interdépendants : le **« vol d'oies sauvages »**. Le Japon et les « Dragons », précocement développés, se spécialisent dans les activités à très haute valeur ajoutée, tandis que la Chine et les « Tigres » (Indonésie, Thaïlande) s'industrialisent, montent progressivement en gamme ou exportent leurs produits primaires. L'Inde, enfin, est tournée autant vers l'Asie que vers les pays anglo-saxons, investissant dans les services informatiques et financiers et dans les industries de base. La mer de Chine est ainsi devenue l'**interface** la plus dynamique au monde du fait des échanges constants entre ces pays.

- Les développements japonais et chinois sont interdépendants, la Chine profite d'investissements japonais massifs tandis que les entreprises japonaises emploient une main d'œuvre chinoise bon marché.

Les deuxième et troisième puissances mondiales rivalisent pour la domination géostratégique et économique en Asie : contrôle des îles de mer de Chine, lutte d'influence dans l'ASEAN+3, extension de leurs cultures respectives par les médias…

La façade littorale chinoise : développement et tensions

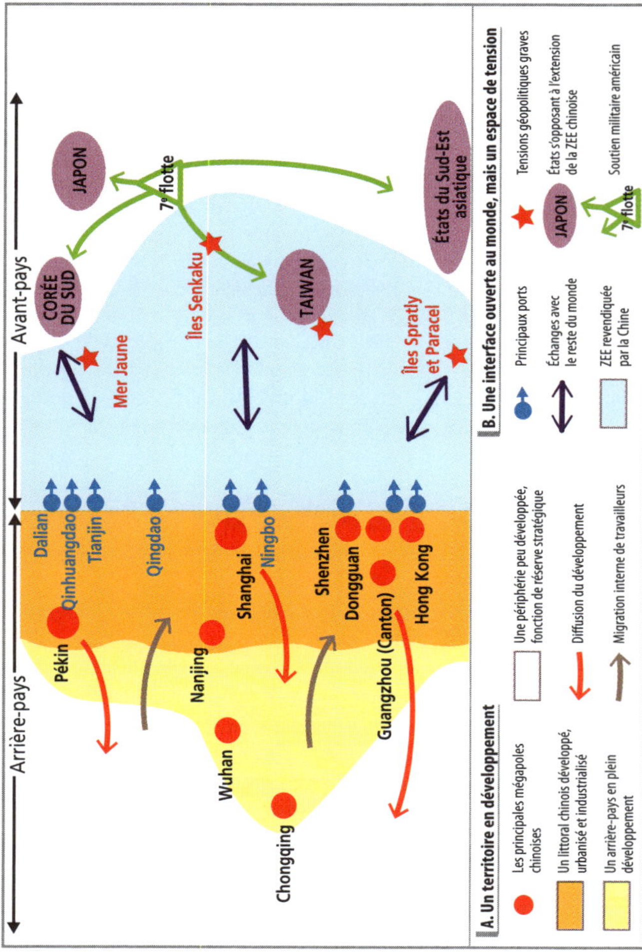

Mémo

Clés de lecture d'un monde complexe

Les termes statistiques indispensables

Empreinte écologique : indicateur évaluant la pression exercée par les hommes sur leur environnement, équivalent à la surface de terre nécessaire pour subvenir aux besoins d'un individu.

IDH : l'indice de développement humain évalue le niveau de développement des États à partir du revenu national brut, de l'espérance de vie à la naissance et du niveau de scolarisation.

PIB : le produit intérieur brut mesure la production de richesse réalisée dans un territoire. Il peut être divisé par le nombre d'habitant (PIB/hab).

PNB : le produit national brut mesure la production de richesse réalisée par les acteurs économiques d'une même nationalité.

Les principaux termes géographiques

Développement durable : mode de développement satisfaisant les besoins actuels sans mettre en danger ceux des générations futures et permettant plus d'équité entre les hommes et les territoires.

Hub : lieu de redistribution des réseaux de transport et de communication (aéroport, port, gare, carrefour multimodal).

IDE : investissements directs à l'étranger, mouvements de capitaux destinés à créer des filiales ou à investir dans d'autres entreprises à l'étranger.

Interface : espace traversé et dynamisé par des échanges, souvent sur des littoraux ou des frontières.

Mégalopole : ensemble de villes agglomérées en un tissu urbain continu et comprenant une ville mondiale.

Mégapole : très grande ville (plus de 10 millions d'habitants selon l'ONU).

Métropole : ville exerçant son pouvoir de commandement et d'influence sur un territoire.

Mondialisation : processus de mise en relation des différents territoires par les transports et télécommunications, entraînant un accroissement des échanges économiques avec l'extension du libéralisme économique.

PMA : pays présentant un IDH extrêmement faible (pays les moins avancés).

Ville mondiale : métropole dont le rayonnement économique, financier, culturel, politique et technologique s'étend à l'échelle mondiale, et qui est connectée au reste du monde par un réseau de communication dense et performant.

ZEE : Les zones économiques exclusives s'étendent sur mer sur 370 km depuis le littoral, où l'État gestionnaire jouit exclusivement des ressources.

Pôles et flux de la mondialisation

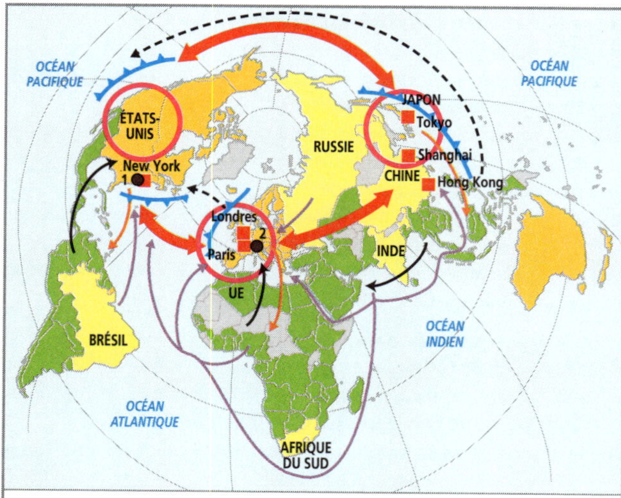

La mondialisation des flux, un phénomène majeur de la mondialisation

A. Une domination persistante des flux venant du Nord

« L'anneau de la globalisation » : flux majeurs de capitaux, de produits industriels et agricoles, de services, de tourisme et d'informations

IDE Nord, facteurs de croissance et de domination

Brain Drain, flux de travailleurs qualifiés

B. Des flux montrant encore une dépendance des Suds envers les Nords

Principaux flux de produits primaires

Flux migratoires de travailleurs peu qualifiés

Une concentration inégale des flux mondiaux

A. Au cœur du réseau, les pôles de la Triade

Les pôles de la Triade (hubs commerciaux, financiers et de communication)

Les principales Bourses, au cœur du réseau financier mondial

Interfaces maritimes d'importance mondiale

États du Nord bien intégrés aux flux mondiaux

Sièges des organisations économiques internationales
1. Washington (FMI, Banque mondiale)
2. Genève (OMC)

B. Des Suds inégalement intégrés au réseau économique mondial

Les BRICS, pôles de croissance du Sud qui en concentrent les flux

Pays du Sud intégrés aux flux économiques mondiaux

États marginalisés, faible participation aux échanges mondiaux

Une inégale intégration des territoires dans la mondialisation

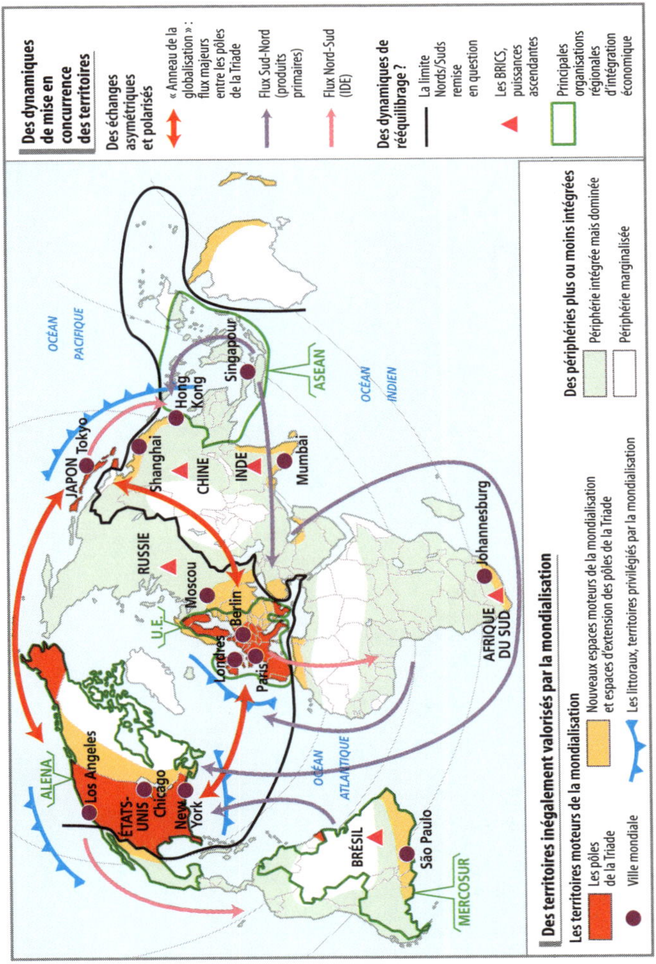

Les dynamiques territoriales des États-Unis

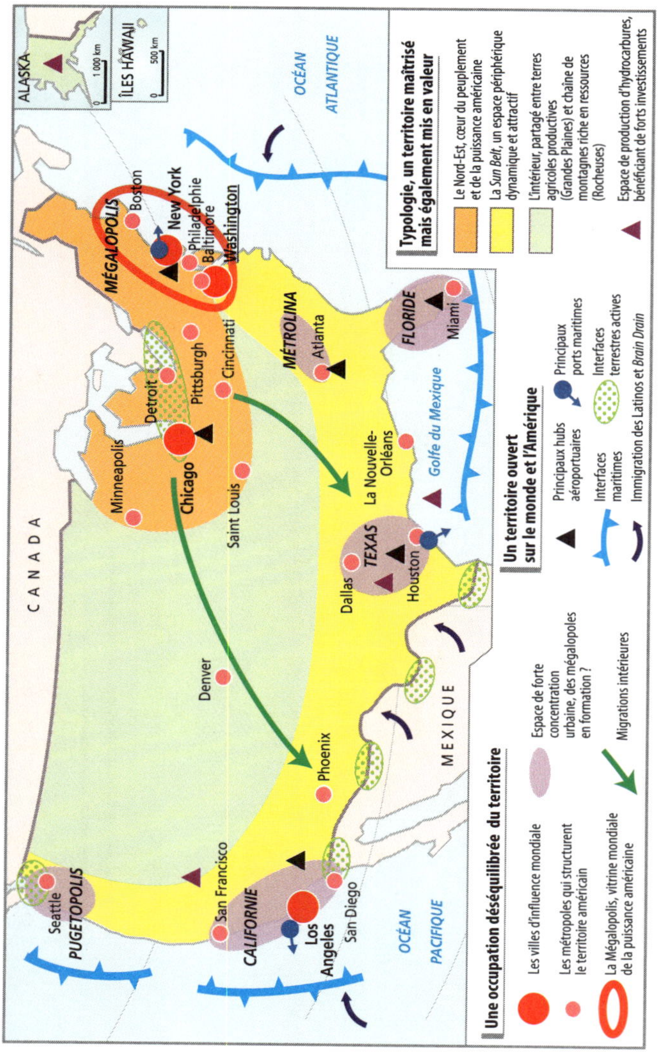

Les dynamiques territoriales du Brésil

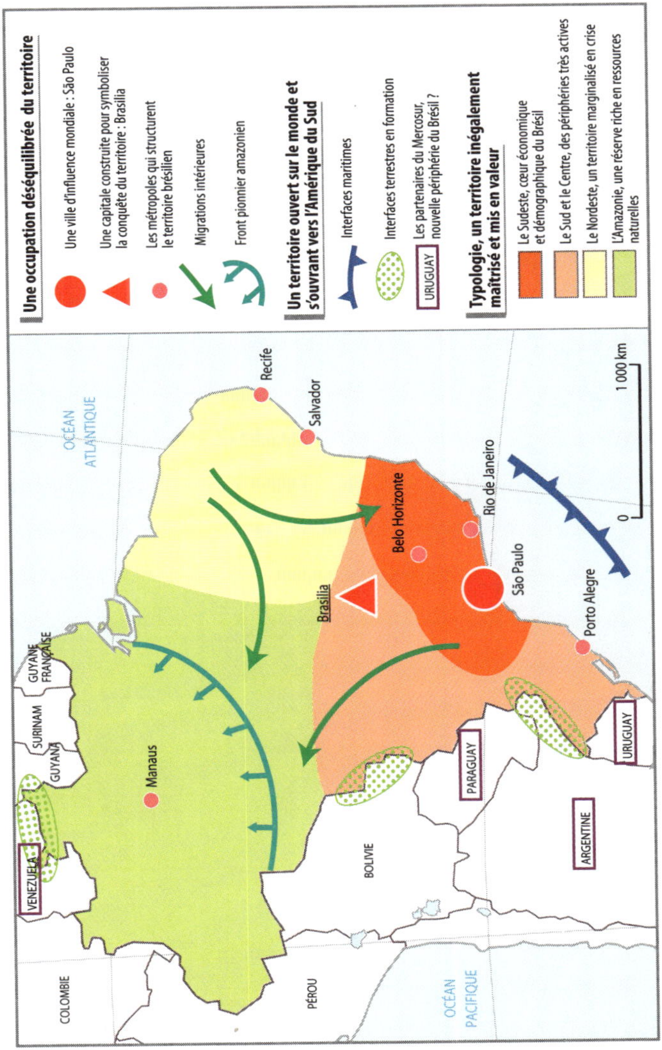

Le continent africain face au développement et à la mondialisation

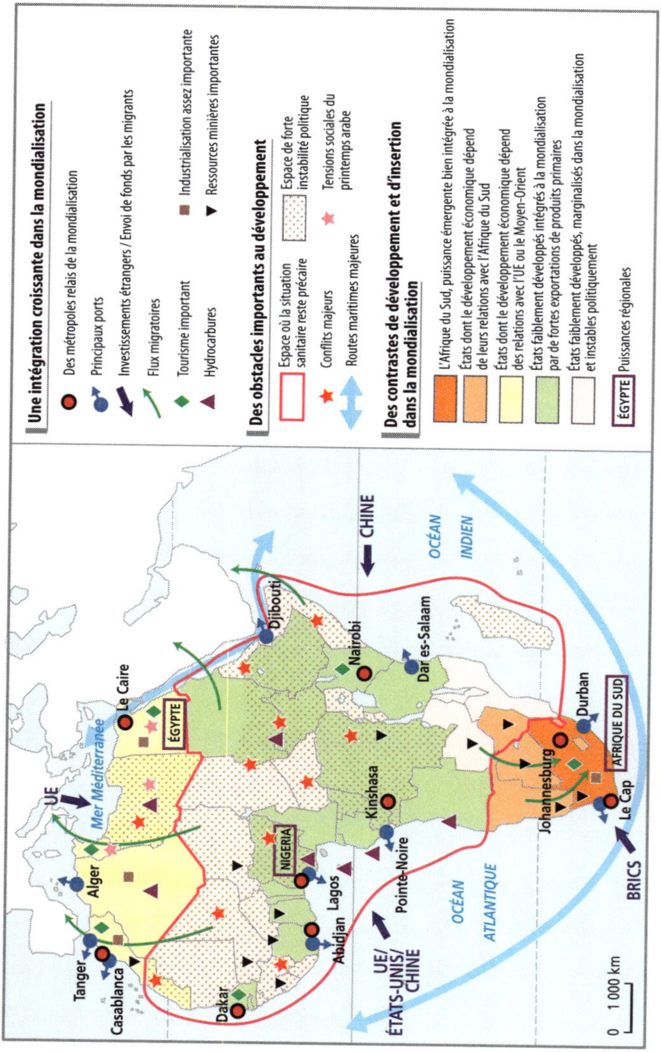

ANGLAIS

Sommaire

Description de l'épreuve

Coefficient : 3 pour les LV1 ;
2 pour les LV2.

L'épreuve écrite

Durée : 3 heures pour les LV1 ;
2 heures pour les LV2.

L'épreuve porte sur **un ou plusieurs documents** (extraits de presse, de littérature, documents iconographiques, etc.) qui renvoient aux **4 notions du programme**. La **partie compréhension** se présente sous forme de questions sur le sens explicite du texte, l'identification des personnages, la signification implicite de certains éléments. La **partie expression** est en relation avec les documents du sujet : il peut s'agir de rédiger la suite d'un récit ou d'une scène, un dialogue, une lettre, ou bien de construire une argumentation personnelle.

L'épreuve orale

• Première épreuve : la compréhension orale

Durée : 10 minutes pour la restitution par écrit.

Cette épreuve se déroule au cours du 2e trimestre. Il s'agit de rendre compte par écrit et en français d'un document audio ou vidéo (de maximum 1 minute 30) dont on vous donnera d'abord le titre avant de vous le faire écouter trois fois.

• Seconde épreuve : l'expression orale

Durée : 10 minutes de préparation ;
5 minutes de présentation ;
5 minutes d'échange avec l'examinateur.

Cette épreuve se déroule au cours du 3e trimestre. L'une des quatre notions du programme (mythes et héros ; espaces et échanges ; l'idée de progrès ; lieux et formes de pouvoir) est tirée au sort.

Conseils pour réussir

Réussir à l'écrit

• **Les exercices de compréhension :** surlignez les informations principales et entourez les **mots clés**. Lors de la rédaction, soyez précis et concis. Si vous citez le texte, **évitez les passages trop longs** dans lesquels le correcteur devra lui-même piocher les éléments pertinents. C'est à vous de faire ce travail.

• **Les exercices d'expression :**
- identifiez le **type de sujet** (dialogue, essai argumentatif, récit...) ;
- respectez le **nombre de mots** et le **niveau de langue** requis ;
- organisez vos idées et **articulez votre rédaction** grâce à des mots de liaison pertinents ;
- **illustrez votre propos** ; justifiez et nuancez vos idées ;
- réservez 10 minutes pour faire des **relectures sélectives** (1. orthographe, 2. structure et syntaxe, 3. ponctuation).

Réussir à l'oral

• **L'exercice du compte rendu :** déduisez des informations du **titre** (nature du document, sujet). Repérez les éléments que vous connaissez dès la **première écoute** (noms de lieux, de personnes, qui parle et à qui, l'environnement sonore, le ton, etc.). Lors de la **deuxième écoute**, recensez les mots répétés, les expressions accentuées. La **dernière écoute** vous permet de vérifier que vous avez bien tout compris.

• **La présentation d'une notion** exige un travail sur toute l'année. Préparez des **fiches de révision** en lien avec les notions du programme. Rédigez des **fiches de vocabulaire** et des listes de synonymes pour enrichir votre expression. Enfin, **lisez et écoutez de l'anglais** tout au long de l'année : c'est la meilleure façon d'élargir vos connaissances !

Mythes et héros

I Les différents héros

En français	In English
un héros masqué	*a mystery man*
un meneur	*a leader*
une personnalité	*a figure*
un super-héros	*a superhero*

En français	In English
une icône	*an icon*
une figure mythique	*a mythical hero*
une légende	*a legendary hero*
un héros littéraire	*a literary hero*

II Leurs qualités

En français	In English
admirable	*admirable*
altruiste	*selfless*
charismatique	*charismatic*
courageux	*brave*
déterminé	*strong-willed*
dévoué	*dedicated*
digne de confiance	*trustworthy*
fier	*proud*
généreux	*generous*

En français	In English
ingénieux	*ingenious*
intelligent	*smart*
intrépide	*fearless, bold*
juste	*fair*
louable	*praiseworthy*
loyal	*loyal*
puissant	*powerful*
rusé	*cunning*
téméraire	*adventurous*

III Leurs actions

En français	In English
une action d'éclat	*a glorious deed*
défier	*to challenge*
protéger	*to shelter, to protect*

En français	In English
prôner	*to advocate*
un exploit	*an achievement*
se dévouer à	*to dedicate oneself to*

En français	In English
s'échapper	*to escape*
empêcher qqn de faire qqch	*to prevent sb from doing sthg*
sauver	*to rescue, to save*
être aux côtés de	*to stand by*
défendre	*to defend*

En français	In English
se venger	*to take revenge upon*
combattre	*to fight*
se battre	*to struggle*
réussir	*to make it to the top*
conquérir	*to conquer*

IV Les principaux mythes anglo-saxons

En français	In English
le mythe de l'architecte, du créateur	*the Architect*
le roi mythologique	*the mythological king*
le rêve américain	*the American Dream*
les pères fondateurs	*the founding Fathers*
le pays où coulent le lait et le miel	*the land of milk and honey*

En français	In English
le pays de toutes les opportunités	*the land of opportunities*
de la pauvreté à la richesse	*from rags to riches*
un jeune génie	*a young genius*
un héros populaire	*a popular hero*
le mythe de l'éternelle jeunesse	*eternal youth*

SCHÉMA-MÉMO

A HERO

Qualities
- selfless
- daring
- generous
- fearless...

Type
- legendary
- mythical
- a saviour
- a leader
- a role model...

Myths
- eternal youth
- the young genius
- the Architect
- from rags to riches...

FICHE 2

Espaces et échanges

I Les principales notions

En français	In English
la ruée vers l'or	*the Gold Rush*
le commerce équitable	*Fair Trade*
le développement durable	*sustainable development*
la Nouvelle Frontière	*the New Frontier*
le fossé entre les générations	*the generation gap*
la mondialisation	*globalization*

En français	In English
le village planétaire	*the global village*
le libre-échange	*free trade*
l'influence du groupe	*peer pressure*
le trajet domicile-travail	*commuting*
la jungle de la rue	*the asphalt jungle*
le réseautage	*networking*

II Les migrations

En français	In English
la fuite des cerveaux	*brain drain*
l'asile politique	*political asylum*
persécution politique	*political persecution*
un réfugié	*a refugee*
s'exiler	*to go into exile*
s'enfuir de	*to flee, to run away from*
échapper à	*to escape from*
la famine	*famine*
ouvrir les frontières	*to open the borders*

En français	In English
s'installer	*to settle*
s'intégrer	*to blend in*
s'adapter	*to adapt, to adjust*
semer les grains de l'intégration	*to sow the seeds of integration*
gagner sa vie	*to earn one's living*
subvenir aux besoins de sa famille	*to provide for one's family*
de meilleures conditions de vie	*better living conditions*
espérances	*expectations*
perspective	*prospect*

En français	In English
un passeur	*a smuggler*
immigration clandestine	*illegal immigration*
la police des frontières	*border guards*

En français	In English
les racines	*roots*
avoir la nostalgie du pays	*to be homesick*
réaliser un rêve	*to fulfil a dream*

III Les espaces

En français	In English
l'espace Schengen	*the Schengen Area*
pays émergents	*developing countries*
se développer	*to expand*
délocaliser	*to relocate*
un vaisseau spatial	*a spaceship, a spacecraft*

En français	In English
naviguer sur Internet	*to surf the web*
rechercher qqn sur Internet	*to google sb*
un espace virtuel	*a virtual space*
réseau social	*social network*
un forum de discussion	*a forum*

SCHÉMA-MÉMO

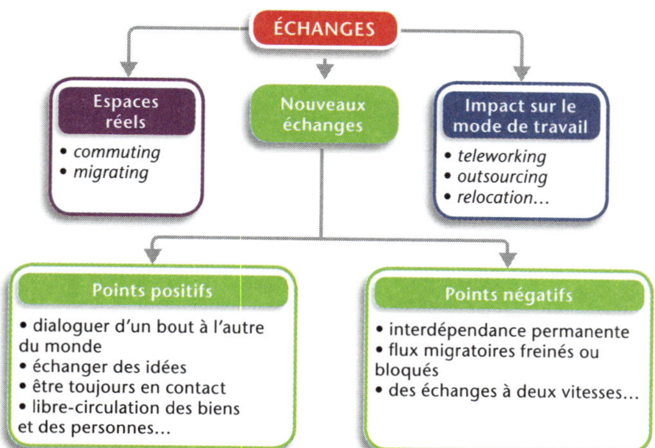

Lieux et formes de pouvoir

I Lieux emblématiques de pouvoir

En français	In English
la Maison-Blanche	*the White House*
le Capitole	*the United States Capitol*
le Pentagone	*the Pentagone*

En français	In English
le 10 Downing Street	*10 Downing Street*
le Parlement	*the Parliament*
un tribunal	*a court*
la bourse	*the Stock Exchange*

II La conquête et l'exercice du pouvoir

En français	In English
se présenter aux élections présidentielles	*to run for presidency*
parvenir au pouvoir	*to come to power*
prendre le pouvoir	*to take power, to take office*
diriger le pays	*to run the country*
être au pouvoir	*to be in power*
le Premier ministre	*the Prime Minister*
un ministre	*a secretary*

En français	In English
exercer une pression sur	*to put pressure on*
exercer le pouvoir	*to exercise power*
renverser (un dirigeant)	*to overthrow (a ruler)*
un soulèvement	*an uprising*
une révolte	*a rebellion*
un dictateur	*a dictator*
un tyran	*a tyrant*

III Le pouvoir journalistique

En français	In English
le 4ᵉ pouvoir	*the 4th branch of government*
la liberté de la presse	*freedom of the press*
tenir une conférence de presse	*to hold a press conference*
le journalisme d'investigation	*investigative journalism*
les téléspectateurs	*the viewers*
l'audimat	*ratings*

En français	In English
un journal sérieux	*a quality paper*
une émission	*a programme (UK), a program (US)*
avoir une large couverture médiatique	*to be given wide media coverage*
faire la une des journaux	*to hit the headlines*
un sondage	*a gallup-poll*

Journaux célèbres : *The Daily Telegraph* (UK) ; *The Guardian* (UK) ; *The Financial Times* (UK) ; *The Times* (US) ; *The Washington Post* (US)

IV Les autres formes de pouvoir

En français	In English
un groupe de pression	*a pressure group*
une grève	*a strike*
un syndicat	*a (trade) union*
un(e) syndicaliste	*a (trade) unionist*
un soutien	*a support*
se révolter contre	*to rebel against, to revolt against*
une émeute	*a riot*

En français	In English
une manifestation, une manif	*a demonstration, a demo*
un contestataire	*a protester*
un mouvement protestataire	*a protest movement*
protester contre	*to protest against*
un militant	*an activist*
faire campagne pour/contre	*to campaign for/against*

SCHÉMA-MÉMO

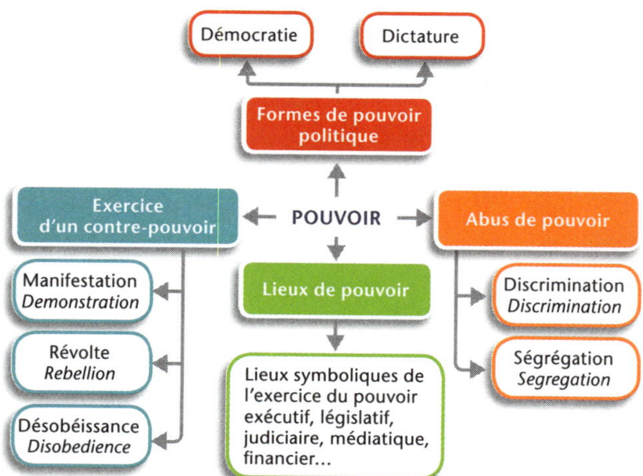

L'idée de progrès

I Les progrès scientifiques

En français	In English
la connaissance	*knowledge*
un progrès	*an advance*
effets secondaires	*side effects*
maladie	*disease, illness*
mener une expérience	*to conduct an experiment*
mener des recherches	*to carry out research*
l'expérimentation animale	*animal testing*

En français	In English
un vaccin	*a vaccine*
une greffe	*a transplant*
un donneur	*a donor*
un scientifique	*a scientist*
soigner	*to cure, to treat*
manipulation génétique	*genetic engineering*
un bébé éprouvette	*a test-tube baby*

II Les avancées et les inégalités sociales

En français	In English
le niveau de vie	*living standards*
l'égalité des chances	*equal opportunities*
la parité hommes-femmes	*male-female parity*
les droits civiques	*civil rights*
le droit de vote	*the right to vote*
un travail alimentaire	*a bread-and-butter job*

En français	In English
le travail au noir	*moonlighting*
les riches et les démunis	*the haves and the have-nots*
le seuil de pauvreté	*the poverty line*
sans-abri	*homeless*
chômeur(s)	*jobless*
une société d'abondance	*an affluent society*

III Les questions environnementales

En français	In English
réchauffement climatique	*global warming*
effet de serre	*greenhouse effect*

En français	In English
la consommation d'énergie	*energy consumption*
pic de pollution	*pollution peak*

En français	In English
la couche d'ozone	*the ozone layer*
déchets industriels/ nucléaires	*industrial/ nuclear waste*
une marée noire	*an oil spill*
déverser des déchets	*to dump waste*
le stockage des déchets	*the storage of waste*
l'empreinte carbone	*the carbon footprint*

En français	In English
tri sélectif	*selective sorting*
écologique	*environmental-friendly*
avertir	*to warn*
les ordures	*the rubbish (UK), the garbage (US)*
être en jeu	*to be at stake*
mettre en danger	*to jeopardize*
une menace	*a threat*

SCHÉMA-MÉMO

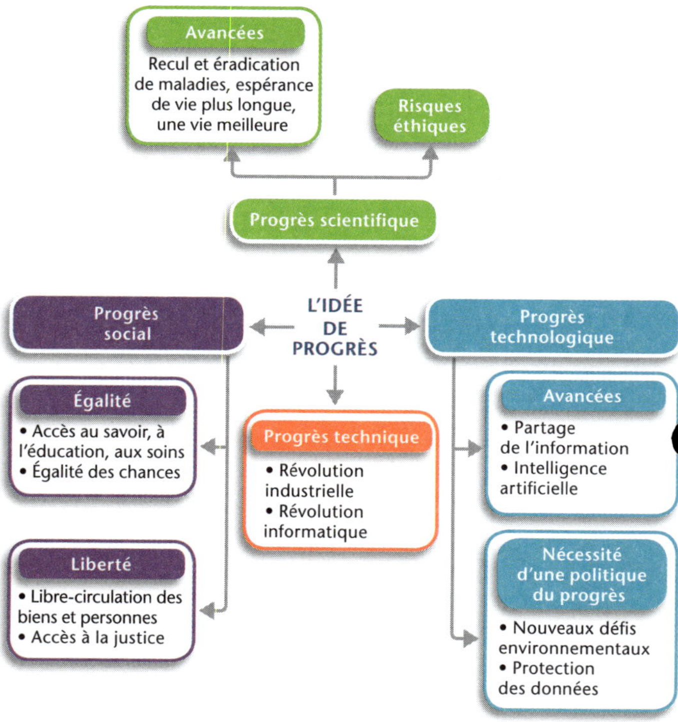

Repères culturels

I Le Royaume-Uni

- **Le Royaume-Uni** regroupe l'Angleterre, l'Écosse, le Pays de Galles et l'Irlande du Nord.
- **La Grande-Bretagne** est constituée de l'Angleterre, de l'Écosse et du Pays de Galles.
- Le régime politique de ces pays est la **monarchie constitutionnelle**.

Prime ministers from 1979 to 2015

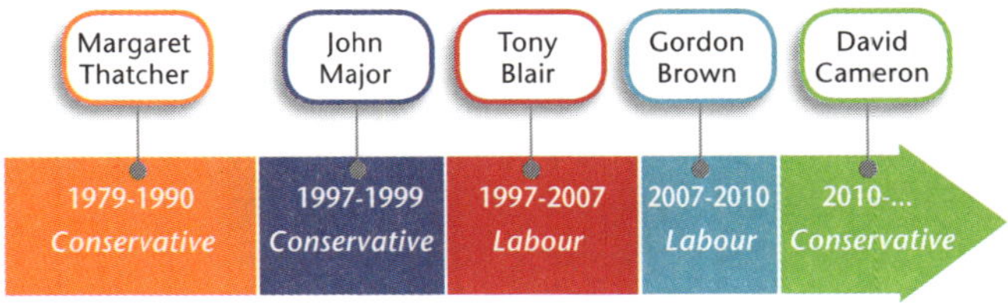

Quelques œuvres littéraires et cinématographiques en lien avec les notions du programme

NOTIONS	BOOKS AND FILMS
Mythes et héros	• Mary Shelley, *Frankenstein* (1823) • J.M. Barrie, *Peter Pan* (1904) • J.R.R. Tolkien, *The Hobbit* (1937)
Espaces et échanges	• Lewis Carroll, *Alice in Wonderland* (1865) • E.M. Forster, *A Passage to India* (1924) • Joseph Losey, *The Go-Between* (1971)
Lieux et formes de pouvoir	• William Shakespeare, *Macbeth* (1605) • Stephen Frears, *The Queen* (2006) • Philip Roth, *Exit Ghost* (2007) • Tom Hooper, *The King's Speech* (2010)
L'idée de progrès	• Charles Dickens, *Hard Times* (1854) • Charles Darwin, *On the Origin of Species* (1859) • Robert Louis Stevenson, *The Strange case of Dr Jekyll and Mr Hyde* (1886) • George Orwell, *1984* (1949)

II Les États-Unis

- Les États-Unis sont une **fédération de 50 États**. Le chef exécutif de chaque État est un **gouverneur**.

- Le Président est élu pour un mandat de 4 ans renouvelable une fois. Son cabinet réunit les chefs de l'exécutif qu'il choisit. Le **Congrès** réunit deux chambres : le Sénat et la Chambre des représentants. La **Cour suprême** garantit la constitutionnalité des lois.

- Les deux grands partis politiques sont le **Parti démocrate**, dont l'emblème est un âne, et le **Parti républicain**, appelé *the Grand Old Party* et également surnommé *the Elephant*.

U.S. Presidents from 1981 to 2015

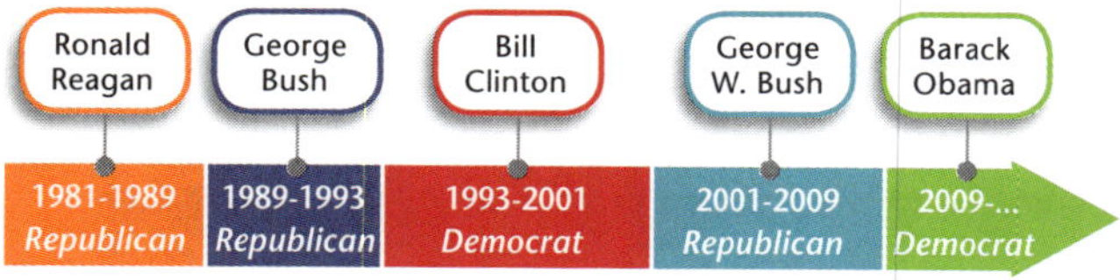

Quelques œuvres littéraires et cinématographiques en lien avec les notions du programme

NOTIONS	BOOKS AND FILMS
Mythes et héros	• Herman Melville, *Moby Dick* (1851) • Francis Scott Fitzgerald, *The Great Gatsby* (1925) • Jack Kerouac, *On the road* (1957) • George Lucas, *Star Wars* (1977)
Espaces et échanges	• Ralph Waldo Emerson, *Nature* (1936) • Sofia Coppola, *Lost in Translation* (2003)
Lieux et formes de pouvoir	• Henry David Thoreau, *Civil Disobedience* (1849) • Harriet Beecher Stowe, *Uncle Tom's Cabin* (1852) • Charlie Chaplin, *A King in New York* (1957) • George Clooney, *Good Night and Good Luck* (2005)
L'idée de progrès	• Franklyn J. Schaffner, *Planet of the Apes* (1968) • Matt Reeves, *Dawn of the Planet of the Apes* (2014)

Buts et résultats

FICHE 6

I Le moyen et le résultat

Contrairement au français, en anglais, l'action précède le résultat. La chronologie prime avant toute chose.

Exemples :

- *Officer Darren Wilson shot unarmed Michael Brown dead in Ferguson, St Louis Missouri.*

L'action (*shot*) vient en premier, puis ensuite le résultat dramatique (*dead*).

- *Watching the havoc in Ferguson, some American citizens will get scared to death, which might unfortunately result in them buying guns, "just in case".*

En français, on traduira *scared to death* par « morts de peur ». L'ordre est inversé.

II Le but et le résultat

1. Les expressions de but

- **in order to**

Exemple : *The police started to work with clergy and community leaders in order to defuse tensions.*

(La police a commencé à travailler avec le clergé et les chefs des communautés afin de désamorcer les tensions.)

- **so as to**

Exemple : *The police released Mr Wilson's name so as to answer people's demands for transparency.*

(La police a communiqué le nom de M. Wilson pour répondre aux exigences de transparence de la population.)

- **in order not to**

Exemple : *President Obama wants to check on police equipment, in order not to let them buy any military surplus that domestic law enforcement doesn't require.*

(Le Président Obama veut vérifier le matériel des policiers, afin de ne pas les laisser acheter un suréquipement militaire qui n'entre pas dans leur fonction de forces de l'ordre).

- **so as not to**

Exemple : *So as not to infuriate the crowds even more, response to public demonstrations in Ferguson shouldn't be out of proportion.*
(De façon à ne pas excéder la foule encore davantage, il serait préférable que la réaction aux manifestations à Ferguson ne soit pas disproportionnée.)

2. Les expressions de résultat

- **so that**

Exemple : *Police should wear cameras so that they would be less likely to shoot suspects.*
(Les policiers devraient être équipés de caméras afin qu'ils soient moins prompts à tirer sur des suspects.)

- **so**

Exemple : *Rioting will do nothing to solve Ferguson's problems, so the immediate priority is to restore peace and quiet in the district.*
(Les émeutes ne résoudront en rien les problèmes de Ferguson, donc la priorité immédiate est de rétablir le calme dans ce quartier.)

- **thus**

Exemple : *Some police forces have developed a warrior culture, thus giving more the image of occupying forces rather than that of public servants.*
(Certaines forces de police ont développé une culture guerrière, donnant ainsi une image de forces d'occupation plutôt que de fonctionnaires.)

Michael Brown, jeune Noir de 18 ans, fut tué le 9 août 2014 par un policier à Ferguson, dans la banlieue de Saint Louis, dans le Missouri aux États-Unis. Les circonstances controversées du drame donnèrent lieu à une recrudescence des tensions raciales dans cette ville.

FICHE 7

Conditions et hypothèses

Afin d'exprimer la condition ou l'hypothèse, on emploie des propositions subordonnées que l'on introduit par des conjonctions. Il faut bien retenir les différentes conjonctions et veiller à la concordance des temps présentée ci-après.

I Les conjonctions

1. Provided/providing

Exemples :

- *They agreed on buying any food product provided it was fair trade.*
(Ils étaient d'accord pour acheter n'importe quel produit alimentaire à condition qu'il vienne/vint du commerce équitable.)
- *The city council voted in favour of the new building providing they double the number of the solar pannels.*
(La municipalité a voté en faveur du nouveau bâtiment à condition que le nombre de panneaux solaires soit doublé.)

2. As long as

Exemple : *As long as you don't switch off the lights when you leave a room or don't turn off your appliances when you don't need them, your electricity bill will remain just as high!*
(Tant que tu n'éteins pas la lumière quand tu quittes une pièce ou tes appareils ménagers quand tu ne t'en sers pas, ta facture d'électricité sera toujours aussi élevée !)

3. On condition that

Exemple : *It's all very well to be ecologically-minded on condition that you don't forget to sort your own domestic waste at home.*
(C'est très bien de s'intéresser à l'écologie, à condition de ne pas oublier de trier ses propres déchets domestiques.)

4. Unless

Exemple : *You can't get the organic label unless you obey a certain number of criteria.*
(On ne peut pas obtenir le label bio, à moins de satisfaire un certain nombre de critères.)

5. For fear that

Exemple : *Big cities are encouraging people to take public transports for fear that air pollution from cars would cause more and more respiratory problems.*
(Les grandes métropoles encouragent les gens à prendre les transports en commun, de peur que la pollution de l'air due aux voitures provoque de plus en plus de problèmes respiratoires.)

6. In case

Exemple : *Old people should stay home in case of severe air pollution.*
(Les personnes âgées devraient rester chez elles en cas de pollution de l'air importante.)

7. Supposing

Exemple : *Supposing global warming could be reduced, how long could it possibly take?*
(En supposant que l'on puisse réduire le réchauffement climatique, combien de temps cela prendrait-il ?)

8. If

Exemple : *If you buy recycled paper, you'll spend less money on stationary.*
(Si vous achetez du papier recyclé, vous dépenserez moins d'argent en papeterie.)

II La concordance des temps

1. L'hypothèse est réalisable

On utilise alors le **présent** et le **futur simple**.
Exemple : *If I insulate my house, I'll save money in the long run.*
(Si j'isole ma maison, je ferai des économies à long terme.)

2. L'hypothèse n'est pas réalisable dans le présent

On utilise alors le **prétérit** et ***would* + base verbale**.
Exemple : *If my house were insulated, I would save money.*
(Si ma maison était isolée, je ferais des économies.)

3. L'hypothèse n'est pas réalisable dans le passé

On utilise alors le ***past perfect*** et ***would* + *have* + participe passé du verbe**.
Exemple : *If I had insulated my house, I would have saved money.*
(Si j'avais isolé ma maison, j'aurais fait des économies.)

Souhaits, regrets et préférences

FICHE 8

Les formulations de souhait et de regret impliquent que l'on évoque quelque chose qui n'est pas réel ou ne s'est pas réalisé. Cette fiche vous aide à faire le point sur les différentes structures à connaître.

I L'expression du souhait

C'est l'expression d'une chose qui peut se réaliser.

- ***wish* + nom**

Exemples : • *I wish you a happy new year!*
(Je te souhaite une bonne année !)
• *I wish you a quick recovery.*
(Je te souhaite un prompt rétablissement.)

- ***wish* + *to* + base verbale**

Exemples : • *He wishes to flee the war and come over.*
(Il souhaite fuir la guerre et venir ici.)
• *They wish to marry in June.* (Ils souhaitent se marier en juin.)

- ***wish* + prétérit**

Exemple : *They wish the American gun culture stopped developing.* (Ils aimeraient que la culture des armes aux États-Unis cesse de se développer.)

- ***would like to* + base verbale**

Exemples : • *I'd like to buy a new mobile.*
(J'aimerais acheter un nouveau portable.)
• *He'd like to avoid peak hours.* (Il aimerait éviter les heures de pointe.)

- ***If (only)***

Exemples : • *If only these peace talks could lead to a peace treaty!* (Si seulement ces pourparlers de paix pouvaient mener à un traité de paix !)
• *If only I knew how to make a speech!*
(Si seulement je savais comment faire un discours !)

- ***It's (high) time* + prétérit**

Exemples : • *It's high time the two parties sat down round the same table and talked to each other!* (Il est grand temps que les deux parties s'assoient autour de la même table et se parlent !)
• *It's time these figures were checked.*
(Il est temps que ces chiffres soient vérifiés.)

II L'expression du regret

C'est l'expression d'une chose qui ne peut pas ou ne peut plus se réaliser.

Attention : en traduisant de l'anglais vers le français, la phrase passe d'affirmative à négative. En français, on regrette une action ; en anglais, on aurait aimé qu'elle se produise. Veillez donc à ne pas exprimer le contraire de ce que vous voulez dire !

- ***Wish* + prétérit :** la référence est la situation présente.

Exemple : *I wish I knew geography better.*
(Je regrette de ne pas mieux connaître la géographie.)

- ***Wish* + *had* + participe passé :** la référence est une situation passée ou qui ne s'est jamais produite.

Exemples :
- *He wishes he had followed an Erasmus programme.*
(Il regrette de ne pas avoir suivi de programme Erasmus.)
- *I wished I had listened to him when he opened his heart to me.*
(Je regrette de ne pas l'avoir écouté quand il m'a ouvert son cœur.)
- *They wish they hadn't left Scotland.*
(Ils regrettent d'avoir quitté l'Écosse.)

III L'expression de la préférence

- ***'d rather* + base verbale**

Exemple : *They'd rather emigrate to the USA.*
(Ils préfèreraient émigrer aux États-Unis.)

- ***'d rather* + prétérit**

Exemples :
- *I'd rather you took the train.*
(Je préfèrerais que tu prennes le train.)
- *They'd rather he didn't come to their party.*
(Ils préfèreraient qu'il ne vienne pas à leur soirée.)

- ***Prefer***

Exemple : *I prefer backpacks to suitcases.*
(Je préfère un sac à dos à une valise.)

Éliminer les erreurs récurrentes (1)

FICHE 9

I Erreurs de grammaire courantes

- Pour exprimer son **âge**, on utilise l'auxiliaire *be*.

Exemple : *He is 18.* (Il a 18 ans.)

- L'adjectif au **comparatif** se construit avec *-er* ou *-ier* s'il est **court**, avec *more* s'il est long.

Exemples :
- *The number of people left-behind is greater in this region.* (Le nombre de laissés-pour-compte est plus important dans cette région.)
- *Selfies are more and more popular.* (Les selfies sont de plus en plus populaires.)

Adjectifs irréguliers

Adjectif	Adjectif au comparatif	Adjectif au superlatif
good	better	the best
bad	worse	the worst
far	farther than/further than	the farthest/the furthest

1. Terminaison en *-ed* ou en *-ing* ?

- Terminaison en *-ed* quand on exprime un **état** ou un **sentiment**.

Exemple : *I'm bored.* (Je m'ennuie.)

- Terminaison en *-ing* quand on exprime une **action**.

Exemple : *I'm boring.* (Je suis ennuyeux/se. = J'ennuie les autres.)

2. *For/Since*

- *For* renseigne sur la durée.

Exemple : *They've been fighting for 30 years.* (Cela fait 30 qu'ils se battent.)

- *Since* indique le point de départ de l'action.

Exemple : *She's been in Kabul since October 30th.* (Elle habite Kaboul depuis le 30 octobre.)

Everybody : le verbe qui suit *everybody* se conjugue à la 3e personne du singulier. Ex. : *Everybody needs somebody.* (On a tous besoin de quelqu'un.) *Everybody **has** an opinion about that issue.* (Chacun a son opinion sur cette question.)

II Erreurs fréquentes de vocabulaire

1. Orthographe

Français	English
avantage	*advantage*
agressif	*aggressive*
développer, développé, développement	*to develop, developed, development*
exemple	*example*
fondamental	*fundamental*
gouvernement	*government*

Français	English
indépendance	*independence*
une personne, personnel, personnalité	*a person, personal, personality*
responsable	*responsible*
trafic	*traffic*
la politique	*politics*
week-end	*weekend*

2. Faux-amis

Français	English
en réalité, réel	*actually, actual*
le hasard	*chance*
exiger	*to demand*
tromper	*to deceive*
finalement	*eventually*
bon marché	*economical*
un problème	*an issue*
un voyage	*a journey*
empêcher	*to prevent*
reprendre	*to resume*
compatissant	*sympathetic*
une bibliothèque (*l'établissement*)	*a library*

Français	English
actuel	*current, present*
chance	*luck*
demander	*to ask for*
décevoir	*to disappoint*
éventuellement	*possibly*
économique *(qui a trait à l'économie)*	*economic*
une issue	*an outcome*
une journée	*a day*
prévenir	*to warn*
résumer	*to sum up*
sympathique	*friendly*
une librairie	*a bookshop*

Éliminer les erreurs récurrentes (2)

FICHE 10

I L'ordre des mots dans la phrase

1. L'adjectif

Il se place avant le nom. Une série d'adjectifs doit suivre un certain ordre.

Exemples : *a famous British crime novelist* (un célèbre auteur britannique de romans policiers) ; *a tiny black spot* (une minuscule tâche noire).

2. Les verbes à particules

• La particule ne peut pas être omise car elle change le sens du verbe. Elle est souvent placée juste après le verbe mais peut parfois se placer après le complément.

Exemples : • *The plane took off.*
(L'avion décolla. *take* = prendre/*take off* = décoller)
• *They put away all their belongings before leaving the room.*
(Ils rangèrent toutes leurs affaires avant de quitter la pièce. *put* = mettre/*put away* = ranger)
• *And now, switch the screens off, please.*
(Et maintenant, veuillez éteindre vos écrans.)

• La particule se place toujours après le pronom.

Exemples : • *Let's look it up in the dictionary!*
(Cherchons-le dans le dictionnaire !)
• *We've carried it out.* (Nous l'avons mené à bien.)

3. Les verbes avec prépositions *(phrasal verbs)*

• La préposition se place toujours après le verbe, qu'il y ait ou non un complément.

Exemples : • *Democracy is suffering from that situation.*
(La démocratie pâtit de cette situation.)
• *I agree with them.* (Je suis d'accord avec eux.)

• *Phrasal verbs* courants

– *to bring about:* provoquer
– *to break out:* éclater (une guerre)
– *to carry on:* continuer, poursuivre
– *to carry out:* mener à bien, réussir
– *to come across:* rencontrer par hasard

– *to get along/on:* bien s'entendre avec qqn
– *to get in/to get off:* monter/descendre (d'une voiture)
– *to give up:* abandonner, renoncer
– *to look down upon:* mépriser
– *to look up to:* admirer
– *to switch on/off:* allumer/éteindre
– *to walk across:* traverser

II Anglais américain ou anglais britannique ?

Le choix doit être constant tout au long de votre expression. Il faut donc veiller à ne pas utiliser tantôt un anglais britannique et tantôt un anglais américain.

1. Les différences orthographiques

Anglais britannique	Anglais américain
-ll : trave**ll**ed	-l : trave**l**ed
-our : col**our**	-or : col**or**
-tre : thea**tre**	-ter : thea**ter**
-ence : def**ence**	-ense : def**ense**
-ise : critic**ise**	-ize : critic**ize**
sc- : **sc**eptical	sk- : **sk**eptical
-aught : dr**aught**	-aft : dr**aft**

2. Les différences lexicales

Anglais britannique	Anglais américain	En français
autumn	fall	*l'automne*
barrister	attorney	*avocat*
a biscuit	a cookie	*un biscuit*
to stop	to quit	*arrêter (de faire qqch)*
the surname	the last name	*le nom de famille*
toilets	restroom	*toilettes*
chips	fries	*des frites*
crisps	chips	*des chips*
a film	a movie	*un film*
the underground (the tube)	the subway	*le métro*

Enrichir son expression (1)

FICHE 11

I Un grand choix de verbes

Ne pas utiliser toujours les mêmes verbes vous incite à aller plus loin dans votre pensée, mais aussi à répondre aux exigences de l'examen.

1. Synonymes de *to say / to tell*

Au lieu d'employer *to say* ou *to tell*, on peut nuancer, préciser la manière.

- *To explain* (expliquer) : *She's explaining that he understands her completely.*
- *To nod* (hocher la tête) : *"Will you go to the convention with me?", she asked. He nodded.*
- *To shake one's head* (faire non de la tête) : *He's shaking his head in disagreement.*
- *To suggest* (suggérer) : *I suggest we go there together.*
- *To whisper* (chuchoter) : *"Yes, I will", he whispered.*
- *To yell* (hurler) : *The character isn't gently talking in this picture. He's yelling!*

> ***"to say" or... "to tell"?***
> On emploie *to say* pour rapporter les propos de quelqu'un avec exactitude. *To say* ne peut pas être suivi d'un objet mais il peut être suivi de *that, something, anything, nothing, so,* etc. On emploie *to tell* pour donner un ordre, un conseil, ou dans le sens de « dire la vérité » et de « raconter ». Attention à leur structure : *to say something to somebody* ; *to tell somebody something.*

2. Choisir un verbe approprié et précis

Choisir le verbe approprié vous permet de montrer votre degré de compréhension d'un document. Au lieu de répéter *to look at* on peut préciser le genre de regard dont il s'agit.

- *To gaze* (fixer) : *She's gazing out of the window. You can feel how lonely she must be.*
- *To glare* (regarder d'un air hostile) : *He's glaring at them accusingly as if they were all guilty.*
- *To glance* (jeter un coup d'œil rapide) : *She didn't really look at the words he was writing. She simply glanced over his shoulder.*

- *To gape* (bouche bée) : *The hero here is gaping just as a character in a comic strip.*
- *To peep* (regarder furtivement) : *The little girl is actually peeping through the keyhole to check what's going on in the living-room.*

II Les adjectifs et les adverbes

1. Exprimer ce que l'on ressent avec nuance

- *amazed* (surpris) : A King's Speech *is an amazing performance for the leading actor.*
- *devastated* (être dans tous ses états) : *People were devastated on hearing about the Columbine tragedy.*
- *shocked* (choqué) : *"Well, I'm shocked." "Oh come on, don't be over-reactive!"*
- *grateful* (reconnaissant), *captivated* (fasciné), *hurt* (blessé), *moved* (ému), *offended* (choqué), *relieved* (soulagé), *upset* (contrarié).

2. Synonymes de *interesting*

Au lieu de *interesting*, on peut varier en précisant à quel point c'est intéressant.

- *captivating* (captivant) : Catch Me If You Can *is a very captivating movie!*
- *fabulous* (sensationnel) : *Richard Attenborough made a fabulous film about Gandhi in 1982.*
- *amazing* (incroyable, formidable), *entertaining* (divertissant), *fascinating* (fascinant), *gripping* (captivant, passionnant).

3. Synonymes de *good*

- *enjoyable* (agréable) : *You can see that she's rejoicing at such an enjoyable prospect.*
- *fantastic* (fantastique) : *It's a fantastic epic.*
- *fine* (parfait, super), *great* (génial).

4. Synonymes de *very*

awfully (terriblement), *deeply* (profondément), *dramatically* (considérablement), *highly* (fortement), *incredibly* (incroyablement), *significantly* (sensiblement), *tremendously* (formidablement), *really* (vraiment).

Exemple : *Norman Rockwell's drawings really give you an accurate idea of the American way of life in the fifties.*

Enrichir son expression (2)

FICHE 12

Le niveau de langue pour le Bac est exigeant. Cette fiche propose des exemples de tournures et de structures de phrases entièrement rédigées qui répondent à cette exigence et sont en lien avec les notions du programme.

I La syntaxe

1. Utliser des subordonnées

Pour enrichir son expression, il faut penser à s'exprimer à l'aide de subordonnées plutôt qu'en utilisant une série de propositions séparées.

Exemples :

- *Today's obsession for beauty and fame can be observed in beauty pageants where parents parade their kids in front of cameras.*
- *She was an activist who joined in several demonstrations and whose main occupation was to write web articles.*
- *Forums have become social gatherings, which allow people to share their feelings and their views on things*
- *Al Capone was known as Scarface because of the three scars on his left cheek, which he claimed were the result of his being wounded in France during WWI.*

2. Utiliser des adverbes variés pour développer sa pensée

- *basically:* au fond
- *besides:* d'ailleurs, de plus
- *moreover:* de plus
- *furthermore*: en outre
- *and yet:* et pourtant
- *still, however:* cependant
- *nevertheless:* néanmoins
- *consequently, therefore:* par conséquent
- *actually:* en fait
- *even though:* même si
- *somehow:* pour une raison ou pour une autre
- *eventually:* finalement

Exemples :

- *Basically the question is: what if the intelligent machine that was supposed to serve us suddenly becomes our master? Can you reprogram it just like that?*
- *We make choices everyday so what may actually influence us?*
- *Even though social networks are often blamed for all sorts of reasons, still, they do improve the comfort of our everyday life.*

II Les tournures

1. Pour donner son point de vue

- **It's my belief that...** technologies are synonyms of progress.
- **To my mind...** myths are means of understanding our world today.
- **As I see it...** this is an extremely controversial topic.
- **My view is that...** justice has to be part of social progress.
- **What I find most interesting is the idea that...** at one point someone thought about digging a tunnel between England and France. It's amazing!
- **My point is...** television programs don't focus on global warming enough.
- **For my part...** I'd love to go and live in a non-European English-speaking country for a couple of years.

2. Pour peser le pour et le contre

- **On the one hand**, it is fair to say that there should be no limit to scientific research. **On the other hand**, it is sensible to say that the question of ethics cannot be swept under the carpet.
- **At first glance... And yet...**
- **The dilemma is that...**
- **To weigh the pros and the cons**
- **This idea is counterbalanced by...**
- **I acknowledge that...** humans should be able to invent some machine more intelligent than themselves but I'm not sure that this would be for their own good.

Maîtriser la prononciation

FICHE 13

Cette fiche indique les principaux écueils à éviter lors de la prise de parole ; certains sont pénalisés d'autant plus lourdement qu'ils montrent une méconnaissance de la grammaire anglaise.

I Alphabet phonétique

Vowels

Long Vowels		Short Vowels			
iː	sheep	ɪ	ship	e	head
ɑː	farm	æ	hat	ə	above
uː	coo	ʊ	foot	ɚ	mother (US)
ɔː	horse	ɒ	sock (UK)	ɝ	worm (US)
ɜː	bird	ʌ	cup		

Consonants

Voiced				Voiceless	
b	book	l	look	p	pen
d	day	r	run	t	town
g	give	j	yes	k	cat
v	very	w	we	f	fish
ð	the	m	moon	θ	think
z	zoo	n	name	s	say
ʒ	vision	ŋ	sing	ʃ	she
dʒ	jump			tʃ	cheese

II Règles générales sur la prononciation du *-s* et du *-es*

- Le *-s* ou le *-es* que l'on ajoute à la base verbale au présent simple pour la 3e personne du singulier se prononce toujours.

- La marque du pluriel se prononce toujours.
- La prononciation dépend du son (et non pas de la lettre) qui précède le -*s* ou le -*es*. Il faut faire la différence entre les **fins sourdes**, *voiceless sounds*, et les **fins sonores**, *voiced sounds*.

1. *Voiced sounds*

Le -*s* qui suit les *voiced sounds* (sons qui font vibrer les cordes vocales : [b], [d], [g], [l], [m], [n], [ng], [r], [z], etc.) se prononce toujours [z].

Exemples : *jobs, beds, hugs, souls, dreams, burns, sings, waves, breathes.*

> **Attention** : tous les « sons voyelles » sont des *voiced sounds*. Ex. : *car* [kɑː] donc dans *cars* le « s » se prononce [z] ; *shoe* [ʃuː] donc dans *shoes* le « s » se prononce [z] ; *rainbow* [-bəʊ] donc dans *rainbows* le « s » se prononce [z].

2. *Voiceless sounds*

Le -*s* qui suit les voiced sounds (sons qui ne font pas vibrer les cordes vocales : [f], [k], [p], [s], [θ], etc.) se prononce toujours [s].

Exemples : *laughs, asks, tops, paths, puts.*

3. Si le mot se finit par le son [dʒ]

Le -*s* qui suit se prononce [iz].

Exemple : *challenges.*

4. Si le mot se finit par le son [s], [z], [sh], [tch]

Le -*es* qui suit se prononce [iz].

Exemples : *bosses, buzzes, bashes, watches.*

III Les consonnes que l'on ne prononce pas

- **Le « h »** est toujours aspiré, donc toujours prononcé, sauf dans les mots suivants et leurs dérivés :
  - *honour, honourable, honest, dishonest, honestly*
  - *hour, hours, hourly, hourglass…*
  - *heir, heirs, heiress…*
- **Les consonnes « b » et « p »** sont muettes dans les termes *doubt* et *psychology* et leurs dérivés.
- **La consonne « k »** n'est pas prononcée lorsqu'elle est l'initiale du mot et qu'elle est suivie d'un « n » : *knock, know, knacked.*
- **La consonne « n »** est muette après « m » : *autumn.*

Maîtriser l'expression orale

FICHE 14

L'anglais obéit à des règles d'accentuation, de rythme et d'intonation qu'il faut bien connaître et maîtriser pour se faire comprendre.

I L'accentuation des mots courants liés au programme

1. L'accent porte sur la 1re syllabe

Exemples : *poverty, destitute, the Internet, honesty, government, actually, a protest, to demonstrate, to focus.*

• Dans un **nom** de deux syllabes, l'accent porte le plus souvent sur la **première syllabe**.

• Cependant, le **verbe** formé à partir de ce nom sera, lui, souvent accentué sur la **deuxième syllabe** (ex. : *to protest*).

Noms	Verbes
an **ac**cent	to ac**cent**
a **con**test	to con**test**
a **con**flict	to con**flict**
an **in**crease	to in**crease**
an **in**sult	to in**sult**
a **de**crease	to de**crease**
a **pre**sent	to pre**sent**
progress	to pro**gress**
a **sus**pect	to sus**pect**
transport	to trans**port**

• Un certain nombre de mots de deux syllabes conservent leur accentuation sur la première syllabe, qu'ils soient noms, verbes ou adjectifs.

Noms	Verbes
a **com**ment	to **com**ment
comfort	to **com**fort
a **pro**mise	to **pro**mise
a **res**cue	to **res**cue

2. L'accent porte sur la 2e syllabe

Exemples : *an event, to prevent, offense, to identify, according, machine, important discovery, responsible, eventually, uncomfortable, determined, discuss, dehumanize, advantage, democracy, conservative.*

Exceptions principales : *Arabic, Catholic, politics.*

3. L'accent porte sur la 3e syllabe

Exemples : *opportunity, disobey, allegation, undermine, independent, disillusion, ammunition.*

4. Les noms en *-ion, -ic, -ious, -eous, -uous, -ian, -ial, -ual*

- Dans les noms en *-ion*, la syllabe qui précède le suffixe *-ion* est accentuée.

Exemples : *globalization, standardization, detection, civilization, passion, tradition, competition, protection, relationship.*

Exception principale : *television.*

- Il en va généralement de même pour les mots finissant par *-ic, -ious, -eous, -uous, -ian, -ial, -ual.*

Exemples : *curious, gorgeous, electric, superfluous, vegetarian, confidential, usual.*

> Les autres **suffixes** (dont les suffixes grammaticaux) sont dits **neutres**, c'est-à-dire qu'ils ne déplacent pas l'accentuation. Ex. : *re**mark**able, **care**fully, re**mem**bered, **clo**ser, **ba**sically…*

II L'intonation de la phrase

1. Affirmation et question ouverte

La voix doit descendre. Le mot qui clôt la phrase doit être celui qui est le plus bas dans la voix.

Exemples : *This is an option.*
What have we got in the background here ?
I enjoyed the film.

2. Question fermée

Quand on prononce le mot qui clôt la question fermée, la voix doit remonter.

Exemples : *Does your sister live in Brooklyn?*
Is this actually relevant?

3. Les mots porteurs de sens

Les mots porteurs de sens donnent toujours le rythme de la phrase.

Exemple : *This is the only solution he offers.*

BILAN

Méthode : améliorer ses résultats

FICHE 15

TEST-BILAN

→ *Réponses au verso.*

1 Quel auxiliaire emploie-t-on pour indiquer l'âge de quelqu'un ?

a. ☐ be b. ☐ have

2 « *Climate change is getting more and more threatening.* » Cette phrase, qui comprend un adjectif au comparatif, est-elle correcte ?

a. ☐ non b. ☐ oui

3 L'un des termes suivants est britannique. Lequel ?

a. ☐ fall

b. ☐ soccer

c. ☐ football

4 L'un des termes suivants est américain. Lequel ?

a. ☐ attorney

b. ☐ barrister

c. ☐ car park

5 « Elle *raconte* l'histoire d'un musicien de jazz. » Pour traduire cette phrase, on emploiera :

a. ☐ tell b. ☐ say

6 Les adjectifs *shocked* et *offended* ont-ils un sens proche ?

a. ☐ oui b. ☐ non

7 Les mots suivants sont tous accentués sur la première syllabe, sauf un. Lequel ?

a. ☐ an accent b. ☐ to comment c. ☐ to promise

d. ☐ to present e. ☐ a present

SCHÉMAS-BILANS

Ne pas tomber dans les pièges

Relire son devoir de façon sélective

- Vérifier la grammaire et la syntaxe
  - Vérifier l'expression
  - Vérifier l'ordre des mots dans la phrase
- Vérifier l'orthographe

Enrichir son expression

Dresser des listes tout au long de l'année scolaire pour éviter les répétitions

- *say* et *tell* → *to explain, to suggest…*
- *very* → *tremendoulsy, highly…*
- *interesting* → *captivating, amazing…*
- *good* → *fantastic, fine…*

Avoir une prononciation et une intonation correctes

- Souligner la syllabe accentuée dans le vocabulaire récurrent
- Souligner et flécher la mélodie des phrases récurrentes avant toute intervention orale.

Réponses :

1 a – 2 b – 3 c – 4 a – 5 a – 6 a – 7 d.

Annexes

Savoir utiliser les temps

• Habitude • Sentiments • Opinion • Généralité • Vérité scientifique • Horaire • Commentaire sportif • Informations sur l'identité	Prétérit simple
• Action en cours • Projet d'avenir	Présent en *be* + base verbale + *-ing*
• Lien entre présent et passé • Bilan de situation	*Present perfect*
Action passée, achevée et datée	Prétérit simple
• Événement qui ne dépend pas de la situation présente • Certitude • Décision • Promesse	Prétérit en *was/were* + base verbale + *-ing*
Déroulement de l'action dans le passé	*Past perfect*
Action antérieure dans le passé	Futur *will* + base verbale

Verbes irréguliers à connaître

Infinitif	Prétérit	Participe passé	Traduction
to awake	awoke, awakened	awoken	*(se) réveiller*
to be	was/were	been	*être*
to beat	beat	beaten	*battre*
to become	became	become	*devenir*
to begin	began	begun	*commencer*
to bet	bet	bet	*parier*
to bite	bit	bitten	*mordre*
to bleed	bled	bled	*saigner*
to blow	blew	blown	*souffler*
to break	broke	broken	*casser*
to bring	brought	brought	*apporter*
to build	built	built	*construire*
to burn	burnt, burned	burnt, burned	*brûler*
to buy	bought	bought	*acheter*
to catch	caught	caught	*attraper*
to choose	chose	chosen	*choisir*
to come	came	come	*venir*
to cost	cost	cost	*coûter*
to cut	cut	cut	*couper*
to do	did	done	*faire*
to draw	drew	drawn	*dessiner*
to dream	dreamt, dreamed	dreamt, dreamed	*rêver*
to drink	drank	drunk	*boire*
to drive	drove	driven	*conduire*
to eat	ate	eaten	*manger*
to fall	fell	fallen	*tomber*
to feed	fed	fed	*nourrir*
to feel	felt	felt	*sentir, éprouver*
to fight	fought	fought	*se battre, combattre*
to find	found	found	*trouver*

Infinitif	Prétérit	Participe passé	Traduction
to fly	flew	flown	*voler*
to forbid	forbade	forbidden	*interdire*
to forget	forgot	forgotten	*oublier*
to forgive	forgave	forgiven	*pardonner*
to freeze	froze	frozen	*geler*
to get	got	got (gotten US)	*obtenir*
to give	gave	given	*donner*
to go	went	gone	*aller*
to grow	grew	grown	*grandir, pousser*
to hang	hung	hung	*suspendre, accrocher*
to have	had	had	*avoir*
to hear	heard	heard	*entendre*
to hide	hid	hid, hidden	*(se) cacher*
to hit	hit	hit	*frapper, atteindre*
to hold	held	held	*tenir*
to hurt	hurt	hurt	*blesser*
to keep	kept	kept	*garder*
to know	knew	known	*savoir, connaître*
to lead	led	led	*mener*
to learn	learnt	learnt	*apprendre*
to leave	left	left	*laisser, quitter*
to lend	lent	lent	*prêter*
to let	let	let	*permettre, louer*
to lose	lost	lost	*perdre*
to make	made	made	*faire, fabriquer*
to mean	meant	meant	*signifier*
to meet	met	met	*(se) rencontrer*
to mistake	mistook	mistaken	*se tromper*
to pay	paid	paid	*payer*
to put	put	put	*mettre*
to read	read	read	*lire*
to ride	rode	ridden	*monter (à vélo, à cheval)*
to ring	rang	rung	*sonner, téléphoner*

Infinitif	Prétérit	Participe passé	Traduction
to rise	rose	risen	*s'élever, se lever*
to run	ran	run	*courir*
to say	said	said	*dire*
to see	saw	seen	*voir*
to seek	sought	sought	*chercher*
to sell	sold	sold	*vendre*
to send	sent	sent	*envoyer*
to set	set	set	*fixer*
to shine	shone	shone	*briller*
to shoot	shot	shot	*tirer (arme)*
to show	showed	shown, showed	*montrer*
to shut	shut	shut	*fermer*
to sing	sang	sung	*chanter*
to sit	sat	sat	*s'asseoir, être assis*
to sleep	slept	slept	*dormir*
to smell	smelt, smelled	smelt, smelled	*sentir (odorat)*
to speak	spoke	spoken	*parler*
to spell	spelt, spelled	spelt, spelled	*épeler*
to spend	spent	spent	*dépenser, passer du temps*
to stand	stood	stood	*être debout*
to steal	stole	stolen	*voler, dérober*
to swear	swore	sworn	*jurer*
to swim	swam	swum	*nager*
to take	took	taken	*prendre*
to teach	taught	taught	*enseigner*
to tell	told	told	*dire, raconter*
to think	thought	thought	*penser*
to throw	threw	thrown	*jeter*
to understand	understood	understood	*comprendre*
to wake	woke	woken	*(se) réveiller*
to wear	wore	worn	*porter (des vêtements)*
to win	won	won	*gagner*
to write	wrote	written	*écrire*